आधुनिक समाज की समस्याएँ
PROBLEMS OF MODERN SOCIETY

आधुनिक समाज की समस्याएँ
PROBLEMS OF MODERN SOCIETY

लेखक
डॉ॰ गोविन्द प्रसाद
वरिष्ट रीडर, भूगोल विभाग
राणा प्रताप स्नातकोत्तर महाविद्यालय
सुलतानपुर (उ.प्र.)

डिस्कवरी पब्लिशिंग हाऊस
नई दिल्ली–110 002

प्रथम संस्करण: 2007
Reprint : 2012

ISBN: 978-93-5056-673-2

प्रकाशक
डिस्कवरी पब्लिशिंग हाऊस
4831/24, अन्सारी रोड, दरियागंज
नई दिल्ली—110 002
दूरभाष—23279245
फैक्स—23253475
e-mail: dphbooks@rediffmail.com
dphtemp@indiatimes.com

मुद्रक
डायनमिक प्रिन्टर्स

प्रस्तावना

व्यक्ति को जन्म के साथ ही समाज में एक निर्धारित स्थिति प्राप्त होता है जैसे ब्राह्मण, क्षत्रिय, वैश्य, शूद्र आदि। लेकिन जैसे-जैसे व्यक्ति बड़ा होता है उसकी आवश्यकताएँ और महत्त्वाकांक्षाओं में बढ़ोत्तरी होती जाती है।

आज के भौतिकवादी युग में व्यक्ति क्रान्तिकारी बन गया है। वह अपने द्व‌ारा अर्जित चीजों में ज्यादा विश्वास करता है। वह अपने प्रयासों से आगे बढ़ना चाहता है। इसलिए समाज, अर्जित पद और भूमिका में लगातार बढ़ोत्तरी हो रही है और प्रदत्त पद और भूमिका का लगातार ह्रास हो रहा है।

आर्थिक-सामाजिक कारकों की वैयक्तिक विघटन में प्रमुख भूमिका है। वे समाज जिनका आर्थिक-ढांचा पूंजीवादी व्यवस्था पर आधारित है वहां वैयक्तिक विघटन के बढ़ते हुए स्वरूप को देख सकते हैं। समस्त अर्थव्यवस्था पूंजीपतियों के हाथ में होती है। यह एक ओर भौतिकवादी सभ्यता को जन्म देती है और दूसरी ओर व्यक्ति का मनचाहा शोषण भी करती है। यह समाज कुछ चन्द व्यक्तियों का होता है। अधिकांश श्रमिकों का जीवन असुरक्षित होता है।

औद्योगीकरण क्रांति ने सम्पूर्ण आर्थिक-सामाजिक ढांचे के स्वरूप को परिवर्तित कर रख दिया। नगरों व महानगरों में फैक्ट्री, मिल, कारखाने आदि की भारमार हो गई। ग्रामीण समाज से लाखों की संख्या में नौकरी की खोज में ग्रामीण व्यक्ति नगर आने लगे। नगर के वातावरण एवं परिस्थिति से जो ग्रामीण

अनुकूलन कर लेता है वे सुरक्षित रहते हैं किन्तु जो व्यक्ति यहां के वातावरण से अपना सामंजस्य नहीं बिठा पाता है उसके जीवन में निराशा, कुण्ठा, असुरक्षा की भावना उन्हें झकझोर डालती है।

भारतीय लोकतंत्र को आज भीड़तंत्र की संज्ञा दी जाती है। इस तंत्र में अपराध व भ्रष्टाचार का राजनीतिकरण हो गया है। राजनैतिक दल अपने स्वार्थ के लिए देश में हिंसा, लूटपाट, तोड़-फोड़, हडताल, घेराव, नगर व प्रदेश बंद कुछ भी करा सकते हैं। इन सबका उद्देश्य सत्ता की प्राप्ति है। देश में बढ़ती हुई साम्प्रदायिकता की भावना की पृष्ठभूमि में अलग-अलग दलों और समुदायों की राजनीति है। साम्प्रदायिक दंगे व फसादों में तथा दूसरी राजनैतिक घटनाओं में जो परिवार नष्ट होते हैं और जिनकी जाने जाती हैं उनके परिवार के व्यक्ति प्रतिक्रियावादी बनते हैं। वे समाज से प्रतिशोध लेना चाहते हैं। इस तरह की स्थिति में व्यक्ति अपराधी बनता है।

कानून-व्यवस्था नाम की चीज शेष नहीं रह गयी है। मुकदमों का निर्णय पीढ़ियां बीत जाने के बाद होता है। निर्धन व्यक्ति को न्याय नहीं मिलता। इस प्रकार की स्थिति में एक ईमानदार व्यक्ति जब कानून के हाथों मार खाता है तो समाज विरोधी या व्यक्ति विशेष बनकर बदला लेता है।

महानगरों के हजारों मिल, फैक्ट्री एवं कारखानों में आज ताले बन्द हैं। घाटे की राजनीति ने मिल-मालिकों का दिवाला निकाल दिया है। लाखों श्रमिक एवं शिक्षित व्यक्ति बेरोजगारी का सामना कर रहे हैं पर कब तब वह और उसका परिवार भूख को सह सकता है। असंख्य परिवार विघटित होकर अनैतिक तथा समाज विरोधी कार्यों में लिप्त हो गये।

कालाबाजार के व्यापारी आर्थिक ढंग से देश का शोषण करते हैं। चीजों को महंगें दामों पर बेचना, उन्हें बाजार से गायब करने से लूट-पाट, डकैती और मारपीट की घटनाओं में तीव्रता से वृद्धि होती है।

यह पुस्तक उपर्युक्त विवरणों से संबद्ध विषयों पर विस्तृत रूप से प्रकाश डालती है जो इस क्षेत्र से संबद्ध लोगों एवं विद्यार्थियों के लिए अत्यंत महत्त्वपूर्ण होगा।

—लेखक

अनुक्रम

1

वैयक्तिक विघटन

व्यक्ति और समाज में अन्योन्याश्रय सबंध है। दोनों को एक दूसरे से अलग करके नहीं रखा जा सकता है। यदि हम व्यक्ति पर विचार करते हैं जो संपूर्ण समाज और व्यक्ति को अलग-अलग रूप में नहीं देखता है अपितु उसके अनुसार समाज और व्यक्ति अपृथक हैं। जब हम सामाजिक जीवन की सामूहिकता पर विचार करते हैं तो मानव पर भी चिन्तन करते हैं।

"सामाजिक विघटन, कारण और फल दोनों हैं, किन्तु यह बात निजी जीवन के बारे में कही जा सकती है या व्यक्तिगत विघटन पर लागू हो सकती है। सामाजिक विघटन संस्थागत नियन्त्रण को छिन्न-भिन्न कर देता है तथा मनुष्य के प्राकृतिक स्वभाव को इस बात का अवसर देता है कि वह सामाजिक बन्धनों से मुक्त होकर पुनः एक बार स्वतन्त्रतापूर्वक कार्य करे।"

समाज एवं व्यक्ति के आपसी घनिष्ठ सम्बन्ध एक-दूसरे के अस्तित्व के लिए उत्तरदायी हैं। समाज की परिवर्तित होती हुई शक्तियाँ समाज को अलग-अलग समयों में अलग-अलग रूप प्रदान करती हैं। ये शक्तियाँ सामाजिक विघटन को उत्पन्न करती हैं। व्यक्ति, समाज की एक इकाई है। वह कैसे इस विघटन की प्रक्रिया से अपने का अलग रख सकता है। अस्तु, उसका भी विघटन होता है।

व्यक्ति ने अपनी आवश्यकओं की पूर्ति के लिए भिन्न-भिन्न प्रकार के साधनों की खोज की। विभिन्न संस्थाओं, संगठनों एवं समूहों आदि को संस्थापित

किया। इससे संबंधित कई नियमों, सिद्धांतों आदि का निर्माण किया। इन नियमों ने समाज के कार्य को एक निश्चित दिशा दी। दूसरी तरफ परम्पराओं तथा रीति-रिवाजों ने समाज को संगठित करने में प्रमुख भूमिका अभिनीत की'। इस प्रकार समाज का एक ऐसा ढांचा तैयार हुआ जिसमें सभी व्यक्ति की एक निश्चित भूमिका एवं पद होता है। वह इस पद और भूमिका के अनुरूप कार्य करता है। इस प्रकार की संरचना में व्यक्ति को महत्व न देकर समूह, संस्था, समाज आदि को महत्व प्रदान करता है। लेकिन इसके प्रतिकूल जब व्यक्ति अपने को अधिक महत्व देने लगता है और समाज, समूह, संस्था आदि को कम, तब समाज की क्रियाएं एवं संरचना बदलने लगती हैं। सम्पूर्ण सामाजिक संरचना का परम्परात्मक मूल्य छिन्न-भिन्न होने लगता है। व्यक्ति अपने स्वार्थ में लीन अपनी आकांक्षाओं की खोज में, समाज से कटा हुआ, स्वयं अपने पथ का निर्माता होता है। हर व्यक्ति की क्रियाएं एक दूसरे से भिन्न हो जाती हैं। इस तरह के समाज में वैयक्तिक विघटन आरम्भ होता है। चूँकि समाज और व्यक्ति अभिन्न हैं। सामाजिक विघटन वैयक्तिक अलिगाव को उत्पन्न करता है।

वैयक्तिक जीवन संगठन(Individual life organization)-व्यक्ति अपने उद्देश्यों की पूर्ति हेतु अनेक तरह के संगठन, समूह, संस्थाएं, नियोजन, परिषद आदि स्थापित करता है। यह सभी व्यक्ति की कार्य पद्धति एवं कार्य करने की दिशाओं को निर्धारित करने का प्रयास करते हैं जिससे कि व्यक्ति के उद्देश्यों और जरूरतों की पूर्ति सहज रूप से हो सके। थाम एवं नैनिको ने इस सम्बन्ध में कहा है "जीवन संगठन के मूल्यों और मनोवृत्तियों को उस संरचना के रूप में परिभाषित किया जा सकता है जो कि सभी व्यक्ति के सामाजिक अनुभवों से जन्म लेते हैं और जिसके द्वारा चेतन या अचेतन रूप से वह अपने मूलभूत लक्ष्यों को प्राप्त करने की आशा करता है। वैयक्तिक जीवन संगठन, आचरण, सामाजिक सम्बन्ध, धर्म, व्यापार, मनोरंजन की एक निर्धारित स्थिति को पारिभाषित करने का प्रयत्न करता है।"

इलियट और मेरिल का मत है कि "ये नियम उसके व्यवहार की संहिता को बनाते हैं, (भले ही जुआड़ी, राजनीतिज्ञ, पुरोहित अथवा दलाल हों) कि वे क्या और क्या नहीं करेगे। अनिश्चित वैयाक्तिक विविधता की शृंखला में हर व्यक्ति अपने संगठन को निर्धारित करता है। यह इस पर आधारित है कि वह क्या है और क्या होना चाहता है।"

वैयक्तिक जीवन संगठन (Individual life organization) अगर संतुलित है, व्यक्ति की मनोवृत्तियां, आदतों, मूल्यों तथा समूह संस्थाओं आदि के बीच

सामंजस्य है तो समस्त समाज तथा व्यक्ति दोनों ही व्यवस्थित रूप से कार्य करते रहेंगे। व्यक्ति इनके माध्यम से अपने उद्देश्यों एवं आवश्यकता की पूर्ति करता रहेगा। लेकिन जब वेयक्तिक जीवन संगठन की संरचना के मध्य असामंजस्यता, विविधता तथा असंतुलनात्मक क्रियाओं का जन्म होने लगता है तब समाज की समस्त व्यवस्था परिवर्तित होकर विघटित होने लगती है जो अन्ततः वैयक्तिक विघटन को उत्पन्न करती है।

समाज में कतिपय व्यक्ति संस्थाओं, समूहों, संघों आदि के नियमों के अनुसार अपने को बना लेते हैं। उसी के अनुरूप कार्य करते हैं। इस तरह के व्यक्ति सहयोगात्मक प्रकृति के होते हैं जबकि कुछ लोग इस तरह के होते हैं जो अपने को सामाजिक ढांचे के अनुसार ढाल नहीं पाते हैं। ऐसे व्यक्ति असहयोगात्मक प्रकृति के होते हैं। इस वर्ग के व्यक्ति कभी, कुछ करते हैं और कभी कुछ। ये असंतुलित व्यक्ति होते हैं जिनका विघटन व्यवहार (Deviant behaviour) उन्हें पूरी तरह विघटित बना देता है। इसमें कोई दो मत नहीं है कि कोई व्यक्ति पूरी तरह सभी स्थान पर और हर कार्य को संगठित ढंग से ही करता है परन्तु जब व्यक्ति स्थिर होकर कहीं पर भी कार्य नहीं करता तब समाज की सामान्य नीतियों, मूल्यों से हटकर पृथक रूप में कुछ कार्य करता है उसके यह विचलित व्यवहार कार्य का प्रतिमान वैयक्तिक विघटन का द्योतक है।

वैयक्तिक विघटन की भिन्न-भिन्न अवस्थाएं

क्वीन और मन (Queen and Mann) के अनुसार वैयक्तिक विघटन की तीन अवस्थाएं हैं। प्रथम है व्यक्ति की परेशानी। यह परेशानी या कष्ट किसी संबंधी की मृत्यु अथवा व्यवसाय की जरूरत, नौकरी छूट जाने आदि से पैदा हो सकती है। इसलिए उसे नवीन परिस्थिति का सामना करना पड़ता है। अतः वह अपने को पुनः संगठित करने का प्रयत्न करता है। किन्तु ज्यादा व्यक्ति इस अवस्था में हताश हो जाते हैं अथवा किसी प्रकार की योजना बनाने में असमर्थ रहते हैं। यह असमायोजन अथवा विघटन की प्रथम अवस्था है। अगर व्यक्ति इस अवस्था में हताश नहीं होता है और अपनी परेशानियों का निराकरण कर लेता है तो उसका जीवन शांतिमय बन जाता है। अगर ऐसी स्थितियां उत्पन्न होने लगती हैं कि अपना समायोजन (Adjustment) नहीं कर पाता है तो उसके जीवन में स्थायित्व का अभाव और कष्टों में बढ़ोतरी होने लगती है। इस स्थिति में वह विक्षिप्त हो जाता है । इस स्थिति में भी यदि किसी प्रकार से अपने को व्यवस्थित

नहीं कर पाता है तो इस विघटन की अवस्था को असामन्जस्यता (Maladjustment) कहते हैं। इस अवस्था तक आते-आते कम या ज्यादा स्थायी रूप में अव्यवस्थित तथा असमायोजित हो जाता है। अपराधी अथवा वेश्यावृत्ति वाले जिन्होंने सामाजिक मूल्यों को पूरी तरह खो दिया है, इसी श्रेणी के तहत आते हैं।

वैयात्तिक विघटन की निम्नांकित परिभाषाएं दी गई हैं–

इलियट तथा मेरिल के अनुसार "विघटित व्यक्ति अपना कार्य दूसरों के साथ अच्छी तरह करने में असमर्थ रहता है और इसलिए सामाजिक विघटन की प्रक्रिया को प्रारम्भ करता है"।

ई.एम.लमर्ट के शब्दों में "वैयक्तिक विघटन वह अवस्था या प्रक्रिया है जिसमें व्यक्ति वृहत भूमिका के चारों ओर व्यवहार को स्थिर नहीं कर पाता है।उसकी भूमिकाओं और चुनाव में संघर्ष और श्रम होता है। इस प्रकार का विघटन अस्थाई या निरन्तर भी हो सकता है।"

ई.आर.मावर का मत है कि "समस्त वैयक्तिक विघटन व्यक्ति के उन आचरणों को व्यक्त करता है जो संस्कृति आदर्शों से इतना अधिक विचलित होते हैं कि उससे सामाजिक अस्वीकृति उत्पन्न होती है।"

उक्त परिभाषाओं से ज्ञात होता है कि वैयक्तिक विघटन किसी एक कारण से नहीं उत्पन्न होता है अपितु समाज में व्यक्ति जब कई परिवर्तनों और परिस्थितियों से घिर जाता है और जब वह उसके अनुरूप न तो कार्य कर पाता है और न अपने को ढाल पाता है तब उसके व्यवहार, व्यवस्थित व्यवहार प्रतिमान से विचलित होने लगते हैं।

वैयक्तिक विघटन के लिए जिम्मेवार कारण

वैयक्तिक मनोवृत्तियां तथा सामाजिक मूल्यों (Individual attitudes and social values)-हर व्यक्ति के सोचने का अपना तरीका है। किसी वस्तु हेतु किसी विषेश स्थिति में उसका अपना दृष्टिकोण होता है जिसे हम मनोवृत्ति कहते हैं। मनोवृत्तियों के निर्माण में आर्थिक, सामाजिक, सांस्कृतिक तथा राजनैतिक कारकों की महत्त्वपूर्ण भूमिका होती है। इसके प्रतिकूल मूल्य एक मापदण्ड है जिसके आधार पर वस्तु का मूल्यांकन किया जाता है। दोनों ही समाज की विभिन्न परिस्थितियों की देन हैं। व्यक्ति भी अपनी मनोवृत्तियों के आधार पर सामाजिक, धार्मिक, नैतिक अथवा परम्परागत मूल्यों का पालन करता है किन्तु सामाजिक परिवर्तनों के साथ नवीन आदर्श तथा विचारों का भी जन्म हुआ जितने व्यक्तियों में नई मनोवृत्तियों को जन्म दिया।

व्यक्ति की वर्तमान मनोवृत्तियां सामाजिक मूल्यों का मूल्यांकन नवीन ढंग से करने लगी हैं। वह नए मूल्यों के आधार पर अपने को व्यवस्थित करने का प्रयास करता है जिससे सामाजिक व्यवस्था के मध्य संघर्ष उत्पन्न होता है। आज का व्यक्ति बिना किसी की चिन्ता किए हुए वह सब कुछ करता है जो वह करना चाहता है चाहे सामाजिक व्यवस्था उसका साथ दे अथवा न दे। संघर्ष इसलिए करना होता है कि मनोवृत्तियां जितनी तीव्रता से बदलती हैं उतनी तेजी से सामाजिक मूल्यों में बदलाव नहीं होता है। इसका नतीजा संघर्ष, तनाव, अलगाव, मतभेद, असामन्जस्यता आदि हो सकते हैं। इस संघर्ष के परिणामस्वरूप ही आत्महत्या, वेश्यावृत्ति, अपराध आदि का जन्म होता है जो वैयक्तिक विघटन का नतीजा हैं

(1) सामाजिक संरचना और वैयक्तिक विघटन—सामाजिक संरचना व्यक्ति को दो तरह से प्राप्त होती है-एक प्रदत्त और दूसरा अर्जित तरीके से। व्यक्ति को जन्म के साथ ही समाज में एक निर्धारित स्थिति प्राप्त होता है जैसे ब्राह्मण, क्षत्रिय, वैश्य, शूद्र आदि।

लेकिन जैसे-जैसे व्यक्ति बड़ा होता है उसकी आवश्यकताएँ और महत्त्वाकांक्षाओं में बढ़ोत्तरी होती जाती है। उसकी जन्म से प्राप्त सामाजिक स्थिति इस बात पर बल देती है कि वह अपनी जाति के अनुरूप कार्य करे किन्तु उसकी इच्छाएं इस बात पर जोर देती हैं कि किसी भी प्रकार अपनी इच्छाओं और आवश्यकताओं को पूर्ण करे। समाज में अपनी एक सम्मानीय स्थिति बनाये। इस तरह की स्थिति में व्यक्ति अपने प्रयासों पर ज्यादा विश्वास करता है। व्यक्ति उन कार्यों को भी करने लगता है जिन्हें उनकी जाति करने को मना किया करती है। इस स्थिति में, प्रकार परम्परात्मक स्थिति एवं भूमिका तथा आधुनिक अर्जित व्यक्ति की स्थिति एवं भूमिका में संघर्ष उत्पन्न हो जाता है।

(2) भौतिकवादी युग और वैयक्तिक विघटन—आज के भौतिकवादी युग में व्यक्ति क्रान्तिकारी बन गया है। वह अपने द्वारा अर्जित चीजों में ज्यादा विश्वास करता है। वह अपने प्रयासों से आगे बढ़ना चाहता है। इसलिए समाज, अर्जित पद और भूमिका में लगातार बढ़ोत्तरी हो रही है और प्रदत्त पद और भूमिका का लगातार ह्रास हो रहा है। इसका फल यह हुआ कि एक व्यक्ति के कई पद और भूमिकायें होंगी। व्यक्ति की अलग-अलग भूमिकाओं ने समाज को जटिल ही नहीं बनाया वरन उसके भीतर विभिन्न प्रकार के भ्रम को जन्म दे दिया। आज का व्यक्ति अगर परिवार में पति, पिता एवं भाई है तो अन्य स्थानों पर कहीं अध्यक्ष,

सचिव, सरकारी अधिकारी, समाज सेवक आदि भी है। इतने स्थानों पर कार्य करने वाले व्यक्ति से यह कैसे आशा की जा सकती है कि वह सभी का इच्छानुसार कार्य कर लेगा। कमी-कभार वह यह भी सोचने लगता है कि कया करे और क्या न करे? किस कार्य के करने से अमुक व्यक्ति, समूह, संस्था के व्यक्ति प्रसन्न होंगे और किस कार्य से नहीं? किन कार्यों को करने से उसकी प्रगति होगी और किन कार्यों के करने से नहीं होगी। यह भ्रमयुक्त वातावरण एवं परिस्थितियां वैयक्तिक विघटन की परिस्थितियों को जन्म देती हैं। अस्तु पद और भूमिकाओं में जितनी तीव्रता से भिन्नताएँ उत्पन्न होंगी उतनी तीव्रता से सामाजिक विघटन की परिस्थितियां जन्म लेंगी और यह परिस्थितियां वैयक्तिक विघटन को भी।

इलियट और मेरिल ने उचित लिखा है कि "किस हद तक व्यक्ति अपनी भूमिकाओं को अभिनीत करने में असफल है, यह बात समाज की परिभाषा पर निर्भर करती है। अपने विगत अनुभव के आधार पर एक समाज कुछ व्यवहार प्रतिमानों को' असामान्य' मानता है। यही कारण है कि प्रत्येक व्यक्ति के संबंध में समूह या समाज यह पारिभाषित करता है कि व्यक्ति अपनी भूमिकाओं को सन्तोषजनक रूप में अभिनीत कर रहा है अथवा नहीं। मौटे तौर पर वैयक्तिक विघटन उस सीमा से नापा जाता है जिस सीमा तक व्यक्ति समाज द्वारा स्वीकृत आदर्श नियम से दूर हटता जाता है।"

(3) संकट और वैयक्तिक विघटन–संकट के संबंध में कुछ भी नहीं कहा जा सकता है। किस समय किस प्रकार का संकट किस व्यक्ति पर आ पड़े इसे कोई नहीं जानता है। जिन संकटों का पूर्वाभ्यास होता है उसके लिए व्यक्ति पूर्व से ही अपने को तैयार करता है किन्तु वे संकट जो अचानक या सामाजिक परिस्थितियों के एकाएक परिवर्तित होने से पैदा होते हैं वे संकट व्यक्ति को झकझोर देते हैं। इस प्रकार के संकट से वह अपने को अनुकूल नहीं कर पाता है। वह भीतर ही भीतर बर्फ की तरह घुलता जाता है। इसका प्रभाव उसके व्यक्तित्व पर अच्छा नहीं पड़ता है। यह संकट वैयक्तिक विघटन का कारक बन जाता है। संकट दो प्रकार के होते हैं–

(i) आकस्मिक संकट (Precepitate Crisis)

(ii) संयची संकट (Cumulative Crisis)

(4) एकाकीपन और वैयक्तिक विघटन–आधुनिक समाज में व्यक्ति का जीवन ठीक भीड़ में रहने के समान है। व्यक्ति के चारों ओर हजारों लाखों व्यक्ति है। फिर भी उसका अपना कोई नहीं है। इस समाज की सबसे बड़ी विशेषता यह है कि व्यक्ति के संबंधों में औपचारिकता इतनी अधिक बढ़ गई है कि व्यक्ति के

संबंधों में घनिष्ठता का स्थान नहीं रह गया है। बड़े-बड़े महानगरों में तो एक ही बहुमंजिले मकान में रहने वाले व्यक्ति भी एक-दूसरे से परिचित नहीं होते है। अतः व्यक्ति धीरे-धीरे सामूहिक संबंधों से कटता जाता है। समूह में उसे प्रेम, स्नेह, सुरक्षा, आदर सब कुछ मिलता था। आज के समाज में इनका अभाव ही अभाव है।

(5) आर्थिक-सामाजिक कारक तथा वैयक्तिक विघटन—वैयक्तिक विघटन के लिए निश्चय ही उक्त कारक किसी हद तक जिम्मेवार हैं किन्तु आर्थिक-सामाजिक कारकों की भी वैयक्तिक विघटन में प्रमुख भूमिका है। वे समाज जिनका आर्थिक-ढांचा पूंजीवादी व्यवस्था पर आधारित है वहां वैयक्तिक विघटन के बढ़ते हुए स्वरूप को देख सकते है। समस्त अर्थव्यवस्था पूंजीपतियों के हाथ में होती है। यह एक ओर भौतिकवादी सभ्यता को जन्म देती है ओर दूसरी ओर व्यक्ति का मनचाहा शोषण भी करती है। यह समाज कुछ चन्द व्यक्तियों का होता है। अधिकांश श्रमिकों का जीवन असुरक्षित होता है।

(6) औद्योगीकरण का प्रभाव—औद्योगीकरण क्रांति ने सम्पूर्ण आर्थिक-सामाजिक ढांचे के स्वरूप को परिवर्तित कर रख दिया। नगरों व महानगरों में फैक्ट्री, मिल, कारखाने आदि की भारमार हो गई। ग्रामीण समाज से लाखों की संख्या में नौकरी की खोज में ग्रामीण व्यक्ति नगर आने लगे। नगर के वातावरण एवं परिस्थिति से जो ग्रामीण अनुकूलन कर लेता है वे सुरक्षित रहते हैं किन्तु जो व्यक्ति यहां के वातावरण से अपना सामंजस्य नहीं बिठा पाता है उसके जीवन में निराशा, कुण्ठा, असुरक्षा की भावना उन्हें झकझोर डालता है। ये व्यक्ति भावनात्मक स्तर पर टूटे दिखाई पड़ते हैं। वैयक्तिक वह बिन्दु है जहां उसके वैयक्तिक विघटन की क्रिया प्रारंभ होती है। वियक्तिक निराशा, कुण्ठा और बेरोजगारी की समस्या ने उसे गंभीर रोग का शिकार बनाया है जैसे टी0 बी0, ब्लड प्रैशर, दिल की बीमारी आदि। इन रोगों ने उसकी शारीरिक शक्ति को खत्म कर दिया। इन बीमारियों से दुखी होकर वह या तो आत्महत्या करता है अथवा बुरे संगत में फंसकर अपराधी बनता है।

(7) व्यावसायिक मनोरंजन—मनोरंजन आज के वैज्ञानिक युग की देन है। व्यापारिक युग के मनोरंजन के माध्यम यथा सिनेमा, टी0 बी0, होटल, संस्कृति, रात्रि क्लब आदि हैं। ये वे साधन हैं जो व्यक्तियों में अच्छी आदतों को कम उत्पन्न करते हैं। रात्रि क्लबों में अर्द्ध नग्न शरीर में नाचने वाली नर्तिकी की भाव-भंगिमाएं कमोत्तेजक होती हैं। आज के सिनेमा में मार-धाड़, हत्या, तस्करी, लूट-पाट की

घटनाएं काफी ज्यादा होती हैं, जो युवाओं को अपराधी बनने की प्रेरणा देती हैं। इन मनोरंजन के साधनों का व्यक्ति पर कुप्रभाव पड़ता है। वे सपने में भी बुरी वस्तु को देखते हैं। इस प्रकार व्यावसायिक मनोरंजन वैयक्तिक विघटन में सहायक साबित होते हैं।

(8) राजनैतिक गतिविधियां—भारतीय लोकतंत्र को आज भीड़तंत्र की संज्ञा दी जाती है। इस तंत्र में अपराध व भ्रष्टाचार का राजनीतिकरण हो गया है। राजनैतिक दल अपने स्वार्थ के लिए देश में हिंसा, लूटपाट, तोड़-फोड़, हडताल, घेराव, नगर व प्रदेश बंद कुछ भी करा सकते हैं। इन सबका उद्देश्य सत्ता की प्राप्ति है। देश में बढ़ती हुई साम्प्रदायिकता की भावना की पृष्ठभूमि में अलग-अलग दलों और समुदायों की राजनीति है। साम्प्रदायिक दंगे व फसादों में तथा दूसरी राजनैतिक घटनाओं में जो परिवार नष्ट होते हैं और जिनकी जाने जाती हैं उनके परिवार के व्यक्ति प्रतिक्रियावादी बनते हैं। वे समाज से प्रतिशोध लेना चाहते हैं। इस तरह की स्थिति में व्यक्ति अपराधी बनता है।

(9) कानून व्यवस्था की खामी—इस देश का दुर्भाग्य है कि यहां कानून-व्यवस्था नाम की कोई चीज शेष नहीं रह गयी है। मुकदमों का निर्णय पीढ़ियां बीत जाने के बाद होता है। निर्धन व्यक्ति को न्याय नहीं मिलता। इस प्रकार की स्थिति में एक ईमानदार व्यक्ति जब कानून के हाथों मार खाता है तो समाज विरोधी या व्यक्ति विशेष बनकर बदला लेता है। अपराधी बनना वैयक्तिक विघटन का संकेत है। ठीक इसी तरह जब निर्दोष व्यक्ति को दण्ड मिलता है तो वह भी समाज विरोधी कार्यों में लिप्त हो जाता है।

(10) अनैतिक परिवार—व्यक्तित्व की रचना तथा उसका समाजीकरण परिवार द्वारा होता है। वे परिवार जो नैतिक दृष्टि से स्वस्थ हैं ऐसे परिवारों के प्रशिक्षित व्यक्ति संस्कारित होते हैं। इनके सोचने, विचारने और व्यवहार करने का तरीका सुन्दर एवं प्रभावशाली होता है। ठीक इसके विपरीत वे परिवार हैं जो निर्धन और दरिद्र हैं। ऐसे परिवारों मे जन्म से ही बालक अपने चारों ओर समाज विरोधी कार्यों को करता देखता है। इन टूटे हुए अनैतिक परिवारों में तस्करी, जूआ शराब, चोरी, भ्रष्टाचार, अनैतिक यौन संबंध, वेश्यावृत्ति जैसी चीजें इनके जीवन का अंग बन जाती है।

(11) शिक्षा व्यवस्था—यह अत्यंत कष्टप्रद बात है कि केन्द्र सरकार एवं राज्यों की सरकारों ने शिक्षा को उपेक्षित सूची में रख छोड़ा है। स्कूल, कालेज और विश्वविद्यालयों के पठन-पाठन का वातावरण सोचनीय और जर्जर स्थिति में पहुंच गया है। विश्वविद्यालयों में जनवरी में शुरू होता है क्योंकि परीक्षाफल दिसंबर तक

घोषित होता है। विश्वविद्यालय का विद्यार्थी राजनीति का अंग बनता जा रहा है चूँकि उनके पास अथाह खाली समय पड़ा है। 'खाली मस्तिष्क और शैतान का घर' की कहावत उन पर पूरी तरह लागू होती है। विद्यार्थियों में आज मादक-पदार्थों के सेवन की आदत एक सामान्य चर्चा की बात हो गई है। अनैतिकता की नींव यहीं पड़ जाती है। डिग्री प्राप्त अधिकांश विद्यार्थी जीविकोपार्जन के लिए सड़क पर भटक रहे हैं। बेरोजगार युवा एक समय के पश्चात् अपनी आवश्यकताओं की पूर्ति समाज विरोधी कार्यों को करके पूर्ण करने लगाते हैं। ये सभी तथ्य वैयक्तिक विघटन को उत्पन्न करने हेतु जिम्मेवार हैं।

(12) औद्यागिक केन्द्रों में तालाबन्दी—महानगरों के हजारों मिल, फैक्ट्री एवं कारखानों में आज ताले बन्द हैं। घाटे की राजनीति ने मिल-मालिकों का दिवाला निकाल दिया है। लाखों श्रमिक एवं शिक्षित व्यक्ति बेरोजगारी का सामना कर रहे हैं पर कब तब वह और उसका परिवार भूख को सह सकता है। असंख्य परिवार विघटित होकर अनैतिक तथा समाज विरोधी कार्यों में लिप्त हो गये। परिवार का मुखिया विक्षिप्त हो जाता है। पागलों सा वह सड़कों पर भटकता है। मारपीट और गुण्डागर्दी करता है। शराब पीकर सार्वजनिक स्थलों पर व्यक्तियों दुकानदारों आदि से अभद्र व्यवहार करता है। इस तरह की परिस्थितियों वैयक्तिक विघटन को जन्म देती हैं।

(13) युद्ध के दुष्परिणाम—युद्ध अपने में ही बुरा है। युद्ध के दौरान समस्त देश भयंकर संकटों से घिर जाता है। कालाबाजार के व्यापारी आर्थिक ढंग से देश का शोषण करते हैं। चीजों को महगें दामों पर बेचना, उन्हें बाजार से गायब करने से लूट-पाट, डकैती और मारपीट की घटनाओं में तीव्रता से वृद्धि होती है। युद्ध में युवाओं की मृत्यु से असंख्य परिवार विघटित होते हैं। असंख्य सैनिक युद्ध में अपाहिज हो जाते हैं इन सैनिकों के परिवारों में अशान्ति ही अशान्ति देखने को मिलती है, जवान लड़कों की मृत्यु से माता-पिता विक्षिप्त जैसे हो जाते हैं। इस तरह से युद्ध की परिस्थितियां कई तरह से वैयक्तिक विघटन में मददगार बनती है।

सामाजिक विघटन और वैयक्तिक विघटन में अन्तर

सामाजिक विघटन तथा वैयक्तिक विघटन दोनों में घनिष्ठ संबंध होते हुए भी दोनों की प्रक्रियाओं में अन्तर इसे निम्न तरह से समझा जा सकता है—

1. सामाजिक विघटन सम्पूर्ण सामाजिक प्रक्रिया, संरचना, संगठन और सामाजिक संबंध में गंभीर परिवर्तन के फलस्वरूप उत्पन्न होता है जबकि वैयक्तिक

विघटन के लिए यह जरूरी नहीं है। हालाँकि व्यक्ति के ऊपर समाज का प्रभाव पड़ता है फिर भी वैयक्तिक विघटन में वैयक्तिक कारकों का प्रभाव पड़ता है। निजी असफलता एवं संकट इसके उदाहरण हैं।

2. वैयक्तिक विघटन असामाजिक, अनैतिक, गैर-कानूनी व्यवहारों आदि को व्यक्त करता है जबकि सामाजिक विघटन सामाजिक संबंधों के बिखरने और बनने की प्रक्रिया को व्यक्त करता है। इस टूटने और बनने की प्रक्रिया में कई तरह के तनाव, विघटन, मतभेद, संघर्ष आदि उत्पन्न होते हैं लेकिन वैयक्तिक विघटन हेतु यह जरूरी है।

4. वास्तव में सामाजिक विघटन का संबंध सामाजिक संरचना, संगठन तथा प्रक्रिया से है जबकि वैयक्तिक विघटन वैयक्तिक भावना और जीवन संगठन से संबंधित होता है।

5. आर्थिक-सामाजिक असुरक्षा, निराशा, कुण्ठाएं, उससे उत्पन्न बेरोजगार, एकाकीपन, वैयक्तिक विघटन के लिए जिम्मेवार हैं, जबकि सामाजिक विघटन के लिए ये उत्तरदायी हो भी सकते हैं और नहीं भी।

6. सामाजिक विघटन सम्पूर्ण देश को हानि पहुंचाता है जबकि वैयक्तिक विघटन स्वयं व्यक्ति हेतु अथवा परिवार के लिए हानिकारण साबित हो सकता है इसलिए एक का क्षेत्र व्यापक है जबकि दूसरे का संकुचित।

7. वैयक्तिक विघटन अपने चरामोत्कर्ष रूप में आकर प्रकट होता है जैसे आत्महत्या, पागलपन, मदिरापन आदि। जबकि सामाजिक विघटन की प्रक्रिया यदि गतिशील भी है तो वह कितनी है इसका अनुमान लगाना मुश्किल कार्य है।

6. वैयक्तिक विघटन धीरे-धीरे ही घटित होता है।

7. सामाजिक विघटन की स्थिति में समस्त समाज की जरूरतों की पूर्ति होना एक कठिन कार्य है जिसे प्रकार युद्ध के समय सम्पूर्ण समाज की आवश्यकताओं को पूर्ण नहीं किया जा सकता है लेकिन वैयक्ति विघटन में व्यक्तिक के जीवन संगठन के नष्ट होने पर भी वह अपनी जरूरतें कई असामाजिक, गैर कानूनी तथा अनैतिक कार्यों के द्वारा भी पूर्ण कर सकता है, जैसे पुरुष अपराधी बनकर और स्त्री अनैतिक कार्यों को करके।

2

बेकारी तथा स्वास्थ्य संबंधी समस्याएं

बेरोजगारी की समस्या भारत में सदियो पुरानी है अर्थशास्त्र में बेरोजगारी के निवारण के लिए विविध प्रकार के कार्यक्रमों की एक सूची प्राप्त होती है। नगर और ग्रामीण क्षेत्र के व्यक्तियों को किस तरह के काम दिए जाएँ इसकी व्याख्या कौटिल्य ने 'अर्थशास्त्र' में विस्तृत रूप में की है। कौटिल्य के युग में बेरोजगारी की समस्या को न तो इतनी गंभरता से लिए गया था और न इसे आर्थिक, सामाजिक-व्यवस्था के अविच्छिन्न-अंग के रूप में समझा गया था। उस समय इसे व्यक्तिपरक समस्या के रूप में लिए जाता था।

द्वितीय युद्ध के बाद इसे एक आर्थिक-सामाजिक समस्या के रूप में देखा जाने लगा।

बेरोजगारी किसी एक देश का मसला न होकर संसार की समस्या है। आज इसकी चर्चा संसार के कोने-कोने में हो रही है। ये मूलरूप से वे देश हैं जहाँ यूरोप के व्यक्तियों ने शासन किया था। इन शासकों ने एशिया, अफ्रीका और लैटिन अमेरिका का मनचाहे रूप में शोषण किया था। इन्हें आज हम अर्द्ध विकसित देश कहते हैं। भारत भी इनमें से एक है। इस प्रकार हम यह भी कह सकते हैं कि बेरोजगारी की समस्या पूँजीवादी व्यवस्था और नीतियों से जन्मी एक गंभीर समस्या है। इसलिए आज समाजवादी देश जैसे रूस और चीन में यह समस्या नहीं

है। आज बेरोजगारी की समस्या न सिर्फ भारत अपितु विश्व की आर्थिक-समस्या के रूप में संकट-सूचक बन गई है।

अन्तर्राष्ट्रीय श्रमिक-संगठन के अनुसार इस समय विश्व में 2,000 लाख श्रमिक बेकार हैं और हर वर्ष 25 लाख बेकारों की संख्या इसमें जुड़ती जायेगी। आश्चर्य की बात यह है कि विकसित देशों के प्रत्येक 100 व्यक्तियों में से 20 व्यक्ति बेकार हैं। इन 20 बेकार व्यक्तियों की आयु-सीमा 14 वर्ष और 55 वर्ष के मध्य है। इन देशों में 20 प्रतिशत से लेकर 40 प्रतिशत के अंतर्गत वे व्यक्ति आते हैं जिन्हें नाम-मात्र को किसी तरह की नौकरी मिलती है। सिर्फ 40 प्रतिशत व्यक्ति ऐसे है जो स्थायी नौकरी में हैं। इन देशों में बेकारी की समस्या भयानक और गंभीर बनती जा रही है।

बेरोजगारों की संख्या मालूम करने के लिए हमारे पास केवल एक साधन रोजगार कार्यालयों में चालू रजिस्टरों में दर्ज व्यक्तियों की संख्या है। यद्यपि ये संख्या वास्तविक संख्या से काफी कम हैं। चूँकि असंख्य बेरोजगार व्यक्ति इन कार्यालयों में अपना नाम दर्ज नहीं कराते हैं और जो कुछ आँकडे हमें प्राप्त होते हैं वे प्रमुख रूप से नगरीय बेरोजगार व्यक्तियों के होते हैं। यही वजह है कि बेरोजगार कार्यालय नगरों में ही स्थापित हैं। रोजगार कार्यालयों में रोजगार पाने के इच्छुक व्यकितयों के दर्ज नामों की संख्या 31 दिसम्बर, 1990 तक 346.32 लाख थी जो 31 दिसंबर, 1999 तक बढ़कर 403.31 लाख तक पहुँच गई। इस तरह स्पष्ट है कि समय के साथ बेरोजगारों की समस्या का समाधान होना चाहिए था लेकिन इसमें लगातार बढ़ोतरी हो रही है। जहाँ तक ग्रामीण बेराजगारों का प्रश्न है इसमें भी लगातार वृद्धि होती जा रही है। इसका कारण है कि ग्रामीण समाज की आर्थिक-सामाजिक संरचना में तेजी से बदलाव हो रहे हैं। गाँव के व्यक्ति अपने परम्परागत कार्यों से हटते जा रहे हैं पर उनके पास विकल्प में दूसरे कार्य भी नहीं है जिन्हें करके वे अपनी जीविका अर्जित कर सकें। कृषि-कार्य में भी मशीनों का प्रयोग अधिक से अधिक होने लग है। इससे असंख्य भूमिहीन श्रमिक जो कृषि-कार्य में बोलबाला हो गया है। इस तरह जो व्यक्ति कृषि से जुड़े थे, वे बेरोजगार हो गए। ये यंत्रीकरण और औद्योगीकरण में वृद्धि के दुःखद नतीजे हैं। श्रमशक्ति की संरचना में विविध प्रकार के परिवर्तनों को देखा जा सकता है।

ग्रामीण समाज के परंपरागत कार्य जिसमें लघु-उद्योग भी आते हैं इनमें ज्यादा गिरावट आई है। असंख्य ग्रामीण कारीगर जो इस उद्योग को करके अपनी जीविका अर्जित करते थे, वे बेकार हो गये। इसी तरह कृषि श्रमिकों में भी कमी

आई है। खेती मशीनों के प्रयोग से कृषि श्रमिकों की खपत कम हो गयी। ये सभी ग्रामीण बेरोजगारी में वृद्धि करते हैं।

अर्थ तथा परिभाषा (Meaning & Definition)–विश्व के सभी देशों में बेकारी की समस्या किसी-न किसी रूप में विद्यमान है। वे औद्योगिक दृष्टि से विकसित देश हों अथवा अविकसित अथवा पिछड़े हुए। इन सभी देशों में बेकारी के कारण समान जीवन स्तर न होकर असमान हैं। इस दृष्टि से बेकारी की व्याख्या और परिभाषा करना कठिन कार्य हैं। इस सन्दर्भ में पीगू ने लिखा है–"बेकारी की अवधारणा अनेक सामान्य अवधारणाओं में से एक हैं जिसके सामान्य महत्व से सभी अवगत हैं फिर भी इसकी ठीक-ठीक परिभाषा करना कठिन है। उदाहरण के लिए क्या हम बेकारी में उन व्यक्तियों को सम्मिलित कर सकते हैं जो काहिल हैं और काम नहीं करना चाहते हैं? क्या हम बीमार व्यक्तियों को अथवा जो हड़ताल पर हैं उन्हें शमिल कर सकते हैं अथवा विभिन्न वर्गों के व्यक्ति जो किसी-न किसी कारण करने योग्य नहीं है, क्या हम इन्हें बेकार कह सकते हैं। इन तथ्यों के आधार पर बेकारी को पारिभाषित करना मनमानी करना है।"

काम का सामान्यतया अर्थ है वह दशा जिसमें एक व्यक्ति, जो काम करने योग्य है और भी जो प्रचलित मजदूरी की दर पर काम करने के लिए इच्छुक है, फिर भी उसे काम नहीं मिलता। बेकारी की इस व्याख्या के अंतर्गत वे व्यक्ति शामिल नहीं किए गए हैं जो शारीरिक अथवा मानसिक रूप से बीमार हैं और काम करने योग्य नहीं हैं। इनमें बीमार, बूढ़े ओर अपाहिज आते हैं। इसके विपरीत जो स्वस्थ है और काम नहीं करना चाहते हैं उनमें साधु, भिक्षुक, सन्त ओर सम्पत्ति रहित व्यक्ति आते हैं। ये वे व्यक्ति हैं जो दूसरों पर आश्रित रहकर ही अपनी आवश्यकताओं को पूर्ण करते हैं।

फेयर चाइल्ड के शब्दों में–बेकारी की समस्या क्रिया-वर्ग का एक सामान्य अवधि में सामान्य मजदूरी की दर से तथा सामान्य दशाओं में किसी आर्थिक क्रिया से अनिश्चित रूप से वंचित हो जाना है।"

पीगू के अनुसार–"एक व्यक्ति को तभी बेकार कहा जा सकता है जबकि उसके पास कोई काम नहीं होता है और न वह काम करना चाहतर है।"

विशेषताओं का उपर्युक्त यदि विश्लेषण करें तो बेरोजगारी की निम्नलिखित विशेषतायें देखने को मिलती हैं–

1. एक व्यक्ति जो काम करने योग्य है पर उपर्युक्त नही मिलता है।

2. काम करने के इच्छुक व्यक्तियों को काम नहीं मिलता।

3. प्रचलित मजदूरी की दर पर काम नहीं मिलता।

4. बेकारी एक ऐसी स्थिति है जिसमें श्रम-शक्ति की पूर्ति, काम करने के स्थानों के अनुपात में कहीं अधिकतर होती है।

ग्रामीण बेकारी

भारत में देश का 75 प्रतिशत व्यक्ति ग्रामीण अंचलों में निवास करता है जिसका प्रत्यक्ष और अप्रत्यक्ष संबंध कृषि-व्यवसाय से है। इस भू-भाग का ज्यादा व्यक्ति भूमिहीन श्रमिक हे जो वर्ष के कुछ माह खेतों पर कार्य करता है। शेष महीनों में वह बेरोजगार रहता है। इस क्षेत्र के कुटीर-उद्योग-धन्धे, आज के प्रस्पिर्द्धात्मक युग में समाप्त हो गये हैं। ये उद्योग-ग्रामीण-क्षेत्रों के व्यक्तियों के लिए अतिरिक्त आय के साधन थे जो समाप्त हो गये है। इस आधार पर हम यह कह सकते हैं कि ग्रामीण-क्षेत्रों में बेरोजगारों की समस्या में निरंतर बढ़ोतरी हो रही है।

ग्रामीण-बेरोजगारी का अनुमान भगवती समिति की रिपोर्ट से लगाया जा सकता है। इस रिपोर्ट के अनुसार 1971 में 187 लाख व्यक्ति बेरोजगार थे। इनमें से 161 लाख व्यक्ति ग्रामीण क्षेत्रों संबंधित थे। रामकृष्ण के अनुसार 1971 में बेरोजगारी (पूर्ण तथा अर्ध-बेरोजगारी) 215 लाख थी जिसमें से 193 लाख व्यक्ति ग्रामीण-क्षेत्रों के और 22 लाख व्यक्ति शहरी क्षेत्र मे थे। आज यह अंदाजा लगाया जाता है कि बेरोजगारी की संख्या 437 लाख और रोजगार वालों की संख्या 106 लाख है। रोजगार दफ्तर के आंकड़ो से यह प्रतीत होता है कि 1971 में इनके दफ्तरों में 57 लाख बेरोजगार पंजीकृत थे। 1980 तक आते-जाते यह संख्या 1 करोड़ 62 लाख हो गई। यहाँ पर यह भी ध्यान रखने की बात है कि ग्रामीण क्षेत्रों में मुख्यः दो प्रकार की बेरोजगारी देखने को मिलती हैः मौसमी बेरोजगारी (Seasonal unemployment) और छिपी हुई (Royal Commission) विद्वानो का विचार है कि भारतीय कृषक वर्ष भर में कम से कम 4-5 माह अवश्य बेकार रहते हैं। राधा कमल मुखर्जी के अनुसार उतर-प्रदेश में सघन कृषि-क्षेत्रों में कृषक वर्ष भर में केवल 200 दिन कार्य करता है और शेष दिन बेरोजगार रहता है। डॉ0 स्लेटर का भी यह विचार है कि दक्षिण-भारत में कृषकों को 200 दिन से ज्यादा कम नहीं प्राप्त हो पाता है।

ग्रामीण बेरोजगारी के प्रमुख कारण

ग्रामीण अंचलों में बेरोजगारी के मुख्य कारण निम्नलिखित हैं–

1. **जनसंख्या का कृषि पर दबाव**-कृषि कार्य के लिए जितने श्रमिकों की जरूरत है उससे कहीं ज्यादा ग्रामीण-व्यक्ति उस पर निर्भर हैं। 70 प्रतिशत व्यक्ति मात्र कृषि पर निर्भर हैं। इससे कृषि व्यवसाय पर जनसंख्या का दबाव अधिक पड़ता है। इतनी बड़ी जनसंख्या की सामान्य जरूरतों की पूर्ति कृषि-समाज नहीं कर पाता है और न ही उन्हें किसी प्रकार की जीविका ही दे पाता है। इससे गाँव में निरंतर बेकारी की समस्या में वृद्धि हो रही है।

2. **कृषि की मौसमी-प्रकृति**–साधारणतया कृषि-कार्य से जुडे हुए व्यक्तियों के पास वर्ष में 100 दिन से ज्यादा कार्य नहीं होता है। फसल के बोने, काटने और खेतों की जुतायी व गुड़ाई के वक्त व्यक्ति के पास काम होता है, शेष दिन वे बेरोजगार रहते हैं।

3. **कृषि-व्यवसाय में अनिश्चितता**-भारत में 22 प्रतिशत भूमि के लिए सिंचाई की सुविधा प्राप्त है। शेष भूमि वर्षा पर निर्भर करती है। इस देश में मानसून और वर्षा के लिए कुछ भी निश्चित रूप से नहीं कहा जा सकता है। समय पर वर्षा न होने के कारण भूमिहीन श्रमिक बेरोजगार हो जाते हैं।

4. **जनसंख्या में वृद्धि**-प्रत्येक वर्ष 2.5 प्रतिशत जनसंख्या में बढ़ोतरी हो रही है और जिस अनुपात में जनसंख्या में वृद्धि हो रही है उस अनुपात में रोजगार के अवसरों में वृद्धि नहीं हो रही है। इसलिए बेरोजगारी में लगातार वृद्धि हो रही है।

5. **भूमि से ज्यादा लगाव**-गाँव में जन्मा व्यक्ति अनेक कष्टप्रद यातनाओं को सहना पसन्द करता है पर सामान्यतया गाँव किसी भी कीमत पर नहीं छोड़ना चाहता है। कृषि से कुछ उत्पन्न हो या न हो, उसे गाँव में कोई काम मिले अथवा न मिले, वह अपनी जन्म-भूमि को छोड़ना नहीं चाहता। इससे ग्रामीण क्षेत्रों में बेरोजगारी की समस्या में वृद्धि हुई है।

6. **प्रगति की धीमी गति**-कृषि पर जितना-ध्यान सरकार को देना चाहिए उसने नहीं दिया है। वैज्ञानिक कृषि-व्यवसाय का विकास यहाँ न के समान हुआ है। सिंचाई, बीज, खाद, आधुनिक उपकरण आदि कृषि के लिए आज की आवश्यकता है। ये केवल बड़े किसानों के पास उपलब्ध हैं। इसके बाद वाले खेतिहर समुदाय की प्रगति नहीं हो पायी है। खेती में पिछड़े होने के कारण गाँव में रोजगार के अवसरों का भी विकास नहीं हुआ है। अतः गाँव में बेरोजगारी एक गंभीर समस्या बन गयी है।

7. ग्रामीण कुटीर उद्योग धन्धों का पतन-इन उद्योगों का पतन होने से वे कृषि श्रमिक भी बेकार हो गए जो अपने अतिरिक्त समय में इन कार्यों से कुछ अतिरेक आय कर लेते थे। गाँव में कुछ ऐसे भी परिवार थे जो संपूर्ण वर्ष इन्हीं उद्योगों के माध्यम से अपनी जीविका अर्जित करते थे। अब ये बेकार हो गए।

8. विवेकहीन यंत्रीकरण का समय-कृषि व्यवसाय में मशीनों का प्रयोग प्रगतिशील और आधुनिक खेती का परिचायक है लेकिन इसका प्रयोग सोच-समझ कर न किया जाए तो यह असंख्य ग्रामीण-श्रमिकों को बेरोजगार बना देती है। हमारे देश में कुछ ऐसा ही हो रहा है। इसीलिए गांधी जी अत्यधिक मशीनीकरण के विरुद्ध थे। आवश्यकता है खेती और उद्योग के विकास की, जिससे ग्रामीणों को रोजगार के ज्यादा-से-ज्यादा अवसर प्राप्त हो न कि उसका यंत्रीकरण करने की जिससे गाँव में बेरोजगारी में निरन्तर वृद्धि हो।

9. खेतों का विभाजन—परम्परात्मक संयुक्त परिवार जो कृषि-व्यवसाय में लगा था वह अब वैयक्तिक विभाजन के कारण समाप्त होता जा रहा है। खेत अब परिवार के व्यक्तियों में टुकडों-टुकडों में विभक्त होते जा रहे हैं। इसलिए अब खेती से संबंधित काम में भी कमी आ गयी है। ये व्यक्तियों को अधिकाधिक बेरोजगार बना रही है। छोटे-छोटे खेतों में अन्न भी कम होता है। खेत से जुड़े काम भी समाप्त हो रहे है।

10. दोषपूर्ण शिक्षा पद्धति-भारत की आधुनिक शिक्षा-पद्धति ग्रमीण युवकों को खेती से जोड़ने की तुलना में उन्हें उससे पृथक् कर रही है। शिक्षित ग्रामीण युवक कृषि का कार्य नहीं करना चाहता है। इसके साथ-ही-साथ उसे नगर में भी काम नही मिल पाता है। इससे भी ग्रामीण क्षेत्रों में बेरोजगारी बढ़ रही है। आवश्यकता है इन्हें कृषि-कार्य में प्रशिक्षण देने की जिससे ये गाँव में रहकर अपने ही खेतों पर रुचि लेकर काम कर सकें।

11. रोजगार के अवसरों का अभाव—सरकार की यह जिम्मवारी है कि वह ग्रामीण अंचलों में अधिक-से-अधिक रोजगार के अवसर उत्पन्न करे जिससे वहाँ के व्यक्तियों को खेती के अलावा रोजगार प्राप्त हो सके।

ग्रामीण बेरोजगारी के निराकरण के उपाए

उपर्युक्त तथ्य ग्रामीण बेरोजगारी का एक भयानक चित्र हमारे सामने प्रस्तुत करते हैं जिसे निम्नलिखित उपायों के द्वारा दूर किया जा सकता है—

1. व्यर्थ में पड़ी बंजर, ऊसर भूमि अथवा ऐसी भूमि जिसे कोई व्यक्ति प्रयोग नहीं कर रहा है, ऐसी भूमि को भूमिहीन श्रमिकों के बीच वितरित किया

जाए। इसके साथ-ही-साथ इन्हें कृषि संबंधी सभी प्रकार की सुविधाएँ दी जाएं जिससे इस भूमि को उपजाऊ बनाया जा सके और अधिक-से-अधिक व्यक्तियों को इन खेतों पर काम के लिए लगाया जा सके।

2. ग्रामीण क्षेत्रों में ऐसे रोजगार के अवसरों को विकसित करने की आवश्यकता है जिससे ग्रामीण व्यक्तियों को खाली वक्त में काम मिल सके। इस उद्देश्य की पूर्ति के लिए कुटीर-उद्योग-धन्धों को बड़े पैमाने पर विकसित किया जाना चाहिए।

3. कृषि संबंधी कार्यों में सुधार करने की जरूरत है—सामान्य और निर्धन किसान को सिंचाई, खाद, वैज्ञानिक उपकरणों की सुविधाओं आदि देने का प्रबंध किया जाए जिससे कृषि-व्यवसाय में विकास हो सके। किसानों को वर्ष में भिन्न-भिन्न प्रकार के फसल उगाने का प्रशिक्षण दिया जाए जिससे कृषि-व्यवसाय में काफी विकास हो सके। इस तरह की योजनाओं से गाँव भी समृद्ध होंगे और बेरोजगारी की समस्या में भी कमी आयेगी।

4. विकास योजनाओं को प्रभावी बनाया जाए। ग्रामीण क्षेत्रों में भिन्न-भिन्न प्रकार की विकास-योजनाएँ चल रही हैं। इसे इस रूप में संगठित करना चाहिए कि यह गाँव में रोजगार के नये आयामों को विकसित कर सके यथा—लघु-उद्योग, सड़क-निर्माण आदि।

5. गाँव की बढती हुई जनसंख्या पर नियंत्रण करने की जरूरत है। परिवार-नियोजन के कार्यक्रम को जन-जन में पहुँचाना होगा। ग्रामीणों को इसे मनोवैज्ञानिक तरीके से समझाना होगा।

6. जीवन सुरक्षा का प्रबंध किया जाए। ग्रामीण समाज में इस प्रकार के कार्य करने की जरूरत है जिससे वहाँ के व्यक्तियों में यह भावना उत्पन्न हो सके कि वे वहाँ सुरक्षित हैं। उनकी कम-से-कम जरूरतों की पूर्ति गाँव में रहकर भी सम्भव है। ये कार्य तभी सम्भव हैं जब वहाँ कृषि कार्य के अलावा अन्य तरह के रोजगार के अवसर प्राप्त होने लगे।

7. रोजगार के नये आकर्षण उत्पन्न किए जाएं। गाँव में ऐसे नये रोजगार स्थापित किए जाएं जो वहाँ के व्यक्तियों को वर्ष भर काम दे सकें, जैसे बड़े स्तर पर खादी उद्योग धन्धों को विकसित किया जाएं। कम्बल, चिकन का काम, दरी और कालीन बनाने के प्रशिक्षण केन्द्र स्थापित किए जाएं। ग्रामीण व्यक्तियों को विकसित कार्यों का प्रशिक्षण भी दिया जाए और साथ में उन्हें रोजगार भी प्रदान किया जाए।

8. सहकारिता समितियों की स्थापना की जाए। इन समितियों का यह दायित्व है कि ये जरूरतमन्द व्यक्तियों को उनकी आवश्यकताओं के अनुसार सहायता करें। ये अपना कारोबार सुचारु-रूप से कर सके। नये कारोबार की स्थापना कर सके। धनाभाव के कारण कोई भी कारोबाद बन्द न हो सके, इस पर भी ध्यान रखना आवश्यक है।

9. कृषि बाजारों का प्रबंध भी जरूरी है। सीधे व सरल ग्रामीण व्यक्ति को महाजन आसानी से ठग लेता है। इन महाजनों के जाल में किसान न फँसे इसके लिए आवश्यक है कि सरकार ऐसी मंडियों की स्थापना करे जहाँ उसकी फसल का उचित मूल्य प्राप्त हो सके। इससे जहाँ किसान की आर्थिक स्थिति में सुधार होगा कि वहीं उसे अधिक अन्न उपजाने की प्रेरणा भी प्राप्त होगी।

सरकार द्वारा किए गए उपाय

प्रथम पंचवर्षीय योजना में भूमिहीन श्रमिकों को बसाने के लिए दो करोड़ रु0 व्यय करने का निश्चय किया गया था। बाद के समय में यह राशि 1.5 करोड़ रु0 कर दी गयी। योजना में 75 लाख व्यक्तियों को रोजगार दिलाने का लक्ष्य रखा गया किन्तु 54 लाख व्यक्तियों को ही रोजगार प्राप्त हो सका। द्वितीय योजना के शुरू में 53 लाख व्यक्ति बेरोजगार थे जिसके कि 1 करोड़ तक पहुँचने का अंदाजा था। इस योजना में 96 लाख व्यक्तियों को रोजगार दिलाने का उद्देश्य निर्धारित किया गया जिसमें 80 लाख गैर कृषि-क्षेत्र में और 16 लाख कृषि क्षेत्र में था। इस योजना ने 65 लाख व्यक्तियों को रोजगार दिलाया। तृतीय योजना में 1 करोड़ 30 लाख व्यक्तियों को रोजगार प्राप्त हुआ। चतुर्थ योजना में बेकारी तथा अर्ध बेकारी के समाधान हेतु 100 करोड़ की लागत से ग्रामीण-निर्माण कार्यक्रम शुरू किया गया। इस योजना में 1.9 करोड़ व्यक्तियों के लिए नये व्यवसाय उपलब्ध कराने की व्यवस्था की गई। पांचवीं-योजना में रोजगार बढ़ाने के लिए भू-संरक्षण, क्षेत्रीय विकास, पशुपालन दुग्ध-व्यवसाय सड़कें तथा लघु कृषक विकास जैसी विभिन्न योजनाओं का कार्यक्रम बनाया गया। छठी योजना में रोजगार में वृद्धि के लिए ग्राम तथा कृषि विकास परियोजनाओं करीब-करीब 47 हजार करोड़ रु0 व्यय करने की व्यवस्था की गई है। इस समय में तीन करोड़ व्यक्तियों को रोजगार प्राप्त हो सकेगा। सरकार ने ग्रामीण बेरोजगारी के निदान के लिए भिन्न-भिन्न प्रकार की योजनाओं को भी प्राथमिकता दी है यथा—ग्राम निर्माण प्रोग्राम, समन्वित खुश्क भूमि विकास, कृषि सेवा केन्द्र, राष्ट्रीय ग्रामीण रोजगार कार्यक्रम।

'एक विश्व, एक आशा' विषयवस्तु को 1 दिसम्बर, 1996 को विश्व एड्स दिवस के लिए अपनाया गया जिसमें एच.आई.वी. को फैलने को रोकने के लिए अलग-अलग समूहों ने मिलकर संकल्प लिया।

3

जनसंख्या वृद्धि और स्वास्थ्य की समस्या

बढ़ती हुई जनसंख्या भी एक मूल सामाजिक समस्या है जो मानव के स्वास्थ्य को बहुत हद तक प्रभावित करता है। अगर भारत में अलग-अलग प्रान्तों की जन्मदर को देखा जाए तो स्पष्ट होगा कि इसमें बहुत ज्यादा अंतर विद्यमान है। जहाँ कुछ प्रान्तों जैसे–असम, गुजरात, मध्य प्रदेश, पंजाब, राजस्थान, पश्चिमी बंगाल व उत्तर प्रदेश में जन्म-दर अधिक है, वहीं तमिलनाडु, जम्मू एवं कश्मीर व केरल में जन्म-दर कम है। नीचे तालिका में इसी तथ्य को स्पष्ट करने के लिए SRS (Sample Registration System) 1995 पर आधारित अन्तिम आँकड़ों के अनुसार विभिन्न प्रान्तों की जन्म-दर तथा जनसंख्या वृद्धि-दर को प्रदर्शित किया गया है–

भिन्न-भिन्न प्रान्तों में जन्म दर एवं जनसंख्या वृद्धि दर, 1995

प्रान्त	जन्म-दर	मृत्यु-दर	वृद्धि-दर
आन्ध्र प्रदेश	24.0	8.3	15.7
असम	29.3	9.6	19.7
बिहार	32.1	10.5	21.6

गुजरात	26.7	7.6	19.1
केरल	17.7	6.0	11.1
मध्य प्रदेश	33.0	11.0	22.0
तमिलनाडु	20.2	7.9	12.3
महाराष्ट्र	24.5	7.4	17.1
कर्नाटक	24.2	7.6	16.6
उड़ीसा	27.7	10.8	16.9
पंजाब	24.7	7.3	17.4
राजस्थान	33.2	9.1	24.1
उत्तर प्रदेश	34.7	10.4	24.3
प. बंगाल	23.3	9.0	19.3

झारखण्ड, छत्तीसगढ़ तथा उत्तरांचल राज्यों के आकड़े बिहार, मध्य प्रदेश तथा उत्तर प्रदेश में शामिल हैं।

उपर्युक्त तालिका से स्पष्ट है कि जहाँ कुछ राज्यों में जन्म-दर, औसत-दर से भी अधिक है वहीं कुछ राज्यों में कम है। यदि क्षेत्रीय दृष्टि से भारत में जन्म-दर को देखा जाए तो उसमें भी प्रचुर भिन्नता देखने को मिलती है। सबसे अधिक जन्म-दर उत्तरी क्षेत्र में है, जिसमें उत्तर प्रदेश, पंजाब और राजस्थान प्रान्त को सम्मिलित किया गया है, जबकि सबसे कम जन्म-दर दक्षिणी क्षेत्र की है जिसमें आन्ध्र प्रदेश, तमिलनाडु, केरल व कर्नाटक प्रान्त शामिल हैं। जनसंख्या में प्राकृतिक वृद्धि दर सबसे अधिक लगभग 24.6 उत्तरी क्षेत्र में है जबकि सबसे कम 16.2 दक्षिणी क्षेत्र में है।

अस्वस्थ होने के कारण

भारत में अस्वस्थता के अनेक कारण हो सकते हैं लेकिन मुख्य कारण निम्नलिखित हैं—

1. अशिक्षा—ग्रामीण समाज निर्धनता, अशिक्षा, भुखमारी जैसे अलग-अलग प्रकार के रोगों से ग्रस्त हैं। अशिक्षा ने व्यक्ति को कूप-मंडूप बना रखा है। अशिक्षित व्यक्ति न रोग को गंभीरता से समझ पाता है और न उसका उचित उपचार ही करा पाता है। अस्तु वह बीमार और अस्वस्थ बना रहता है।

2. गरीबी—यहाँ के व्यक्तियों को दो समय का भोजन काफी मुश्किल से प्राप्त होता है फिर वह स्वास्थ्यवर्धक चीजों का प्रयोग कैसे कर सकता है। निर्धनता स्वयं हजार रोगों का एक रोग है। जो उसे शारीरिक और मानसिक रूप से बीमार बनाये रखती है।

3. अपर्याप्त और पोषणहीन भोजन—तभी व्यक्ति स्वस्थ रह सकता है जब उसके शरीर की जरूरत के अनुसार उसे पोषक तत्व मिले। एक स्वस्थ व्यक्ति के लिए कम-से-कम 3000 कैलीरीज आय-पदार्थ प्राप्त होना चाहिए परन्तु भारत के सामान्य-व्यक्ति को 1500 से 1700 के मध्य ही कैलोरी प्राप्त होती है। इसलिए उसके शरीर में प्रचुर प्रोटीन, कार्बोहाइट्रेट, चर्बी और अन्य विटामिन तत्वों की कमी पायी जाती है। अपर्याप्त और पौष्टिक भोजन न मिलने के कारण आम भारतीय अस्वस्थ रहता है।

4. धार्मिक अन्धविश्वास—भारत में धर्म ने विभिन्न प्रकार के अन्धविश्वासों को भी जन्म दिया है। अशिक्षित ग्रामीण समाज कितना भी बीमार रहने पर अण्डा, माँस, मछली जो बहुत ही ताकत की चीजें हैं नहीं खाते हैं चूँकि इनके सेवन से उनका धर्म नष्ट होता है।

5. आवास-समस्या—करोड़ों ग्रामीण परिवार टूटी-झोपड़ी, सीले हुए कच्चे मकान में रहता है। एक कच्चे मकान के एक छोटे कमरे में 10-12 व्यक्ति तक साथ-साथ रहते हैं। इसका स्वास्थ्य पर प्रभाव पड़ता है। इनके घरों में न रोशनी आती है और न रोशनदान ही होते हैं। यह सभी चीजें स्वाथ्य के लिए हानिकारक हैं। इनकी कमी से व्यक्ति अस्वस्थ और बीमार रहता है।

6. नशीली चीजों की आदत—गाँव में छोटी आयु से ही बालक बीड़ी, हुक्का, ताड़ी और कच्ची शराब पीने लगता है। कस्बों के सम्पर्क में आकर अफीम, गाँजा, चरस आदि भी पीने लगते है। ये सभी चीजें व्यक्ति के स्वास्थ्य को केवल नष्ट ही नहीं करती अपितु उन्हें दुर्बल, शक्तिहीन और क्षमताहीन भी बनाती हैं।

7. मिलावट का दौर—शहर की गंदगी और धनी बनने की प्रवृत्ति गाँव में भी पहुँच गयी है। आज की संस्कृति में आदमी-आदमी को मारकर धनी बनना चाहता है। तेल और घी में मिलावट, मसालों और चाय में मिलावट, दूध में मिलावट, ये मिलावट अन्ततः व्यक्ति के शरीर में बीमारियाँ ही बीमारियाँ उत्पन्न करती हैं। इस मिलावट से व्यक्ति अन्धा भी होता है और पक्षाघात का शिकार भी और दिल का मरीज भी। इनसे पेट की बीमारियाँ काफी अधिक होती है।

8. सामाजिक कुप्रथाएँ—कुप्रथाओं से घिरा और जकड़ा ग्रामीण समाज विभिन्न बीमारियों का दास है। अनमेल विवाह, बाल-विवाह, पर्दा-प्रथा, आदि ऐसी कुप्रथाएँ ग्रामीण समाज में विद्यमान है जो अस्वस्थता का कारण है। छोटी आयु में विवाह और माता-पिता बनना, बीमारियों को नियंत्रित करना है। पर्दा-प्रथा क्षय रोग का कारण बनती है और अनमेल विवाह, मानसिक रोगों को जन्म देता है, वहीं शारीरिक रोगों को भी उत्पन्न कर देता है।

9. स्वच्छ जल तथा सफाई की कमी—ग्रामीण समाज की किस्मत में स्वच्छ जल और सफाई दोनों नहीं है। कुएँ तथा तालाबों का सड़ता हुआ जल गाँव वालों को पीने के लिए मिलता है। तालाब का दूषित जल जिसमें नहाया भी जाता है, कपड़े भी धोये जाते हैं और पशुओं का मल-मूत्र भी उसमें बहता रहता है और इस जल का उपयोग गांव वासी करते हैं। तालाब, कुएं, नदियों का जल शायद ही कभी साफ किया जाता हो और यही वजह है कि ग्रामीण बीमार रहता है।

10. नकली और जाली दवाओं की भरमार—भौतिकवादी और भोगवादी संस्कृति में व्यक्ति राक्षस हो गया है। वह रातों-रात धनी होना चाहता है। धोखा-धड़ी की नियत ने मनुष्यता को ही निगल लिया है। वह लाशों पर महल बनाना चाहता है। यह दुर्भाग्य की बात है कि यहाँ का व्यक्ति कैपसूल में हल्दी, मैदा या और कोई पाउडर मिलाकर बाजार में बेचता है। इन्हें बीमार व्यक्ति खाकर स्वस्थ तो नहीं होता पर पहले से कहीं अधिक अस्वस्थ्य हो जाता है। इसी तरह बड़ी-बड़ी औषधि कम्पनियों की प्रसिद्ध दवायें व सिरप को नकली रूप में बेचा जाता है। इन दवाओं पर असली कम्पनी की मोहर लगी होती हैं। दवाओं का यह काला-धन्धा समस्त समाज को बीमार बना रहा है।

11. स्वास्थ्य केन्द्र और सेवा संस्थानों की कमी—ग्रामीण समाज में अस्पताल, चिकित्सक, कम्पाउन्डर, नर्स सभी की कमी है। जहाँ अस्पताल हैं वहाँ डाक्टर नहीं हैं और जहाँ डाक्टर हैं वहाँ दवा नहीं हैं। दुख की बात है कि जहाँ भारत की 75 प्रतिशत जनसंख्या निवास करती है वहाँ चिकित्सा सम्बन्धी सुविधाएँ नहीं के बराबर हैं।

12. मेडीकल कालेजों की जर्जर अवस्था—स्वतंत्रता के बाद यह आशा की जाती थी कि देश की निर्धन जनता को इलाज सरकारी मेडीकल कालेजों में प्राप्त होगा पर जैसे-जैसे समय बीतता गया, चिकित्सा के सरकारी केन्द्रों की दशा जर्जर होती गयी। यहाँ गरीबों को दवायें उपलब्ध नहीं होती। मरीजों के साथ डाक्टरों का रूखा और उपेक्षापूर्ण व्यवहार में इतनी वृद्धि हो गयी है कि सामान्य

मरीज वहाँ जाना पसन्द नहीं करता। परिणामस्वरूप बीमारी बढ़ रही है और इलाज की सरकारी सुविधाएँ शून्य सी हो गयी हैं। प्रश्न है अस्वस्थ व्यक्ति स्वस्थ कैसे हो सकता है? वास्तविकता यह है कि स्वस्थ्य व्यक्ति चिकित्सा की कमी के कारण बीमार होता जा रहा है।

13. निर्धनों में निर्धन—इक्कीसवीं सदी में प्रवेश करने वाला भारत विकास का ढिंढोरा पीट रहा है। देश में विदेशी कम्पनियों का जाल बिछा रहा है पर इस देश में 35 से 45 प्रतिशत तक लोग ही गरीबी रेखा से नीचे हैं। इन्हें दो वक्त का भोजन भी नहीं मिलता है। पौष्टिक भोजन तो इनके जीवन में है ही नहीं। यह जन्म से ही अस्वस्थ होते हैं। इन्हें विरासत में मिलती है बीमारी। इन्हें टी० वी० होना कोई चकित होने की बात नहीं लगती। ये मलिन बस्तियों में रहते हैं जहाँ इनके चारों तरफ बीमारियों का साम्राज्य रहता हैं। गर्भवती महिलाओं की दशा तो और भी दयनीय हैं, देश की 70 प्रतिशत गर्भवती महिलाओं में खून की कमी है, वास्तव में गरीबी सबसे बड़ी बिमारी है। यह अस्वस्थता का सबसे प्रमुख कारण है।

14. दवा की कमी—यह इस देश की विडमबना है कि यहाँ असंख्य तरह की बीमारियाँ जन्म लेती रहती है। मरीज और डाक्टर को यही ज्ञात नहीं हो पाता कि व्यक्ति को बीमारी क्या है, कौन सी दवा दी जाए। परिणामस्वरूप बीमारी तो दूर नहीं होती पर व्यक्ति खाट से लग जाता हैं। ठीक इसके विपरीत महत्वपूर्ण दवाओं की कमी बाजार में बनी रहती है। ज्यादातर कस्बों और छोटे नगरों में यह आसानी से देखा जा सकता है। यह समाज की वह स्थिति है जिसमें बीमारी की निरंतर वृद्धि होती है। एक बीमार अस्वस्थ समाज स्थापित होता है।

15. प्रदूषण की भयावह स्थिति—महानगरों में अस्वस्थता का सबसे प्रमुख कारण बढ़ता हुआ प्रदूषण है। यहाँ व्यक्ति को स्वच्छ वायु के स्थान पर मिलता है विषैला काला धुआँ, पीने का गन्दे से गन्दा पानी, कान के परदे फाड़ने वाली गाड़ियों की आवाजें और मिलता हैं एक अत्यंत शोर-भरा वातावरण। यहाँ के महानगरों में स्थायी रूप से पाये जाते हैं पेट के रोगी, टी वी के मरीज, दमे के मरीज, दुर्बल वायु के रोगी आदि। इन महानगरों में व्यक्ति को अस्वस्थता सौगात में मिली है। सरकार प्रदूषण को समाप्त करने के लिए जाने कितनी योजनायें चला रही है पर व्यक्ति अपने स्वार्थ के लिए प्रकृति का दोहन कर रहा है और सरकार के किसी भी कानून को मानने के लिए तैयार नहीं है। बढ़ता हुआ प्रदूषण एक अस्वस्थ्य बीमार समाज को स्थापित कर रहा है जहाँ व्यक्ति, दम साधे किसी प्रकार जीवित है।

अस्वस्थता और बीमारियों के कुप्रभाव

नौ सो वर्ष तक भारत गुलाम रहा है। इस देश पर लम्बे काल तक छोटे-छोटे राजाओं, जमींदारों, तालुकेदारों का शासन रहा है। सामन्तवादी और साम्राज्यवादी व्यवस्था का सिर्फ लक्ष्य जनता का शोषण करना था। शताब्दियों तक इस गरीब देश का इस वर्ग ने मनचाहे रूप से शोषण किया। सामन्तवादियों ने देश के विकास और प्रगति के लिए जो कुछ किया वह सिर्फ अपने स्वार्थ की पूर्ति के लिए। गरीब, श्रमिक, भूमिहीन श्रमिक का जी भर के शोषण किया। इन्हें इतना भी वेतन नहीं दिया जाता था कि ये दो वक्त का भोजन भी कर पाते। इनका जीवन गुलामों से भी बदतर था। श्रमिकों और इनके परिवारों की दशा तो और भी दयनीय थी। ये गरीबी और ऋण में जन्म लेते थे और मृत्यु भी इसी के साथ होती थी। इस वर्ग के पास भोजन के लिए तो रुपये नहीं थे। ये स्वस्थ्य कैसे रह सकते थे। बीमारी इन्हें जन्म से मिलती है। इलाज कराने के लिए धन भी नहीं होता है। इसलिये गरीबी सबसे बड़ी बीमारी है जो व्यक्ति को अस्वस्थ्य और बीमार रखती है। बीमारों और कमजोर व्यक्तियों का समाज, बीमार और अस्वस्थ्य समाज की स्थापना करता है। युगों-युगों से यह समाज बीमार रहा है और आज भी है। जिसके कुप्रभाव निम्नलिखित हैं—

1. प्रदूषण का स्वास्थ्य पर प्रभाव—संसार के देशों में आज सबसे गंभीर समस्या प्रदूषण की है जो घुन की तरह व्यक्ति को खाये जा रहा है। व्यक्ति की सम्पूर्ण क्षमता, शक्ति, कार्य-शक्ति में निरंतर ह्रास हो रहा है। यह स्वास्थ्य पर भिन्न-भिन्न तरह से प्रभाव डालते हैं। विभिन्न तरह के रोगों को शरीर में उत्पन्न करते हैं। वायु प्रदूषण का स्वास्थ्य पर तुरन्त प्रभाव पड़ता है। कुछ प्रभाव तो दीर्घकालीन भी हो सकते हैं यथा नागासाकी और हीरोशिमा पर बम्ब के विस्फोट से आज भी जापानी लोग कुष्ट, अन्धापन, लंगड़ापन आदि रोगों से ग्रसित हैं। नगर के निवासी वायु-प्रदूषण से खाँसी, सिरदर्द, दमा, टी० वी० आदि बीमारियों के शिकार हैं। सल्फर डाई आक्साइड, नाइट्रोजन आक्साइड, हाइड्रोजन सल्फाइड, ओजोन क्लोराइडस आदि फेफड़े में कैंसर जैसे गंभीर रोग को उत्पन्न करते हैं। अलग-अलग प्रकार के एलर्जिक रोग होते हैं। इसी तरह जल-प्रदूषण और ध्वनि प्रदूषण का प्रभाव व्यक्ति पर सीधा पड़ता है। ये सभी प्रदूषण व्यक्ति और समाज को अस्वस्थ्य बनाते हैं। एक बीमार समाज की रचना स्वयं मानव अपने स्वार्थपूर्ति के लिए करता है। हम यह कह सकते हैं कि प्रदूषण से ग्रसित व्यक्ति और समाज

अपनी क्षमताओं और शक्ति को समाप्त करता है। इससे मानव ऊर्जा का लगातार क्षय होता है। इसका परिणाम है कि व्यक्ति कठिन कार्य करने में असमर्थ रहता है। लम्बे समय तक यह कार्य नहीं कर पाता है। मिलों में उत्पादन गिरता है और अस्पतालों में मरीजों की भीड़ लगती है।

2. बीमार-स्नायु का व्यक्तित्व—एक बीमार समाज से यह कैसे आशा की जा सकती है कि व्यक्ति स्वस्थ रह सकेगा। ज्यादा व्यक्तियों की सबसे बड़ी समस्या है कि वह अपने परिवार के दायित्व को किस प्रकार पूर्ण करे। उसकी आय आज इतनी भी नहीं है कि वह परिवार को प्रमुख जरूरतों की पूर्ति कर सकें, अपने बच्चों को अच्छी शिक्षा दे सके। बीमार व्यक्तियों का अच्छा इलाज करा सकें। लड़की का विवाह ठीक ढंग से कर सके आदि समस्याएँ उसके जीवन में स्थायी रूप से घर बनाकर बैठ गयी हैं। ये चिन्तायें कुण्ठा और निराशा को जन्म देती हैं। ये व्यक्ति में तनाव उत्पन्न करते हैं। इससे भंयकर बीमारियाँ उत्पन्न होती हैं जैसे मानसिक रोग, पेट की बीमारियाँ, ब्लड-प्रेशर, दिल की बीमारियाँ आदि। ये सभी व्यक्ति की क्षमताओं को नष्ट करती हैं।

3. कार्यक्षमता और कुशलता में गिरावट—बीमारियाँ व्यक्ति की अस्वस्थता का प्रतीक हैं। एक बीमार व्यक्ति भीतर ही भीतर घुलता जाता है। उसकी समस्त शक्ति का लगातार क्षय होता जाता है। देखा जाता है कि लम्बी बीमारी से ग्रस्त मरीज काफी दिनों तक नौकरी नहीं कर पाते हैं। वे लम्बी छुट्टी पर रहते हैं। इन्हें वेतन भी कम मिलने लगता है। अन्ततः नौकरी से भी हाथ धो बैठते हैं। इस प्रकार बीमारियाँ व्यक्ति की कार्यशीलता, क्षमता आदि को ही नष्ट नहीं करती बल्कि उसे कहीं का भी नहीं रखती हैं।

4. निम्न रहन-सहन का स्तर—बीमार परिवार की अर्थव्यवस्था हमेशा घाटे में चलती है। जितने अधिक लोग परिवार में बीमार होंगे उस परिवार की आर्थिक दशा उतनी ही दयनीय और सोचनीय होती जाएगी। अलग-अलग जरूरत की चीजों को त्याग दिया जाता है यहाँ तक कि बच्चों के लिए दूध, घी भी नहीं खरीदा जाता है, महज बीमार व्यक्ति के इलाज के लिए। आय का ज्यादा भाग इलाज कराने में खर्च होता है। इन सबका परिणाम सम्पूर्ण परिवार को भुगतना पड़ता है। ऐसे बीमार परिवार के रहन-सहन का स्तर निरन्तर गिरता जाता है। अर्थिक सामाजिक स्थिति इतनी खराब हो जाती है कि समाज में इनका आदर और सम्मान भी नहीं होता है। ये दया के पात्र हो जाते हैं। इसी तरह के बीमार-परिवारों में आत्महत्या की घटनाओं को देखा जा सकता हैं।

5. वैयक्तिक विघटन और बेरोजगारी में वृद्धि—बेरोजगारी स्वयं में एक सामाजिक समस्या और रोग है। बढ़ती हुई जनसंख्या के अनुपात में रोजगार उपलब्ध नहीं है। सरकारी आंकड़े कहते हैं कि शताब्दी के अन्त में 18 करोड़ लोग बेरोजगार हो जायेंगे। सच्चाई यह है कि इससे कहीं ज्यादा बेरोजगारों की संख्या है। वे असंख्य शिक्षित, अशिक्षित, कुशल व अकुशल, इनजीनियर तथा डॉक्टर जो आज बेरोजगार हैं वे कब तक अपनी इच्छाओं और आवश्यकताओं का दमन करते रहें। कब तक परिवार के उत्तरदायित्वों के भागीदार न बने। कब तक परिवार का बोझ बने रहें। इस तरह की स्थितियाँ व्यक्ति में तनाव, कुण्ठा, निराशा आदि की भावना में बढ़ोतरी करती है। एक स्वस्थ्य व्यक्ति अन्तता बीमार बनता है जिसके लिये यह समाज और सरकार पूरी तरह जिम्मेवार है। बीमार व्यक्ति को न तो कोई नौकरी देता है और न नैतिक प्रोत्साहन ही। इस प्रकार के समाज में वैयक्तिक विघटन की दर में लगातार वृद्धि होती है।

6. तनावपूर्ण वैवाहिक जीवन—वैवाहिक जीवन की आधार शिला स्वस्थ्य परिवार पर निर्भर करती है। यदि परिवार में रोगी अधिक हैं तो परिवार में सुख, शान्ति नहीं रह सकती। पति या पत्नी में से कोई एक लम्बी बीमारी झेल रहा है तो यौन-कामना की पूर्ति नहीं होती है। यह वह वजह है जो समस्त परिवार के स्नेह, प्रेम और सौहार्द्र को नष्ट करता है। पति व पत्नी में स्थायी रूप से तनाव रहने लगता है। इस तरह की स्थितियां तलाक की भावना को उत्पन्न करती हैं।

7. पारिवारिक बिखराव—परिवार में यदि बीमारों की संख्या ज्यादा है तो ऐसे परिवारों में एक समय के बाद परिवार के सदस्यों में लडाई-झगड़े, मनमुटाव, परिवार से अलग रहने की प्रवृत्ति आदि में वृद्धि होती है। परिवार के सदस्यों में इतना ज्यादा तनाव हो जाता है कि वे परस्पर बात तक नहीं करते हैं। पारिवारिक जीवन टूट जाता है। पारिवारिक सम्बन्ध नहीं रहते हैं। यह सब तथ्य एक बीमार परिवार से उत्पन्न होते हैं जो पारिवारिक विघटन के लिए काफी-कुछ उत्तरदायी हैं।

स्वास्थ्य संबंधी सरकारी प्रयत्न

सरकार सितम्बर 1978 के अलमाअता घोषणा पत्र के अनुरूप वर्ष 2000 तक सबके लिये स्वास्थ्य के लक्ष्य को पूरा करने के लिए वचनबद्ध है। इस उद्देश्य की पूर्ति के लिए भिन्न-भिन्न तरह की स्वास्थ्य योजनाएं आरम्भ की गयी हैं। पाँचवीं पंचवर्षीय योजना में इस बात पर जोर दिया गया कि नगर और ग्रामीण क्षेत्रों में स्वास्थ्य संबंधी जो विषमताएं हैं उन्हें दूर किया जायेगा। सातवीं पंचवर्षीय

योजना में स्वास्थ्य संबंधी व्यापक कार्यक्रम बनाये गये जिससे अधिक-से-अधिक जनता को फायदा पहुँच सके। सातवीं पंचवर्षीय योजना के अन्त तक पूरे देश में 54 केन्द्रों के रूप में विस्तृत ग्रामीण स्वास्थ्य की आधार संरचना स्थापित की गई। आठवीं पंचवर्षीय योजना 1992-97 में कर्मचारी, भवन सामग्री और उपस्कर उपलब्ध कराकर योजना को मजबूत किया जा रहा हैं। चालू स्वास्थ्य कार्यक्रमों को मोटे तौर से केन्द्रीय प्रयाजित योजना मुख्य रूप से भिन्न-भिन्न प्रकार के संक्रामक और गैर संक्रामक रोगों स्वायत्त और सरकारी दोनों तरह के संस्थान शामिल है, जिनकों आर्थिक मदद दी जाती है।

राष्ट्रीय स्वास्थ्य कार्यक्रम के अंतर्गत अलग-अलग तरह की बीमारियों को रोकथाम के लिए विस्तृत कार्यक्रम को लागू किया गया है यथा—स्वतंत्रता प्राप्ति के समय देश में मलेरिया रोगी की संख्या 7-7 करोड़ थी लेकिन 1958 में राष्ट्रीय मलेरिया रोग उन्मूलन कार्यक्रम के द्वारा इस पर नियंत्रण पा लिया गया। 1965 में मात्र मलेरिया रोगी की संख्या 1 लाख रह गयी। कालाआजार बिहार और पश्चिम बंगाल के लिए एक गम्भीर समस्या बन गयी थी। सितम्बर 1994 तक कालाआजार के करीब 20505 मामले दर्ज किये गये और 322 लोगों की मृत्यु इससे हो गयी। इस रोग पर नियंत्रण पाने के लिए केन्द्र ने प्रभावित राज्यों को कीटनाशक उपलब्ध करवाये और कालाआजार प्रतिरोधी आयातित दवा और तकनीकी दिशा निर्देश भी दिये। सरकार के लिए अन्धापन भी एक चुनौती बन गयी थी। इस पर नियंत्रण पाने हेतु राष्ट्रीय अंधापन नियंत्रण कार्यक्रम 1976 में 100 प्रतिशत केन्द्रीय प्रयोजित कार्यक्रम के रूप में आरम्भ किया गया। इस रोग की रोकथाम हेतु सरकार ने कई प्रमुख कदम उठाये जैसे क्षेत्रीय नेत्र विज्ञान संस्थानों की स्थापना, मेडिकल कालेजों और सुविधाओं की व्यवस्था। सरकार का यह यक्ष्य है वर्ष 2000 तक अन्धेपन का प्रतिशत 0.3 तक कर दिया जाये। एक सर्वे से ज्ञात हुआ कि 80.1 प्रतिशत लोगों के अन्धेपन का कारण मोतियाबिन्द है जिसे आसानी से ठीक किया जा सकता है। इस तरह विभिन्न जानलेवा रोगों पर नियंत्रण पाने के लिए सरकार अथाह कोशिश कर रही है यथा कैंसर, कुष्ठ रोग, टी० वी० आदि। इन पर नियंत्रण पाने के लिए सरकार अरबों रूपये खर्च कर रही है क्योंकि ये रोग व्यक्ति के जीवन का हरण करते हैं। विभिन्न रोगों की रोकथाम करने के लिये तथा भयंकर रोग किस रूप में अनेक क्षेत्रों में फैलता हैं इसे ज्ञात करने हेतु विभिन्न चिकित्सा संबंधी अनुसंधान केन्द्रों की स्थापना की गई है। राष्ट्रीय चिकित्सा विज्ञान्र अकादमी की स्थापना का उद्देश्य चिकित्सा विज्ञानों के उत्थान को प्रोत्साहन देना है। इस तरह केन्द्रीय स्वास्थ्य शिक्षा ब्यूरो की स्थापना

की गई है। यह स्वास्थ्य सेवा निदेशालय में स्वास्थ्य शिक्षा का शीर्ष संगठन है। यह संस्था भिन्न-भिन्न प्रकार से अपने कार्यकर्ताओं और जनता को स्वास्थ्य संबंधी शिक्षा प्रदान करती है। इस ब्यूरो की स्वास्थ्य संबंधी कार्यों में महत्वपूर्ण भूमिका है।

जिससे वे अपने स्वास्थ्य की देख-भाल सही ढंग से कर सके और विभिन्न रोगों से अपनी रक्षा कर सकें।

भारत का भ्रष्टतंत्र जनता को फायदा पहुँचाने के बजाए उसको छल रहा है। करोडों रुपयों के औषधियों को अधिकारियों ने रख लिया। आयुर्वेदिक काण्ड इसका साक्षी है। अलग-अलग चिकित्सा केन्द्रों को चिकित्सा संबंधी जो करोड़ो रूपये दिये जाते हैं वे सरकार में बैठे बड़े अधिकारी, बड़े पदाधिकारी डाक्टर और सरकारी आवंटित धन को निगल जाते हैं।

जरूरत है जनता को एकजुट खड़े होकर इस भ्रष्टाचार के विरुद्ध निरन्तर लड़ने की चूंकि 50 वर्षों में भ्रष्टाचार की जड़ें काफी गहरी हो गयी हैं।

जरूरत है बढ़ती हुई जनसंख्या पर नियंत्रण करने की। इस गरीब देश के पास इतना धन नहीं है कि करीब 95 करोड़ व्यक्तियों को चिकित्सा संबंधी सरकारी सुविधाएं दे सके। आबादी की 35 प्रतिशत जनता गरीबी की रेखा के नीचे है। इन्हें सरकार चिकित्सा सुविधाएं नहीं दे पाती है। सरकार कुछ कोशिश कभी करती है तो सरकारी चिकित्सालय इतने भ्रष्ट हो गये हैं कि वहाँ सुविधाओं के नाम पर मरीजों की उपेक्षा की जाती है। उन्हें पशमर्श दी जाती है यहाँ कुछ नहीं है वे अपना इलाज नर्सिंग होम से करायें। ये उपभोक्ताओं के शोषण के केन्द्र बन गये हैं और डाक्टरों के अनाप-शनाप आय के स्रोत बन गये हैं। लाख सरकार कानून बनाती रहे कि सरकारी डाक्टर प्राईवेट प्रेक्टिस नहीं करेंगे पर ठीक इसके प्रतिकूल हो रहा है। इसलिए आवश्यकता है सरकारी अस्पतालों और मेडिकल कालेजों में सख्ती करने की पर शायद लोकतंत्र के शब्दकोश में सख्ती, अनुशासन, निष्ठा, देश-सेवा का कोई स्थान नहीं रह गया है। यह कितनी आश्चर्य बात है कि स्वतंत्र भारत में मुट्ठी भर भ्रष्ट व्यक्ति सम्पन्न और खुशहाल हैं और अधिकतर व्यक्ति अभावों में जी रहे हैं। इन बेइमानों और माफियाओं के विरुध एकजुट खड़े होने का समय आ गया है अन्यथा यह समाज को मोहताज, पराश्रित और बीमार बनाकर शोषण करते रहेंगे। इस देश में शताब्दियों पहले से यह शोषण की नीति चली आ रही है। फर्क सिर्फ स्वरूप का है जो स्वतंत्र भारत में हमें देखने को मिल रहा है। युवा-पीढ़ी पर इस बीमार और भ्रष्ट देश को बचाने का उत्तरदायित्व अधिक है।

4

भ्रष्टाचार

आज के दौर में भ्रष्टाचार एक देशव्यापी समस्या बन चुकी है। आज हर क्षेत्र तथा विभाग में भ्रष्टाचार ही भ्रष्टाचार नजर आता है। इससे समाज का कोई भी अंग अछूता नहीं बचा है। आज सत्ता के शीर्ष से लेकर सबसे निचली पायदान तक भ्रष्टाचार का बोलबाला है। चाहे वह सामाजिक क्षेत्र हो, राजनीतिक क्षेत्र हो, आर्थिक क्षेत्र हो या अन्य कोई भी क्षेत्र हो, भ्रष्टाचार से अछूता नहीं है। भ्रष्टाचार की यह समस्या दिनौ-दिन इतनी जटिल होती जा रही है कि इस पर नियंत्रण करना काफी कठिन है। देश के अधिकांश सत्ताधारी व्यक्तियों एवं प्रशासनिक अधिकारियों के जीवन, व्यवहार, कार्यक्रम एवं विचार भ्रष्टाचार का एक अभिन्न अंग बन गया है। प्रजातंत्र, समाजवाद, स्वच्छ प्रशासन, सामाजिक न्याय एवं राष्ट्रीय चरित्र आदि आज आडम्बर मात्र बनकर रह गये हैं। यहाँ के प्रबुद्ध जन, राजनीतिज्ञ, प्रशासक एवं अन्य व्यक्ति भ्रष्टाचार पर लम्बी-लम्बी बहस करते हैं एवं व्याख्यान भी देते हैं लेकिन अफसोस तब होता है जब इनकी कथनी एवं करनी में अंतर दिखाई देता है। यहाँ की जनता भी अब भ्रष्टाचार को झेलने की आदी हो गई है और अब यह जीवन का अंग बन चुका है। भ्रष्टाचार अधिकांश व्यक्तियों के जीवन का एक पर्याय बन गया है। भ्रष्टाचार के सम्बन्ध में गुन्नार मिरडल ने अपने दिए गये वक्तव्य में इसे दक्षिण-पूर्व एशिया के देशों की एक लोक-रीति बताया। इनके वक्तव्य में पता चलता है कि आज भ्रष्टाचार इस रूप

में पनप चुका है कि लोग इसे लोक-रीति की तरह अपना चुके हैं। इससे निजात पाना एक कठिन कार्य है। प्राचीन समय में समुदाय छोटे होते थे और उनमें भी लोग एक-दूसरे को जानते थे। जब समुदाय का आकार बढ़ा तो नियंत्रण का अधिकार शासकों के हाथों में आ गया। प्राचीन समय में लोग परम्परा तथा धार्मिक नीतियों के नियम से बंधे हुए थे। आज यह दिखाई नहीं पड़ता है। यूरोप में सोलहवीं तथा सत्रहवीं शताब्दियों में निरपेक्षतावादी राष्ट्रों ने (Absolutist Nation States) तथा उन्नीसवीं शताब्दी में लोकतांत्रिक राष्ट्रों के उदय के साथ राजनीतिक संस्थाओं एवं जन प्रशासन के कार्यों में काफी परिवर्तन हुए। कार्यकुशलता सीमित करने वाले विभिन्न प्रतिबन्धों के विरोधस्वरूप निरपेक्षतादी राष्ट्रों की उत्पत्ति हुई थी। राज्य के प्रतिबन्ध तथा चर्च और जागीरदारी व्यवस्था के प्रतिबन्ध कुछ ऐसे ही प्रतिबन्धों के उदाहरण हैं।

प्राचीन समय में राज्यों के छोटे-छोटे आकार के कारण लोग एक-दूसरे से परिचित रहते थे और उनका कार्यक्षेत्र भी सीमित था जिससे भ्रष्टाचार की इतनी जटिल गंभीर नहीं थी। इस सम्बन्ध में Report of the Committee on Prevention of Corruption में कहा गया है, "प्राचीन तथा मध्ययुगीन समाजों में सार्वजनिक अधिकारियों का क्षेत्र न्यूनतम था। अनेक कार्य जो पहले समुदाय द्वारा किए जाते थे अब राज्य द्वारा सम्पन्न होने लगे हैं। बहुधा पद (Offices) वंशानुगत होते थे और आवश्यक गुण जो आज उत्कोच (Bribery) को बढ़ावा देते हैं उस समय निष्ठा और ईमानदारी के प्रचलित लक्षण माने जाते थे। उस समय राज्यों के कार्यों के सीमित क्षेत्र और लेन-देन के तरल साधनों (Fluid Resources) के अभाव के कारण भ्रष्ट होने तथा भ्रष्ट करने के अवसरों एवं क्षमता को नियंत्रित किया गया था।" धीरे-धीरे समय बदलता गया एवं समुदायों के बढ़ते आकार एवं परिवेश ने भ्रष्टाचार को बढ़ावा दे दिया। प्रत्येक विकासशील समाज में भ्रष्टाचार की समस्या किसी-न-किसी रूप में पनपती है। आज भ्रष्टाचार एक फैशन बन गया है। जो अधिकारी घूस नहीं लेते या भाई-भतीजावाद नहीं करते उन्हें आउट डेटेड मानकर उपहास का पात्र बताया जाता है। इस प्रकार यह पता चलता है कि भ्रष्टाचार की समस्या प्राचीन समय में गंभीर नहीं थी जबकि आज यह एक गंभीर समस्या बन चुकी है।

भ्रष्टाचार का अर्थ

भ्रष्टाचार आज एक गंभीर सामाजिक समस्या बन चुकी है। मेकाईवर का कथन है कि समाज सामाजिक सम्बन्धों का जाल है, इस तथ्य की पुष्टि करता है

कि समाज में सामाजिक सम्बन्धों की महत्त्वपूर्ण भूमिका होती है। सामाजिक सम्बन्ध समय के साथ बदलती रहती है। यह एक गतिशील व्यवस्था है। सामाजिक सम्बन्ध मानव के आचार-व्यवहार के तौर-तरीकों को निर्धारित करता है। मानव-समाज में पाए जाने वाले आचार-विचार को दो भागों में विभाजित किया जा सकता है। एक शिष्टाचार कहा जा सकता है और दूसरा भ्रष्टाचार कहा जा सकता है। जो आचार-व्यवहार शिष्ट एवं शालीन होता है उसे शिष्टाचार और इसके विपरीत भ्रष्ट आचार को भ्रष्टाचार कहा जाता है। भ्रष्ट का अर्थ निकृष्ट से समझा जाता है। आचार का तात्पर्य मानव-व्यवहार एवं उसके क्रिया-कलाप से समझा जाता है। इस प्रकार भ्रष्टाचार का अर्थ मानव के निकृष्ट आचार-व्यवहार से हुआ। प्रत्येक समाज अपने सदस्यों के लिए कुछ आचार-व्यवहार निर्धारित करता है। इन्हीं आचारों-व्यवहारों का उल्लंघन करना भ्रष्टाचार कहा जाता है।

भ्रष्टाचार को विभिन्न विद्वानों ने परिभाषित किया है। ये परिभाषाएँ निम्नलिखित हैं—

ई.ए. रॉस (E.A. Ross) ने भ्रष्टाचार को परिभाषित करते हुए कहा है, "भ्रष्टाचार सामान्य नैतिकता पर प्रतिकूल प्रभाव डालता है क्योंकि यह अविश्वास और आस्थाहीनता की प्रवृत्तियों को बढ़ाता है। इस प्रकार सामाजिक विघटन की स्थिति का निर्माण करता है।" इस परिभाषा से पता चलता है कि भ्रष्टाचार नैतिकता के विपरीत होता है। इससे अविश्वास उत्पन्न होता है।

भ्रष्टाचार को परिभाषित करते हुए राबर्ट सी. ब्रुक्स ने कहा है, "कोई प्रत्यक्ष अथवा अप्रत्यक्ष व्यक्तिगत लाभ प्राप्त करने के लिए जान-बूझकर प्रदत्त कर्त्तव्य का पालन न करना, राजनीतिक भ्रष्टाचार है। भ्रष्टाचार सदैव किसी स्पष्ट अथवा अस्पष्ट लाभ के लिए कानून और समाज के विरोध में किया जाने वाला कार्य होता है।" इस परिभाषा के अनुसार भ्रष्टाचार जान-बूझकर अपने लाभ के लिए किया जाता है। इससे समाज एवं कानून दोनों के नियमों का उल्लंघन होता है।

भ्रष्टाचार को परिभाषित करते हुए आर.बी. गुप्ता ने कहा है, "भ्रष्टाचार का तात्पर्य उन व्यक्तियों द्वारा अर्जित अनुचित लाभ से है, जो सार्वजनिक हितों को तिलांजलि देकर सामाजिक प्रतिष्ठा, पद तथा धन के कारण कानून की आँखों में धूल झोंकने में समर्थ होते हैं।" इस परिभाषा से यह पता चलता है कि भ्रष्टाचार में लिप्त व्यक्ति अनुचित लाभ के लिए सार्वजनिक हितों को तिलांजलि दे देते हैं। ऐसे व्यक्ति कानून की आँखों में धूल झोंकने में समर्थ होते हैं।

भ्रष्टाचार निरोध समिति, 1962 ने भ्रष्टाचार के सम्बन्ध में कहा है, "शब्द के व्यापक अर्थ (Connotation) में, एक सार्वजनिक पद (Office) अथवा

जनजीवन में उपलब्ध एक विशेष स्थिति (Position) के साथ संलग्न शक्ति तथा प्रभाव का अनुचित या स्वार्थपूर्ण प्रयोग ही भ्रष्टाचार है।''

प्रो. पी.एस. मुहार ने भ्रष्टाचार को परिभाषित करते हुए लिखा है, ''भ्रष्टाचार कई रूप धारण कर सकता है। इसका आशय राजनैतिक या अन्य प्रकार के किसी अनुचित प्रभाव (Undue Influence) का उपयोग सार्वजनिक कार्यतंत्र अधिकारी (Public Functionary) पर करना मात्र भी हो सकता है अथवा यह कुछ अदृष्ट पारिवारिक या जातिगत बन्धनों (Bonds) का परिणाम भी हो सकता है और यह कुछ आर्थिक प्रलोभनों (Financial Inducements) के कारण भी हो सकता है। इसका स्वरूप कोई भी हो सकता है किन्तु इसका आवश्यक तत्त्व उचित या साधारण प्रक्रिया (Due Process) को बाहरी ओर से प्रभावित करने का प्रयास होता है। इसका परिणाम अल्प होता है, भले ही यह प्रभाव सुधार (Correction), कार्य-साधन (Expedition) या पृथक्करण (Deprivation) की दिशा में ही क्यों न हो।''

भ्रष्टाचार को परिभाषित करते हुए इलियट एवं मेरिल (Elliott and Merril) ने कहा है, ''किसी प्रत्यक्ष अथवा अप्रत्यक्ष लाभ प्राप्त करने के लिए जान-बूझकर कर्त्तव्य का पालन न करना भ्रष्टाचार है। भ्रष्टाचार सदैव किसी स्पष्ट अथवा अस्पष्ट लाभ के लिए कानून तथा समाज के विरोध में किया जाने वाला कार्य है।'' इस परिभाषा से यह पता चलता है कि अपने लाभ के लिए कर्त्तव्य का पालन न करना भ्रष्टाचार है। भ्रष्टाचार में समाज एवं कानून दोनों के नियमों का उल्लंघन होता है।

भ्रष्टाचार की परिभाषा जे.पी. मिन्टरो ने भी दी है। इन्होंने भ्रष्टाचार को भारतीय सन्दर्भ में परिभाषित किया है। मिन्टरो के अनुसार, ''भ्रष्टाचार वह कार्य है जिसमें अधिकार सम्पन्न व्यक्ति अपने पद, स्तर या प्रभाव का प्रयोग अनुचित लाभ की प्राप्ति के लिए अनुपयुक्त एवं स्वार्थपूर्ण ढंग से करता है।'' इस परिभाषा से पता चलता है कि भ्रष्टाचार अधिकार-सम्पन्न व्यक्तियों द्वारा किया जाता है। ऐसे व्यक्ति अपने पद का प्रयोग अनुचित लाभ के लिए करते हैं।

भारतीय दण्ड संहिता की धारा 161 के अनुसार ''कोई भी सार्वजनिक कर्मचारी वैध पारिश्रमिक के अतिरिक्त अपने या किसी दूसरे व्यक्ति के लिए जब कोई लाभ इसलिए लेता है कि सरकारी निर्णय पक्षपात ढंग से किया जाए तो यह भ्रष्टाचार है तथा इससे सम्बन्धित व्यक्ति भ्रष्टाचारी है।'' इस विचार से पता चलता

है कि किसी भी सरकारी कर्मचारी का अपने वैध वेतन के अलावा कुछ भी ग्रहण इस उद्देश्य से करना कि सरकारी निर्णय में पक्षपात किया जाए भ्रष्टाचार कहलाता है।

फ्रीमैन तथा जोन्स ने भ्रष्टाचार के सम्बन्ध में लिखा है, "वे समस्त कार्य जो लोक सेवकों, प्रशासनिक कर्मचारियों तथा आम नागरिकों की ईमानदारी एवं सत्यनिष्ठा का नाश करते हैं और जो प्रभुता एवं अधिकार-सम्पन्न व्यक्तियों को अपने सम्मान-कर्त्तव्यपरायणता तथा निष्ठापूर्वक दायित्व निभाने की भावना को त्यागकर घूस एवं अन्य प्रकार के अनुचित लाभों को प्राप्त करने का अवसर या प्रेरणा प्रदान करते हैं।"

उपर्युक्त परिभाषाओं का निहितार्थ यह है कि भ्रष्टाचार एक गंभीर सामाजिक समस्या है। यह अक्सर अधिकार-सम्पन्न व्यक्तियों द्वारा किया जाता है। ऐसे व्यक्ति अपने अधिकार एवं पद का दुरुपयोग अपने अनुचित लाभ के लिए करते हैं। ये घूस इत्यादि लेकर अवैध तरीकों से दूसरों को लाभ पहुँचाते हैं। ऐसे व्यक्ति समाज एवं कानून दोनों के नियमों का उल्लंघन करते हैं तथा समाज एवं कानून को भी बहुत हद तक प्रभावित करने की क्षमता रखते हैं। भ्रष्टाचार में डूबा व्यक्ति अपने निजी स्वार्थों के लिए समाज एवं राष्ट्र को भूल जाता है। उसका इससे कोई वास्ता नहीं रहता है कि उसके द्वारा किए गये कार्यों से समाज एवं राष्ट्र की कितनी अपूरणीय क्षति होगी। वह सिर्फ अपने हितों को देखता है।

भ्रष्टाचार के प्रधान तत्त्व

भ्रष्टाचार के निम्नलिखित तत्त्व कहे जा सकते हैं–

(अ) भ्रष्टाचार मानव-आचरण का एक प्रकार है।

(ब) भ्रष्टाचार से सम्बन्धित मानव-आचरण समाज द्वारा मान्यता प्राप्त नहीं होता है।

(स) इस आचरण का उद्देश्य व्यक्तिगत लाभ कमाना होता है।

(द) इस मानव-आचरण में व्यक्तिवादी भावना की प्रधानता होती है।

(य) ऐसा मानव-आचरण व्यक्ति को स्वेच्छा से जान-बूझकर कर्त्तव्यों के उल्लंघन के लिए प्रेरित करता है।

ई.एस.एम. प्रकाशम ने 'Corruption in Government Servants' में भ्रष्टाचार के कुछ तत्त्वों का उल्लेख किया है जो निम्नलिखित हैं–

(अ) चेतन अवस्था में किया गया कोई भी कार्य जो नियम या व्यवस्था के विरुद्ध हो।

(ब) ऐसा कोई भी कार्य जो न्याय एवं नैतिकता के मान्य सिद्धान्तों के विरुद्ध हो।

(स) ऐसा कोई भी कार्य जो सार्वजनिक कर्त्तव्यों के पालन में पक्षपात पर आधारित हो।

(द) जान-बूझकर किसी कार्य को विलम्ब से संपादित करना।

(य) जान-बूझकर ऐसी सूचना या रिपोर्ट देना जिससे व्यक्ति गुमराह हो।

(र) किसी प्रमाण या तथ्य को दबाना अथवा उसकी गलत व्याख्या करना।

(ल) जानते हुए भी दूसरे व्यक्तियों के कार्यों अथवा गलतियों को न रोकना।

भ्रष्टाचार के कारण

भ्रष्टाचार के निम्नलिखित कारण माने जा सकते हैं—

1. अत्यधिक प्रतिस्पर्द्धा का होना—वर्तमान प्रतिस्पर्द्धात्मक युग में जीवन के हर क्षेत्र में व्यक्ति को कड़ी प्रतिस्पर्द्धा का सामना करना पड़ता है। चाहे वह आर्थिक क्षेत्र हो, सामाजिक क्षेत्र हो, धार्मिक क्षेत्र हो या राजनीतिक क्षेत्र हो। जब इस प्रतिस्पर्द्धा के दौड़ में व्यक्ति जायज या कानूनी तरीके से सफल नहीं हो पाता है तब वह भ्रष्ट तरीकों को भी अपनाने से नहीं हिचकते। लोगों में यह गलत धारणा घर कर गई है कि प्रेम, राजनीति व व्यापार में कुछ भी अनुचित नहीं है। इसलिए वे अनुचित व भ्रष्ट तरीके को भी प्रतिस्पर्द्धा के दौरान अपनाते हैं। इस प्रकार के विकृत आदर्श के कारण भ्रष्टाचार पनपता व बढ़ता है। अतः अत्यधिक प्रतिस्पर्द्धा का होना भ्रष्टाचार का एक कारण कहा जा सकता है।

2. आबादी की भिन्नता—अत्यधिक जनसंख्या के कारण प्रत्येक नागरिक के जान-पहचान का दायरा सीमित होता है। इससे उनमें भाईचारे की भावना नहीं पनप पाती है। इसलिए उन्हें एक-दूसरे का गला घोंटने में किसी भी हिचक का अनुभव नहीं होता। परिचित व्यक्ति से घूस लेने में हिचक का अनुभव होता है जबकि अपरिचित व्यक्ति से घूस लेने में लोग किसी प्रकार के हिचक का अनुभव नहीं करते हैं। अतः आबादी की भिन्नता भ्रष्टाचार का एक कारण कहा जा सकता है।

3. पूर्ण स्वार्थवाद—पदलोलुपता एवं व्यक्तिगत स्वार्थ भ्रष्टाचार की जननी है। स्वार्थवाद जब प्रबल हो जाता है तब भ्रष्टाचार का उदय होता है। जब स्वार्थवाद अपने चरम पर पहुँच जाता है तो भ्रष्टाचार भी बढ़ जाता है। कहने का तात्पर्य यह है कि स्वार्थवाद व भ्रष्टाचार में चोली एवं दामन का सम्बन्ध है।

भ्रष्टाचार तो हमारे समाज में नीचे स्तर तक व्याप्त है। दूध में पानी मिलाना, घी में डालडा मिलाना, नकली दवाइयों का उत्पादन एवं गलत विज्ञापनों के माध्यम से लोगों को ठगना आदि भ्रष्टाचार का जीता-जागता उदाहरण है। इस प्रकार यह कहा जा सकता है कि पूर्ण स्वार्थवाद भ्रष्टाचार का एक कारण है।

4. राजनीति का विशाल क्षेत्र—पुराने जमाने में समाज तथा समुदाय का आकार सीमित होने के कारण स्थानीय शासन व्यवस्था लागू थी। सरकार सामूहिक इच्छा के अनुसार कार्य करती थी। आज स्थिति बदल गयी है। समुदाय एवं समूह का आकार बड़ा हो गया है। राजनीति का क्षेत्र भी विशाल हो गया है। इसलिए सरकारी मशीनरियों का दुरुपयोग हो रहा है। बड़े-बड़े राजनीतिज्ञ, उच्च अधिकारी से लेकर छोटे अधिकारी एवं संसद सदस्य तक अपने पद का दुरुपयोग करते हैं एवं अपने व्यक्तिगत हितों के लिए सामूहिक हितों को तिलांजलि दे देते हैं। ये भ्रष्टाचार में आकण्ठ तक डूबे हुए हैं। ये छोटे-से-छोटे कार्यों में भी भ्रष्टाचार का सहारा लेते हैं। इस प्रकार भ्रष्टाचार का एक कारण राजनीति का विशाल क्षेत्र कहा जा सकता है।

5. गोपनीयता—भ्रष्टाचार गोपनीय तरीके से किया जाता है। इसका लोगों को जल्द पता नहीं चलता है। यह लोगों की नजरों से छुपाकर किया जाता है। इसकी प्रकृति में कुछ निश्चित गोपनीयता पाई जाती है। इसी गोपनीयता के कारण कानूनों को भी इच्छानुसार तोड़ा-मरोड़ा जाता है। इस प्रकार गोपनीयता भ्रष्टाचार का एक कारण कहा जा सकता है।

6. लोगों में जनजागरूकता की कमी—जनता में जागरूकता की कमी के कारण भ्रष्टाचारियों को प्रश्रय मिलता है। लोग भ्रष्टाचार के प्रति जागरूक नहीं रहते हैं। अक्सर जनता की यह सोच रहती है कि जो कुछ हो रहा है उससे उनका कोई लेना-देना नहीं है। इस प्रकार वे गलत कार्यों की देखकर भी अनदेखा कर देते हैं। इस प्रकार भ्रष्ट कार्यों की अनेदखी करना भ्रष्टाचार को और बढ़ावा देती है। अतः जनजागरूकता के अभाव में भी भ्रष्टाचार पनपता एवं बढ़ता है।

7. व्यापारियों और राजनीतिज्ञों का गठबन्धन—भ्रष्ट राजनीतिज्ञों एवं बड़े-बड़े उद्योगपतियों, व्यापारियों के बीच गठबंधन के कारण भ्रष्टाचार पनपता है। इनके गठबन्धन के कारण भ्रष्टाचार पनपता है। जनता के हित में कोई भी कदम सरकार ही उठाती है। व्यापारियों एवं राजनीतिज्ञों की मिलीभगत के कारण ऐसे निर्णय लिए जाते हैं ताकि व्यापारियों को अधिक-से-अधिक लाभ मिल सके। जनता के हितों को ताक पर रख दिया जाता है। बड़े-बड़े व्यापारी चुनाव के समय में राजनीतिज्ञों की सहायता करते हैं और बाद में ये राजनीतिज्ञ ऐसी नीति तय

करते हैं जिससे व्यापारियों को अधिक-से-अधिक लाभ मिल सके। टैक्स आदि जो जनता पर लगाया जाता है उसका निर्णय सरकार ही करती है। वह इस प्रकार की नीति तय करती है ताकि व्यापारियों को राहत मिले। जनता का उन्हें कोई ध्यान नहीं रहता है। इस प्रकार यह कहा जा सकता है कि भ्रष्टाचार का एक बड़ा कारण बड़े-बड़े व्यापारियों और राजनीतिज्ञों का गठबन्धन है।

8. प्रजातंत्रीय सरकार की विकृत व्यवस्था—अमूमन प्रजातांत्रिक पद्धति में सत्ता परिवर्तन होने के साथ ही, सरकारी अधिकारियों एवं कर्मचारियों का स्थानांतरण कर दिया जाता है। यह प्रजातंत्रीय सरकारों की विकृत का एक जीता-जागता नमूना है। बिना किसी दोष या कारण के अधिकारियों एवं कर्मचारियों का तबादला कर देना भ्रष्टाचार का एक कारण बन जाता है। चुनाव में जीतकर आए नेता अपनी मनमानी या अपने हितों को साधने के लिए इस प्रकार का कार्य करते हैं और भ्रष्टाचार को बढ़ावा देते हैं। इस प्रकार भ्रष्टाचार का एक कारण प्रजातंत्रीय सरकार की विकृत व्यवस्था कहा जा सकता है।

9. अज्ञानता—भ्रष्टाचार का एक प्रमुख कारण नागरिकों में ज्ञान की कमी व्र सुझबूझ का अभाव होना भी है। अक्सर समाचार-पत्रों में लुभावने रूप से यह विज्ञापन दिया जाता है कि 50 या 60 रु. में रेडियो या घड़ी मंगाएँ। लोग अज्ञानता के कारण इस झाँसे में आ जाते हैं और पैसे गँवाकर भी सामान नहीं पाते हैं। यदि जनता को इतना ज्ञान हो कि 50 या 60 रु. में रेडियो या घड़ी नहीं प्राप्त की जा सकती तो वे इस तरह का कार्य नहीं करेंगे। लेकिन इनमें अज्ञानता पाई जाती है जिसका लाभ व्यापारी उठाते हैं। इस प्रकार समाज में भ्रष्टाचार पनपता है। अतः अज्ञानता भ्रष्टाचार का एक कारण कहा जा सकता है।

10. कानून की कमियाँ—प्रजातांत्रिक देश होने के कारण भारतीय कानून में कई खामियां हैं। जिनके कारण भ्रष्ट व्यक्ति साफ-साफ बच जाता है। इसका पूर्ण लाभ कानून के जानकार या इससे सम्बन्धित लोग उठाते हैं। पैसा लेकर वे लोगों को कानून की कमियाँ बताते हैं एवं उससे बचने के उपाय भी बताते हैं। इसके कारण व्यापारी वर्ग अनुचित लाभ उठाते हैं और ऐसे लोग इनसे पैसा ऐंठते हैं। इस प्रकार यह कहा जा सकता है कि कानून की कमियाँ भ्रष्टाचार का एक कारण है।

11. भौतिकवादी आदर्श—आधुनिक युग भौतिकवादी युग है। भौतिकवाद में धन एवं भोग-विलास पर अधिक जोर दिया जाता है। जिनके पास अधिक धन होता है एवं भोग-विलास के साधन मौजूद होते हैं उन्हें समाज में सम्मान की दृष्टि से देखा जाता है। उनकी स्थिति (Status) समाज में ऊँची मानी जाती है। अधिक

धन अर्जित करने की अभिलाषा प्रत्येक व्यक्ति के मन में होती है। लोग यह नहीं सोचते कि धन जायज या कानूनी तरीके से कमाया जाए अथवा नाजायज या गैर-कानूनी तरीके से कमाया जाए। वे सिर्फ धन कमाना चाहते हैं। नाजायज या गैर-कानूनी तरीके से धन अर्जित करना भ्रष्टाचार का दूसरा नाम है। भ्रष्टाचार का बोलबाला धार्मिक स्थलों में भी देखने को मिलता है। अक्सर मन्दिर के पण्डे-पुजारी भक्तजनों द्वारा चढ़ाये गये प्रसाद में से अधिकांश भाग निकाल लेते हैं एवं एक जगह जमा कर दुकानदारों के हाथों बेच देते हैं। वे इस भ्रष्ट तरीके से धन एकत्रित करना चाहते हैं। इस प्रकार यह कहा जा सकता है कि भ्रष्टाचार सर्वत्र व्याप्त है। अतः भौतिकवादी आदर्श भ्रष्टाचार का एक कारण कहा जा सकता है।

12. भ्रष्टाचार उन्मूलन सम्बन्धी कार्य करने वाले किसी सक्षम संगठन का अभाव—भ्रष्टाचार को जड़ से उखाड़ फेंकने के लिए कोई भी सक्षम संगठन नहीं है। इसके अभाव में भ्रष्टाचार उन्मूलन का काम नहीं हो पा रहा है। इस सम्बन्ध में 'Report of the Committee on Prevention of Corruption' में कहा गया है, "भ्रष्टाचार की वृद्धि करने वाले कारकों में से विशेष दो इस प्रकार हैं—प्रथमतः, भ्रष्ट एवं अकार्यकुशल सरकारी कर्मियों (Public Servants) के साथ कठोर व्यवहार करने की आंशिक अनिच्छा और, द्वितीयतः भारत में सार्वजनिक सेवाओं (Services) को प्रदत्त अधिक संरक्षण (Protection) जो अन्य प्रगतिशील देशों की अपेक्षा बहुत ही अधिक है।" इस प्रकार यह कहा जा सकता है कि भ्रष्टाचार उन्मूलन सम्बन्धी कार्य करने वाले किसी सक्षम संगठन का अभाव भ्रष्टाचार का एक कारण है।

13. अदालत के झंझटों से दूर रहना—आम जनता कानूनी पचड़े में नहीं पड़ना चाहती है। इसलिए वह पुलिस अधिकारी, टैक्स अधिकारी, आबकारी अधिकारी एवं अन्य अधिकारियों को घूस देकर अदालती कार्यवाही से बचने का प्रयास करते हैं। इस प्रकार भ्रष्टाचार को बढ़ावा मिलता है। अतः जनता का अदालत के झंझटों से दूर रहने की चाहत के कारण भ्रष्टाचार पनपता एवं बढ़ता है।

14. परिवर्तित राजनीतिक व शासकीय संरचना—वर्तमान युग में बड़े-बड़े राजनीतिक संगठनों का तो विकास हुआ है लेकिन उन पर नियंत्रण के लिए आवश्यक आचार संहिताओं का विकास नहीं हुआ है। जिस दल के हाथ में राजनीतिक सत्ता होती है वे सत्ता का जमकर दुरुपयोग करते हैं। मंत्रीगण, सांसदगण, बड़े-बड़े उद्योगपति एवं उच्च अधिकारीगण अपनी सत्ता एवं पद की आड़ में अपनी स्वार्थ-सिद्धि के लिए भ्रष्ट-से-भ्रष्ट तरीके को अपनाते हैं। सर्वसाधारण

जनता देखती ही रह जाती है। वह उपेक्षित रह जाती है। इस प्रकार यह कहा जा सकता है कि परिवर्तित राजनीतिक व शासकीय संरचना के कारण भ्रष्टाचार को बढ़ावा मिलता है।

15. मुद्रा-अर्थव्यवस्था का प्रसार—मुद्रा अर्थव्यवस्था के प्रसार से धन का लेन-देन आसान हो गया है। भ्रष्ट व्यक्ति गलत ढंग से कमाये गये धन को आसानी से छिपा सकते हैं। इस प्रकार मुद्रा-अर्थव्यवस्था के कारण भ्रष्टाचार को बढ़ावा मिलता है। जब कागजी मुद्रा का प्रचलन नहीं था एवं बैंकों का प्रचलन नहीं था उस समय धन का संग्रह कर उसे सुरक्षित रखना आसान नहीं था। अतः इससे भी भ्रष्टाचार कम था। लेकिन मुद्रा-अर्थव्यवस्था के प्रचलन के कारण भ्रष्टाचार पनपता और बढ़ता गया।

16. उत्तम शिक्षा का अभाव—वर्तमान शिक्षा पद्धति दोषपूर्ण है। आज की शिक्षा-व्यवस्था गलत दिशा में जा रही है। आज शिक्षा प्राप्त करने का उद्देश्य अधिक-से-अधिक नम्बर प्राप्त कर किसी पद के पाने तक सीमित हो गया है। पद पर पहुँचकर अपनी प्रतिष्ठा को बढ़ाने एवं धन कमाने के लिए भ्रष्ट तरीकों का सहारा लेता है। इस प्रकार भ्रष्टाचार को बढ़ावा मिलता है। शिक्षा का रूप इस प्रकार का होना चाहिए कि व्यक्ति में शुरू से ही गलत तरीकों को अपनाने की भावना का विकास न हो। इस दिशा में नैतिक शिक्षा का योगदान कारगर सिद्ध हो सकता है। शिक्षा का उद्देश्य सिर्फ पढ़-लिखकर धन कमाना ही नहीं होना चाहिए। इसलिए भ्रष्टाचार न बढ़े इसके लिए यह आवश्यक है कि अच्छी शिक्षा की व्यवस्था की जाए। इस प्रकार अच्छी शिक्षा का अभाव भ्रष्टाचार का एक कारण कहा जा सकता है।

17. माता-पिता का भ्रष्ट होना—अक्सर भ्रष्ट माता-पिता की संतान अपने अभिभावक की देखा-देखी भ्रष्ट बन जाते हैं। इनकी देखा-देखी इनके बच्चे भी भ्रष्ट हो जाते हैं। वातावरण का प्रभाव मानव-जीवन पर पड़ता है। अतः बच्चा जिस वातावरण में पलता है उससे प्रभावित होना स्वाभाविक ही है। इस प्रकार माता-पिता के भ्रष्ट होने से बच्चों के भ्रष्ट होने की सम्भावना बढ़ जाती है। अतः माता-पिता का भ्रष्ट होना भ्रष्टाचार का एक कारण कहा जा सकता है।

18. सरकार का व्यापक क्रियाकलाप—सरकारी क्रियाकलाप के कारण भी भ्रष्टाचार फलता-फूलता है। सरकार का काम-काज जितना बढ़ता जाता है भ्रष्टाचार की मात्रा भी उतनी ही बढ़ती जाती है। इसका एक कारण यह भी है कि राज्य के कार्यों के लिए कोई एक व्यक्ति उत्तरदायी नहीं होता है। बड़े-बड़े राजनीतिज्ञ, अधिकारीगण एवं व्यापारीगण आदि इस व्यवस्था का लाभ उठाकर

सामुदायिक कोषों का उपयोग अपने हितों के लिए करते हैं। जहाँ कहीं शक्ति एवं स्वनिर्णय का अवसर साथ-साथ मिलता है, वहाँ अधिकारों के दुरुपयोगों की सम्भावनाएँ सदैव बनी रहती हैं। इस प्रकार यह कहा जा सकता है कि सरकार के व्यापक क्रिया-कलाप के कारण भ्रष्टाचार को बढ़ावा मिलता है।

उपरोक्त विवेचन से ज्ञात होता है कि भ्रष्टाचार का जनक कोई एक कारण नहीं नहीं है। यह कई कारणों का सम्मिलित परिणाम है।

भ्रष्टाचार के प्रकार

भ्रष्टाचार के विभिन्न प्रकार कहे जा सकते हैं। भ्रष्टाचार के विभिन्न प्रकारों का उल्लेख भ्रष्टाचार करने वालों के आधार पर किया जा सकता है। भारत में प्रचलित भ्रष्टाचारों का रूप इतना व्यापक है कि इसके सम्बन्ध में जितना वर्णन किया जाए वह कम है। विभिन्न समाचार-पत्रों एवं पत्रिकाओं में भ्रष्टाचार के मामले नित्य-प्रति उजागर होते रहते हैं। 'स्पेशल पुलिस स्थापन, दिल्ली (Special Police Establishment, Delhi) द्वारा समय-समय पर प्रकाशित रिपोर्ट से भी पता चलता है कि व्यभिचार, भ्रष्टाचार, उच्च स्तरीय अपराध एवं अन्य गैर-कानूनी कार्यों के मामले में अधिकतर इंजीनियर, डायरेक्टर ऑफ सप्लाइज एवं डिसपोजल्स, वन अधिकारी, सेना के कमीशण्ड अधिकारी, आय-कर एवं बिक्री-कर अधिकारी, सार्वजनिक निर्माण विभाग के अधिकारी एवं मंत्रीगण आदि ही फँसे हुए होते हैं। इस प्रकार यह कहा जा सकता है कि भारतीय जीवन में भ्रष्टाचार कूट-कूट कर भरा हुआ है। यह सर्वत्र व्याप्त है। विभिन्न स्तरों पर भ्रष्टाचारों का विवरण या भ्रष्टाचार के प्रकार निम्नलिखित हैं—(i) राजनीति और भ्रष्टाचार, (ii) उद्योगपति और भ्रष्टाचार, (iii) व्यापारी और भ्रष्टाचार, (iv) व्यक्ति और भ्रष्टाचार, (v) ठेकेदार और भ्रष्टाचार, (vi) सरकारी अधिकारी और भ्रष्टाचार, (vii) डॉक्टर और भ्रष्टाचार, (viii) वकील और भ्रष्टाचार, (ix) धार्मिक संस्थाएँ और भ्रष्टाचार, (x) शैक्षिक संस्थाएँ और भ्रष्टाचार, एवं (xi) संगठित अपराध और भ्रष्टाचार।

1. राजनीतिक भ्रष्टाचार—राजनीति में पूरी तरह से फैल चुके भ्रष्टाचार के कारण ही आज यह हर क्षेत्र में व्याप्त हो चुका है। आज छोटे-से-छोटे राजनीतिक कार्यकर्त्ता से लेकर सत्ता के शीर्ष पद पर आसीन व्यक्ति तक भ्रष्टाचार के दलदल में फँसे हुए हैं। आये दिन मीडिया में इस बात की चर्चा होती रहती है कि आज अमुक मंत्री भ्रष्टाचार के मामले में लिप्त है तो कल अमुक मंत्री। यह बात अलग है कि इनमें से अधिकतर मामले या तो दबा दिए जाते हैं या फिर उजागर होने के

बावजूद सम्बन्धित व्यक्तियों का बचाव हो जाताहै। कभी-कभी ऐसा हो भी जाता है कि भ्रष्टाचार से सम्बन्धित तथ्य उजागर हो जाने पर सम्बन्धित व्यक्ति न्यायालयों की चपेट में आ जाय परन्तु अधिकतर मामले रफा-दफा कर दिये जाते हैं। ऐसा सम्बन्धित व्यक्तियों की राजनीतिक पहुँच के कारण होता है। ये बड़े-बड़े राजनीतिक नेता नीचे के स्तरों पर भी भ्रष्टाचार फैलाते हैं। बड़े-बड़े नेता छोटे-छोटे राजनीतिक कार्यकर्त्ताओं को अधिक-से-अधिक मत प्राप्त करने के लिए मोहरा की तरह इस्तेमाल करते हैं। वे वोट प्राप्त करने के लिए इन्हें भ्रष्ट तरीकों से राजनीतिक संरक्षण प्राप्त कराते हैं जिससे नीचे के कार्यकर्त्ताओं में भी भ्रष्टाचार पनप जाता है। वे अपने आकाओं की छत्रछाया में विभिन्न प्रकार के भ्रष्टाचार में लिप्त रहते हैं। इतना ही नहीं वे बड़े-बड़े आपराधिक घटनाओं को अंजाम देते हैं और अपने आकाओं की मदद से सुरक्षित बच जाते हैं। नेताओं या पहुँच वाले व्यक्तियों के इशारे पर नौकरी आदि पाना तो भ्रष्टाचार का आम उदाहरण है। नेताओं के बल पर बहुत-से अयोग्य व्यक्ति भी नौकरी पा जाते हैं एवं योग्य व्यक्ति नौकरी से वंचित रह जाते हैं। इससे बड़ा भ्रष्टाचार और क्या हो सकता है? भारतीय राजनीति में भाई-भतीजावाद अब आम हो गया है। इसी प्रकार अपने समर्थित व्यवसायियों को अधिक-से-अधिक लाभ पहुँचाने का ये नेतागण प्रयास करते हैं। सरकार की जिन नीतियों से व्यवसायियों को लाभ पहुँचता है वही नीति सरकार अपनाती है। इसके बदले व्यवसायी एवं उद्योगपति चुनाव के समय में अपने समर्थित राजनीतिक दलों की आर्थिक मदद करते हैं। इस तरह के भ्रष्टाचार के मामले में ले एवं दे की नीति अपनाई जाती है। राजनीति का अपराधीकरण तो आज भारतीय राजनीति का पर्याय बन गया है, भारतीय राजनीति में यह आम बात हो गई है। आज जिनके पास बाहुबल हो, आपराधिक तत्त्वों का जमावड़ा हो और जो किसी भी बुरे कार्य को अंजाम देने में सक्षम हों आज सांसद या विधायक वही बन पाते हैं। आज मूल्यों की राजनीति करने वाले सांसद या विधायक बनने की कल्पना भी नहीं कर सकते। सरकार चाहे किसी भी दल की रहे उसके अधिकांश मंत्री आपराधिक चरित्र के होते हैं एवं उनके ऊपर भ्रष्टाचार का मामला कभी-न-कभी आ ही जाता है। प्रधानमंत्री के पद तक जब भ्रष्टाचार पहुँच चुका है तो इससे यह स्वतः ही साबित हो चुका है कि भ्रष्टाचार की जड़ें राजनीति के क्षेत्र में अपनी कितनी गहरी पैठ बना चुकी है। भारतीय राजनीति के इतिहास में प्रधानमंत्री तक भ्रष्टाचार के मामले में घसीटे जा चुके हैं। भले ही उनके द्वारा भ्रष्टाचार का किया गया रूप जो भी हो। जब सर्वोच्च शिखर तक यह पहुँच गई

तो नीचे की स्तर की बात करना एक बेईमानी होगी। शायद ही कोई वर्ष ऐसा बीतता हो जिसमें राजनीतिक भ्रष्टाचार के मामले प्रकाश में न आते हों। यह अलग बात है कि इनमें से अधिकतर मामले दबा दिए जाते हैं या राजनीतिक गलियारों में भटककर रह जाते हैं। लाइसेंस देने, परमिट देने एवं अन्य इसी तरह के कार्यों में मंत्रीगण अपने पद का खुल्लमखुल्ला दुरुपयोग करते हैं। ऐसे मामले प्रकाश में भी आए हैं। इस सम्बन्ध में स्टुआर्ट चैपिन (Stuart Chapin) ने भी लिखा है, ''कानून तोड़कर अपराध किये जाते हैं और भ्रष्ट राजनैतिक कार्यकर्त्ता अपराधियों का साथ देकर समाज के संभ्रान्त व्यक्तियों के लिए एक समस्या पैदा करते हैं। जो लोग अपराध करते हैं वे धन के बहुत बड़े स्रोतों के स्वामी होते हैं और अपने अपराध को छिपाने के लिए अधिकारियों को लम्बी रकमें घूस के रूप में भेंट करते हैं। इस प्रकार भ्रष्ट लोग और अधिक धनी होते जाते हैं।'' इस प्रकार यह पता चलता है कि आज राजनीति और भ्रष्टाचार चोली एवं दामन का सम्बन्ध बन गया है। भ्रष्टाचार मुक्त राजनीति की कल्पना करना आज के युग में एक कोरी कल्पना होगी।

2. **उद्योगपतियों से सम्बन्धित**--वर्तमान समय में पूंजीपति कम-से-कम खर्च में अपना काम निकालने के लिए नियम-कानूनों को ताक पर रखते हैं तथा अपने कर्मचारियों का शोषण करते हैं। इन शोषणों में आर्थिक शोषण मुख्य है। आर्थिक शोषण के माध्यम से उद्योगपति अधिक-से-अधिक धन कमाना चाहते हैं। इन उद्योगपतियों की पहुँच ऊपर तक राजनीतिक हलकों में भी रहती है। इसका भी वे अनुचित लाभ उठाते हैं। असत्य विज्ञापन, पेटेण्ट ट्रेडमार्क एवं कापी राइट का उल्लंघन, आर्थिक ठगी एवं इसी प्रकार के अन्य क्रिया-कलापों के माध्यम से वे भ्रष्टाचार को बढ़ावा देते हैं। विभिन्न विद्वानों ने उद्योगपतियों के सम्बन्ध में अपने अध्ययन के दौरान पाया कि उद्योगपतियों के स्वामित्व में चल रहे कारपोरेशनों की कार्यकारिणी के सदस्य स्वयं तो पर्याप्त धनराशि बोनस के रूप में लेते थे एवं साझेदारों को कोई भी लाभ नहीं मिलता था। वार्षिक रिपोर्टों में जनता को धोखा देने के लिए कॉरपोरेशन की आर्थिक स्थिति के सम्बन्ध में झूठी खबर छाप दि जाती था। विज्ञापनों में भी असत्य कथन प्रकाशित किया जाता था। इससे बड़ा भ्रष्टाचार और क्या हो सकता है? श्रमिकों के आर्थिक शोषण का मामला तो जगजाहिर है। न केवल पुरुष श्रमिकों का शोषण किया जाता है बल्कि स्त्री तथा बाल श्रमिकों का भी शोषण उद्योगपति करते हैं। काम वे इन श्रमिकों से बहुत अधिक लेते हैं एवं पारिश्रमिक बहुत कम देते हैं। यदि कोई महिला श्रमिक

गर्भवती हो जाती है तो उसे तुरन्त काम से निकाल दिया जाता है ताकि मातृत्व हितलाभ न देना पड़े। अगर किसी श्रमिक की काम के दौरान दुर्घटना में किसी प्रकार की शारीरिक क्षति हो जाती है तो उद्योगपति इसका उचित मुआवजा भी नहीं देते। थोड़ा-बहुत हर्जाना देकर उनसे कोरे कागज पर दस्तखत या अंगूठे लगवा लिए जाते हैं और उन्हें यह धमकी दी जाती है कि अगर उचित मुआवजे की माँग करोगे तो काम से निकाल दिये जाओगे। मौसमी कारखानों में तो अगर कोई दुर्घटना होती है तो उसे चुपचाप दबा दिया जाता है। इस प्रकार यह पता चलता है कि उद्योगपति विभिन्न तरीकों से भ्रष्टाचार में लिप्त रहते हैं। अतः यह कहा जा सकता है कि भ्रष्टाचार का एक प्रकार उद्योगपतियों से सम्बन्धित भ्रष्टाचार है।

3. व्यापारियों से सम्बन्धित—फुटकर तथा थोक बिक्रेता भी अनुचित तरीके से अधिकाधिक लाभ कमाना चाहते हैं। वे अपने व्यापार में ऐसे गलत तरीकों का प्रयोग करते हैं जिससे वे अधिक-से-अधिक लाभ अर्जित कर सकें। भ्रष्टाचार को बढ़ावा देने में व्यापारी वर्ग का बहुत बड़ा हाथ होता है। अवैध प्रतिस्पर्द्धा, असत्य विज्ञापन, पेटेण्ट ट्रेडमार्क एवं कॉपी राइट के नियमों का उल्लंघन, मिलावट और कालाबाजारी बड़े एवं प्रतिष्ठित व्यापारी करते हैं। अक्सर यह समाचार पढ़ने या सुनने को मिलता है कि मिलावट या कालाबाजारी के आरोप में अमुक व्यापारी पकड़ा गया। पर भ्रष्टाचार की जड़ें इस देश में इतनी गहरी हैं कि ऐसे व्यापारी सजा से वंचित रह जाते हैं। युद्ध जैसे आपात काल में भी ये व्यापारी अपने काले कारनामों से बाज नहीं आते बल्कि उस समय तो ये वस्तुओं की कृत्रिम कमी देश में उत्पन्न कर देते हैं ताकि उन वस्तुओं की कीमतें बढ़ जाएँ और ये अधिक-से-अधिक लाभ कमा सकें। जब देश पर विदेशी आक्रमण होता है एवं संकट के बादल छाये रहते हैं उस समय भी ये कालाबाजारी करने से नहीं चूकते। ये नकली दवाइयाँ बेचते हैं एवं खाने-पीने की चीजों में मिलावट कर देते हैं जिससे कई बार कई मासूमों को अपनी जिन्दगी से हाथ धोना पड़ता है। आज बाजार में किसी चीज की शुद्धता की गारंटी नहीं है तो इसका कारण ये व्यापारी हैं क्योंकि ये बिना मिलावट के बाजार में कुछ आने ही नहीं देते। प्रत्येक वस्तु का कोई-न- कोई विकल्प इन व्यापारियों ने ढूँढ लिया है। ये व्यापारी बादाम या अखरोट की जगह मूँगफली का प्रयोग करते हैं, खोए में शकरकंद मिलाया जाता है एवं और अन्य किसी भी चीज में जो इन्हें उपयुक्त लगता है उसकी मिलावट कर देते हैं। घी एवं दूध का शुद्ध-शुद्ध मिलना तो अब दिवास्वप्न जैसा हो गया

है। अब इससे बढ़कर भ्रष्टाचार का और नमूना क्या हो सकता है कि अपने हितों के लिए ये प्रत्येक वस्तु को दूषित कर देते हैं। इतना ही नहीं ये यहाँ के बनाए हुए वस्तुओं पर विदेशी लेबल चिपकाकर भी अधिक-से-अधिक मुनाफा अर्जित करते हैं एवं लोगों को गुमराह करते हैं। बड़े-बड़े व्यापारी सरकार को आयकर एवं बिक्री कर के मामले में धोखा देते हैं। वे विभिन्न प्रकार से करों की चोरी करते हैं। इस प्रकार यह पता चलता है कि व्यापारियों द्वारा अनेक तरीकों से भ्रष्टाचार को बढ़ावा दिया जाता है। व्यापारियों के भ्रष्टाचार पर टिप्पणी करते हुए 'Report of the Committee on Prevention of Corruption' में कहा गया है, "जब तक कोई भी भ्रष्ट करने की इच्छा तथा उसकी क्षमता रखने वाला व्यक्ति विद्यमान है तब तक भ्रष्टाचार का अस्तित्व नहीं मिट सकता। हमें खेद से कहना पड़ता है कि भ्रष्ट करने की इच्छा एवं क्षमता दोनों ही औद्योगिक तथा व्यापारी वर्गों में व्यापक मात्रा में पाई जाती हैं...। उनके लिए भ्रष्टाचार न केवल अनुपार्जित बड़े लाभों की प्राप्ति का एक सुगम तरीका है, वरन् यह उसके व्यवसाय को चलाते रहने अथवा अपने प्रतिस्पर्द्धियों के मध्य अपनी स्थिति सुरक्षित रखने का एक आवश्यक साधन भी है। ये वही लोग होते हैं जो कर-परिहार तथा अपवंचन (Evasion and Avoidance of Taxes) का अधिभोग करते हैं, विभिन्न तरीकों से बिना लेखा रखे गये विपुल धन का संग्रह करते हैं। उनके तरीके हैं, झूठी फर्मों तथा व्यक्तियों के नाम से अनुज्ञप्तियाँ (Licenses) प्राप्त करना, अनुज्ञप्तियों का व्यापार करना, लाभों पर करों तथा अन्य वैध स्वत्वों (Claims) से बचने के लिए लेखा-पुस्तकों में हेर-फेर करके लाभों को कम दर्शाना, बिना लेखा रखे हुए धन के विषयों तथा लेखा पुस्तकों में हेर-फेर करके धन प्राप्त करना और अचल सम्पत्ति का कम मूल्यांकन करना।" इस प्रकार व्यापारियों के विभिन्न कारनामों से भ्रष्टाचार की बू आती है। इनके द्वारा किए गये अनगिनत भ्रष्टाचार हैं जिसकी गिनती करना मुश्किल है। अतः व्यापारिक भ्रष्टाचार या व्यापारियों द्वारा किया गया भ्रष्टाचार, भ्रष्टाचार का एक प्रकार कहा जा सकता है।

4. व्यक्ति से सम्बन्धित—आज भ्रष्टाचार जीवन के हर क्षेत्र में समा चुका है। उदाहरणस्वरूप बहुत-से दुकानदार कम लाभ दिखाकर कम टैक्स अदा करते हैं। यह भी भ्रष्टाचार ही है। भ्रष्टाचार केवल अधिकारियों को घूस देना ही नहीं टैक्स चोरी करके भी भ्रष्टाचार को बढ़ावा दिया जा सकता है। इस सम्बन्ध में 'Report of the Committee on Prevention of Corruption' में कहा गया है, "आय कर जाँच आयोग ने 1058 मामलों में 48 करोड़ रुपये के गुप्त धन का

पता लगाया था। वर्ष 1951 की स्वैच्छिक प्रकटीकरण योजना (Voluntary Disclosure Scheme) के अंतर्गत 20,912 मामलों में स्वयं निर्धारितियों द्वारा (Assessees) 30 करोड़ रुपया छिपाये गये धन के रूप में स्वीकार किया गया था और इस प्रकार प्रकट की गयी धनराशि उस राशि से छह गुनी अधिक थी जो मूलतः होनी बतायी गयी थी। केंद्रीय राजस्व परिषद का एक अनाधिकारिक अनुमान है कि उच्चतर आय-समूह के निर्धारिणों द्वारा वार्षिक रूप से लगभग 45 करोड़ रुपये का कर छिपाया जाता है और इस प्रकार छिपायी गई राशि लगभग 230 करोड़ रुपये होगी। इस कर का अधिकांश भाग बिना किसी कामतः उपेक्षा (Connivance) के केवल किसी सरकारी कर्मचारी की सहायता से ही बचाया जाता है।" इस प्रकार यह पता चलता है कि व्यक्ति विभिन्न रूपों में करों की चोरी कर भ्रष्टाचार को बढ़ावा देते हैं। भ्रष्टाचार का सम्बन्ध अपराध से भी है। इलियट एवं मेरिल (Elliott and Merrill) के अनुसार, "वास्तव में, राजनैतिक भ्रष्टाचार और संगठित अपराध में इतना घनिष्ठ सम्बन्ध है कि एक के विषय में बात करते समय दूसरे को छोड़ना बहुत कठिन है।" इस कथन से पता चलता है कि भ्रष्टाचार एवं अपराध में घनिष्ठ सम्बन्ध है। इस प्रकार यह कहा जा सकता है कि भ्रष्टाचार का एक प्रकार व्यक्ति से सम्बन्धित भ्रष्टाचार है।

5. ठेकेदार से सम्बन्धित–ठेकेदार के पेशे से जुड़े लोग भी भ्रष्टाचार को बढ़ावा देते हैं। हमारे देश में पी.डब्लू.डी., एम.ई.एस., सीमेंट, कागज, खान एवं रेलवे विभागों में अधिकतर कार्य ठेकेदारों के माध्यम से ही करवाया जाता है। ये ठेकेदार अपने अनुकूल ठेका लेने के लिए सम्बन्धित अधिकारियों को घूस देते हैं। इस धूस का चौगुनी रकम वह अपने ठेके से वसूल करता है। अक्सर ठेकेदार अपने ठेके के दौरान जो भी काम करता है वह ठेके के नियमों के विपरीत करता है। उसका उद्देश्य अच्छा काम करना नहीं बल्कि अच्छी कमाई होती है। जाँच करने वाले अधिकारी भी घूस लेकर ठेकेदार द्वारा बनाई गई चीजों को पास कर देते हैं। यही कारण है कि इस देश में बनाए गये पुल, बाँध एवं ठेके के माध्यम से बनवाई गई अन्य चीजें समय से पहले ही टूट जाती हैं। इंजीनियरों एवं ओवरसियरों को एक निश्चित रकम ठेकेदारों द्वारा प्राप्त होती है और वे हर तरह से ठेकेदारों द्वारा किए गये गलत कार्यों पर अपनी मुहर लगा देते हैं। इन सभी बातों की जानकारी मंत्री स्तर तक रहती है लेकिन इन पर कोई कारवाई नहीं की जाती। इसका क्योंकि यह है कि जो भी सरकारी काम होता है उसमें मंत्री स्तर से लेकर नीचे के स्तर तक सभी का शेयर (Share) पहले से ही निर्धारित रहता है और सभी इस

रकम का बंदरबाट कर लेते हैं। कामों से किसी को कोई मतलब नहीं रहता। वह चाहे घटिया-से-घटिया स्तर का क्यों न हो उस पर सरकारी मुहर लग ही जाती है। इस प्रकार यह पता चलता है कि सरकारी अधिकारियों के सहयोग से ठेकेदार भ्रष्टाचार को अंजाम देते हैं। वे श्रमिकों के हितों का भी ख्याल नहीं करते। वे श्रमिकों को कम से कम पारिश्रमिक देते हैं। साथ ही किसी प्रकार की दुर्घटना हो जाने पर भी वे श्रमिकों को कोई मुआवजा आदि नहीं देते। अर्थात् वे विभिन्न तरीकों से श्रमिकों का भी शोषण करते हैं। ये ठेकेदार स्त्री-श्रमिकों का नैतिक शोषण भी करते हैं अर्थात् उनका यौन शोषण भी करते हैं। इस प्रकार यह कहा जा सकता है कि ठेकेदार विभिन्न तरीकों से भ्रष्टाचार में लिप्त रहते हैं। अतः भ्रष्टाचार का एक प्रकार ठेकेदार से सम्बन्धित भ्रष्टाचार कहा जा सकता है।

6. सरकारी अधिकारी से सम्बन्धित—आज अधिकांश सरकारी अधिकारी बिना घूस लिए कोई काम नहीं करते हैं। आम जनता का सरकारी अधिकारियों पर से विश्वास उठ गया है। भ्रष्टाचारी अधिकारी ठेके के काम में इतने उदार हो जाते हैं कि कोई फर्म बहुत खराब सामान भेजकर भी अधिक लाभ उठा लेती है। कभी-कभी तो काल्पनिक ठेकेदार ही दिखाये जाते हैं। अधिकारी स्वयं ही उत्पादकों से सामान खरीदकर फर्जी ठेकेदारों के नाम से सरकार को दे देते हैं और बहुत लम्बा लाभ लेतें हैं। सरकारी अधिकारी किसी भी कार्य को अपना कर्त्तव्य समझकर समय पर संपादित नहीं करते। जब लोग अधिकारियों के पास दौड़ते-दौड़ते थक जाते हैं तो वे मजबूरन अपना कार्य संपादित करवाने के लिए अधिकारियों को घूस देते हैं और तब जाकर उनका कार्य संपादित होता है। सरकारी अधिकारियों के भ्रष्टाचारों को देखकर यह कहना कोई अतिशयोक्ति नहीं होगी कि देश में सबसे अधिक भ्रष्टाचार इनमें व्याप्त है। प्रत्यक्ष या अप्रत्यक्ष रूप से प्रत्येक भ्रष्ट कार्य के लिए सरकारी अधिकारी ही जिम्मेदार होते हैं। यदि आज सरकारी अधिकारियों में भ्रष्टाचार समाप्त हो जाए और वे ईमानदारीपूर्वक अपने कार्यों को अंजाम देने लगें तो इस देश का कायाकल्प हो जाएगा। भ्रष्टाचार बहुत हद तक इस देश से समाप्त हो जाएगा। सरकारी अधिकारियों की घूस लेने की प्रवृत्ति के कारण ही चोरी, डकैती, बलात्कार एवं अन्य गंभीर-से-गंभीर अपराध होते हैं। आज अपराधी या कोई भी पेशेवर व्यक्ति घूस देकर नाजायज-से-नाजायज काम करवा लेता है। पेशेवर चोर या अपराधी सरकारी अधिकारियों को बँधी-बँधायी रकम प्रति माह पहुँचाते हैं और बदले में अपनी मनमानी करते हैं, सरकारी अधिकारियों को खुश रखकर जुओं के अड्डे, अवैध शराब का व्यापार, स्मलिंग का

व्यापार तथा वेश्यालय आदि खुलेआम चलाये जाते हैं एवं इसी प्रकार के न जाने कितने जाने-अनजाने अपराध किए जाते हैं। यहाँ तक कि एक अदना-सा ट्रैफिक पुलिस भी दो-चार रुपये लेकर ट्रैफिक के नियमों का उल्लंघन करने की अनुमति दे देता है। सरकारी अधिकारियों के माध्यम से श्वेतपोश अपराध भी फलता-फूलता है। इस तरह के अपराधियों से भी इनकी सांठ-गांठ रहती है। अन्य कार्यालयों की तो श्सरकारी अधिकारियों का तरह ही न्यायपालिका का क्षेत्र भी आज इससे अछूता नहीं है। अगर यह कहा जाए कि आज न्याय बिकता है तो यह गलत नहीं होगा। न्यायालय का एक अदना-सा चपरासी भी बिना पैसा लिए नाम की आवाज तक नहीं लगाता। उससे ऊपर के कर्मचारियों एवं अधिकारियों की तो बात ही अलग है। रेलवे में बिना टिकट के यात्री बेखौफ यात्रा कर सकते हैं अगर वह किराये की आधी रकम टिकट चेकर को नजराना के रूप में भेंट कर दे। इस प्रकार यह कहा जा सकता है कि आज सम्पूर्ण सरकारी तंत्र भ्रष्टाचार में सरोबर हो गया है और भ्रष्टाचार का नंगा नाच हो रहा है। अतः यह कहा जा सकता है कि भ्रष्टाचार का एक प्रकार सरकारी अधिकारियों से सम्बन्धित भ्रष्टाचार है।

7. डॉक्टर से सम्बन्धित—सरकारी चिकित्सक भी अस्पतालों में न बैठकर निजी क्लिनिक में बैठना पसंद करते हैं। डॉक्टरों को समाज में सम्मान की दृष्टि से देखा जाता है। उनकी अपनी सामाजिक प्रतिष्ठा होती है। मानव को नया जीवन देने वाले के रूप में भी इनकी गिनती होती है। लेकिन यह बहुत ही अफसोस एवं शर्मनाक बात है कि आज इस पेशे में भी बहुत-सी खामियाँ आ गई हैं। धन के लालच में तो बहुत-से डॉक्टर धीमे-धीमे असर करने वाले जहरीले इंजेक्शन तक का प्रयोग करने लगे हैं ताकि सम्बन्धित व्यक्ति की मृत्यु हो जाए। अक्सर ऐसा सुनने को मिल जाता है कि डॉक्टर धन लेकर इन गलत तरीकों का भी प्रयोग करने लगे हैं। इसी प्रकार अवैध भ्रूण हत्या एवं जाली प्रमाण-पत्र देकर अपराधी को फाँसी के तख्ते से बचाना, शव परीक्षा में वास्तविकता को छिपाकर गलत रिपोर्ट देना एवं अन्य इसी प्रकार के न जाने कितने ही जालसाजी कार्यों को ये अंजाम देते हैं। अपराधी को बचाने के लिए यह प्रमाणित करने के लिए अपराध के समय अपराधी घटना स्थल पर उपस्थित था ही नहीं, ये उसका नाम अपने क्लिनिक के रजिस्टर में दर्ज कर लेते हैं एवं इस प्रकार सबूत के अभाव में गंभीर-से-गंभीर अपराधी भी सजा से वंचित हो जाता है। इन सभी कार्यों के पीछे उनका उद्देश्य गलत तरीकों से धन कमाना होता है। समाज में वे सम्मानित व्यक्ति होते हैं और इन पर किसी को जल्द शक भी नहीं होता। इसी आड़ में वे विभिन्न

प्रकार के श्वेतपोश अपराधों को करते हैं और भ्रष्टाचार की सभी सीमाओं को लाँघ जाते हैं। उन्हें यह भय नहीं रहता कि लोग उन्हें गलत समझेंगे या अपने कार्यों के लिए वे सजा पाएँगे। इसी प्रकार नशाखोरों एवं निद्राकारी द्रव्यों का प्रयोग करने वालों को भी झूठा पर्चा लिखकर ये भ्रष्टाचार करते हैं। आज के डॉक्टर अब मरीजों को फँसाने के लिए ये दलालों को भी रखने लगे हैं। प्रत्येक मरीज पर दलालों का कमीशन तय रहता है। प्रत्येक डॉक्टर दवा की दुकान एवं जाँच-घरों आदि के सम्पर्क में रहते हैं एवं अपने पास आये मरीजों को वहीं से दवा खरीदने एवं जाँच करवाने की सलाह देते हैं। साथ ही जिन एक्सरे गृहों एवं अल्ट्रासाउण्ड गृहों से उन्हें कमीशन मिलता है वहीं मरीजों को भेजते हैं। इतना ही नहीं जो बीमारी उनकी समझ में नहीं आती या जिन बीमारियों का इलाज उनसे संभव नहीं होता उन बीमारियों से पीड़ित मरीजों को भी ये अपने फायदे के लिए अपने पास लटकाये रहते हैं और जब बीमारी काबू से बाहर हो जाती है तब अन्यत्र दिखाने की सलाह देते हैं। इस प्रकार ये मरीजों के ज़ीवन से खिलवाड़ करते हैं। बहुत से डॉक्टर ऐसे भी होते हैं जो सरकारी कर्मचारियों के झूठे रोग के बिल बनाते हैं। इस प्रकार प्रतिवर्ष कई करोड़ रुपये की राष्ट्रीय हानि होती है। इस प्रकार यह पता चलता है कि डॉक्टर अधिक-से-अधिक धन कमाने की लालसा के कारण भ्रष्ट से भ्रष्टतम तरीकों को अपनाते हैं। वे अपनी सारी मानवता एवं नैतिकता को ताक पर रख देते हैं। उनके लिए धन ही सब कुछ होता है। अतः भ्रष्टाचार का एक प्रकार डॉक्टरों से सम्बन्धित भ्रष्टाचार कहा जा सकता है।

8. वकीलों से सम्बन्धित—अधिकांश वकील पैसे के लोभ में गलत केस को भी येन-केन प्रकारेण सही साबित करने पर तुल जाते हैं। जिससे भ्रष्टाचार का जन्म होता है। दरअसल भ्रष्टाचार एक ऐसा रोग हो गया है जिससे समाज का सभी वर्ग प्रभावित है। वकील या अटार्नी अपने मुवक्किलों की पूँजी का अनुचित प्रयोग करते हैं, गवाहों से झूठी शहादत दिलवाते हैं और मोटर-गाड़ी दुर्घटना का पता लगाकर उसमें फँसे हुए व्यक्तियों से चालबाजी से मुआवजा वसूल कर लेते हैं। धन की लालच में एक वकील गंभीर-से-गंभीर अपराधी को बचाने के लिए एड़ी-चोटी तक का जोर लगा देता है। मुजरिमों से घूस लेकरअपने मुवक्किलों की ओर से सही रूप से वे बहस नहीं करते। अधिकतर वकील अपना दलाल भी रखते हैं जो जिनका काम मुसीबतो को फसाना होता है। कम पढ़े-लिखे एवं भोले-भाले लोगों को फाँसना एवं उनका आर्थिक शोषण करना वकीलों का सामा़न्य पेशा बन गया है। बहुत-से वकील अपने मुवक्किलों को यह भी झाँसा देकर धन ऐंठते हैं कि

उनका न्यायाधीश से सम्पर्क है और वे मनचाहा फैसला करवा देंगे। यही कारण है कि लोगों का धीरे-धीरे न्यायपालिका एवं न्याय-व्यवस्था से विश्वास उठता जा रहा है। इस प्रकार यह पता चलता है कि वकील भी अधिक-से-अधिक धन कमाने के चक्कर में भ्रष्टतम तरीकों को अपनाने लगे हैं। वे भ्रष्टाचार के दलदल में इस तरह फँसे रहते हैं कि उसमें से उनका निकलना कठिन हो जाता है। अतः वकीलों से सम्बन्धित भ्रष्टाचार का एक प्रकार कहा जा सकता है।

9. धार्मिक संस्थाओं से सम्बन्धित—वर्तमान परिप्रेक्ष्य में किसी भी धर्म से जुड़ी धार्मिक संस्थाएं भ्रष्टाचार से अछूती नहीं रही हैं। बड़े-बड़े अभिजात अपराधी धर्म के नाम पर बड़ा-से-बड़ा भ्रष्टाचारी कदम उठाने में किसी भी हिचक का अनुभव नहीं करते हैं। विभिन्न तीर्थ स्थानों पर गये तीर्थ यात्रियों का आज जिस तरह धर्म के नाम पर पंडों द्वारा शोषण किया जाता है उससे पता चलता है कि धार्मिक भ्रष्टाचार किस हद तक बढ़ गया है। धर्म एवं अंधविश्वास के नाम पर लोगों को डराया-धमका कर लोगों से धन वसूल की जाती है। धर्म की आड़ में औरतों की इज्जत भी लूटी जाती है। कहीं धार्मिक प्रथा के नाम पर तो कहीं और किसी नाम पर कहीं औरतों को देवदासी बनाकर तो कभी नित्यमंगली बनाकर उनके साथ खिलवाड़ किया जाता है। आज बहुत से धर्म गांजा, आफिम, चरण आदि नशीले पदार्थों के अड्डे बन जाते हैं अब इन बातों से बढ़कर और अधिक धार्मिक भ्रष्टाचार क्या हो सकता है। जब शरणस्थली ही भक्षणस्थली बन जाएँ तो इससे बड़ी विडम्बना और क्या हो सकती है। इस प्रकार यह पता चलता है कि आज धार्मिक भ्रस्टाचार का भी चारों ओर बोलबाला है। अतः धार्मिक या धर्म से सम्बन्धित भ्रष्टाचार, भ्रष्टाचार का एक प्रकार कहा जा सकता है।

10. शैक्षणिक संस्थाएँ एवं भ्रष्टाचार—भ्रष्टाचार के चलते ही आज इतने प्राइवेट स्कूल एवं कालेजों की स्थापना हुई है जहाँ पढ़ाई के नाम पर मोटी रकम वसूल की जाती है। सरकारी संस्थाओं में भ्रष्टाचार व्याप्त है। नेता शैक्षणिक माहौल को सही और न ही पढ़ाई-लिखाई की समुचित व्यवस्था है। धनी छात्र सब जगह बाजी मार लेते हैं एवं निर्धन छात्र मुँह ताकते ही रह जाते हैं। शिक्षक मनमानी रकम लेकर प्राइवेट ट्यूशन करते हैं। शोध कार्यों के लिए मनमानी रकम वसूली जाती है। ये सभी शैक्षणिक संस्थाओं एवं शैक्षणिक जगत में व्यापत भ्रष्टाचार के ही उदाहरण हैं। यह तो भ्रष्टाचार का एक रूप हुआ जो शिक्षकों द्वारा किये जाते हैं। इसके दूसरे रूप में प्राइवेट शिक्षण संस्थाओं के प्रबंधक एवं उनसे सम्बन्धित लोगों का तांडव नृत्य होता है। लाइब्रेरी के हेतु पुस्तक खरीदने, स्कूल या

कालेज के भवन निर्माण करने एवं शिक्षकों को चेतन देने के नाम पर प्रबन्धक एवं कमेटी के अन्य सदस्य मोटी हजाम कर जाते हैं। महीनों शिक्षकों को वेतन नहीं देते, उचित वेतन नहीं देते एवं उनसे अनुचित सेवाएँ भी लेते हैं। कहने का तात्पर्य है कि प्रबंधक एवं इससे सम्बन्धित अन्य लोगों द्वारा भ्रष्टाचार को व्यापक रूप में अंजाम दिया जाता है। अक्सर ऐसे संस्थाओं में जिनकी तगड़ी पैरवी रहती है उन्हीं की नियुक्ति की जाती है। ऐसा सरकारी संस्थाओं के मामले में भी दिखाई देता है। इस प्रकार यह पता चलता है कि शिक्षण संस्थाएँ भी भ्रष्टाचार के मामले में किसी से कम नहीं हैं। अतः भ्रष्टाचार का एक प्रकार शिक्षण संस्थाओं से सम्बन्धित भ्रष्टाचार कहा जा सकता है।

11. संगठित अपराध एवं भ्रष्टाचार—वर्तमान में अपराधियों ने संगठित होकर सिंडिकेट स्थापित कर लिया है। आज विभिन्न भ्रष्टाचारों को अंजाम देने के लिए संगठित रूप से भी अपराध किए जाते हैं। जिस शहर में राजनीतिक भ्रष्टाचार अधिक होता है उस गैर-कानूनी काम अधिक होते हैं शहर में और अपराधिकारण पर कार्यवाही भी नहीं की जाती। भ्रष्टाचार अपराध को बढ़ाता ही नहीं है बल्कि यह स्वयं अपने-आप में एक अपराध है। इस प्रकार के अपराध को थोड़े से व्यक्ति अपने हितों के लिए अंजाम देते हैं एवं सामाजिक कल्याण और सामाजिक प्रगति में बाधा डालते हैं। कुछ अपराध राजनीतिक कार्यकर्त्ताओं के भ्रष्ट होने के कारण ही पनपते हैं। यदि अपराधियों एवं राजनीतिक कार्यकर्त्ताओं का सम्बन्ध न रहे तो संगठित अपराधों की संख्या में निश्चित रूप से कमी आ जाएगी। इस प्रकार यह पता चलता है कि संगठित अपराध एवं राजनैतिक कार्यकर्त्ताओं के बीच चोली-दामन का सम्बन्ध है। छोटे-छोटे अपराधियों को पकड़कर सजा दी जाती है और बड़े अपराधी राजनीतिक संरक्षण के कारण मजे लूटते रहते हैं। इस सम्बन्ध में 'Report of the Committee on Prevention of Corruption' में कहा गया है, "जब कभी भ्रष्टाचारी अधिकारी पकड़े जाते हैं तो उनको कायदे से दण्ड बहुत ही कम दिया जाता है। इसका कारण यह है कि न्यायालय भी राजनीति से प्रभावित होता है। यदि भ्रष्ट राजनीतिज्ञों का सम्बन्ध अपराधी वर्गों से न रहे तो संगठित अपराधों को कम किया जा सकता है।" इस कथन से पता चलता है कि संगठित अपराधों के पीछे राजनीतिज्ञों का बहुत बड़ा हाथ रहता है और इसके कारण भ्रष्टाचार पनपता है एवं उसको बढ़ावा मिलता है। संगठित अपराधों में ठगी, जुआ, तस्कर व्यापार भिक्षावृत्ति एवं अपहरण आदि को शामिल किया जा सकता है। ये सभी संगठित रूप से होते हैं एवं भ्रष्टाचार को

बढ़ावा देते हैं। अतः भ्रष्टाचार का एक प्रकार संगठित अपराध से सम्बन्धित भ्रष्टाचार कहा जा सकता है।

उपरोक्त विवेचन से स्पष्ट है कि भ्रष्टाचार कई तरह के हैं और ये विविध प्रकार भ्रष्टाचार से परस्पर जुड़े हैं।

भारत में भ्रष्टाचार की समस्या

भ्रष्टाचार एक गंभीर सामाजिक समस्या बन चुकी है। इसकी जड़ें गहरी हो चुकी हैं। जाहिर है कि कोई भी समस्या एक या दो दिनों में या कुछ समयों में इतनी गहरी पैठ नहीं बना सकता है। भ्रष्टाचार की समस्या भी धीरे-धीरे इतनी गहरी पैठ बनाने में कामयाब हो सकी है। भारतवर्ष में बहुत-से अपराध ऐसे होते हैं जिनकी कोई रिपोर्ट नहीं रहती है। जिन अपराधों की रिपोर्ट होती है उनकी तो जाँच कर अपराधियों को पकड़ने का काम किया जाता है एवं उन्हें सजा दिलवाने का प्रयास होता है। लेकिन जिन अपराधों की रिपोर्ट नहीं होती एवं जिनका कोई लेखा-जोखा नहीं रहता है वैसे ही अपराध भ्रष्टाचार की श्रेणी में आते हैं। चूँकि इसे करने वाले समाज में उच्च स्थान प्राप्त किये रहते हैं एवं समर्क्यवान भी होते हैं इसलिए वे खुलकर अपने कार्यों को अंजाम देते हैं। इनके इसी मनमानेपूर्ण कार्यों के कारण अपराध एवं भ्रष्टाचार के क्षेत्र का विस्तार होता है। भ्रष्टाचार तथा संगठित अपराधों द्वारा बहुत-सी हानियाँ होती हैं। इससे सामुदायिक विघटन के साथ-साथ समुदाय के साधनों पर भी बुरा असार होता है। एक ओर बड़े-बड़े उद्योगपतियों से कम कर वसूला तथा दूसरी ओर बड़े-बड़े ठेकेदारों को आवश्यकता से अधिक धन दिया जाता है। जिसका प्रभाव समाज के आर्थिक दृष्टि से विपन्न वर्ग पर व्यापक रूप से पड़ता है। भ्रष्टाचार उत्कोच तथा अनाचारों के अभियोगों का पता लगाना अत्यंत मुश्किल कार्य होता है। भ्रष्टाचार निरोध समिति, 1964 ने यह उल्लेख किया है कि भ्रष्टाचार में वृद्धि द्वितीय विश्वयुद्ध के दौरान हुई और उससे भी अधिक वृद्धि स्वतंत्रता प्राप्ति के उपरांत हुई। 1939 से 1945 के मध्य हुए युद्ध प्रयासों ने अनेक साधनों द्वारा धन प्राप्त करने के अपूर्व अवसर प्रदान किए थे, जब सभी प्रकारों की आपूर्तियों एवं प्रसंविदाओं पर सैकड़ों-करोड़ों रुपये का वार्षिक व्यय हुआ करता था। अनेक विनियमों, नियंत्रणों, अनुज्ञप्तियों तथा अनुमति पत्रों के माध्यम से सरकार की आर्थिक क्रियाओं के प्रसार ने भी भ्रष्टाचार को और बढ़ने का सुअवसर प्रदान किया। उस समय भ्रष्ट राजनीतिज्ञों के लिए कोई संगठन नहीं था और कानून के द्वारा केवल सरकारी अधिकारियों पर ही नजर रखी जा सकती थी। इससे केवल सरकारी अधिकारियों में व्याप्त भ्रष्टाचारों का

ही पता चल पाता था। भ्रष्ट राजनीतिज्ञों के भ्रष्टाचार का कोई पता नहीं चल पाता था। धीरे-धीरे भ्रष्टाचार के सभी मामलों का पता चलने लगा और भ्रष्टाचार से सम्बन्धित आँकड़ों में वृद्धि होने लगी। विभिन्न जाँच एजेंसियों के प्रसार के कारण भ्रष्टाचार के मामले प्रकाश में आने लगे और मीडिया ने भ्रष्टाचार के मामलों को उजागर करने में महत्त्वपूर्ण भूमिका निभाई है। आज उच्च स्तरीय भ्रष्टाचार का भी पता चल जाता है। भले ही इससे सम्बन्धित व्यक्तियों के विरुद्ध जो कार्यवाई की जाए। यह मीडिया एवं जाँच एजेंसियों का ही कमाल है जिससे बड़े-बड़े लोगों के भ्रष्टाचार के मामले प्रकाश में आये हैं। उदाहरणस्वरूप पूर्व केंद्रीय मंत्री सुखराम, पूर्व प्रधानमंत्री नरसिंह राव एवं अन्य अनेक मंत्रियों एवं उच्च पदों पर आसीन व्यक्तियों से सम्बन्धित भ्रष्टाचार के मामले समय-समय पर उजागर होते रहे हैं। पहले ये मामले प्रकाश में नहीं आते थे। इस सम्बन्ध में प्रसिद्ध शिक्षाविद श्री सुरेन्द्र प्रसाद मिश्र का कहना है कि ब्रिटिश युग में प्रायः यह कहा जाता था कि भ्रष्टाचार चपरासियों तथा राजस्व विभाग में लघु कर्मचारियों तक ही सीमित था, पर आज इस संभावना से इंकार नहीं किया जा सकता कि भ्रष्टाचार उच्च स्तरों में नहीं है। यह बात अब छिपी नहीं है कि सरकारी खरीद में भी, चाहे सामान की हो, देश के सुरक्षा के बहाने अस्त्र-शस्त्रों की हो या विमानों आदि की हो, उसमें एक रिवाज के तौर पर ऊँचे-से-ऊँचे राजनीतिक नेताओं तथा आफिसरों की 'कमीशन' या दलाली बँधी हुई रहती है। इस प्रकार यह पता चलता है कि अब उच्च स्तरीय भ्रष्टचार के मामले भी प्रकाश में आने लगे हैं जिससे भ्रष्टाचार के क्षेत्र का विस्तार हो गया है।

भ्रष्टाचार की समस्या एक व्यक्ति, एक विभाग, एक सामाजिक क्षेत्र तथा कुछ विशिष्ट वर्गों तथा व्यक्तियों की समस्या नहीं है। यह समस्या पूरे समाज की है। इसमें दोषी भ्रष्टाचार करने वाला व्यक्ति ही नहीं है बल्कि वे सभी व्यक्ति हैं जो अपने संकीर्ण हितों की शीघ्रातीशीघ्र पूर्ति करने के लिए नाजायज तरीकों को अपनाते हैं। उनके लिए देशहित या जनहित कोई मायने नहीं रखता। किसी समाज में भ्रष्टाचार का कम या अधिक होना उस समाज की देशाओं पर निर्भर करता है। अर्थात् वह समाज जिस हद तक अपने नागरिकों को भ्रष्टाचार करने का जितना अवसर देगा उस हद तक भ्रष्टाचार बढ़ेगा। विभिन्न प्रकार की शासन-प्रणालियाँ, पद्धतियाँ आदि ऐसी होती हैं जिनमें व्यक्ति आचार विचलन के अच्छे अवसर देखकर उन्हीं की ओर मुड़ जाता है। गुन्नार मिरडल ने भी कहा है कि दक्षिण-पूर्वी एशिया के देशों में भ्रष्टाचार का बोलबाला है और लोगों में नैतिकता की कमी है। लोगों में यह सोचने की प्रवृत्ति समाप्त हो गई है कि इससे

देश का सामाजिक, औद्योगिक तथा नैतिक प्रगति अवरुद्ध हो गई है। भ्रष्टाचार की समस्या के लिए दो वर्ग उत्तरदायी होते हैं। एक वर्ग तो भ्रष्टाचार करने वालों का होता है और दूसरा वर्ग उनका होता है जो भ्रष्टाचार को सहन करते हैं और घूस भी देते हैं। दूसरा वर्ग जनता का होता है जो भ्रष्टाचार सहने को विवश हैं। वह इसके विरुद्ध आवाज नहीं उठाती बल्कि घूस कर अपना कार्य संपादित करवाना चाहती है। इस प्रकार यह कहा जा सकता है कि भारत में भ्रष्टाचार का विस्तार-क्षेत्र व्यापक है और यह धीरे-धीरे बढ़ता ही जा रहा है। इसका मूल कारण जन-जागृति का अभाव एवं लोगों के नैतिक स्तर में गिरावट है। यदि जनता जागरूक हो जाए एवं व्यापक स्तर पर इसका विरोध हो तो बहुत हद तक इस समस्या का समाधान हो सकता। लेकिन वर्तमान समय में इसकी संभावना बहुत कम नजर आती है। अगर लोगों में थोड़ी भी नैतिकता आ जाए और वे गलत तरीकों से धन कमाने को अनुचित समझने लगें तो इस समस्या का समाधान काफी हद तक अपने-आप हो जाएगा। लेकिन वर्तमान स्थिति को देखते हुए इसकी संभावना नजर नहीं आती है। इसलिए आज चारों ओर भ्रष्टाचार का बोलबाला है ओर इसके क्षेत्र का दिनो-दिन विस्तार होता जा रहा है।

भ्रष्टाचार की रोकथाम के उपाय

भ्रष्टाचार की समस्या एक गंभीर समस्या बन चुकी है। यह सभी क्षेत्रों में व्यापक रूप से फैल चुकी है। राजनीतिक व्यवस्था, राजनीतिज्ञ, व्यापारी, अधिकारी एवं साधारण जनता तक भ्रष्टाचार से अछूते नहीं रहे हैं। सरकार की संसदीय व्यवस्था जिसमें एक से अधिक राजनीतिक दल होते हैं सबसे अच्छे प्रकार की सरकार मानी जाती है लेकिन आज इसमें भी भ्रष्टाचार का बोलबाला हो गया है। सरकार कानून का निर्माण करने के पक्षपात करती है जिससे व्यापारी वर्ग को विशेष लाभ हो। इस प्रकार यह भ्रष्टाचार को बढ़ावा देती है। इस सम्बन्ध में सलीवन (Sallivan) ने कहा है, "वास्तव में संगठित अपराध बिना भ्रष्ट राजनीतिज्ञों के प्रोत्साहन के जिन्दा नहीं रह सकता, इसके साथ ही उसको भ्रष्टाचारी पुलिस का वरद हस्त प्राप्त होना भी आवश्यक है।" नागरिक भ्रष्टाचार से परेशान तो रहते हैं लेकिन वे अपनी आजीविका के पीछे इतना व्यस्त रहते हैं कि इस ओर वे ध्यान नहीं दे पाते। अगर लोग सजग हो जाएँगे और इस ओर ध्यान देंगे तो भ्रष्टाचार की समस्या का मुकाबला किया जा सकता है। परन्तु दुर्भाग्यवश ऐसा संभव नहीं हो पा रहा है। भ्रष्ट व्यवसाय, राजनीतिक भ्रष्टाचार एवं संगठित

अपराध मिलकर सामुदायिक विघटन के लिए अच्छा खासा वातावरण तैयार कर देता है। प्रसिद्ध मनोवैज्ञानिक फ्रायड का मत है कि प्रत्येक व्यक्ति की अच्छी एवं बुरी भावनाओं के बीच एक युद्ध का मैदान है। अच्छी भावनाएँ नैतिकता का निर्माण करती हैं एवं बुरी भावनाएँ व्यक्ति को अनैतिक बनाकर को बढ़ावा हैं। इस प्रकार यह कहा जा सकता है कि व्यक्ति के अंदर अंतर्द्वन्द की भावना हमेशा बनी रहती है। इस पर नियंत्रण अच्छी एवं नैतिक शिक्षा के द्वारा की जा सकती है। इससे व्यक्तियों में नैतिकता का विकास होगा एवं स्वार्थ की भावना में कमी आएगी। जब ये दोनों चीजें मानव के अंदर आ जाएँगी तो भ्रष्टाचार नाम की कोई समस्या पनप ही नहीं सकेगी।

भ्रष्टचार को रोकने या इसके निवारण के लिए निम्नलिखित उपाय सुझाए जा सकते हैं–

1. राजनीतिज्ञों के नैतिक स्तर में सुधार–वर्तमान प्रशासनिक पद्धति को सबसे अधिक राजनीतिज्ञों ने खराब किया है। नैतिक रूप से गिरे हुए राजनीतिज्ञों द्वारा संचालित सरकार भी गिरी हुई ही होगी। ये ऐसे कानूनों का निर्माण करते हैं जिससे सिर्फ उनके समर्थकों को अधिकाधिक लाभ पहुँच सकें। इनके द्वारा निर्मित कानूनों से खास उद्योगपतियों एवं व्यवसायियों को भी फायदा पहुँचता है। राजनीतिज्ञों के आचरण का समाज पर बुरा असर पड़ता है। इसलिए अच्छी एवं व्यवस्थित सरकार के लिए यह आवश्यक है कि राजनीतिक ईमानदार हों। इस सम्बन्ध में भ्रष्टाचार विरोध समिति ने भी अपने विचार प्रस्तुत करते हुए कहा है, "इस धारणा के सम्बन्ध में व्यापक सहमति पायी गयी कि कर्त्तव्यनिष्ठा की नयी परंपरा को केवल तभी स्थापित किया जा सकता है जब उन लोगों अर्थात् केंद्रीय तथा राज्य सरकारों के मंत्रीगणों द्वारा आदर्श प्रस्तुत किया जाए, जो भारत के अधिशासन (Governance) का चरम उत्तरदायित्व संभालते हैं।" इस प्रकार यह कहा जा सकता है कि राजनीतिज्ञों का नैतिक स्तर सुदृढ़ होने से भ्रष्टाचार पर रोक लेती है। राजनीतिज्ञों में सुधार हो इसके लिए यह आवश्यक है कि निम्नलिखित तत्त्वों को शामिल किया जाए–

(क) नेतृत्व के लिए योग्यता का निर्धारण;
(ख) राजनीतिक दलों का नैतिक स्तर;
(ग) राजनीतिक अपराधीकरण पर रोक;
(घ) सस्ती नेतागिरी को हतोत्साहन;
(ङ) जनजागरूकता का विस्तार करना।

पुलिस अधिकारियों के ईमानदार होने से कई तरह के अपराध तो खुद-बखुद कम हो जायेंगे। आज के पुलिस से लोग डरते नहीं हैं। वे सोचते हैं कि कोई भी अपराध या भ्रष्ट कार्य करके पुलिस को घूस देकर बचा जा सकता है। पुलिस की ऐसी छवी के कारण भ्रष्टाचार को बढ़ावा मिलता है। अगर पुलिस ईमानदार हो जाए एवं भ्रष्ट व्यक्तियों के विरुद्ध कानूनी कार्यवाई करे तो भ्रष्टाचार का सफाया होना निश्चित है। इसके लिए पुलिस अधिकारियों को ईमानदार बनना होगा। पुलिस के कर्मचारियों को पूर्ण प्रशिक्षित होने के साथ-साथ उनको कानून का भी ज्ञान होना चाहिए, अपराध शाखा एवं समाजशास्त्र का पूर्ण ज्ञान होना चाहिए। उन्हें इस ढंग से प्रशिक्षित किया जाना चाहिए ताकि वे असामाजिक तत्त्वों की पहचान कर सकें। कहने का तात्पर्य यह है कि उन्हें प्रशिक्षण के दौरान सभी प्रकार से योग्य बनाने की आवश्यकता है। ताकि वे किसी भी परिस्थिति का मुकाबला कर सकें। इसके अतिरिक्त पुलिस के कर्मचारियों एवं अधिकारियों को समुचित वेतन भी मिलना चाहिए ताकि वे घूस आदि की और आकर्षित न हो सकें। इस प्रकार विभिन्न उपायों को अपनाकर पुलिस अधिकारी एवं कर्मचारी अपने-आपको भ्रष्टाचार मुक्त कर सकते हैं।

3. अन्य अधिकारीगण भी अपने-आप में ईमानदारी एवं कर्त्तव्यपरायणता के गुणों को विकसित करें—अन्य शीर्ष अधिकारियों में आय कर, बिक्री कर, आबकारी एवं कस्टम अधिकारी, सार्वजनिक निर्माण विभाग के अधिकारी एवं रेलवे अधिकारी आदि आते हैं। इन अधिकारियों का सीधा सम्बन्ध जनता से न ही नहीं बल्कि आय के साधनों एवं रुपये-पैसे से होता है। इसलिए इनके भ्रष्ट होने की संभावना अधिक रहती है। वर्तमान समय में इन विभागों में भ्रष्टाचार बहुत अधिक व्याप्त है। इन अधिकारियों में ईमानदारी आए इसके लिए यह आवश्यक है कि भ्रष्टाचार निरोध विभाग तथा सी.आई.डी. विभाग के अधिकारी स्वयं को भ्रष्टाचार से दूर रखें। अगर वे स्वयं भ्रष्ट होंगे तब सम्बन्धित अधिकारियों के विरुद्ध कोई कारवाई नहीं कर पाएँगे। इसलिए उनका स्वयं ईमानदार होना आवश्यक है।

4. न्यायपालिका का भ्रष्टाचार को समाप्त किया जाए—वर्तमान में भ्रष्टाचार के पंक से न्याय का मंदिर कहलाने वाला न्यायपालिता भी अछूता नहीं रहा है। इस पर आरोप है कि न्याय खरीदा जाता है। अर्थात् इसमें भ्रष्टाचार की पैठ गहरी है। अगर न्यायालय में पक्षपात एवं भ्रष्टाचार होगा तो इसका असर समाज पर भी पड़ेगा। इसलिए यह आवश्यक है कि न्यायाधीश पक्षपात रहित एवं

राजनीति से बिना प्रेरित हुए अपना न्याय सुनावें। दुर्भाग्यवश आज इस बात की कमी है। यहाँ भी भ्रष्टाचार घर कर चुकी है न केवल न्यायाधीशों में बल्कि यहाँ नीचे के कर्मचारियों तक में भ्रष्टाचार व्याप्त है। बिना घूस के न्यायालय में कोई काम नहीं होता। वकीलों की तो बात ही जुदा है। वे तो धन कमाने के चक्कर में इतने भ्रष्ट हो चुके हैं कि यह जानते हुए कि अमुक व्यक्ति बहुत गंभीर अपराधी है लेकिन धन के लिए उसे सजा से वंचित करा देते हैं। इस प्रकार यह पता चलता है कि न्यायपालिका भी भ्रष्टाचार का केंद्र बन चुकी है। अतः भ्रष्टाचार को रोकने के लिए यह आवश्यक है कि न्यायपालिका से भ्रष्टचार को समाप्त किया जाए।

5. व्यापारियों एवं उद्योगपतियों में उपजे भ्रष्टाचार को समाप्त किया जाए—बड़े व्यवसायियों एवं उद्योगपतियों की पहुँच शीर्ष राजनेताओं एवं मंत्रियों तक होती है। ये चुनाव के समय राजनीतिज्ञों की मदद करते हैं एवं सत्ता में आने पर मनचाहा कानून बनवाते हैं जो इनको लाभ पहुँचाता है। सरकार इनके इशारे पर ही कानून बनाती है। ये उद्योगपति श्रमिकों का जमकर शोषण करते हैं एवं इनका उद्देश्य भ्रष्टतम तरीकों को अपनाकार अधिक-से-अधिक धन अर्जित करना होता है। इसी प्रकार व्यापारी वर्ग विभिन्न खाद्यान्नों में मिलावट करके एवं वस्तुओं का कृत्रिम अभाव पैदा करके अधिक-से-अधिक मुनाफा कमाना चाहते हैं। कहने का तात्पर्य यह है कि व्यापारी एवं उद्योगपति दोनों ही भ्रष्ट-से-भ्रष्ट तरीके अपनाकर अधिकाधिक धन अर्जित करते हैं। इसमें इनकी मदद राजनीतिज्ञ करते हैं इस प्रकार यह पता चलता है कि व्यापारियों एवं उद्योगपतियों में भी भ्रष्टाचार व्याप्त है। इनमें पनपे भ्रष्टाचार को समाप्त कर भ्रष्टाचार को समाप्त किया जा सकता है।

6. राष्ट्रीय चरित्र का निर्माण—चरित्र मनुष्य की एक ऐसी संपदा है जिससे व्यक्ति का चारित्रिक एवं नैतिक विकास होता है। चरित्रवान व्यक्ति कभीा भ्रष्ट नहीं हो सकता। इसलिए भ्रष्टाचार को समाप्त करने के लिए यह आवश्यक है कि चरित्र-निर्माण किया जाए। यह कहावत प्रसिद्ध है कि 'Character is lost everything is lost.' अर्थात् यदि चरित्र खो दिया तो सब कुछ खो दिया। इसलिए चारित्रिक सबलता आवश्यक है। अगर व्यक्ति का व्यक्तित्व उचित दिशा में विकसित होगा तो उनमें सामुदायिक भावना का विकास अपने-आप हो जाएगा। सामुदायिक भावना के कारण राष्ट्रीय चरित्र का विकास होगा। यदि राष्ट्रीय चरित्र का विकास हो गया तब भ्रष्टाचार को समाप्त करना आसान हो जाएगा। अतः भ्रष्टाचार को रोकने के लिए यह आवश्यक है कि राष्ट्रीय चरित्र का निर्माण किया जाए।

7. देश का आर्थिक विकास—अर्थव्यवस्था तथा भ्रष्टाचार में अन्योन्याश्रय संबंध है। ज्यादातर गैर कानूनी कृत्य धन के लिए ही किये जाते हैं। यह विश्वासपूर्वक नहीं कहा जा सकता कि आर्थिक विकास करने से भ्रष्टाचार समाप्त हो जाएगा। लेकिन इतना अवश्य कहा जा सकता है कि इस विकास से भ्रष्टाचार को समाप्त करने में मदद अवश्य मिलेगी। यह कहावत प्रसिद्ध है, कि 'विभूक्षितः किम् न करोति पापम्' अर्थात् भूखा पेट कोई भी पाप कर सकता है। अतः यह आवश्यक है कि भूखे को भोजन दिया जाए। इसके लिए देश की अर्थव्यवस्था में सुधार करना आवश्यक है। अर्थव्यवस्था में सुधार के लिए एवं भ्रष्टाचार समाप्त करने के लिए निम्नलिखित सुधार किये जा सकते हैं—

(i) निर्धनता का उन्मूलन, (ii) कोटा तथा परमिट व्यवस्था का अंत, (iii) एकाधिकार पद्धति का अंत, (iv) रोजगार की सुविधाओं में वृद्धि तथा (v) समाज में व्यावसायिक नैतिकता को प्रोत्साहन। इस प्रकार अर्थव्यवस्था में सुधार लाकर भ्रष्टाचार को रोकने मे मदद मिल सकती है।

8. भ्रष्टाचार के विरुद्ध प्रचार हो—भ्रष्टाचार के विरुद्ध राष्ट्रीय स्तर पर व्यापक अभियान चलाकर काबू पाया जा सकता है। सक्रिय प्रचार के द्वारा लोगों को यह समझाया जाये कि भ्रष्टाचार न केवल समाज-विरोधी है बल्कि व्यक्ति-विरोधी भी है। लोगों में इस प्रकार की जागरूकता लानी होगी कि घूस लेना एवं घूस देना दोनों ही अपराध एवं भ्रष्ट कार्य है। इसके लिए विभिन्न प्रचार माध्यमों का सहारा लिया जा सकता है। जब जनता जागरूक हो जाएगी तब भ्रष्टाचार को बहुत हद तक समाप्त किया जा सकता है।

9. फर्जी विज्ञापनों पर रोक—फर्जी विज्ञापन पर रोक लगाकर भी काफी हद तक भ्रष्टाचार को फलने-फूलने से रोका जा सकता है। यह रकम परीक्षा फीस या अंतर्वीक्षा फीस के नाम पर वसूल की जाती है। इसी प्रकार कम दाम में रेडियो एवं घड़ी प्राप्त करने आदि का विज्ञापन भी दिया जाता है तथा लोगों से रकम ठगी जाती है। इस प्रकार के भ्रष्टाचार को रोकने के लिए फर्जी विज्ञापनों पर सरकारी स्तर से रोक लगाई जानी चाहिए।

10. कानून का सरलीकरण हो—जटिल कानूनी प्रक्रिया व सरकारी नियमों के कारण भारतीय नागरिक लेकर इनका आर्थिक शोषण करते हैं। यदि कानून सरल होगा तो प्रत्येक व्यक्ति इसे समझ सकेगा एवं घूस आदि के चक्कर में नहीं पड़ेगा। अतः कानून का सरलीकरण होना चाहिए। इससे भ्रष्टाचार को रोकने में बहुत सहायता मिलेगी।

11. शैक्षणिक सुधार—वर्तमान शिक्षा प्रणाली रोजगारोन्मुखी नहीं होने के कारण दोषपूर्ण हैं। पढ़े-लिखे छात्र बेरोजगार रहने पर कुंठा के शिकार बन जाते हैं। इसलिए शैक्षणिक व्यवस्था में सुधार होना आवश्यक है। शैक्षणिक व्यवस्था में सुधार लाने के लिए निम्नलिखित उपाय किए जा सकते हैं—

(i) एक निश्चित स्तर के बाद शिक्षा के लोक व्यापारीकरण पर रोक लगाई जाए, (ii) नैतिक शिक्षा का प्रसार , (iii) चारित्रिक शिक्षा के महत्त्व पर जोर व्यक्ति, (iv) शैक्षणिक जागरूकता का विकास, (v) परम्परात्मक शिक्षा पद्धति में परिवर्तन तथा (vi) सभी संकायों की शिक्षा का दायित्व सरकार ग्रहण करे। इस प्रकार शैक्षणिक सुधार लाकर भ्रष्टाचार को कम किया जा सकता है।

12. सेवारत सभी वर्ग के लोगों की आर्थिक उन्नति व उनमें जनकल्याण के प्रति जागरूकता—जनकल्याण की भावना लोगों के दिल में जागृत करने से उन्हें यह एहसास होगा कि व्यक्तिगत स्वार्थ सामुदायिक स्वार्थ के आगे तुच्छ है। साथ ही उन्हें समाज एवं राष्ट्र के प्रति दायित्वों का भी बोध कराना होगा। इसके अतिरिक्त उनकी आर्थिक स्थिति में भी सुधार लाना होगा। सरकारी कर्मचारियों का वेतन कम है जिससे उन्हें मजबूरन घूस आदि का सहारा लेना पड़ता है जिससे भ्रष्टाचार को बढ़ावा मिलता है। इस स्थिति में सुधार लाना होगा।

13. प्रशासकीय सुधार—भ्रष्टाचार एवं सरकारी मशीनरी में सीधा सम्बन्ध पाया जाता है। अतः यह आवश्यक है कि प्रशासकीय स्तर पर सुधार किया जाए। प्रशासकीय स्तर पर सुधार लाने के लिए निम्नलिखित उपाय किये जा सकते हैं—

(i) प्रशासकीय प्रशिक्षण का विकास, (ii) प्रशासकीय कुशलता में वृद्धि, (iii) अधिकाधिक समस्याओं को निपटाने की क्षमता, (iv) कठोर कार्यकुशलता और कर्मठता, (v) सेवा की भावना, (vi) उत्तरदायित्व को वहन करने की इच्छा तथा (vii) प्रशासकीय नैतिकता का विकास। इस प्रकार यह पता चलता है कि प्रशासकीय सुधार कर भ्रष्टाचार को रोका जा सकता है।

14. भ्रष्टाचार के विरुद्ध कठोर नियम—प्रायः देखा जाता है कि कानून निर्मित होने के उपरान्त उसका क्रियानवयन दृढ़तापूर्वक नहीं किया जाता है। इसका नतीजा यह होता है कि कानून के रहने के बावजूद भ्रष्टाचार फलता-फूलता है। साथ ही इन कानूनों को अमीर एवं गरीब सभी पर समान रूप से लागू किया जाना चाहिए ताकि भ्रष्टाचार को रोकने में मदद मिले। भ्रष्टाचारियों के लिए चाहे वह किसी भी स्तर का हो बिना किसी भेदभाव के कठोरतम दण्ड की व्यवस्था होनी चाहिए।

15. सामान्य जनता में जनकल्याण के प्रति जागृति—जनता को ईमानदार नागरिक बनने के लिए सरकार प्रेरित करे। इस सम्बन्ध में भ्रष्टाचार निरोधक समिति ने कहा है, "यह एक गंभीर चिंता का विषय है कि वर्तमान समय में शिक्षा को मानव-मस्तिष्क को इस विचार से प्रखर बनाने का साधन माना गया है कि उसका प्रयोग भौतिक लक्ष्यों के लिए किया जा सके...। दशाओं तथा साधनों का चयन हमें इस प्रकार करना है कि युवकों की महत्त्वाकांक्षाओं में आदर्शवाद एवं देशभक्ति का आवश्यक समावेश हो। नैतिक उत्साह (Earnestness) का अभाव, जो नवीन वर्गों का एक स्पष्ट लक्षण रहा है, ही एक ऐसा अकेला कारक है जो कर्त्तव्यनिष्ठा एवं कार्यकुशलता की पावन परम्परा के विकास में बाधक बनता है। यह भी आवश्यक है कि जनता को समुचित रूप से सूचित किया जाए और अधिकारियों तक की पहुँच को सुगम बनाया जाए।"

16. सामाजिक मूल्यों में परिवर्तन—सामाजिक मूल्यों में आमूलचूक परिवर्तन का भ्रष्टाचार का खात्मा किया जा सकता है। सदरलैण्ड ने भी अपने अध्ययन में यह पाया कि अपराध करने की प्रवृत्ति प्रत्येक मानव प्राणी में पाई जाती है। आजकल समाज में धन को आदर मिलता है। अर्थात् जिस व्यक्ति के पास अधिक धन रहता है उसे सम्मान एवं आदर की दृष्टि से देखा जाता है। यदि इस तरह के सामाजिक मूल्यों में परिवर्तन लाया जाए या धन को आदरणीय समझा जाए तो लोगों में धन अर्जित करने की इच्छा बलवती नहीं होगी। अगर यह इच्छा नहीं रहेगी तो व्यक्ति भ्रष्ट तरीके से धन कमाने में रुचि नहीं लेंगे। इससे भ्रष्टाचार को रोकने में बहुत मदद मिलेगी। इस प्रकार यह कहा जा सकता है कि भ्रष्टाचार को रोकने के लिए सामाजिक मूल्यों में परिवर्तन लाना आवश्यक है।

उपरोक्त विवरण से ज्ञात होता है कि भ्रष्टाचार एक कोढ़ की तरह पूरे समाज में फैल चुकी है। कारगर कानून बनाकर ही उसको समाप्त किया जा सकता है।

भ्रष्टाचार उन्मूलन हेतु हुए प्रयास

भ्रष्टाचार उन्मूलन के लिए अब तक विभिन्न प्रयास किये जा चुके हैं। लेकिन भ्रष्टाचार की समस्या का समाधान अभी तक संभव नहीं हो सका है। 1941 ई. में भारत सरकार ने विशेष पुलिस की स्थापना की थी। इसकी स्थापना द्वितीय विश्वयुद्ध के उपयोग के लिए सामान के क्रय-विक्रय में रिश्वत एवं भ्रष्टाचार को रोकने के लिए बनाया गया। 1942 में इसे रेलवे विभाग के भ्रष्टाचार

के मामलों के जाँच का कार्य सौंपा गया। 1946 में इसे गृह विभाग का अंश बताते हुए इसके अधिकारों का विस्तार किया गया। 1953 में इसमें भ्रष्टाचार निरोध शाखा को बढ़ाया गया। 1963 में इसे केंद्रीय जाँच ब्यूरो के एक खंड के रूप में स्थानान्तरित कर दिया गया। 1964 में भारत सरकार ने संथानम समिति के सुझावों को ध्यान में रखकर एक केंद्रीय सतर्कता आयोग की स्थापना की। इस आयोग का कार्य लोक सेवकों के विरुद्ध लगाये गये आरोपों की जाँच करना था। सरकार की सबसे प्रमुख जाँच एजेंसी केंद्रीय जाँच ब्यूरो की स्थापना अप्रैल, 1963 में की गई। 1963 में इस संगठन के कार्यालय को विस्तृत कर दिया गया। 1967 में प्रशासनिक सुधार आयोग की सिफारिश पर लोकपाल प्रस्ताव को संसद में पहली बार 1968 में सरकार द्वारा प्रस्तावित किया गया। यह प्रस्ताव 1969 में लोकसभा द्वारा पारित किया गया। फिर बीच में ही संसद भंग हो जाने के कारण इस पर कोई विचार नहीं हो सका। 26 अगस्त, 1985 में लोकपाल विधेयक लोकसभा में पुनः लाया गया। उस समय के राजीव गाँधी सरकार ने इस विधेयक की पुनः समीक्षा की एवं इस विधेयक के स्थान पर दूसरा संशोधित विधेयक लाने के लिए इसे वापस ले लिया। तब से कागजी घोड़े की तरह यह विधेयक दौड़ रहा है। हालाँकि वर्तमान सरकार ने इसे पास कराने का हर संभव प्रयास किया है। प्रशासनिक सुधार आयोग के प्रतिवेदन के बाद राज्यों ने लोकायुक्त की नियुक्ति की। महाराष्ट्र, राजस्थान, आन्ध्र प्रदेश, उत्तर प्रदेश, बिहार, हिमाचल प्रदेश, केरल एवं मध्य प्रदेश आदि लोकायुक्त की नियुक्ति के मामले में अग्रणी राज्य रहे। इसके अलावा भी भ्रष्टाचार के उन्मूलन हेतु कई समितियों का गठन हुआ। बाबजूद इसके सही तरीके से क्रियान्वयन नहीं होने के कारण ये समितियाँ निष्प्रभावी रहीं।

उपरोक्त विवरणों से पता चलता है कि भ्रष्टाचार को समाप्त करने के लिए समय-समय पर विभिन्न कानून बनाये गये। कानून के अलावा अन्य प्रयत्न भी किये गये, लेकिन परिणाम संतोषजनक नहीं रहा। भ्रष्टाचार रूपी दानव समाज में विकराल रूप धारण कर चुका है। वह दिनो-दिन बढ़ता ही जा रहा है। इसलिए आवश्यकता इस बात की है कि जो कानून बनाए जाएँ, उन्हें सख्ती से लागू किया जाए। कानून लागू करने में किसी प्रकार का भेदभाव नहीं किया जाए। अर्थात् सभी पर यह समान रूप से लागू की जाए। भ्रष्टाचार अक्सर सम्पन्न एवं पहुँच वाले व्यक्ति ही करते हैं। अतः उन पर भी कानून के दायरे में सख्ती की जाए। इस प्रकार भेदभाव रहित व्यवहार करने से भ्रष्टाचार पर काबू पाया जा सकता है वरना यह समाज को दीमक की तरह चाटकर खाक कर देगा।

5

भिक्षावृत्ति

भिखारी एवं भिक्षावृत्ति शब्द से शायद ही समाज में रहने वाला कोई मानव अनभिज्ञ हो। भिक्षावृत्ति की समस्या भारतीय समाज एवं अन्य समाजों में एक लम्बी अवधि से प्रचलित है। अंतर केवल भिक्षावृत्ति के संबंध में लोगों के दृष्टिकोण में है। प्राचीन समय में भिक्षुक सम्मान के पात्र थे पर आज वे हेयदृष्टि से देखे जा रहे हैं। इसी प्रकार प्राचीन समय में भिक्षावृत्ति एक व्यवस्था नहीं थी, किन्तु आज यह एक व्यवसाय के अलावा और कुछ नहीं है। भिक्षुक का एक तरह व्यावसायिक या पेशागत भिक्षुक भी इस बात की पुष्टि करता है कि आधुनिक युग में भिक्षावृत्ति एक व्यवसाय बन गया है। प्राचीन समय में भिक्षुक दान (Charity) के आधार पर अपना जीवन-निर्वाह करते थे। लेकिन वे समाज एवं समुदाय के लिए लाभ का कार्य भी करते थे। उदाहरणार्थ बौद्ध भिक्षुक दान (Charity) के आधार पर जीवन-निर्वाह करते थे। साथ ही वे समाज एवं समुदाय के कल्याण के लिए भी कार्य करते थे। इसकी पुष्टि इन वाक्यों से होती है जो बौद्ध भिक्षुकों के बारे में लिखी गई है, "These Bhikshuks walked across the globe with the religious fervour burning in their hearts." यही कारण था कि प्राचीन समय में अलग-अलग धर्मों ने जरूरतमंद व्यक्तियों को मदद करने के लिए प्रोत्साहित होते थे। इस तरह नैतिकता Morality, Ethical Sanction, Religious Preachings एवं Social Usages ने हमेशा भिक्षा माँगने को प्रोत्साहित किया।

भारतीय समाजों में आर्यन-वैदिक सभ्यता (Aryan-Vedic Civilization) के समय से ही भिक्षावृत्ति प्रचलित है। उसका स्वरूप आज से उस समय काफी अलग था। बौद्ध धर्म ने भी भिक्षावृत्ति को बढ़ावा दिया। इसी तरह इस्लाम धर्म ने भी लोगों को दान देने के लिए प्रेरित किया। इस्लाम धर्म में 'सदका' (Sadqua), खैरात (Khairat) एवं 'जकात' (Zakat) आदि धारणाएँ पाई जाती हैं जो अलग-अलग तरह के दया एवं दान के द्योतक हैं। इसी प्रकार ईसाई धर्म में भी दान एवं परोपकार के पक्ष में तर्क दिया गया है।

भिक्षावृत्ति की समस्या भारत में सामाजिक समस्याओं में से भी उतनी ही गंभीर है जितना कि अपराध एवं बाल-अपराध की समस्या। भिक्षावृत्ति वैयक्तिक विघटन के साथ-साथ सामाजिक विघटन का भी लक्षण है। भिक्षावृत्ति वैयक्तिक विघटन के रूप में तब सामने आती है जब एक भिक्षुक अपने समाज या सामाजिक वातावरण से समायोजन स्थापित करने में असफल होता है। सामाजिक विघटन के लक्षण के रूप में यह तब प्रकट होता है जब गली में भीख माँगते हुए भिखारी को देखकर यह आभास होता है कि समाज इतना कुसंगठित समाज (Ill-organized Society) है कि वह उस भिखारी को समायोजित नहीं कर सका। भारत में भिक्षुक एवं भिक्षावृत्ति शब्द का प्रयोग अनेक अर्थों में होता आया है। पुराने जमाने में गुरुकुल व्यवस्था थी। विद्यार्थी गुरु के पास आश्रम में रहा करते थे। वे अपने गुरु के लिए गाँवों में जाकर भिक्षाटन करते थे। वे उतनी ही भिक्षा स्वीकार करते थे जितना एक दिन के लिए जरूरी होता था। इस प्रकार वे अपना जीवन समाज तथा समुदाय का दिया हुआ समझते थे तथा समाज एवं समुदाय पर कोई संकट आने पर अपना जीवन तक न्यौछावर कर देते थे। उस समय की सामाजिक व्यवस्था इतनी मजबूत थी कि विद्यार्थियों एवं संन्यासियों के अतिरिक्त कोई भीख नहीं माँगता था। प्राचीन समय में भिक्षावृत्ति नाम की कोई व्यवसाय समाज में नहीं पाई जाती थी। मनु ने भी इस बात को स्वीकार किया है कि कुछ लोग अपने जीवन-यापन का सामान दूसरों से ले सकते हैं। मनुश्लोक के 86वें श्लोक में कहा गया है कि सतयुग में तप ही उत्कृष्ट है, त्रेता में ज्ञान, द्वापर में त्याग और कलियुग में दान ही सर्वश्रेष्ठ है। मनु ने दान के संबंध में समाज को दो भागों में बाँटा गया था—(i) दान देने वाला एवं (ii) दान लेने वाला। इस प्रकार यह पता चलता है कि प्राचीन समय में भिक्षावृत्ति नाम की कोई चीज नहीं थी। वर्तमान समय में भिक्षावृत्ति एक व्यवसाय का रूप धारण कर चुकी है। आजकल भिखारी अन्य व्यवसायों की तरह ही अपने व्यवसाय को ज्यादा-से-ज्यादा फायदेमंद

बनाने के लिए अत्याचार एवं नृसंशता का व्यवहार करते हैं। निर्धन व्यक्तियों को धन का लोभ देकर या बच्चों का अपहरण कर उसे लंगड़ा या इस तरह से अंग-भंग कर दिया जाता है ताकि लोग उसे असहाय समझकर भीख दें। इसके बल पर कितने ही इस प्रकार के गैंग चलाने वाले असामाजिक तत्त्व करोड़पति बन गए हैं। भिक्षावृत्ति की समस्या एक सामाजिक समस्या के साथ-साथ आर्थिक समस्या भी है। भिक्षारी समाज पर आर्थिक बोझ है। आज यह एक लाभदायक व्यवसाय का रूप धारण कर चुका है इसलिए हट्टे-कट्टे एवं स्वस्थ्य लोग भी इसे अपनाने लगे हैं और यह समस्या एक विकराल रूप धारण करती जा रही है। भीख माँगने वाले भिखारी दूसरे लोगों को भी इस व्यवसाय को अपनाने के लिए प्रेरित करते हैं जिससे समस्या रोजाना बढ़ती जा रही है। इस प्रकार यह पता चलता है कि आज भिक्षावृत्ति एक गंभीर सामाजिक समस्या का रूप धारण कर चुकी है।

भिखारी एवं भिक्षावृत्ति शब्दों का प्रयोग समाज में विविध अर्थों में होता अया है। कानून की दृष्टि से भी भिक्षावृत्ति समाज-विरोधी व्यवहार है एवं इसीलिए इसे अपराध की श्रेणी में रखा जाता है। लेकिन सामाजिक दृष्टिकोण से भिक्षावृत्ति एक सामाजिक समस्या मात्र है, समाज-विरोधी व्यवहार नहीं। भिक्षावृत्ति एक Deviant behaviour अवश्य है किन्तु अपराध की प्रकृति एवं श्रेणी से अलग है। अपराध किसी को हानि पहुँचाने के लिए किया जाता है। अपराध हानि पहुँचाने वाले व्यक्ति की अनुमति के बिना या उसकी इच्छा के विरुद्ध किया जाता है। इसके विपरीत भिक्षावृत्ति में हानि पहुँचाने वाले की अनुमति रहती है चाहे वह जिस रूप में हो। साथ ही डॉ. आर.के. मुकर्जी का कहना है कि 'Beggary is a symptom of social disorganization.' भिक्षावृत्ति का वर्णन भीख माँगने के वृत्ति के अर्थ में किया जा रहा है न कि प्राचीन परम्परा के भिक्षुक से।

भिक्षावृत्ति प्राचीन समय से अब तक अपना रूप बदल चुका है। आधुनिक भारत में सबसे पहला कानून जो भिक्षावृत्ति की समस्या से सम्बन्धित था वह 'European Vagrancy Act of 1874' के नाम से जाना जाता है। यद्यपि इस कानून ने भिक्षावृत्ति को परिभाषित किया था किन्तु भिक्षावृत्ति को ठीक तरह से यह अधिनियम परिभाषित करने में असमर्थ सिद्ध हुआ।

भिखारी एवं भिक्षावृत्ति की परिभाषा देना एक कठिन कार्य है। सामान्यतया यह समझा जाता है कि भिखारी वह व्यक्ति है जो इधर-उधर भीख माँगता है और लोग उसे दया के वशीभूत होकर भीख दे देते हैं। इंग्लैंड में कहा गया है, "वे सब

लोग भिखारी हैं जो इधर-उधर घूमते हैं या जो सार्वजनिक स्थानों, यथा—सड़क, कचहरी इत्यादि के आस-पास रहते हैं, जो या तो स्वयं भीख माँगते हैं या किसी 16 वर्ष से कम आयु के बालक-बालिकाओं को भीख माँगने के लिए रख लेते हैं। इसमें वे लोग भी सम्मिलित हैं जो अपने घाव या अंग-भंग दिखाकर जनता से पैसा लेते हैं और वे लोग भी भिखारी हैं जो किसी झूठे उद्देश्य से दान या चन्दा एकत्रित करते हैं।'' अतः यह पता चलता है कि भिखारी या भिक्षावृत्ति के अनेक रूप हैं।

'The Hyderabad Prevention of Beggary Act, XX of 1941' ने भिक्षावृत्ति को परिभाषित करते हुए लिखा है, "Begging means begging on roads or from door to door, standing or loitering or entering in a dwelling house or a place of business or otherwise for the maintenance of himself or his dependents." यह इस परिभाषा से स्पष्ट होता है कि भिक्षावृत्ति अपने एवं अपने पर आश्रित सदस्यों की भरण-पोषण की एक वृत्ति है। साथ ही इस परिभाषा से यह भी स्पष्ट होता है कि इस पेशा में लगे हुए व्यक्तियों को सड़कों पर या किसी निवास स्थान पर या व्यवसाय के स्थान पर घूम-घूमकर या किसी स्थान पर खड़ा होकर भीख माँगनी पड़ती है। हाँलाकि विभिन्न परिभाषाओं में इस बात का उल्लेख किया गया है कि भिक्षुक वह व्यक्ति है। जिसके पास घूम-घूम कर या किसी स्थान पर खड़ा होकर भीख माँगने के अतिरिक्त जीविका का अन्य कोई साधन नहीं है। लेकिन बहुत ऐसे भी भिक्षुक हैं जिनकी जीविका का साधन उपलब्ध रहता है लेकिन फिर भी इस वृत्ति को वे अधिक लाभदायक समझकर अपनाए रहते हैं। यह कथन कि 'All the beggars are not poor.' भी इस तथ्य की पुष्टि करता है कि भिक्षावृत्ति केवल उन्हीं लोगों की वृत्ति नहीं है जिनके पास भिक्षा माँगकर जीने के अलावा अन्य कोई चारा नहीं है।

भिक्षावृत्ति को परिभाषित करते हुए 'दी बम्बई बेगर्स एक्ट, XXIII, 1945 (The Bombay Beggars Act, XXIII of 1945) ने लिखा है, ''किसी सार्वजनिक स्थान में यों ही या किसी बहाने, जैसे गाना, नाचना, भविष्यवाणी करना और ज्योतिष के सहारे हाथ देकर भाग्य बताना, जादू दिखाना, घाव, चोट, अंग-भंग दिखाकर पैसा माँगना भिक्षावृत्ति है।'' इससे यह स्पष्ट होता है कि भिक्षावृत्ति आज के समय में एक पेशा बन गई है। साथ ही यह ऐसे व्यक्ति का पेशा है जिसकी जीविका का साधन भिक्षा माँगने के अलावा कुछ नहीं है। भिक्षावृत्ति एक ऐसा पेशा है जिसके लिए एक व्यक्ति को बाजार, सड़क, अदालत, धार्मिक स्थान आदि सार्वजनिक स्थानों पर घूमना पड़ता है और माँगकर जीवन-निर्वाह करना पड़ता है।

भिक्षावृत्ति का वर्गीकरण

विभिन्न विद्वानों ने भिक्षुक को भिन्न-भिन्न आधारों पर विभिन्न भागों में विभाजित किया है एवं भिक्षुकों के भिन्न-भिन्न प्रकारों का उल्लेख किया है। एस. डी. गोखले (S.D. Gokhale) के अनुसार सभी भिक्षुकों को दो भागों में विभाजित किया जा सकता है–

(i) परिस्थिति से बाध्य होकर भिक्षा माँगने वाले भिक्षुक (Casual Beggars) तथा (ii) पेशागत भिक्षुक (Professional Beggars)

कुछ प्रमुख तरह के भिक्षुकों के विषय में आगे प्रकाश डाला गया है।

1. शारीरिक रूप से लाभप्रद रोजगार करने में असमर्थ–शारीरिक रूप से अक्षम लोग रोजगार करने के काबिल नहीं होते। ऐसे व्यक्ति अक्सर बीमारियों से ग्रसित रहते हैं या शारीरिक रूप से असमर्थ होते हैं। इस तरह के व्यक्ति परिस्थिति से मजबूर होकर भिक्षावृत्ति का पेशा अपनाते हैं। ऐसे भिक्षुकों को Casual Beggar कहा जाता है।

2. दूसरे के दान पर जीने वाले–स्वस्थ व्यक्ति भी कामचोरी के कारण दानवृत्ति पर ही आश्रित रहना चाहते हैं। शारीरिक रूप से लाभप्रद रोजगार पाने के योग्य रहते हैं। फिर भी भिक्षावृत्ति पेशा को लाभप्रद रोजगार समझकर इसे अपनाए रहते हैं। इस तरह के भिक्षुक पेशागत भिक्षुक (Proffessional Beggar) कहे जाते हैं। उदाहरणस्वरूप शारीरिक रूप से स्वस्थ व्यक्ति यदि भिक्षा माँगने का कार्य करे तो उसे पेशागत भिक्षुक (Proffessional Beggar) कहा जाता है।

3. शारीरिक रूप से असमर्थ भिक्षुक–इस प्रकार के भिक्षुक ऐसे होते हैं जो कभी न छूटने वाले बीमारियों से ग्रसित रहते हैं या फिर शारीरिक विकलांगता के शिकार होते हैं। इस कारण वे अपने भरण-पोषण के लिए इस पेशा को अपनाते हैं। इनके पास लाचारी एवं मजबूरी होती है। यदि इनके पास धन रहता तो संभव है कि ये इस पेशा को नहीं अपनाते। लेकिन इसका अर्थ यह नहीं है कि शारीरिक रूप से असमर्थ भिखारियों का मौलिक कारण निर्धनता है बल्कि इसका मौलिक कारण शारीरिक असमर्थता है जो किसी व्यक्ति को अपना जीवन-यापन के लिए भिक्षा माँगने पर मजबूर कर देता है। संभव है कि शारीरिक रूप से असमर्थ भिक्षुक यदि शारीरिक रूप से समर्थ होते तो धन के अभाव में भी भिक्षावृत्ति-पेशा को न अपनाकर मेहनत-मजदूरी कर अपना भरण-पोषण करते। आज के युग में इस बात को स्वीकार किया जा रहा है कि 'All the poor are not beggars.'

4. बाल भिखारी–निर्धनता के कारण उन्हें बचपन में ही धनोपार्जन के लिए भीख मांगना पड़ता है। इसके अलावा पेशेवर लोगों द्वारा अपहृत बच्चों को विगलांग बनाकर भीख मांगने हेतु मजबूर किया जाता है। साथ ही कुछ इस प्रकार के भिक्षुक दबाव में आकर भी इस पेशा को अपनाते हैं। बाल भिक्षुक भी दो प्रकार के होते हैं–(i) एक तो वे जो वेतन पर वयस्क भिक्षुकों के सहायतार्थ भिक्षावृत्ति करते हैं तथा (ii) वे जो बिना वेतन के भिक्षावृत्ति करते हैं। कुछ बाल भिक्षुक ऐसे होते हैं जो या तो जन्म से ही दोषयुक्त होते हैं या माता-पिता द्वारा स्वार्थों की पूर्ति के लिए जान-बूझकर कुरूप बना दिये जाते हैं ताकि वे लोगों के अत्यधिक कृपा-पात्र बन सकें। इस तरह के बाल भिक्षुक बस स्टैण्ड, रेलवे प्लेटफार्म या धार्मिक स्थानों पर अत्यधिक मात्रा में देखे जाते हैं।

5. मानसिक रूप से असामान्य भिक्षुक–मानसिक रूप से विकृत व्यक्ति भी भिक्षुक की इस श्रेणी में रखे जा सकते हैं। बहुत से असामान्य व्यक्ति या तो अपना घर छोड़ देते हैं या परिवार के अन्य सदस्य उनका ख्याल नहीं करते। इस तरह के व्यक्ति इधर-उधर सड़कों या गलियों में घूमा करते हैं और भिक्षा माँगकर अपना निर्वाह करने लगते हैं। इस तरह के व्यक्ति भिक्षा इसलिए माँगते हैं चूँकि वे मानसिक रूप से बीमार रहते हैं एवं उनमें सही एवं गलत में अंतर महसूस करने की क्षमता नहीं रहती है। जब वे भूख महसूस करते हैं तब भिक्षा माँगते हैं। इस तरह के मानसिक रूप से ग्रसित व्यक्ति एक पृथक प्रकार के भिक्षुक का निर्माण करते हैं।

6. शारीरिक रूप से समर्थ भिक्षुक–कुछ लोग ऐसे होते हैं जो शारीरिक रूप से समर्थ होते हुए भी परिश्रम नहीं करना चाहते। वे हृष्ट-पुष्ट होते हैं और परिश्रम वाला कार्य करके भी अपना जीवन-यापन कर सकते हैं। लेकिन वे परिश्रम वाला कार्य न कर भिक्षावृत्ति करते हैं। ऐसे ही भिक्षुकों को शारीरिक रूप से समर्थ भिक्षुक कहा जाता है। देश में भिक्षावृत्ति की समस्या में सबसे जटिल समस्या इन्हीं भिक्षुकों की है।

7. परम्परागत भिक्षुक–इस श्रेणी के तहत वे भिक्षुक आते हैं जो अपने पुश्तैनी पेशे को अपनाकर भिक्षावृति के पेशे को अपनाते हैं। इस प्रकार के भिक्षुकों को वंशानुगत भिक्षुक भी कहा जा सकता है। इस तरह के भिक्षुक भिक्षा माँगने में लज्जा अनुभव करने की जगह गौरव का अनुभव करते हैं। वे समझते हैं कि वे अपने पूर्वजों के व्यवसाय का अनुकरण कर रहे हैं। मुस्लिम समुदाय में इस प्रकार के भिक्षुक 'शाह साहेब' के नाम से जाने जाते हैं। इस तरह के भिक्षुक

एक खास तरह का वस्त्र पहनते हैं और उनके भीख माँगने के तरीके अन्य भिक्षुकों से भिन्न होते हैं। इसी तरह हिन्दू समुदाय में जो लोग साधु-सन्त का वेश धारण कर भिक्षा माँगने का कार्य करते हैं वे भिक्षा माँगने में किसी तरह के हिचक का अनुभव नहीं करते हैं।

8. धार्मिक भिक्षुक—धार्मिक स्थलों पर इस तरह के भिक्षुक अधिक पाये जाते हैं। ऐसे देशों में इनकी बहुतायत होती है। कुछ समुदायों में धार्मिक कानून भिक्षुक बनने की स्वीकृति प्रदान करता है। इस प्रकार कुछ व्यक्ति सच्चे अर्थ में संन्यासी, वैरागी, साधु, फकीर एवं दरपेश आदि बन जाते हैं। ये भिक्षाटन करके ही अपना गुजारा करते हैं। इस तरह के भिक्षुक एक खास प्रकार का वस्त्र धारण करते हैं। इस प्रकार साधु, सन्त तथा फकीर आदि धार्मिक भिक्षुक की श्रेणी में आते हैं। यहाँ यह कहना भी अनावश्यक नहीं प्रतीत होता है कि ये भिक्षुक किसी-न-किसी धार्मिक संस्था से जुड़े होते हैं।

9. बनावटी धार्मिक भिक्षुक—कुछ ऐसे व्यक्ति होते हैं जिनका किसी धार्मिक विचारधारा या धार्मिक संस्था से कोई संबंध नहीं होता है। फिर भी ये साधु, संन्यासी या फकीर का वेश बनाकर धर्म के नाम पर भीख माँगने का काम करते हैं। वास्तव में इस तरह के धार्मिक भिक्षुक सच्चे अर्थ में धार्मिक व्यक्ति नहीं होते। इसलिए इन्हें बनावटी या ढोंगी धार्मिक भिक्षुक की संज्ञा दी जा सकती है।

10. ठग प्रकृति के भिक्षुक—इस प्रकार के भिक्षुक लोगों को ठगने के लिए समय व परिस्थिति के अनुकूल अपना चोला बदलते रहते हैं। इसका तात्पर्य यह है कि कुछ भिक्षुक ऐसे भी होते हैं जो लोगों की आँखों में धूल झोंककर भीख माँगने का कार्य करते हैं। इस प्रकार के भिखारी कृत्रिम रूप से अपने-आपको शारीरिक रूप से असमर्थ बना लेते हैं ताकि वे लोगों के दया के पात्र बन सकें। इस प्रकार वे लोगों की दया एवं सहानुभूति पाकर भीख माँगने का कार्य करते हैं एवं आर्थिक लाभ प्राप्त करते हैं। ज्यादातर इस तरह के भिक्षुक अंधा, गूंगा या किसी गंभीर बीमारी से पीड़ित होने का नाटक करते हैं। लोगों को इन पर दया आ जाती है और वे इन्हें भिक्षा दे देते हैं।

11. होबो (Hobo) भिक्षुक—इरविन सेंट जॉन टक्कर (Irwin St. John Tucker) ने भिक्षुक के इस प्रकार का उल्लेख किया है। इस प्रकार के भिक्षुक के तहत Migratroy Workers को सम्मिलित किया जाता है। उदाहरणस्वरूप बर्तन साफ करने वाले, घोड़े तथा बैल हाँकने वाले, कुली, बैरे तथा मजदूर आदि। इन लोगों को इस श्रेणी के भिक्षुक के तहत रखा जा सकता है।

12. ट्रैम्पस–इरविन सेंट जॉन टक्कर (Irwin St. John Tucker) ने ही इस तरह के भिक्षुक का उल्लेख किया है। इस तरह के भिक्षुक के तहत उस तरह के लोग सम्मिलित किए जाते हैं जो कोई कार्य नहीं करते एवं इधर-उधर घूमकर भिक्षा प्राप्त करते हैं। ऐसे भिक्षुक को Migratory Non-workers भी कहा जाता है।

13. बम्स–इस प्रकार के भिक्षुक का उल्लेख भी इरविन सेंट जॉन टक्कर ने ही किया। इस प्रकार के भिक्षुक के तहत वे लोग आते हैं जिनका अपना कोई घर नहीं होता है। ऐसे लोग सड़क के किनारे बैठकर विनीत भाव से भिक्षा माँगने का कार्य करते हैं।

भिक्षुक के उपरिलिखित प्रकारों के अलावा कुछ अन्य प्रकारों की भी चर्चा की जा सकती है जो निम्नलिखित हैं–

(i) Employed Beggars, (ii) Unemployed Beggars, (iii) Temporarily Unemployed but Employable Beggars, (iv) Permanently Unemployed but Employable Beggars, (v) Permanently Unemployed but Unemployable Beggars, (vi) Small Trade Beggars, (vii)Tribal Beggars, (viii) Delinquent Beggars तथा (ix) Actually poor beggars who do not beg openly.

भिक्षुक के उपर्युक्त प्रकारों से पता चलता है कि समाज में तरह-तरह के भिक्षुक पाए जाते हैं। ये तरह-तरह से भीख माँगने का कार्य करते हैं। शारीरिक रूप से असमर्थ एवं बाल भिखारी से लेकर धार्मिक भिखारी तक भी होते हैं। इनका उद्देश्य आर्थिक लाभ प्राप्त करना ही होता है। भले ही इसके लिए वे भिन्न-भिन्न तरीकों को अपनाते हैं। ये सभी समाज के माथे पर कलंक हैं। इनके कारण समाज में बहुत-सी समस्याएँ उत्पन्न होती हैं। भिक्षावृत्ति का प्रसार जिस तेज गति से हो रहा है वह सामाजिक समस्या के साथ-साथ समाज के सामने एक गंभीर संकट भी है।

भिक्षावृत्ति हेतु जिम्मेवार कारक

पेट की ज्वाला के सामने सभी सिद्धान्त एवं नैतिकता समाप्त हो जाते हैं। भिक्षावृत्ति एक ऐसी सामाजिक बुराई या एक ऐसी सामाजिक समस्या है जो समाज के लिए अभिशाप है। यह समस्या किसी एक कारण का नतीजा नहीं है बल्कि विभिन्न कारणों का परिणाम है। कुछ प्रमुख कारण अग्र हैं–

आर्थिक कारण

अधिकांश व्यक्ति अर्थाभाव में मजबूर होकर भिक्षावृत्ति को पेशे के रूप में अपनाते हैं। संभव है अगर उनकी आर्थिक स्थिति भरण-पोषण करने लायक होती तो वे भिक्षावृत्ति को नहीं अपनाते। आर्थिक कारणों के अंतर्गत निर्धनता, बेरोजगारी एवं भिक्षावृत्ति का लाभदायक पेशा होना तथा अपर्याप्त आमदनी आदि को रखा जा सकता है। प्रमुख आर्थिक कारण अग्र हैं–

1. निर्धनता–गरीबी के कारण विवश होकर लोग सबसे आसान पेशे के रूप में भिक्षावृत्ति को अपना लेते हैं। इस पेशे को अपनाने में कोई पूंजी भी लगती। हालाँकि आज यह कहा जा रहा है कि 'सभी भिखारी गरीब नहीं होते हैं' (All the beggars are not poor.) किन्तु इस कथन के आधार पर यह निष्कर्ष नहीं निकलता है कि सभी भिखारी ऐसे हैं जो अमीर ही हैं। अतः यह कहा जा सकता है कि कुछ भिखारी गरीबी या निर्धनता के कारण भी पैदा होते हैं। राधाकमल मुकर्जी (Radhakamal Mukerjee) ने भी भिक्षावृत्ति के कारणों की चर्चा करते हुए कहा है कि इसका सबसे महत्वपूर्ण कारण भूमि से बेदखल किए गये ऐसे श्रमिकों का बढ़ता हुआ अनुपात है जो रोजगार या जीवन-यापन के अन्य साधनों को पाने में असमर्थ हैं। इस संबंध में आर.के. मुकर्जी (R.K. Mukerjee) ने पुस्तक 'Causes of Beggary, Our Beggar Problem' में लिखा है, "भारत की भिक्षावृत्ति का मुख्य कारण गाँवों में बेकारी है। पिछले वर्षों में गाँवों में भूमिहीन श्रमिकों की संख्या बढ़ती रही है। सभी बेकार आदमियों को औद्योगिक संस्थाएँ भी काम नहीं दे सकतीं।" इसका अर्थ है कि वे श्रमिक जो भूमि से बेदखल कर दिए गये और जिन्हें रोजगार प्राप्त नहीं हो सका वे निर्धनता के कारण भिक्षावृत्ति करने लगे। 'Delhi School of Social Work' द्वारा प्रकाशित पुस्तक 'Beggar Problem in Metropolitan Delhi' के आँकड़ों से भी पता चलता है कि बहुत व्यक्ति निर्धनता के कारण भिक्षा माँगने का कार्य करते हैं।

2. बेरोजगारी–बेरोजगार व्यक्ति उसे कहा जाता है जिसके पास धन की कमी होती है, जो कार्य करने की इच्छा रखता है फिर भी लाभप्रद रोजगार पाने से वंचित रह जाता है। बेरोजगारी के कारण व्यक्ति के आय का साधन तो बन्द हो जाता है लेकिन खर्च तो बन्द नहीं हो सकता। यह अवश्यम्भावी है। ऐसी हालत में जब किसी के पास धन का भी अभाव हो और रोजगार का अवसर भी उपलब्ध नहीं हो तो उसके लिए भिक्षावृत्ति के द्वारा क्षुधा की तृप्ति करने के अतिरिक्त और दूसरा रास्ता नहीं बचता है। परिणामतः व्यक्ति मजबूर होकर इस

प्रेशा को अपनाता है। इस संबंध में एम.एस. गोरे (M.S. Gore) ने बताया है कि $3\frac{1}{2}\%$ व्यक्ति इसी कारण से भिक्षावृत्ति का कार्य करते हैं।

3. भिक्षावृत्ति का एक लाभदायक व्यवसाय होना—भिक्षावृत्ति काफी आसान है। इसमें किसी यांत्रिक या तकनीकी ज्ञान की आवश्यकता नहीं होती। बहुत से मजदूर ऐसे होते हैं जो दिन भर खून-पसीना एक करके भी गुजारे-लायक पैसा नहीं कमा पाते। इस प्रकार शारीरिक रूप से समर्थ व्यक्ति भी भिक्षावृत्ति के पेशा को लाभदायक समझकर अपना लेते हैं। भिक्षावृत्ति एक लाभदायक व्यवसाय का रूप धारण कर चुका है इसका पता इस बात से भी चलता है कि बड़े-बड़े नगरों एवं महानगरों में इनके संगठित गिरोह होते हैं। ये बच्चों को अपंग या कुरूप बनाकर भिक्षावृत्ति करवाते हैं तथा इनके द्वारा माँगे गए भीख के बल पर लखपति एवं करोड़पति बन जाते हैं। इस संबंध में डॉक्टर राधाकमल मुकर्जी (Dr. Radhakamal Mukerjee) ने भी 'Our Beggar Problem' में लिखा है, "ये गिरोह लोगों को प्रशिक्षण देते हैं कि कहाँ पर किस तरह भिक्षा माँगनी चाहिए। बालकों को अंग-भंग कर देते हैं जिससे कि गुजरने वाले लोग दया के वशीभूत होकर पैसा दे देते हैं। संक्षेप में उन बालकों की देख-भाल और कल्याण का ध्यान उस गिरोह वाले ही रखते हैं। भारत में भिक्षावृत्ति के संगठन शताब्दियों पुराने हैं जिनमें सरदार या पूँजीपति मध्यवर्ती और असली भीख माँगने वाले होते हैं। इनका व्यापार दूर-दूर के कस्बों और गाँवों में फैला होता है। इस संगठन के पूँजीपति और मध्यवर्ती लोग भिखारियों के रहने, खाने और मैले-फटे कपड़ों का प्रबन्ध करते हैं और दिन भर मुहल्लों-मुहल्लों में भीख माँगकर जब भिखारी अपने निवास-स्थान पर लौटता है तो उसमें संगठन के सभी कार्यकर्त्ताओं का हिस्सा लगता है।" डॉ. मुकर्जी के कथन से पता चलता है कि भिक्षावृत्ति को लाभदायक मानकर एक पेशा के रूप में अपना लिया गया है। इसके कारण अन्य अपराधों में भी वृद्धि हो रही है। संगठित गिरोह जो इस तरह का काम करते हैं वे पहले बच्चों को चुराते हैं या अपहरण करते हैं और तब उन्हें अमानवीय कष्ट देकर अपंग करते हैं ताकि वे दया के पात्र बन सकें। भिक्षावृत्ति की इस दशा का चित्रण करते हुए एस. बहादुर (S. Bahadur) ने भी कहा है, "उप-समिति द्वारा किए गये एक अध्ययन से एक अत्यन्त भयानक तथ्य सामने आया है। यह देखा गया है कि भारत के सभी राज्यों में अपहरण करने वाले लोगों के व्यावसायिक दल विद्यमान पाए गए। वे बच्चों को उनके माता-पिता के पास से अपहृत कर लेते या फुसला ले जाते हैं। इसके बाद वे उनको काफी अमानवीय रूप से अंग-भंग करते हैं जिससे वे सार्वजनिक स्थानों

पर भीख माँगने के उद्देश्य से जनता के सामने अधिक दया के पात्र दिखलाई पड़ें। उपसमिति ने अपने प्रतिवेदन में विभिन्न विशिष्ट दृष्टान्तों का उल्लेख किया था। उनमें से एक अपहरणकर्त्ता करामत अली का दृष्टान्त अत्यन्त हृदयद्रावक घटना कही जा सकती है। उसने अपने अन्य साथियों की सहायता से बिहार के कटिहार रेलवे स्टेशन से एक तीन वर्ष की लड़की को चोरी से उठा लिया। उसके दोनों हाथ व पैर तोड़ डाले और आँखों में उसी की अँगुलियाँ घुसेड़कर उसे अन्धा कर दिया। इस तरह वह लड़की दया एवं सहानुभूति आकर्षित करने योग्य बना दी गई और लोग अब भावाविभूत होकर दया दर्शाते हुए अधिक मात्रा में भिक्षा देंगे।" इस प्रकार यह पता चलता है कि भिक्षावृत्ति के पेशा को लाभदायक मानकर भी इस पेशा में लोग आ जाते हैं और अपने फायदे के लिए भयंकर-से-भयंकर अपराध एवं अमानवीय कृत्य करने से भी नहीं चूकते। इस प्रकार भिक्षावृत्ति का एक लाभदायक व्यवसाय होना भिक्षावृत्ति का एक कारण कहा जा सकता है।

4. अपर्याप्त कमाई या आमदनी—कुछ लोग इसलिए भी भिक्षावृत्ति को अपनाते हैं चूँकि उनके पास जो आय का साधन रहता है वह अपर्याप्त होता है। इससे वे अपने तथा अपने पर आश्रितों की न्यूनतम जरूरतों को पूरा करने में भी असमर्थ रहते हैं। भिक्षुक का एक प्रकार Employed Beggar है। एक तरफ इस तरह के भिक्षुक Employed होते हैं तो दूसरी तरफ वे भिक्षावृत्ति भी करते हैं। इसका कारण यह है कि रोजगार से उनको जो आमदनी होती है वह उनकी न्यूनतम आवश्यकताओं को पूरा करने में भी असमर्थ सिद्ध होती है। परिणामस्वरूप बाध्य होकर अपर्याप्त आय के कारण भी कुछ लोगों को भिक्षावृत्ति का पेशा अपनाना पड़ता है। अतः अपर्याप्त आमदनी भी भिक्षावृत्ति की समस्या को बढ़ावा देने में योगदान देती है। प्रो. एम.एस. गोरे (Prof. M.S. Gore) की पुस्तक 'The Beggar Problem in Metropolitan Delhi' के आँकड़ों के अनुसार करीब 60% व्यक्ति अपर्याप्त कमाई या आमदनी के कारण भिक्षावृत्ति के पेशा को अपनाते हैं। अतः यह स्पष्ट होता है कि भिक्षावृत्ति की समस्या को पश्रय देने में एक कारण अपर्याप्त कमाई या अपर्याप्त आमदनी भी है।

सामाजिक कारण

ऐसे बहुत-से सामाजिक कारण हैं जिनसे भिक्षावृत्ति पनपती है। वे सामाजिक कारण जिनसे भिक्षावृत्ति पनपती है एवं उनको बढ़ावा मिलता है निम्नलिखित हैं—

1. परिवारों का टूटना एवं माता-पिता के बीच झगड़ा होना—पारिवारिक सदस्यों के बीच तनाव या अलगाव रहने की स्थिति में परिवार टूट जाता है। यदि

परिवार टूट जाता है तो फिर बच्चे बेसहारा हो जाते हैं एवं अन्य कोई चारा नहीं रहने पर भिक्षावृत्ति के पेशा को अपना लेते हैं। आर.के. मुकर्जी (R.K. Mukerjee) ने भी भिक्षावृत्ति के इस कारण की चर्चा करते हुए लिखा है, "Family breakdown or quarrel among the partners has led to the truancy of boys some of whom have become our in mates." अधिकतर यह देखा जाता है कि परिवार के टूट जाने या पारिवारिक झगड़ों की वजह से बच्चे घर से भाग जाते हैं। चूँकि उनके पास जीविकोपार्जन का कोई साधन नहीं रहता है इसलिए भीख माँगकर जीने की इच्छा उनके मन में उत्पन्न होती है। कभी-कभी ऐसा भी होता है कि ये बच्चे भिक्षुकों के गैंग के हाथों में पड़ जाते हैं तथा उनके निर्देशन पर उन्हें भीख माँगना पड़ता है। इस प्रकार परिवारों के टूटने एवं माता-पिता के बीच झगड़ा या तनाव की स्थिति रहने के कारण भी भिक्षावृत्ति पनपता एवं बढ़ता है।

2. माता-पिता के नियंत्रण में कमी—अत्यधिक व्यस्त तथा पाश्चात्य जीवन शैली को अपना चुके अभिभावक अपने बच्चों को समुचित समय नहीं दे पाते हैं। इससे बच्चे बहक जाते हैं। विशेषकर औद्योगिक क्षेत्रों में अधिक समय तक कार्य करने से माता-पिता अपने बच्चों पर ध्यान नहीं दे पाते एवं उन्हें नियंत्रित नहीं कर पाते। फलतः बच्चे इधर-उधर भटकते रहते हैं एवं बहुत संभव है कि वे आवारा लड़कों के संसर्ग में पड़कर गलत आदतों को भी अपना लें। अगर वे गलत आदतों को अपना लेते हैं तो उसका खर्च वहन करने के लिए भीख माँगने लगते हैं। इस तरह भिक्षावृत्ति का एक कारण माता-पिता के नियंत्रण में कमी कहा जा सकता है।

3. पति का पत्नी को छोड़कर चले जाना—इस संबंध में आर.के. मुकर्जी (R.K. Mukerjee) ने लिखा है, "Desertion by the husband is also a cause of beggary of women..." मुकर्जी ने बताया है कि जब पति अपनी पत्नी को छोड़कर चला जाता है और अनैतिकता भी उसका पेट भरने में असमर्थ रहती है तो उसे मजबूर होकर भीख माँगकर अपना पेट भरना पड़ता है। इसी तरह Desertion by Supporter के कारण भी भिक्षावृत्ति की समस्या पनपती है। 'Delhi School of Social Work' द्वारा प्रकाशित पुस्तक 'The Beggar Problem in Metropolitan Delhi' के आँकड़ों से भी पता चलता है कि 13% भिक्षावृत्ति का कारण Dessertion by Supporter है।

4. संयुक्त परिवार प्रथा का टूटना—संयुक्त परिवार में सभी सदस्य एक दूसरे का ख्याल रखते हैं। संयुक्त परिवार प्रथा टूटने के कारण नहीं कमाने वाले सदस्यों को पेट पालने के लिए भिक्षावृत्ति का सहारा लेना पड़ता है।

संयुक्त परिवार में अनाथ, अंधे, लूल्हे, लंगड़े एवं काम नहीं करने वाले सदस्यों का भरण-पोषण हो जाता था। संयुक्त परिवार के विघटन के कारण ऐसे लोगों का सहारा छिन गया। परिणामतः वे भिक्षावृत्ति करके अपना जीवन-यापन करने को विवश हैं। इस प्रकार संयुक्त परिवार प्रथा का टूटना भी भिक्षावृत्ति का एक कारण कहा जा सकता है।

5. सामाजिक प्रथाएँ—अनेक जातियों में यह भ्रम अभी तक पाया जाता है कि भीख माँगना उनका पैतृक पेशा है। इसलिए वे अपना वंशानुगत पेशा होने के कारण भिक्षावृत्ति करते हैं। वे इसी में अपनी प्रतिष्ठा समझते हैं। इस तरह सामाजिक प्रथाओं के कारण भी भिक्षावृत्ति को बढ़ावा मिलता है।

6. व्यवसाय का फेल हो जाना या व्यवसाय में घाटा हो जाना—हर परिवार के सदस्य अपने जीविकोपार्जन के लिए कुछ-न-कुछ व्यवसाय करते हैं। कभी-कभी ऐसा होता है कि व्यवसाय पूरी तरह असफल हो जाता है या फिर अपूरणीय घाटा हो जाता है। दोनों ही परिस्थितियों में परिवार की गाड़ी चरमरा जाती है। भूखों मरने की नौबत भी आ जाती है। इस परिस्थिति में परिवार के सदस्य सोचते हैं कि भूखे मरने से अच्छा भीख माँगकर पेट भरना है और इस प्रकार वे इस व्यवसाय को अपना लेते हैं। इस प्रकार व्यवसाय का फल हो जाना या व्यवसाय का असफल हो जाना भिक्षावृत्ति का एक सामाजिक कारण कहा जा सकता है।

7. परिवार के लिए रोटी कमाने वाले की मृत्यु हो जाना—कमाऊ सदस्य की अचानक मृत्यु हो जाने की स्थिति में पारिवारिक सदस्यों को दो जून की रोटी के लिए निकृष्ट कार्य भिक्षावृत्ति का सहारा लेना पड़ता है। परिवार के सामने रोजी-रोटी की समस्या उत्पन्न हो जाती है। अन्य कोई चारा नहीं होने पर क्षुधा की तृप्ति के लिए भीख माँगकर जीवन-निर्वाह करना उनकी मजबूरी हो जाती है। 'Delhi School of Social Work' द्वारा प्रकाशित पुस्तक 'The Beggar Problem in Metropolitan Delhi' के आँकड़ों से भी पता चलता है कि करीब 15% भिक्षावृत्ति इसी कारण से पनपती है।

8. दूसरे लोगों द्वारा बहकाना—कभी-कभी ऐसा होता है कि भिक्षुक अन्य लोगों से इस बात की चर्चा करता है कि उन्हें इस व्यवसाय में कम मेहनत में अच्छी आमदनी हो जाती है। परिणामतः दूसरे लोगों के मन में भी यह इच्छा जन्म लेती है कि जब कम मेहनत करने पर भी इस व्यवसाय में अच्छी आमदनी हो जाती है तब क्यों न इसी व्यवसाय को अपनाया जाए। 'The Beggar Problem in Metropolitan Delhi' के अनुसार 4½% लोग भिक्षावृत्ति का पेशा इसी कारण से अपनाते हैं।

9. वंशानुक्रमण—कुछ जातियों तथा समाज में लोग भिक्षावृत्ति को निकृष्ट कार्य नहीं समझते हैं तथा पीढ़ी दर पीढ़ी इसे पेशे के रूप में अपनाते रहते हैं। ऐसे लोग भिक्षा माँगने को निकृष्ट कार्य नहीं समझते हैं बल्कि इस कार्य से वे अपने-आपको गौरवान्बित्त अनुभव करते हैं। इनके विचार में ये इनका पेशा है। अतः वे भीख माँगना अपना जन्मसिद्ध अधिकार समझते हैं। इस प्रकार यह पता चलता है कि वंशानुक्रमण के कारण भी भिक्षावृत्ति की समस्या को प्रश्रय मिलता है। प्रो. एम.एस. गोरे (Prof. M.S. Gore) ने भी दिल्ली महानगर का अध्ययन कर वंशानुक्रमण को भिक्षावृत्ति का एक कारण बताया और कहा कि 4% भिक्षावृत्ति वंशानुक्रमण के कारण उत्पन्न होती है।

धार्मिक कारण

भिक्षावृत्ति की समस्या को बढ़ावा देने में धार्मिक कारण भी योगदान देते हैं। अनेक धार्मिक कारणों से लोग भिक्षा देते हैं जिससे यह समस्या दिन-प्रतिदिन पनपती एवं बढ़ती जा रही है। जिन धार्मिक कारणों से भिक्षावृत्ति पनपती एवं बढ़ती है वे अग्रलिखित हैं—

1. निर्बाध रूप से भिक्षा देना—भारतवर्ष में धार्मिक प्रवृत्तियों के कारण भीख दी जाती है। विभिन्न धर्मों में भीख देने को एक पुण्य-कार्य समझा जाता है। साथ ही लोग यह भी समझते हैं कि भिखारी को यदि भीख न दी गई तो उसकी आत्मा शाप देगी तथा उससे उन्हें क्षति होगी। इस तरह की धार्मिक प्रवृत्ति होने के कारण लोग भीख देते हैं। अगल-अलग भिक्षावृत्ति को बढ़ावा मिलता है। अलग-अलग धर्मों में विभिन्न अवसरों पर विशेष रूप से भिक्षा एवं दान-पुण्य देने का कार्य किया जाता है। हिन्दुओं में श्राद्ध, विवाह, पुत्र-जन्म तथा अन्य धार्मिक अवसरों पर भिक्षा दिया जाता है एवं दान-पुण्य किया जाता है। इसी तरह मुसलमानों में भी रमजान के महीने में भिक्षा देने एवं दान देने का रिवाज है। विभिन्न मन्दिरों, मस्जिदों, गुरुद्वाराओं एवं धर्मशालाओं में भोजन एवं दान दिया जाता है। परिणामतः ईमानदारी से मेहनत-मजदूरी करके अपना पेट भरने के बजाय लोग धार्मिक भिक्षुक का रूप धारण कर लेते हैं। Delhi School of Social Work द्वारा प्रकाशित आँकड़ों से भी पता चलता है कि करीब 5½% भिक्षावृत्ति धार्मिक प्रवृत्ति के कारण उत्पन्न हुई है।

2. धर्म में निर्धारित मापदण्डों का पालन करना—हिन्दू धर्म में दण्ड एवं पाप के प्रायश्चित के रूप में भी लोगो को भिक्षावृ उदाहरणार्थ यदि किसी के द्वारा गो-हत्या हो जाती है तो उस व्यक्ति को हत्या-स्थल से एक निश्चित तीर्थ-स्थान तक भीख माँगते हुए जाना पड़ता है तब जाकर उसका पाप खत्म माना जाता है। इस प्रकार कभी-कभी धार्मिक मापदण्डों के कारण भी भिक्षावृत्ति करनी पड़ती है। कभी-कभी ऐसा भी होता है कि ये पापी कहे जाने वाले व्यक्ति हिचक समाप्त हो जाने पर भिक्षावृत्ति को अपना लेते हैं चूँकि आज भिक्षावृत्ति को एक लाभदायक पेशा माना जा रहा है।

शारीरिक कारण

विभिन्न शारीरिक कारणों से भिक्षावृत्ति की समस्या पनपती एवं बढ़ती है। जिन शारीरिक कारणों के कारण भिक्षावृत्ति पनपती एवं बढ़ती है वे निम्नलिखित हैं—

1. विभिन्न प्रकार की बीमारियाँ एवं रोग—किसी भी रोग का यदि प्रारम्भिक अवस्था में इलाज किया जाता है तो वह ठीक हो सकता है। लेकिन समय पर इलाज नहीं होने से कोई भी रोग गंभीर एवं असाध्य हो जाता है। भारतवर्ष में उपदंश, क्षय एवं कोढ़ आदि ऐसी बीमारियाँ हैं जिनका समय पर इलाज नहीं होने से वे गंभीर हो जाते हैं। यहाँ इस तरह के रोगों से पीड़ित असंख्य भिखारी देखे जा सकते हैं। इन बीमारियों के कारण वे दूसरा कोई कार्य करने में असमर्थ हो जाते हैं एवं भिक्षावृत्ति को अपना लेते हैं। इस संबंध में राधाकमल मुकर्जी (Radhakamal Mukerjee) ने भी कहा है, "कोढ़ के कारण शरीर काम करने लायक नहीं रह जाता और दूसरे, समाज में इसको अधिक घृणा की दृष्टि से देखा जाता है। भारत में करीब-करीब सभी कोढ़ी भिखारी हो जाते हैं और इसका निवारण बहुत ही कठिन है।" इस प्रकार यह पता चलता है कि विभिन्न बीमारियों के कारण भिक्षावृत्ति पनपती एवं बढ़ती है।

2. शारीरिक अयोग्यता—कतिपय व्यक्ति शारीरिक रूप से अक्षम या किसी असाध्य रोग से ग्रसित होते हैं। ऐसे व्यक्ति भिक्षा माँगने का कार्य करते हैं। यदि सही से देखा जाए तो इस निष्कर्ष पर पहुँचना कठिन नहीं होगा कि शारीरिक अयोग्य व्यक्तियों के लिए भिक्षा माँगने का प्राथमिक कारण गरीबी नहीं है। यह भी संभव है कि अगर ये व्यक्ति शारीरिक रूप से अयोग्य नहीं होते तो मेहनत-मजदूरी करके भी जीवन व्यतीत कर सकते थे। हो सकता है वे भिक्षावृत्ति को नहीं अपनाते। लेकिन शारीरिक अयोग्यता के कारण इनके पास भिक्षावृत्ति के अतिरिक्त

और कोई साधन नहीं रह जाता है। अतः शारीरिक अयोग्यता भी भिक्षावृत्ति का एक प्रमुख कारक या कारण है। Delhi Shcool of Social Work द्वारा प्रकाशित पुस्तक 'Beggary Problem in Metropolitan Delhi' में भी इस कारण की चर्चा की गई है। साथ ही डॉ. एस.एम. मूर्ति (Dr. S.M. Moorthy) के अनुसंधान से भी पता चलता है कि शारीरिक अयोग्यता भिक्षावृत्ति का एक प्रमुख कारण है।

3. मानसिक विकार या मानसिक दुर्बलता—कुछ व्यक्ति Insanity से ग्रसित होते हैं। ऐसे व्यक्ति अक्सर घर छोड़कर बाहर निकल जाते हैं और सड़कों तथा गलियों में घूमा करते हैं। इन व्यक्तियों में ऐसी क्षमता नहीं रहती है कि वे गलत या सही में अंतर महसूस करें और भिक्षावृत्ति को निकृष्ट समझें। परिणामस्वरूप ऐसे व्यक्ति अपने क्षुधा की तृप्ति के लिए भीख माँगने का कार्य करने लगते हैं। फलस्वरूप मानसिक विकार या मानसिक दुर्बलता भी भिक्षावृत्ति का एक कारण सिद्ध होता है। अहमदाबाद में किए गये एक सर्वेक्षण अध्ययन से यह पता चलता है कि 18% भिक्षावृत्ति शारीरिक अयोग्यता, मानसिक विकार एवं बीमारी के कारण होती है।

4. वृद्धावस्था—अनेक व्यक्ति ऐसे भी होते हैं जिनका वृद्धावस्था में देख-भाल करने वाला कोई नहीं होता है अगर होता भी है तो वह उसकी कोई परवाह नहीं करता है। परिणामतः वे मजबूर होकर अपना पेट पालने के लिए भिक्षावृत्ति को अपना लेते हैं। इस प्रकार के भिखारियों की संख्या भारतवर्ष में काफी अधिक है।

प्राकृतिक कारण

विभिन्न प्राकृतिक कारणों से भिक्षावृत्ति की समस्या पनपती एवं बढ़ती है। भूकम्प, बाढ़, अकाल तथा महामारी आदि प्राकृतिक कारणों से भिक्षावृत्ति की समस्या को बढ़ावा मिलता है। बाढ़ एवं अकाल के कारण लोगों के सामने आर्थिक गरीबी की स्थिति उत्पन्न होती है। चूँकि सभी लोग आर्थिक विपन्नता के शिकार रहते हैं। अतः ऐसे समय में कृषि-कार्यों में लगे हुए श्रमिकों को भी कार्य मिलना मुश्किल हो जाता है। रोजगार के अवसरों के अभाव के कारण व्यक्ति को भीख माँगने पर मजबूर होना पड़ता है। परिणामतः भिक्षावृत्ति की समस्या उत्पन्न होती है। इस प्रकार यह पता चलता है कि विभिन्न प्राकृतिक कारणों से भी भिक्षावृत्ति की समस्या पैदा होती है। भूकम्प के कारण भी जन-जीवन तबाह हो जाता है। लोगों की सम्पत्ति बर्बाद हो जाती है। परिणामतः लोग मजबूरीवश पेट पालने के

लिए भिक्षावृत्ति को अपना लेते हैं। इसी प्रकार महामारी के कारण भी कभी-कभी ऐसा होता है कि परिवार को चलाने वाला ही समाप्त हो जाए। अतः परिवार के सदस्यों के सामने भुखमरी की नौबत आ जाती है। इस प्रकार वे भी मजबूरन भीख माँगकर अपना पेट पालने लगते हैं। अतः यह कहा जा सकता है कि विभिन्न प्राकृतिक कारणों से भिक्षावृत्ति की समस्या पनपती एवं बढ़ती है।

राजनीतिक कारण

कई राजनीतिक कारण भी इसके लिए जिम्मेदार हैं। देश का विभाजन इसमें एक प्रमुख राजनीतिक कारण माना जा सकता है। देश के विभाजन के कारण भी व्यक्तियों को एक जगह से दूसरी जगह जाना पड़ता है। इस स्थिति में अचल सम्पत्ति को एक जगह से दूसरी जगह ले जाना संभव नहीं होता है। परिणामतः नए बसने वाली जगह पर भरण-पोषण करना कठिन हो जाता है। ऐसी स्थिति में भीख माँगकर गुजर-बसर करना लोगों को सबसे आसान लगता है और वे इसे अपना लेते हैं। इस तरह भिक्षावृत्ति में बढ़ोत्तरी होती है। अतः देश का विभाजन भी भिक्षावृत्ति की समस्या को बढ़ावा देने में सहायक सिद्ध होता है।

भिक्षावृत्ति के उक्त कारणों के अध्ययनों से पता चलता है कि भिक्षावृत्ति के लिए एक कारक या कारण जिम्मेदार नहीं है। भिक्षावृत्ति की समस्या विभिन्न कारणों से उत्पन्न होती है। यह बात अलग है कि अलग-अलग कारणों का योगदान इस समस्या को उत्पन्न करने में अलग-अलग होता है। अतः भिक्षावृत्ति की समस्या के कारणों की चर्चा करते हुए किसी एक कारण को उसके लिए जिम्मेदार बताना उचित नहीं होता है। अतः यह कहा जा सकता है कि विभिन्न कारकों या कारणों के आधार पर ही इसका विश्लेषण किया जा सकता है।

भिक्षावृत्ति हेतु प्रयुक्त विविध प्रविधियाँ

भारतवर्ष में आज भिक्षावृत्ति के लिए भिखारियों द्वारा विभिन्न तरह की प्रविधियाँ अपनाई जाती हैं जिससे भिक्षावृत्ति करने में उन्हें सुविधा हो। यह जानकर कभी-कभी आश्चर्य भी होता है कि भिखारी लोग इन प्रविधियों को कैसे सीख लेते हैं। वे अपने-आपको विभिन्न प्रविधियों द्वारा ऐसा बनाते हैं ताकि आम आदमी इनकी ओर आकर्षित हो जाए और इन्हें भीख दे दे। कभी इनकी अवस्था का ध्यान रखकर तो कभी इनकी हालत पर तरस खाकर लोग इन्हें भीख दे देते हैं। इन प्रविधियों को अग्रलिखित रूपों में देखा जा सकता है—

1. साधारण प्रविधि—इस प्रविधि में एक ओर भिखारी व्यक्तियों के हृदय में दया उत्पन्न करने का काम करते हैं तो दूसरी ओर उत्पन्न परिस्थितियों का चालाकी से सामना भी करते हैं। ये व्यक्तियों से इतनी चिकनी-चुपड़ी बातें करते हैं कि सामने वाला उनके प्रभाव में आ जाता है। खासकर महिलाएँ तो जल्द ही इनके द्वारा कही गई बातों से प्रभावित हो जाती हैं। प्रत्येक व्यक्ति को अपने भविष्य की चिंता रहती है। सभी चाहते हैं कि वे एक सुखमय जीवन व्यतीत करें एवं उनके बच्चे भी सुखी रहें। जो भिखारी भिक्षाटन के लिए इस प्रविधि को अपनाते हैं वे लोगों की इसी मानसिक दशा का लाभ उठाकर भीख माँगने का कार्य करते हैं। ये भिखारी लोगों को तरह-तरह से इस ढंग के आशीर्वादों की वर्षा करते हैं जो लोगों के दिलों को छू लेता है और वे प्रसन्न होकर भीख दे देते हैं। इन आशीर्वादों में वही आशीर्वाद शामिल होते हैं जिनकी कल्पना लोगों के मन-मस्तिष्क पर छाई रहती है। आशीर्वाद के मुख्य विषयों में उनका तथा उनके बाल-बच्चों की मंगल-कामना तथा अच्छा भविष्य आदि शामिल होते हैं जिनसे विशेषकर महिलाएँ जल्द प्रभावित हो जाती हैं। कभी-कभी ऐसा भी होता है कि भिखारी के आशीर्वादों का लोगों के ऊपर कोई प्रभाव नहीं पड़ता है। भिक्षारी जब इस स्थिति को भाँप जाता है तब वह अपनी दुःख-भरी कहानी या शारीरिक बीमारी संबंधी बातों का सहारा लेकर लोगों को अपनी ओर आकर्षित करने का काम करता है। कहने का तात्पर्य यह है कि इस प्रविधि से भीख माँगने वाले भिखारी परिस्थितियों को भाँपने में माहिर होते हैं एवं परिस्थिति के अनुसार भीख माँगने का कार्य करते हैं। भिखारी आदमी के भावनाओं का सहारा लेते हैं। अक्सर वह 'परमात्मा तुमको सुखी रखे', 'तुम्हारे बाल-बच्चे सुखी रहें' एवं 'एक पैसा दे दो, भगवान तुम्हें बहुत देगा' आदि जुमलों का प्रयोग करते हैं जिससे आदमी प्रभावित होकर उसे भीख दे देता है। भिखारी मनोवैज्ञानिक एवं शारीरिक तरकीबों के माध्यम से लोगों को प्रभावित करने का कार्य करता है। भिखारियों के पास व्यक्तियों को आकर्षित करने की कई तरकीबें होती हैं। इन तरकीबों में पहला तरीका है दुःखभरी कहानी सुनाना एवं कहानी सुनाने के बीच-बीच में हिचकियाँ लेना। इससे लोग भिखारी के प्रभाव में आ जाते हैं और पैसे दे देते हैं। दरअसल एक कुशल भिखारी एक कुशल अभिनेता की तरह होता है जो परिस्थिति के अनुसार अपनी भूमिका को बदलने में सक्षम होता है। चूँकि वह कुशल अभिनेता की तरह होता है इसलिए वह अपनी बोली से लोगों को प्रभावित करता है तथा अपनी मुख-मुद्रा एवं हाव-भाव का प्रदर्शन इस प्रकार करता है कि लोग उस पर

विश्वास करने लगते हैं। ये भिखारी इस तरीके के प्राचीन कहानियों का प्रयोग भी अपनी भिक्षावृत्ति के दौरान करते हैं जो व्यक्तियों के मानस पटल पर अंकित हो जाए या अपना प्रभाव छोड़ जाए। ये अक्सर परियों की कहानियाँ, बचपन में सुनी गई कहानियाँ एवं अन्य इसी प्रकार की कहानियों का सहारा लेते हैं जो लोगों को प्रभावित करे और वे उन्हें भीख दे दें। सड़क के किनारे ये भिखारी बैठकर या फिर घरों-घरों में घूमकर भी इन तरकीबों के द्वारा से भीख माँगते हैं। परिस्थितियों को भाँपने में ये भिखारी अत्यन्त माहिर होते हैं। जब कोई भिखारी वैष्णव मन्दिर के पास भीख माँगता है तब वह उसी तरह का गाना गाता है और जब वही भिखारी किसी शिव मन्दिर के पास या शक्ति मन्दिर के पास भीख माँगता है तो उन्हीं से सम्बन्धित गीत गाता है। जब वह होटल या दुकानों में भीख माँगता है तब वह दो-चार दिनों से भूखा होने का नाटक करता है। कहने का तात्पर्य यह है कि परिस्थिति के अनुसार विभिन्न प्रविधियों को भिखारी अपने भीख माँगने के दौरान प्रयोग में लाता है। यह भी कहा जा सकता है कि भिखारी लोगों को मनोवैज्ञानिक ढंग से प्रभावित कर अपना उद्देश्य अर्थात् भीख माँगने को पूरा करता है। इस संबंध में डॉ. एन.एच. सेन गुप्ता (Dr. N.H. Sengupta) ने अपने लेख में लिखा है, ''मनोविज्ञान का सहारा लेकर, आवाज बदलकर, मुख-मुद्रा बनाकर और समय के अनुसार व्यवहार करके भिखारी लोग पैसा प्राप्त करने में सफल हो जाते हैं।'' इस तरह यह पता चलता है कि भिखारी विभिन्न तरकीबों एवं उपायों के सहारे परिस्थिति के अनुसार रंग बदलकर भीख माँगने का कार्य करते हैं।

2. शरीर को विकृत बनाकर भिक्षावृत्ति करना—हकीकत में यह प्रवृत्ति अत्यंत ही निकृष्ट है। इस प्रविधि में अक्सर बच्चों का अपहरण किया जाता है या फिर चुराया जाता है। उन बच्चों को विकृत बना दिया जाता है। विकृत बनाने का तरीका काफी घिनौना एवं अमानवीय होता है। अक्सर उनके हाथ-पैर तोड़ दिए जाते हैं या काट दिए जाते हैं, आँखें भी फोड़ दी जाती हैं तथा अन्य तरीकों से उन्हें इस रूप में विकृत कर दिया जाता है ताकि वे आसानी से लोगों के दया के पात्र बन सकें। कभी-कभी वास्तव में इन्हें ऐसा बना दिया जाता है और कभी-कभी ऐसा करने का प्रशिक्षण दिया जाता है। इनको संचालित करने के लिए भिखारियों का एक संगठित समूह होता है। अक्सर इस प्रकार के बच्चे सड़कों के किनारे, रेलवे स्टेशन, बस स्टैण्ड या अन्य भीड़-भाड़ वाले स्थान पर भीख माँगते हुए नजर आते हैं। इन पर बरबस ही लोगों को दया आ जाती है और वे उसे भीख के रूप में पैसा दे देते हैं। इस भिक्षावृत्ति से प्राप्त रकम को इन्हें चलाने वाले के पास शाम को जमा करना पड़ता है। इन बच्चों को सिर्फ भोजन, वस्त्र एवं आवास

की नाम मात्र की सुविधा बदले में दी जाती है। इस तरह के भिक्षावृत्ति के माध्यम से इसको चलाने वाले गिरोह मालामाल हो जाते हैं जबकि भीख माँगने वाले बमुश्किल दो जून की रोटी पाते हैं। अनेक-से भिखारी किसी भी शारीरिक विकृति से पीड़ित नहीं होते हैं लेकिन वे लोगों की नजरों में दया एवं सहानुभूति का पात्र बनने के लिए ऐसे द्रव्यों का लेप सारे शरीर पर चढ़ा लेते हैं ताकि वे शारीरिक रूप से विकृत लग सकें। ये भी भीख माँगने का कार्य सड़क के किनारे या भीड़-भाड़ वाले स्थान पर करते हैं। इनको देखकर लोग द्रवित हो जाते हैं चूँकि ये लोगों को देखकर बहुत ही करुण स्वर में भीख की याचना करते हैं। इस प्रकार ये भीख माँगकर ज्यादा-से-ज्यादा धन इकट्ठा कर लेते हैं। इस प्रकार यह पता चलता है कि शारीरिक विकृति प्रविधि को अपनाकर भी भीख माँगने का कार्य किया जाता है।

3. अवपीडक तरीकों के प्रयोग के नाम से—कुछ भिखारी अपने शरीर को पीड़ा देकर आने-जाने वाले व्यक्तियों को भीख देने के लिए मजबूर कर देते हैं। ऐसे भिखारी लोगों का पैर पकड़ लेते हैं और तब तक नहीं छोड़ते जब तक उन्हें भीख नहीं मिल जाती। लोग भी इनके झंझटों से स्वतंत्र होना चाहते हैं और इन्हें पैसा दे देते हैं। कुछ भिखारी ऐसे भी होते हैं जो अपने शरीर से खून की कुछ बूंदें भी टपका देते हैं ताकि लोग बाध्य होकर इनको भीख दे दें। इसी तरह नागा साधु को यदि भीख नहीं दिया जाता है तो वे विभिन्न प्रकार की धमकियाँ दे डालते हैं। औघड़ को यदि भीख नहीं दिया जाए तो वे गन्दी चीजों को प्रकट कर देते हैं या बुरे शब्दों का भी प्रयोग कर देते हैं। इनके पचड़ों एवं झंझटों से लोग बचना चाहते हैं और इसीलिए भीख दे देते हैं। अतः यह पता चलता है कि कुछ भिखारी ऐसे भी होते हैं जो भिक्षावृत्ति के दौरान अवपीडक तरीकों का प्रयोग करते हैं और लोगों को भीख देने के लिए मजबूर कर देते हैं। लोग किसी झंझट में नहीं पड़ना चाहते और भीख दे देते हैं।

4. साधुओं एवं धार्मिक भिखारियों द्वारा काम में लाई जाने वाली तरकीबें—इन तरकीबों में धार्मिक दावत (भण्डारा) करने के लिए पैसे या सामान माँगना, किसी प्राकृतिक प्रकोप को दूर करने के नाम पर धन माँगना, मन्दिर या मस्जिद बनवाने के नाम पर धन माँगना, सभी तीर्थों की यात्रा करने के नाम पर धन माँगना तथा अगले जीवन में ज्यादा सुख प्राप्त करने का आशीर्वाद देकर धन माँगना आदि प्रमुख हैं। इस तरह की तरकीबों को अपनाकर ये भिक्षुक मालामाल हो जाते हैं। वे जानते हैं कि साधारण तरीकों से भीख माँगने के बजाय धर्म के नाम पर इस तरह से धन एकत्र करना ज्यादा फायदेमंद है। अतः वे धार्मिक

तरकीबों का ही प्रयोग करते हैं। इस प्रकार यह पता चलता है कि विभिन्न धार्मिक तरीकों के माध्यम से भी भिक्षावृत्ति की जाती है।

5. चालाकी या धोखा की प्रविधि—जनता को येन-केन-प्रकारेण किसी भी तरह बेवकूफ बनाकर इस प्रविधि के तहत अधिक से अधिक धन कमाया जाता है। परिणामतः बहुत लोग भिक्षावृत्ति के इसी प्रविधि को अपनाते हैं। अनेक भिखारी ऐसे होते हैं जो कोई अनोखी चीज या अनोखे करतब दिखा देते हैं। इससे लोग प्रभावित हो जाते हैं और आसानी से कुछ-न-कुछ पैसे दे ही देते हैं। हालाँकि इन चीजों या करतबों में धोखा या चालाकी का ही सहारा लिया जाता है। इसी प्रकार सड़क के किनारे जादू का खेल दिखाना, साँप का खेल दिखाना या फिर ढोंगी ज्योतिषी का रूप धारण कर बैठ जाना इत्यादि कई ऐसे तरीके एवं प्रविधियाँ हैं जिनमें चालाकी व धोखा की प्रधानता होती है। लेकिन लोग इन सभी से जल्द एवं आसानी से प्रभावित होते हैं और पैसा दे देते हैं। इन प्रविधियों के द्वारा धन कमाना तुलनात्मक रूप से आसान होता है। अतः यह पता चलता है कि चालाकी या धोखे की प्रविधि को अपनाकर भी भिक्षावृत्ति की जाती है।

उपर्युक्त भिक्षावृत्ति के प्रविधियों के अध्ययनों से यह मालूम होता है कि भिक्षावृत्ति के लिए विभिन्न प्रविधियों को प्रयोग में लाया जाता है। इस संबंध में नवम्बर, 1956 में एक सर्वेक्षण किया गया और यह पाया गया कि भीख माँगने के तरीकों में साधारण रूप से पैसा माँगना, घाव, फोड़ा आदि दिखाकर, नए पैदा हुए बच्चों को दिखाकर, गाना गाकर, धार्मिक साधु आदि बनकर, किसी स्त्री की गर्भावस्था दिखाकर और किसी शव को दिखाकर पैसा माँगना मुख्य थे। अतः यह पता चलता है कि भिक्षावृत्ति के लिए अनेक प्रविधियों एवं तरीकों को अपनाया जाता है। भिक्षावृत्ति भी एक कला है और इस कला में जो भिखारी जितना माहिर होता है वह उतना अधिक धन एकत्र करता है या उतना अधिक भिक्षा पाने में सफलता प्राप्त करता है। परिस्थितियों की नजाकत को समझने वाले भिखारी जनता की सहानुभूमि के साथ अधिक भीख भी पाते हैं।

भिक्षावृत्ति का भारत में विस्तार

भारत में भिक्षावृत्ति का विस्तार काफी ज्यादा है। यह ठीक-ठीक नहीं कहा जा सकता कि भिखारियों की संख्या कितनी है? लेकिन योजना आयोग के एक अनुमान के अनुसार भिखारियों की कुल संख्या लगभग 20 लाख होगी जो प्रायः

बड़े-बड़े शहरों एवं नगरों में केन्द्रित है। इनमें से लगभग 71% पुरुष एवं 29% सभी भिखारी होंगे। अतः यह कहा जा सकता है कि भारतवर्ष में भिक्षावृत्ति की समस्या एक गंभीर समस्या है एवं अनेक प्रयत्नों के बावजूद भिखारियों की संख्या में दिनानुदिन वृद्धि ही होती जा रही है।

जहाँ तक भिक्षावृत्ति की समस्या को समाप्त करने के लिए की गयी कोशिशों का सवाल है इसका कई चरणों में अवलोकन करना उचित प्रतीत होता है। सर्वप्रथम प्राचीन भारत में इसकी समाप्ति के लिए किए गए प्रयत्नों का अवलोकन, फिर अंग्रेजी शासनकाल में इसकी समाप्ति के लिए किए गये प्रयत्नों का अवलोकन तथा अंत में स्वतंत्र भारत में इसकी समाप्ति के लिए किए गये प्रयत्नों का अवलोकन करना आवश्यक प्रतीत होता है।

भारत में भिक्षावृत्ति पर प्रतिबंध संबंधी कदम

प्राचीन भारत में भी भिक्षावृत्ति की समस्या को दूर करने का प्रयत्न किया गया। भिक्षावृत्ति की समस्या समाज में सदियों पुरानी है। इसलिए सभी समयों में इसकी समाप्ति के लिए कोशिश किए गए। इतना अवश्य है कि सभी समयों में भिखारियों की समस्याओं में भिन्नता पाई जाती रही है। प्राचीन समय में भिखारियों की समस्या आज से भिन्न थी। इसलिए यह स्वाभाविक है कि उनके लिए किए गए प्रयत्न भी आज से भिन्न थे। इस संबंध में डॉ. एम. मूर्ति (Dr. M. Moorthy) का कथन है कि "प्रत्येक प्राचीन समाज का कर्त्तव्य था कि वह अपने असहाय सदस्यों की देखभाल करे। वैदिक काल के समाज पर भी यही बात लागू होती है।" पुराने जमाने में भिक्षावृत्ति को रोकने के लिए कुछ ऐसे नियम बनाए गए थे ताकि कुछ निश्चित व्यक्ति ही भिक्षावृत्ति को अपने जीवन-यापन का साधन बना सकें। प्राचीन समय में वर्ण-व्यवस्था प्रचलित थी। साथ ही संयुक्त परिवारों का प्रचलन था। इसलिए उस समय भिक्षावृत्ति भरण-पोषण के लिए व्यवसाय नहीं बन सकी थी। इसकी वजह यह है कि वर्ण-व्यवस्था के अनुसार क्षत्रिय एवं वैश्यों को ब्राह्मण एवं शूद्रों का भरण-पोषण करना होता था। वास्तव में यह कार्य ब्राह्मणों का होता था कि वे शूद्रों से सेवा करावें एवं उनका भरण-पोषण करें, लेकिन जब ब्राह्मण ऐसा नहीं कर पाते थे तब यह कार्य क्षत्रियों का हो जाता था। क्षत्रिय एवं वैश्य ब्राह्मणों को विभिन्न धार्मिक अवसरों पर बुलाते थे तथा उनकी जरूरत के अनुसार धन देते थे। साथ ही वे शूद्रों की सेवा लेते थे तथा उनकी जरूरत की पूर्ति

करते थे। इस प्रकार समाज में सभी वर्णों की आवश्यकताओं की पूर्ति हो ही जाती थी। फलतः भिक्षावृत्ति की ओर लोग आकृष्ट नहीं होते थे। सिर्फ छात्र एवं संन्यासी भिक्षावृत्ति करते थे लेकिन इसके लिए उन्हें कड़े नियमों का पालन करना होता था। वर्ण-व्यवस्था के तरह इस बात का स्पष्ट उल्लेख था कि कौन-कौन से व्यक्ति किन-किन परिस्थितियों में भिक्षावृत्ति कर सकते हैं। इसके अनुसार कम-से-कम लोगों के भिक्षावृत्ति करने की व्यवस्था थी। साथ ही भिखारियों का बोझ सम्पूर्ण समाज पर बराबर-बराबर बँटा हुआ था। तरह पुराने जमाने समय में संयुक्त परिवार प्रथा का प्रचलन भी इस समस्या को आगे बढ़ने का मौका नहीं देती थी। संयुक्त परिवार व्यवस्था के तहत अंधे, लूले, लंगड़े या अन्य किसी भी रूप में विकलांग एवं असहाय व्यक्ति का भरण-पोषण परिवार में हो जाता था। साथ ही विधवा, अनाथ बच्चे एवं यहाँ तक कि आलसी एवं काहिल व्यक्तियों का भी भरण-पोषण परिवार में हो जाता था। परिणामतः उन्हें भिक्षावृत्ति या अन्य कोई दूसरा अनैतिक कार्य करने की आवश्यकता ही नहीं थी। इस संबंध में राज्य की भी निगरानी रहती थी ताकि परिवार अपना कार्य ठीक तरीके से कर सके। इस संबंध में कौटिल्य ने 'अर्थशास्त्र' में लिखा है, "संन्यासी को छोड़कर जब कोई समर्थ, सशक्त व्यक्ति भिक्षा माँगते पाया जाएगा अथवा जो अपनी माता, पत्नी, पुत्री, पुत्र (बालक), पिता, छोटे भाई-बहन या परिवार की विधवा की देखभाल नहीं करेगा या उपेक्षा करेगा तो राज्य द्वारा उस पर बारह पण का दण्ड लगाया जाएगा।" साथ ही इसके साथ ऐसा भी नियम था कि जो व्यक्ति अपनी पत्नी और पुत्रों के पालन-पोषण की व्यवस्था न करके संन्यास ले लेता था, राज्य द्वारा उसे दण्ड दिया जाता था। प्राचीन समय में इन्हीं कारणों से भिक्षावृत्ति की समस्या उतनी गंभीर एवं जटिल नहीं थी जितनी आज है। वर्ण-व्यवस्था एक ऐसी व्यवस्था थी जिसमें सबके लिए मार्ग निर्धारित कर दिए गए थे और लोग व्यवस्था के अनुसार निर्धारित मार्ग पर ही चलते थे। इसी तरह विभिन्न विचारकों ने उस समय ऐसे-ऐसे परामर्श दिए जिसे लोग अपना कर्त्तव्य समझकर उसका पालन करते थे एवं भिक्षावृत्ति को पनपने नहीं देते थे। मनु ने कहा कि "दयाशील व्यक्तियों को चाहिए कि बुद्धिमान ब्राह्मणों, रोगी, अनाथों तथा वृद्धों को दान दें।"इसी तरह का विचार कौटिल्य ने भी प्रकट किया है, "राजा अनाथों, वृद्धों, असहायों का पालन-पोषण करेगा। वह निराश्रित स्त्रियों और उनके बालकों के पालन-पोषण का भी प्रबन्ध करेगा।" अतः यह पता चलता है कि प्राचीन समय में भिखारियों की

समस्या का हर संभव निदान किया गया। यही कारण है कि उस समय भिक्षावृत्ति कम थी एवं उसका रूप भी आज की तरह विकृत नहीं था। वर्ण-व्यवस्था एवं संयुक्त परिवार व्यवस्था प्राचीन समय में दो ऐसी व्यवस्थाएँ थीं जिनके माध्यम से भिक्षावृत्ति पर रोक लगाई जाती थी। इसके अतिरिक्त नैतिक नियम विकसित किए गए थे जिसके आधार पर कुछ विशेष अवस्थाओं में ही भीख माँगा जा सकती थी। राज्य भी भिखारियों एवं गरीब व्यक्तियों की सहायता करता था। इन सभी कारणों से भिक्षावृत्ति की समस्या बढ़ नहीं पाती थी। आज के समय में इस प्रकार की कोई व्यवस्था नहीं है। अतएवं भिक्षावृत्ति की प्रवृत्ति बढ़ती ही जा रही है।

भिक्षावृत्ति पर रोकथाम के लिए ब्रिटिश शासनकाल में भी कई प्रयास किये गये। विभिन्न देशों की तरह भारतवर्ष में भी भिक्षावृत्ति को रोकने के लिए कुछ कानून बनाए गये। इस समस्या को रोकने के लिए सबसे पहले बंगाल में कोशिश किए गये। चूँकि भिखारी समाज के लिए एक समस्या थे तथा इनके कारण आम जनता के स्वास्थ्य को भी खतरा उत्पन्न हो गया था इसीलिए बंगाल के स्वयंसेवी संस्थाओं ने आवाज उठायी। इसी कारण बंगाल में 1942 में बंगाल आवारागर्दी अध्यादेश (Bengal Vagrancy Ordinance) पास हुआ और 1943 में इसे अधिनियम का रूप दे दिया गया। हालाँकि इसका क्षेत्र पूरा राज्य था लेकिन यह कलकत्ता एवं उसके आस-पास के इलाकों तक ही सीमित रहा। इस कानून में यह व्यवस्था थी कि पुलिस अधिकारी भिखारी प्रतीत होने वाले व्यक्तियों को विशेष न्यायाधीशों के सामने प्रस्तुत कर सकते थे। कोर्ट से फैसला होने के बाद इन भिखारियों को कहाँ रखा जाए इसके लिए भी व्यवस्था की गई। इसके लिए पाँच संस्थाएँ अलग-अलग श्रेणियों के भिखारियों के लिए खोली गईं। ये संस्थाएँ अलग-अलग उम्र-समूहों एवं विभिन्न लिंगों के लिए थीं। इन्हें पाँच भागों में विभक्त किया गया था जो निम्नलिखित हैं—(i) 14 वर्ष से अधिक आयु के पुरुषों के लिए, (ii) 14 वर्ष से अधिक आयु की स्त्रियों के लिए, (iii) 5 से 14 वर्ष की आयु के बालकों के लिए, (iv) कोढ़ से पीड़ित रोगियों के लिए तथा (v) वृद्धों और असमर्थों के लिए। इनमें से प्रारम्भिक तीन श्रेणियों में पागलों एवं रोगियों को पृथक्-पृथक् रखने की व्यवस्था थी। सरकारी एवं गैर-सरकारी व्यक्तियों को मिलाकर एक आवारागर्दी परामर्शदात्री मण्डल (Vagrancy Advisory Board) की स्थापना की गई जो इन संस्थाओं और प्रशासन से सम्बन्धित मामलों के विषय में विचार करता है। इन संस्थाओं में भिखारियों को रखने की कोई समय-सीमा

तय नहीं थी लेकिन अक्सर इनको यहाँ दो से तीन वर्षों तक रखा जाता था। प्रथम तीन तरह की संस्थाओं में प्राइमरी शिक्षा एवं औद्योगिक प्रशिक्षण का भी प्रबन्ध था। साथ ही इनके लिए चिकित्सा की सुविधा भी मौजूद थी। उन संस्थाओं में जहाँ कोढ़ से पीड़ित भिखारियों को रखा जाता था, एक विशेषज्ञ चिकित्सक का प्रबन्ध किया जाता था। इन संस्थाओं से भिखारियों को तभी जाने दिया जाता था जब उनको कोई नौकरी मिल जाती थी, उनके संबंधी उनका भार उठाने के लिए तैयार हो जाएँ एवं यह प्रतिज्ञा करें कि उन्हें दुबारा भीख माँगने नहीं दिया जाएगा, जब भिखारियों ने संस्था के बाहर 74 रु. एवं संस्था के अंदर 50 रु. कमा लिए हों तथा औरतें इस संस्था से तभी जाती थीं जब उनका विवाह कहीं हो जाता था। बंगाल में इस अधिनियम से पूर्व भी 1939 में बंगाल ग्रामीण निर्धन एवं बेकार कल्याण अधिनियम (Bengal Rural Poor and Unemployed Relief Act) पास किया जा चुका था। इस अधिनियम के अन्तर्गत भी जनकल्याण से जुड़े कई कार्यक्रम चलाये गये।

बंगाल के जैसा ही स्वतंत्रता से पूर्व अनके कानून बनाए गये थे। इनमें सभी कानूनों का उद्देश्य भिक्षावृत्ति को रोकना था। मुम्बई में 1945 में, चेन्नई में 1945 में तथा मैसूर में 1944 में कानून बनाए गये। इससे पहले भी पंजाब में 1916 में, संयुक्त प्रान्त में 1916 में तथा मध्य प्रान्त में 1922 में भिक्षावृत्ति को रोकने के उद्देश्य कानून बनाए गये। इन कानूनों में भीख माँगने वालों पर 50 रु. जुर्माना या एक महीने की कैद अथवा दोनों ही सम्मिलित रूप से दिए जाने का प्रावधान था।

15 अगस्त, 1947 को स्वतंत्रता प्राप्ति के पश्चात देश में भिक्षावृत्ति की प्रवृत्ति को रोकने के लिए कई कानून पारित किये गये। त्रावनकोर, कोचीन तथा बिहार आदि राज्यों में 1958 में भिक्षावृत्ति से सम्बन्धित कानून बनाए गये तथा इन्हें सख्ती से लागू किया गया। स्वतंत्रता प्राप्ति के पश्चात् विभिन्न पंचवर्षीय योजनाओं में भिक्षावृत्ति के समाप्त करने के लिए कार्यक्रम निर्धारित किये। 1953 में योजना आयोग की अन्वेषण कार्यक्रम समिति ने भिक्षावृत्ति संबंधी दो सर्वेक्षण परियोजनाएँ चलाईं। इनमें से एक दिल्ली में था और दूसरा चेन्नई में था। दिल्ली में यह कार्य 'Delhi School of Social Work' द्वारा सम्पादित किया गया। इसके अनुसार भिखारियों की कुल संख्या 3,000 थी और उनकी वार्षिक आय लगभग 10 लाख रुपये होने का अनुमान लगाया गया। चेन्नई के सर्वेक्षण में पाया गया कि भिखारियों की कुल संख्या 7,743 थी जिनमें 4,396 सशक्त शरीरवाले,

1,153 रोगी भिखारी, 1,435 अशक्त एवं 459 पागल प्रकार के भिखारी थे। इसी प्रकार का सर्वेक्षण नागपुर, मुम्बई, कलकत्ता और उत्तर प्रदेश के कुछ शहरों में भी कराया गया। ज्यादातर सर्वेक्षणों से यह पता चला कि अधिकांश भिखारी शरीर से सशक्त थे एवं भिक्षावृत्ति को इसलिए अपनाए हुए थे क्योंकि यह आसान एवं फायदेमंद पेशा था। द्वितीय योजना काल में गृह मंत्रालय ने यह प्रस्तावित किया कि हर राज्य को किसी उचित स्थान पर 100 वृद्ध, असक्त रोगियों एवं विकलांगों के लिए एक गृह का निर्माण कराना चाहिए जहाँ उन्हें रखा जा सके। ये गृह केंद्रीय मदद से स्थापित किए गए। तृतीय योजना काल में भी 33 भिक्षु-गृहों की स्थापना की गई। इसी प्रकार भिक्षावृत्ति के उद्देश्य से बच्चों का शोषण रोकने के लिए 1959 में भारतीय दण्ड संहिता में संशोधन किया गया। इस संशोधन के अनुसार, यदि कोई व्यक्ति जो किसी अवयस्क का वैधानिक संरक्षक न हो, उस अवयस्क का प्रयोग भिक्षा माँगने के उद्देश्य से करता है तो उसे कठोर दण्ड दिया जाएगा। 1964 में गृह मंत्रालय ने योजना आयोग के परामर्श के पश्चात् एक परियोजना स्वीकृत की जिसका उद्देश्य बाल-भिक्षावृत्ति और आवारापन को समाप्त करना था।

उपरोक्त विवरणों से ज्ञात होता है कि प्राचीन काल से लेकर अब तक भिक्षावृत्ति की समस्या के निदान के लिए समय-समय पर परिस्थिति एवं जरूरत कदम उठाए गये तथा कानून भी पारित किए गये। लेकिन यह देश का दुर्भाग्य कहा जा सकता है कि भिक्षावृत्ति की समस्या आज भी जैसी-की-तैसी बना हुआ है। यूँ कहा जाए कि यह समस्या पहले से और गंभीर एवं जटिल हो गई है तथा दिनानुदिन बढ़ती ही जा रही है तो इसमें कोई अतिशयोक्ति नहीं होगी। इस संबंध में यह कहा जा सकता है कि जो कानून बनाए गये वे सिर्फ कागजों तक ही सीमित रह गये। उन्हें सही रूप में क्रियान्वित नहीं किया जा सका। साथ ही भिक्षावृत्ति की समस्या को दूर करने के संबंध में उठाए गये कदम अपर्याप्त थे। इसलिए जरूरत इस बात की है कि ईमानदारी एवं दृढ़ इच्छाशक्ति के साथ इस समस्या के समाधान के लिए प्रयत्न किए जाएँ। केवल कानून बना देने से किसी समस्या का निराकरण नहीं हो जाता। सरकारी तंत्र इतना भ्रष्ट है एवं उनकी मनोवृत्ति इतनी कुत्सित हो गई है कि सभी कार्य सिर्फ फाइलों एवं टेबुलों पर ही निपटा दिए जाते हैं। सतही स्तर पर कोई कार्यक्रम क्रियान्वित नहीं हो पाता। अतएवं भिक्षावृत्ति पर नकेल कसने के लिए सार्थक प्रयास किये जाने चाहिए। अन्यथा इसके अभाव में भिक्षावृत्तिकी समस्या आने वाले दिनों में विस्फोटक रूप अख्तियार कर लेगी।

भिक्षावृत्ति उन्मूलन संबंधी परामर्श

भिक्षावृत्ति आज के दौर में एक देशव्यापी समस्या बन चुकी है। इसके उन्मूलन या दूर करने के संबंध में यह कहा जा सकता है कि किसी एक उपाय के सहारे इसे दूर नहीं किया जा सकता। इसका कारण यह है कि भिक्षावृत्ति किसी एक कारक या कारण का परिणाम नहीं है। अनेक कारणों से भिक्षावृत्ति की समस्या उत्पन्न होती है। कुछ लोगों का कहना है कि निर्धनता के कारण भिक्षावृत्ति पनपती है। अतः निर्धनता को दूर कर देने से इस समस्या का समाधान हो जाएगा। इसमें कोई संदेह नहीं कि निर्धनता को दूर करने से कुछ हद तक भिक्षावृत्ति की समस्या का समाधान हो जाएगा। लेकिन पूर्णरूपेण यह समस्या समाप्त नहीं होगी। इसका कारण यह है कि सभी भिखारी निर्धनता के कारण ही भिक्षावृत्ति को नहीं अपनाते हैं। यह कथन कि 'All the beggars are not poor.' भी इस तथ्य की पुष्टि करता है कि सिर्फ निर्धनता के समाधान से भिक्षावृत्ति का समाधान होना संभव नहीं है। इसी तरह कुछ लोगों का मत है कि 'Beggary Prevention Act' को सख्ती से लागू करने पर इस समस्या का समाधान हो जाएगा। स्वतंत्रता प्राप्ति के पहले से ही कुछ राज्यों में भिक्षावृत्ति को अपराध घोषित कर दिया गया और अपराधियों पर आर्थिक दण्ड लगाने तथा उसे जेल भेजने की व्यवस्था की गई। लेकिन आज भी उन राज्यों में जहाँ Beggary Prevention Act पास किया गया, भिक्षावृत्ति की समस्या अपने पूर्ववत रूप में ही है। दिलचस्पी की बात यह है कि एक भिक्षुक अपने ऊपर लगाए गये आर्थिक दण्ड को भी भीख माँगकर ही चुकाता है। अतः भिखारी को जेल की सजा या आर्थिक दण्ड लगाने से भी इस समस्या का पूरी तरह समाधान संभव नहीं प्रतीत होता है। इस प्रकार यह पता चलता है कि किसी एक उपाय से भिक्षावृत्ति की समस्या को दूर नहीं किया जा सकता है। इसको दूर करने के लिए अग्रलिखित सुझाव दिये जा सकते हैं–

1. निर्धनता को दूर करना–ऐसा नहीं है कि सभी भिक्षुक गरीब नहीं होते हैं। बल्कि यह कहा जा सकता है कि अग्रलिखित भिक्षुक निर्धन ही होते हैं। निर्धनता भिक्षावृत्ति को बढ़ाने में अहम् भूमिका अदा करती है। इसलिए यह जरूरत है कि भिक्षावृत्ति की समस्या के समाधान के लिए गरीबी को दूर किया जाए।

2. सभी राज्यों में एक ही समय में एवं एक-से कानून–चूँकि यह समस्या देशव्यापी है इसलिए अगर सभी राज्यों में समान कानून होंगे तो इसे लागू

करने में आसानी होगी। कुछ राज्यों में इससे सम्बन्धित कानून रहने एवं कुछ राज्यों में नहीं रहने से इसका समाधान संभव नहीं है। साथ ही कानून में सिर्फ भिखारियों को सजा देने का ही प्रावधान किया जाता है जो सही नहीं है। कानून में जो भिखारी बनने के लिए प्रेरित करते हैं या जिनका भिखारी बनाने में योगदान रहता है उनके लिए भी सजा का प्रावधान होना चाहिए। आज भिक्षावृत्ति एक लाभदायक पेशा बन गया है। इसलिए विभिन्न प्रकार के संगठित गिरोह इस पेशा में सक्रिय हैं। वे बच्चों का अपहरण, चोरी एवं अन्य तरीके से अगवा करते हैं तथा उन्हें विकृत कर उनसे भीख मँगवाते हैं। वे बच्चों द्वारा माँगी गई भीख से मालामाल हो जाते हैं। इस प्रकार इस तरह के भिक्षावृत्ति को प्रक्षय देने में ऐसे गिरोह दोषी हैं न कि भीख माँगने वाला व्यक्ति। इसलिए इस तरह का कानून बनना चाहिए ताकि ऐसे व्यक्तियों को दण्डित किया जा सके। कानून संपूर्ण भारत के लिए एक समान होना चाहिए तथा उसे ठोस रूप से लागू किया जाना चाहिए।

3. भिक्षुक गृहों–U.P. Govt. Committee ने 1961 में जो परामर्श दिया उसमें भी यह कहा गया कि भिक्षुक गृहों का निर्माण किया जाए एवं उसमें भिखारियों के लिए शिक्षा एवं व्यवसाय की भी व्यवस्था की जाए। Gore Study Team ने भी यह सुझाव दिया क्रि जो भिखारी कोई कला या कर्म सीखना चाहते हैं, उन्हें सिखाने की कोशिश की जानी चाहिए चाहिए।

4. जन सहायता से भिखारियों की देखभाल–सभी भिखारी व्यवसाय करने योग्य नहीं होते हैं। अतः वे पुनः भिक्षावृत्ति न करने लगें इसलिए जन मदद से उनकी देखभाल की जानी चाहिए। Gore Study Team ने भी इस प्रकार का सुझाव दिया है।

5. बाल-देखभाल संस्थाओं की स्थापना–इन बाल-देखभाल संस्थाओं की स्थापना केवल बच्चों के लिए अलग से की जानी चाहिए। यहाँ पर बच्चों को सामान्य शिक्षा के साथ-साथ प्रशिक्षणा भी दी जानी चाहिए। इससे उनमें ज्ञान के विकास के साथ-साथ भविष्य में अपने पैरों पर खड़े हो सकने की क्षमता विकसित होगी।

6. शारीरिक रूप से असमर्थ भिखारियों के लिए सरकार की ओर से रोटी, कपड़ा, मकान एवं अन्य जरूरतों की पूर्ति–ऐसा होने से शारीरिक रूप से असमर्थ भिखारी भीख माँगने का कार्य नहीं करेंगे।

7. सभी तरह के भिक्षुकों का पता लगाकर–सभी भिखारियों की समस्याएँ एक समान नहीं होती हैं। इस प्रकार सबके लिए समान रूप से समान

उपायों द्वारा समस्या का हल नहीं हो सकता है। इस प्रकार जिनकी जैसी समस्याएँ हों, उनको सुधारने के लिए वैसा ही उपाय करना चाहिए। जैसे कुछ लोग रोजगार के अवसरों के अभाव में भिक्षावृत्ति के पेशा को अपनाते हैं। ऐसे लोगों को रोजगार का अवसर उपलब्ध कराना चाहिए। इसी प्रकार अगर कोई व्यक्ति किसी दूसरे कारण से भीख माँगता है तो उस कारण का पता लगाकर उसका नराकरण किया जाना चाहिए। अगर कोई असाध्य रोग से पीड़ित है और भीख माँगता है तो उसके लिए इलाज की व्यवस्था की जानी चाहिए एवं रोजगार का अवसर भी उसे प्रदान करना चाहिए। कहने का अर्थ यह है कि कारणों के आधार पर समस्या का समाधान करना चाहिए। यह अधिक सार्थक एवं प्रभावी होगा।

8. सामाजिक सुरक्षा की विस्तृत योजनाएँ—बहुत-से भिखारी ऐसे भी मिलेंगे जो किसी आकस्मिक दुर्घटना के शिकार हो गए रहते हैं। अनेक प्रकार की आकस्मिक दुर्घटना के कारण व्यक्ति अथवा उसका परिवार भीख माँगने लगता है। यदि सामाजिक सुरक्षा की व्यवस्था ठीक हो तो भिखारियों की संख्या में कमी लाई जा सकती है। साथ ही यदि कोई भिखारी यदि जेल में बन्द है तो उसके परिवार का भरण-पोषण सरकार को करना चाहिए वरना संभव है कि उसके परिवार वाले भी भरण-पोषण के लिए भिक्षावृत्ति करने लगें।

9. लोगों की धार्मिक प्रवृत्तियों में परिवर्तन—लोग भीख देने को एक पुण्य का कार्य समझते हैं। फलतः भिक्षावृत्ति की समस्या को बढ़ावा मिलता है। यदि लोग यह समझने लगें कि भिक्षुकों को दान देना स्वर्ग जाने का रास्ता नहीं है अपितु उन्हें अनैतिक बनाने का रास्ता है तो भिक्षावृत्ति उन्मूलन का कार्य काफी साल हो जाएगा। यदि कोई व्यक्ति भीख देगा ही नहीं तो भिक्षावृत्ति पेशा की तरफ लोगों का झुकाव अपने आप ही कम हो जाएगा। संभव है कि तब शारीरिक रूप से समर्थ भिखारी नहीं मिलें। यहाँ यह वर्णन करना भी अनावश्यक नहीं प्रतीत होता है कि लोगों की धार्मिक भावनाओं में परिवर्तन कानून के द्वारा नहीं लाया जा सकता बल्कि शिक्षा एवं प्रचार के द्वारा ही उनके मनोवृत्ति में परिवर्तन लाया जा सकता है। शिक्षा एवं प्रचार के कार्य में समाज-सुधारक महत्त्वपूर्ण भूमिका अदा कर सकते हैं।

10. भिखारियों के पुनर्वास की व्यवस्था—पुनर्वास की व्यवस्था भी राज्यों के आधार पर की जानी चाहिए। आज यातायात की सुविधा के कारण किसी विशेष स्थान पर भिखारियों का एकत्रीकरण हो जाता है। इससे उस स्थान पर एक समस्या उत्पन्न हो जाती है। इसलिए समस्या का सही निराकरण यह है कि

भिखारियों को उनके राज्यों में ले जाकर उनके पुनर्वास की व्यवस्था की जानी चाहिए। इसमें खर्च अधिक होगा लेकिन अनेक तरह की समस्याओं का निराकरण एक साथ हो जाएगा। भिखारी को उनके गृह राज्यों में ले जाकर बसाने से भाषा, रहन-सहन एवं अन्य प्रकार की समस्याएँ भिखारियों के सामने नहीं आएँगी। इससे उन्हें सन्तुष्टि मिलेगी तथा वे पुनः भीख माँगने की ओर प्रेरित नहीं होंगे। इसके लिए सरकारी एवं गैर-सरकारी सभी स्तरों पर प्रयास करने की आवश्यकता है।

11. भिखारी कोषों की स्थापना—भिक्षावृत्ति की समस्या का उन्मूनलन हेतु कि सामाजिक संस्थाओं एवं सरकार को मिलकर राष्ट्रीय स्तर, राज्य स्तर एवं स्थानीय स्तर पर भिखारी कोषों की स्थापना की जानी चाहिए। इस कोष से शारीरिक रूप से असमर्थ एवं विकलांग भिखारियों को मदद दी जानी चाहिए।

12. भिखारियों के एक राज्य से दूसरे राज्य में जाने पर प्रतिबन्ध—उन्हें पुनः उसी राज्य में भेजने की व्यवस्था होनी चाहिए जहाँ उनका जन्म हुआ है। श्रीमती चन्द्रशेखर अध्ययन समूह (Srimati Chandrashekhar Study Group) ने भी इस प्रकार का सुझाव दिया और कहा कि भिक्षावृत्ति उन्मूलन की जिम्मेदारी केंद्र सरकार को अपने हाथों में लेनी चाहिए।

13. सुधार गृहों की व्यवस्था—भिक्षावृत्ति की समस्या को दूर करने के लिए कि भिन्न-भिन्न प्रकार के भिक्षुकों को जैसे—कुष्ठ रोग से पीड़ित, शारीरिक बाधित, मानसिक बाधित एवं बाल भिखारी को अलग-अलग सुधार गृहों में रखा जाना चाहिए। अर्थात् इनके लिए अलग-अलग सुधार गृहों की स्थापना की जानी चाहिए। Gore Study Team ने भी इस प्रकार का सुझाव दिया है।

14. नारी निकेतनों तथा नारी सुधार गृहों का विकास—भिक्षावृत्ति की समस्या को दूर करने के लिए कि देश के कोने-कोने में विशेष रूप से नारी निकेतनों तथा नारी सुधार गृहों का विकास किया जाना चाहिए। यहाँ पर इनके लिए रोजी-रोटी कमाने का साधन भी जुटाया जाना चाहिए।

15. परिवार कल्याण सेवाओं की व्यवस्था—अनेक स्त्रियाँ एवं बालक पारिवारिक विघटन के कारण भी भिक्षावृत्ति करने लगते हैं। पारिवारिक विघटन की समस्या को दूर करने का प्रयत्न किया जाना चाहिए। इसके लिए प्रशिक्षित सामाजिक कार्यकर्त्ताओं की सेवा ली जानी चाहिए जो इस समस्या को कम करने में बहुत हद तक सहायक साबित होंगे।

16. भिखारियों के बच्चों को उनसे तत्काल दूर कर देना चाहिए—भिक्षुकों के बच्चों को तत्काल उनसे पृथक कर देना चाहिए ताकि वे भीख माँगना न शुरू

कर दें। इनके लिए प्रशिक्षण की व्यवस्था की जानी चाहिए तथा उनके अनुसार रोजगार मुहैया कराया जाना चाहिए।

17. आवास व्यवस्था—भिक्षावृत्ति की समस्या को दूर करने के लिए कि जनजातीय भिक्षुकों को जो विशेषतार पर खानाबदोश हों, भूमि देकर बसाने का प्रबन्ध किया जाना चाहिए। इससे वे एक स्थान से दूसरे स्थान पर भ्रमण नहीं करेंगे। इनमें शिक्षा का भी प्रचार-प्रसार किया जाना चाहिए।

18. बाल अधिनियमों को सख्ती से लागू करना—इसके लिए अलग-अलग बाल अधिनियमों को सख्ती से लागू किया जाना चाहिए ताकि बाल भिखारियों की संख्या में वृद्धि न हो सके। U.P. Govt. Committee, 1961 ने भी इस समस्या के उन्मूलन के लिए यह सुझाव दिया।

19. स्वागत केन्द्र की स्थापना—भिक्षावृत्ति की समस्या का उन्मूलन हेतु के लिए कि भिखारियों के लिए स्वागत केंद्र खोलने की व्यवस्था की जानी चाहिए। इन स्वागत गृहों में पकड़े गये भिखारियों को भेजा जाना चाहिए। यहाँ उनका वर्गीकरण किया जाना चाहिए। तत्पश्चात् उन्हें अलग-अलग संस्थाओं में हस्तांतरित किया जाना चाहिए। Gore Study Team ने भी इस तरह का सुझाव दिया है।

20. धार्मिक साधु-सन्तों को लाइसेंस देने की व्यवस्था—भिक्षावृत्ति की समस्या का उन्मूलन हेतु कि धार्मिक साधु-सन्तों को लाइसेंस देने की व्यवस्था की जानी चाहिए। इससे वास्तविक साधुओं एवं बनावटी साधुओं की पहचान हो पाएगी। अनेक ढोंगी साधु ऐसे भी होते हैं जिन्हें किसी धर्म से कोई लेना-देना नहीं रहता है। वे भिक्षावृत्ति को लाभप्रद एवं आरामदायक पेशा समझकर अपना लेते हैं। ऐसे ढोंगी साधुओं की संख्या दिनानुदिन बढ़ती ही जा रही है। इस प्रकार लाइसेंस की व्यवस्था का प्रबन्ध करना चाहिए जिससे कुछ हद तक इन पर रोक लगाया जा सके।

21. भिखारियों को जुर्माना मुक्त करने की व्यवस्था—भिक्षावृत्ति की समस्या को दूर करने के लिए कि भिखारियों पर जुर्माना नहीं लगाया जाना चाहिए। श्री पी.के. राव एवं मिसेज एम.सी. राव (Sri P.K. Rao and Mrs. M.C. Rao) ने अपने लेख 'Beggary and Its Elimination' में भिक्षावृत्ति की समस्या के उन्मूलन के लिए भिखारियों पर जुर्माना नहीं लगाने का विचार दिया है। इन लोगों ने बताया है कि घोर दरिद्र भिक्षुक जुर्माना भी भीख माँगकर ही अदा करेगा एवं इस तरह भिक्षावृत्ति जारी ही रहेगी। अतः हम कह सकते हैं कि भिखारियों पर जुर्माना लगाकर भिक्षावृत्ति का उन्मूलन नहीं किया जा सकता है

बल्कि अन्य उपचारात्मक उपायों से इस समस्या को हल किया जा सकता है। साथ ही राव एवं राव ने यह भी विचार दिया है कि जेल की सजा का भय दिखाकर भी भिक्षावृत्ति की समस्या को दूर नहीं किया जा सकता है। लेकिन इस बात को अस्वीकार नहीं किया जा सकता कि आर्थिक दण्ड या कैद की सजा का भय भी कुछ हद तक हमारे व्यवहारों को नियंत्रित एवं परिवर्तित करता है। अतः यह कहा जा सकता है कि यदि आर्थिक दण्ड या जेल की सजा भिक्षावृत्ति की समस्या को पूरी तरह समाप्त नहीं कर सकते तो उसकी गंभीरता को निश्चित रूप से कम करने में योगदान दे सकते हैं। यही कारण है कि भिक्षावृत्ति की समाप्ति हेतु सुझाव देते हुए कुछ लोगों ने विचार दिया है कि भिक्षावृत्ति उन्मूलन से सम्बन्धित कानूनों का दृढ़ता से पालन करना चाहिए।

उपरोक्त विवरणों से ज्ञात होता है कि भिक्षावृत्ति जैसी गंभीर समस्या का समाधान किसी एक उपाय अथवा एक कानून बनाकर नहीं हो सकता। इसके लिए विभिन्न उपायों की जरूरत है। चूँकि भिक्षावृत्ति किसी एक कारण से उत्पन्न नहीं होती इसलिए यह स्वाभाविक है कि यह किसी एक उपाय से समाप्त नहीं की जा सकती। इस समस्या के निदान के लिए अप्रैल, 1965 में योजना आयोग ने एक अध्ययन दल की नियुक्ति भिक्षावृत्ति, आवारागर्दी तथा बाल-अपराधों की समस्याओं का अध्ययन करने और चतुर्थ योजना के लिए उनके नियंत्रण के कार्यक्रम तैयार करने के लिए किया था। समस्या का विस्तृत अध्ययन करने के बाद दल ने यह सुझाव दिया कि चतुर्थ योजना में प्रत्येक राज्य के कुछ क्षेत्र चुने जाएँ जहाँ समस्या के उन्मूलन तथा नियंत्रण करने के लिए कुछ गहन कार्यक्रम शुरू किए जाएँ। साथ ही जहाँ भिक्षावृत्ति के सभी पहलुओं का समाधान व्यापक आधार पर किया जा सके। इस प्रकार की परीक्षण परियोजनाएँ अनुगामी योजनाओं के लिए समस्या के समाधान में बहुमूल्य अनुभव प्रदान कर सकती हैं। इस योजना के तहत समस्या का हल खोजने के लिए द्विमार्गी व्यवस्था का प्रस्ताव किया गया है। इनमें एक सामाजिक सहायता का मार्ग है जिसमें लोगों को उनकी जरूरत देखकर सहायता पहुँचायी जाएगी और दूसरे में ऐसे लोगों को वयस्क अपराधियों की तरह दण्डित किया जाएगा जो जान-समझकर तथा व्यवसाय के रूप में भिक्षा माँगते पाए जाएँगे। विभिन्न परिस्थितियों के भिखारियों की आवश्यकताओं की पूर्ति हेतु भिन्न-भिन्न तरह के संस्थाओं की जरूरत हो सकती है। इस प्रकार यह पता चलता है कि किसी एक तरीके या साधन से भिक्षावृत्ति की समस्या का समाधान असंभव नहीं है। शारीरिक रूप से जो भिखारी स्वस्थ हैं उनको रोजगार

मिल जाने पर तथा अस्वस्थ एवं बीमार भिखारियों के लिए व्यवस्था करके कुछ हद तक इस समस्या पर काबू पाया जा सकता है। इस समस्या का समाधान करना एक जटिल कार्य है क्योंकि यह समाज में अपनी जड़ों को बहुत गहरे तक फैला चुका है। चूँकि आज इस पेशा को लोग इसलिए भी अपना रहे हैं चूंकि यह अत्यन्त लाभदायक है इसलिए इसे दूर करना और दुष्कर हो जाता है। विशेषकर भारत जैसे देशों में जहाँ वैसे ही गरीबी एवं बेकारी का आलम है इस समस्या के लिए इतना धन खर्च करना संभव नहीं प्रतीत होता है। इसलिए यह कहा जा सकता है कि यदि लोग स्वयं अपनी मनोवृत्ति में बदलाव लाएँ एवं इसे एक अनैतिक कार्य समझें तो काफी हद तक यह समस्या अपने-आप सुलझ जाएगी।

6

वेश्यावृत्ति

वेश्यावृत्ति की समस्या भारत की प्रमुख समस्याओं में से एक है। आज भारत इस समस्या से ग्रसित है एवं अपने यौवन की तरफ उन्मुख है। विवाह की संस्था की उत्पत्ति से पहले वेश्यावृत्ति की समस्या नहीं थी। इसका कारण यह था कि उस समय यौन-संबंधों की स्थापना पर कोई प्रतिबन्ध नहीं था। विवाह की संस्था की उत्पत्ति के साथ-साथ कुछ यौन निषेध (Sex taboo) विकसित हुए और सभ्यता के विकास के साथ-साथ विवाह पूर्व एवं विवाह के अतिरिक्त यौन-संबंधों (Premarital and Extra-marital Sex Relations) को अवैध समझा जाने लगा। इसी के कारण वेश्यावृत्ति का जन्म हुआ। इस संबंध में पुणेकर (Punekar) ने लिखा है, "While marriage is a product of Civilization, Prostitution is its by-product." वेश्यावृत्ति को व्यक्तिगत विघटन का अत्यन्त ही घृणित स्वरूप कहा जा सकता है। यह किसी-न-किसी रूप में प्राचीन काल से ही समाज में विद्यमान रही है। भले ही इसे वेश्यावृत्ति के रूप में इसे सामाजिक मान्यता नहीं मिली हो। वर्तमान समय में यह एक प्रमुख सामाजिक समस्या माना जा रहा है। इस संबंध में जियोफ्रे ने 'Encyclopaedia of the Social Sciences' में लिखा है कि "वेश्यावृत्ति विश्व का सबसे पुराना व्यवसाय है और यह तभी से चला आ रहा है जब से किसी समाज के लोगों की काम-भावनाओं को विवाह और परिवार में सीमित किया गया है" यौन-इच्छा की सन्तुष्टि को मानव की मूलभूत

आवश्यकताओं में शामिल किया जा सकता है। यौन-इच्छाओं की सन्तुष्टि के दो साधन हैं जिन्हें समाज-स्वीकृत साधन और समाज-अस्वीकृत या नैतिक साधन तथा अनैतिक साधन कहा जा सकता है। जब व्यक्ति समाज-स्वीकृत साधनों के द्वारा अपनी यौन-इच्छाओं की सन्तुष्टि करता है तो उसे नैतिक रूप से मान्यता मिली रहती है। नैतिक रूप से व्यक्ति विवाह एवं परिवार की संस्था में ही अपनी इस आवश्यकता की पूर्ति कर सकता है। लेकिन जब व्यक्ति समाज द्वारा अस्वीकृत साधनों यानि अनैतिक साधनों द्वारा अपनी यौन-इच्छाओं की सन्तुष्टि करना चाहता है तब वह वेश्यागामी होकर ही इसको पूरा कर सकता है। निष्कर्षतः हम कह सकते हैं कि जब समाज द्वारा यौन इच्छा की पूर्ति के लिए अस्वीकृत साधनों को स्वीकार करना ही वेश्यावृत्ति है।

वेश्यावृत्ति की परिभाषा

वेश्यावृत्ति समाज पर एक कलंक है, धब्बा है। इसे समाज में किसी रूप में मान्यता प्राप्त नहीं है। जहाँ तक इसकी परिभाषा का प्रश्न है अनेक विद्वानों ने अपने-अपने दृष्टिकोण से इसे परिभषित किया है। विद्वानों द्वारा प्रस्तुत वेश्यावृत्ति की कुछ परिभाषाएँ निम्नलिखित हैं–

वेश्यावृत्ति को परिभाषित करते हुए इलियट एवं मेरिल (Elliott and Merrill) ने पुस्तक 'Social Disorganization' में लिखा है, "वेश्यावृत्ति एक भेदरहित तथा धन की प्राप्ति के लिए स्थापित किया गया अवैध योन-संबंध है जिसमें भावात्मक उदासीनता पाई जाती है।" ("Prostitution is defined as an illicit sex-relation of a promiscuous and mercenary basis accompanying emotional indifference.") इस परिभाषा से यह पता चलता है कि वेश्यावृत्ति एक ऐसा यौन-संबंध है जो बिना किसी भेदभाव के स्थापित किया जाता है। यह एक अवैध यौन-संबंध है जो नियम या व्यवहार के विरुद्ध होता है। वेश्यावृत्ति एक ऐसा व्यवसाय है जो धन-प्राप्ति के उद्देश्य से किया जाता है। साथ ही इसमें प्रेम एवं स्नेह का अभाव पाया जाता है। अर्थात् वेश्याएँ अपने शरीर को मात्र धन-प्राप्ति के उद्देश्य से बेचती हैं। इसलिए इसमें प्रेम एवं स्नेह नाम की कोई चीज नहीं होती है और इसके भावनात्मक लगाव का भी अभाव पाया जाता है।

'Suppression of Immoral Traffic in women and Girl's Act, 1956' ने वेश्या एवं वेश्यावृत्ति (Prostitute and Prostitution) को परिभाषित करते हुए लिखा है, "Prostitute means a female who offers her body for promiscuous sexual intercourse for hire, whether in money or kind." इसी Act ने वेश्यावृत्ति को परिभाषित किया है और लिखा है, "Prostitution means the act of a female offering her body for promiscuous sexual intercourse for hire, whether in money or in kind." इस परिभाषा से स्पष्ट होता है कि का मतलब आर्थिक लाभ के लिए एक स्त्री का विभिन्न व्यक्तियों के साथ यौन-संबंध स्थापित करना है। यह आर्थिक लाभ मुद्रा के रूप में भी हो सकता है। अर्थात् वेश्यावृति में धन की महत्ता होती है।

ज्योफ्रे (Geoffrey) ने 'Encyclopaedia of the Social Sciences' में वेश्यावृत्ति को परिभाषित करते हुए लिखा है, "वेश्यावृत्ति आदतन या कभी-कभी बिना किसी भेदभाव के हर व्यक्ति के साथ धन के लिए किया गया यौन-संबंध है।" ("Prostitution is the practice of habitual intermittent sexual union, more or less promiscuous for mercenary inducement.") इस परिभाषा के अनुसार वेश्यावृत्ति आदतन भी किया जाता है एवं कभी-कभी भी किया जाता है। धन की प्राप्ति इसमें मुख्य उद्देश्य रहता है। इसमें किसी व्यक्ति के साथ कोई भेदभाव नहीं किया जाता है। अर्थात् निर्धारित रकम देकर कोई भी व्यक्ति वेश्या के साथ यौन-संबंध स्थापित कर सकता है।

वेश्यावृत्ति की परिभाषा स्कॉट ने भी है। उन्होंने 'A History of Prostitution' में वेश्यावृत्ति को परिभाषित करते हुए लिखा है, "एक व्यक्ति (पुरुष अथवा स्त्री) जो किसी प्रकार की (आर्थिक अथवा किसी अन्य प्रकार की) आय के लिए अथवा और किसी प्रकार के व्यक्तिगत संतोष के लिए, पूर्ण समय अथवा अर्द्ध-समय के व्यवसाय के रूप में, बहुत-से व्यक्तियों के साथ, जो उसी लिंग के हों, सामान्य अथवा असामान्य यौन-संबंध स्थापित करने में व्यस्त हों, उसे वेश्या कहते हैं। ("An individual (Male or Female) who for some kind of new and (monetary or otherwise) or for some other form of personal satisfaction and as a part of full time profession, engages in normal or abnormal sexual intercourse with various persons who may be of the same sex, or of the opposite sex, is a Prostitue.") इस परिभाषा से पता चलता है कि वेश्यावृत्ति न केवल स्त्रियाँ करती हैं बल्कि पुरुष भी करते हैं। इसमें आर्थिक आय होती है जो नगद पैसे के रूप में भी हो सकती है तथा वस्तु के रूप में भी हो सकती है। स्कॉट का यह भी कथन है कि वेश्यावृत्ति व्यक्तिगत संतोष के लिए भी की जाती है। वेश्यावृत्ति पूर्ण समय के लिए ही नहीं की जाती है बल्कि अर्द्ध-समय के लिए भी की जाती है। शर्त यह है कि इसका

रूप व्यावसायिक होना चाहिए। वेश्यावृत्ति में समलिंगीय यौन-संबंधों को भी शामिल किए जाने का विचार स्कॉट ने दिया है।

बोंगर (Bonger) ने 'Criminality and Economic Conditions' में वेश्यावृत्ति को परिभाषित करते हुए लिखा है, "वे स्त्रियाँ वेश्याएँ हैं जो अपने शरीर को यौन-क्रियाओं के लिए बेचती हैं और इसे एक व्यवसाय बना लेती हैं।" (Those women are prostitutes who sell their bodies for excercise of sexual acts and make this a profession.") इस परिभाषा वेश्याओं द्वारा किया गया कार्य अर्थात वेश्यावृति को एक व्यवसाय कहा गया है। इसके माध्यम से व्यक्ति धन देकर अपने यौन-आवश्यकताओं की सन्तुष्टि करता है।"

वेश्यावृत्ति को परिभाषित करते हुए एलेक्जर ने लिखते हैं–"वेश्यावृत्ति वह यौन-संबंध है जो खरीद, संकरता और संवेगात्मक उदासीनता के अर्थ में समझाया जा सकता है।" (Prostitution is sexual intercourse characterized by barter, promiscuity and emotional indifference.") इस परिभाषा से पता चलता है कि वेश्यावृत्ति यौन-संबंध स्थापित करना है। यह धन-प्राप्ति के लिए मोल-भाव पर आधारित यौन-संबंध है। साथ ही यह यौन-संबंध गड़बड़ मिश्रण पर आधारित होता है। इसका कारण यह है कि यह बिना किसी भेदभाव के अनेक व्यक्तियों के साथ स्थापित किया जाता है। इस तरह के यौन-संबंधों में प्रेम एवं स्नेह का अभाव रहता है।

एलिस (Ellis) ने 'Sex in Relation to Society' में वेश्यावृत्ति को परिभाषित करते हुए लिखा है, "वेश्या वह है जो अपने शरीर को बिना किसी विकल्प के धन के लिए कई लोगों को मुक्त रूप से उपलब्ध कराती है।" ("Prostitute is one who openly abandones her body to a number of men without choice for money."). इस परिभाषा से पता चलता है कि एक वेश्या धन की प्राप्ति के लिए किसी को भी स्वच्छन्द होकर अपना शरीर अर्पित करती है। अर्थात् वेश्या के लिए धन-प्राप्ति मुख्य उद्देश्य होता है।

वेश्यावृत्ति को परिभाषित करते हुए 'Report of the Advisory Committee on Social and Moral Hygrene, 1954 में कहा गया है, "वेश्यावृति के प्रमुख तीन आधार हैं : धन से सम्भोग का विनिमय, यौन-स्वच्छन्दता तथा भावात्मक उदासीनता।" इस परिभाषा से पता चलता है कि वेश्यावृत्ति में धन से सम्भोग को खरीदा जाता है या आदान-प्रदान किया जाता है। इसमें यौन-स्वच्छन्दता रहती है। साथ ही भावना का इसमें कोई स्थान नहीं रहता है।

क्लीनार्ड (Clinard) ने अपनी पुस्तक 'Sociology of Deviant Behaviour' में वेश्यावृत्ति को परिभाषित करते हुए लिखा है, "वेश्यावृत्ति एक भेद रहित और धन के लिए किया गया यौन-संबंध है, जिसमें उद्वेगात्मक उदासीनता होती है।" ("Prostitution is sexual intercourse on a promiscuous and mercenary basis, with emotional indifference.") इस परिभाषा के आधार पर निम्नलिखित बातें स्पष्ट होती हैं–

(क) वेश्यावृत्ति का संबंध यौन-संबंधों की स्थापना से है।

(ख) इस तरह का यौन-संबंध धन की प्राप्ति के लिए किया जाता है।

(ग) इन यौन-संबंधों की स्थापना में प्रेम और स्नेह का अभाव रहता है।

(घ) यह यौन-संबंध बिना किसी भेदभाव के किसी भी व्यक्ति के साथ स्थापित हो सकता है।

वेश्यावृत्ति की अवधारणा पर प्रकाश डालते हुए एवं उसे परिभाषित करते हुए डॉ. आर.बी.के. जयकर (D.r. B.K. Jayakar) ने अपनी पुस्तक 'Social Welfare in India' में लिखा है, "Sexual union, for a consideration in cash or kind. with a women who is not one's wife,is the plain definition of prostitution" इस परिभाषा के आधार पर यह कहा जा सकता है कि वेश्यावृत्ति का अर्थ अपनी पत्नी के अतिरिक्त अन्य स्त्रियों के साथ यौन-संबंध स्थापित करना है जिसमें औरत के लिए धन-प्राप्ति का उद्देश्य रहता है। यह धन मुद्रा या वस्तु किसी रूप में भी हो सकता है। वेश्यावृत्ति में दोनों पक्ष एक-दूसरे को कुछ देता है। इसलिए एलेक्जर (Elexur) ने वेश्यावृत्ति की तुलना 'Barter System' से की है। वेश्यावृत्ति रूपी Barter System स्त्री-पुरुष के यौन-संबंधी आवश्यकताओं की पूर्ति करती है। इसमें पुरुष स्त्री को आर्थिक लाभ प्रदान करता है। यहाँ यह वर्णन करना भी अनावश्यक नहीं है कि वेश्यावृत्ति एक व्यवसाय के रूप में स्वीकार किया जाता है और इसमें धन बहुत महत्त्वपूर्ण होता है अर्थात् वेश्यावृत्ति एक ऐसा व्यवसाय है जिसमें धन प्राप्ति के लिए कोई स्त्री विभिन्न पुरुषों के साथ यौन-संबंध स्थापित करती है। साथ ही इस यौन-संबंध में भावात्मक संवेग का अभाव एवं प्रेम तथा स्नेह रहित होता है।

विशेषताएँ

वेश्यावृत्ति समाज के लिए कलंक है। इसके सिर्फ बुरे प्रभाव ही समाज पर होते है। आज यह एक गंभीर सामाजिक समस्या के रूप में समाज में विद्यमान है।

इसकी अनेक विशेषताएँ होती हैं जो निम्नलिखित हैं–

1. अवैध यौन-संबंध–वेश्यावृत्ति को परिभाषित करने वाले सभी विद्वानइस बात को स्वीकारते हैं कि वेश्यावृत्ति एक प्रकार का अवैध यौन-संबंध है। वैध यौन-संबंध केवल विवाह एवं परिवार की संस्था में ही स्थापित किए जा सकते हैं। इस प्रकार वेश्यावृति की एक विशेषता अवैध यौन-संबंध कही जा सकती है।

2. भेदभाव का अभावा–एक वेश्या यह नहीं देखती है कि उसका ग्राहक गरीब है या अमीर, देखने में सुन्दर है या कुरूप तथा मोटा है या पतला या उसका जाति या धर्म क्या है। वह बिना किसी भेदभाव के सभी के साथ यौन-संबंध स्थापित करती है। क्योंकि वेश्यावृत्ति का मुख्य उद्देश्य धन की प्राप्ति होता है।

3. यौन अनैतिकता से पृथक–वेश्यावृत्ति यौन-अनैतिकता से भिन्न है। वेश्यावृत्ति केवल यौन-अनैतिकता ही नहीं है बल्कि इसमें व्यापारिक संबंध एवं आदान-प्रदान के तत्त्व भी शामिल होते हैं।

4. शरीर बेचना–वेश्यावृत्ति एक प्रकार का व्यवसाय है जो शरीर की बिक्री पर आधारित है। इस व्यवसाय में शरीर की सुन्दरता, यौवन-सौष्ठव, चंचलता एवं मांसल सौन्दर्यता का बोलबाला रहता है। इस प्रकार यह कहा जा सकता है कि शरीर की बिक्री वेश्यावृत्ति की एक विशेषता है।

5. भावनात्मक उदासीनता–वेश्यावृत्ति की विशेषता भावनात्मक उदासीनता कही जा सकती है। वेश्यावृत्ति में जिन स्त्रियों एवं पुरुषों के बीच यौन-संबंध स्थापित होता है उनके बीच किसी प्रकार का भावनात्मक लगाव नहीं पाया जाता है। क्योंकि उनमें प्रेम एवं स्नेह आदि की भावना का अभाव होता है। चूँकि पुरुष धन देकर अपनी काम वासना की पूर्ति के लिए धन देता है और स्त्री धन लेकर अपना शरीर बेचती है इसलिए प्रेम एवं स्नेह की भावना का जागृत होना संभव नहीं होता है। वेश्यावृत्ति दे एवं ले के सिद्धान्त पर आधारित होती है। अतः भावनात्मक उदासीनता स्वाभाविक है। इस प्रकार भावनात्मक उदासीनता वेश्यावृत्ति की एक विशेषता कही जा सकती है।

6. आर्थिक आधार–वेश्यावृत्ति की प्रमुख विशेषता यह है कि इसका मुख्य आधार आर्थिक होता है। अर्थात् वेश्यावृत्ति अर्थ के लिए किया जाता है। बिना अर्थ का भुगतान किए वेश्या का शरीर प्राप्त नहीं किया जा सकता है। इस व्यवसाय में शरीर-सुख का विशेष महत्त्व नहीं होता है। महत्त्व सिर्फ आर्थिक लाभ का होता है। वेश्याएँ अपने इसी पेशा से जीवन-यापन करती हैं। आर्थिक-प्राप्त वस्तु या मुद्रा दोनों रूपों में हो सकती है। इस प्रकार यह कहा जा सकता है कि वेश्यावृत्ति की एक विशेषता आर्थिक आधार है।

उपर्युक्त विवरणों से यह ज्ञात होता है कि वेश्यावृत्ति की अनेक विशेषताएँ हैं।

वेश्यावृत्ति के कारक या कारण

वेश्यावृत्ति का अर्थ समाज में नैतिक पतन से लिया जाता है। यह काफी निकृष्ट कार्य होता है। समाज में इसे किसी प्रकार की मान्यता नहीं प्राप्त है। लेकिन यहाँ यह भी प्रश्न विचारणीय है कि कोई भी स्त्री इस कार्य में क्यों संचालित होती है? स्वेच्छा से शायद ही कोई स्त्री इस कार्य को अपनाती हो। यह परिस्थितियाँ हैं जो किसी भी स्त्री को इस घृणित एवं पतित कार्य करने को मजबूर कर देती है। इसलिए यह आवश्यक प्रतीत होता है कि उन कारणों या कारकों का पता लगाया जाए जिसके कारण वेश्यावृत्ति पनपती है। इस सन्दर्भ में यह कहा जा सकता है कि वेश्यावृत्ति किसी एक कारक का परिणाम नहीं है बल्कि इसके लिए अनेक कारण जिम्मेदार होते हैं। वेश्यावृत्ति के कारणों को विभिन्न भागों एवं उपभागों में विभाजित किया जा सकता है। ये कारक अग्रलिखित हैं–

पारिवारिक कारक

वेश्यावृत्ति की समस्या को बढ़ावा देने का दूसरा प्रमुख कारण पारिवारिक कारक या पारिवारिक दशाएँ कहा जा सकता है। पारिवारिक कारणों के अंतर्गत निम्नलिखित कारणों से वेश्यावृत्ति को बढ़ावा मिलता है–

1. माता-पिता द्वारा स्वयं अपनी पुत्रियों को वेश्या बनने के लिए प्रेरित करना–बहुत-से माता-पिता ऐसे होते हैं जो स्वयं अपने पुत्रियों को वेश्या बनने के लिए प्रेरित करते रहते हैं। इतना ही नहीं बल्कि वेश्याओं के परिवार में उत्पन्न लड़कियों पर पारिवारिक वातावरण का भी प्रभाव पड़ता है। जन्म से एक खास वातावरण में पलने के कारण अधिकांश लड़कियाँ उसी वातावरण को पसन्द करने लगती हैं। इस तरह पारिवारिक वातावरण वेश्यावृत्ति का एक प्रमुख कारण सिद्ध होता है।

2. परिवार में जगह का अभाव तथा जनसंख्या की अधिकता–जिस परिवार में बच्चे अधिक होते हैं एवं रहने के जगह का अभाव होता है वहाँ एक ही घर में माता-पिता एवं बच्चे भी सोते हैं। जब माता-पिता अपनी यौन-इच्छाओं की सन्तुष्टि कर रहे होते हैं तो कभी-कभी बच्चे जग जाते हैं एवं उस क्रिया को देखकर उनके मन में एक दबी हुई यौन-इच्छा जागृत हो जाती है। जब यह इच्छा अपनी

सीमाओं को पार कर जाती है तो परिणाम वेश्यावृत्ति के रूप में भी सामने आती है। इस प्रकार जनसंख्या की अधिकता एवं परिवार में जगह का अभाव वेश्यावृत्ति का कारण कहा जा सकता है।

3. माता-पिता का पुत्री के साथ दुर्व्यवहार—बहुत से माता-पिता ऐसे होते हैं जो अपनी पुत्रियों के साथ दुर्व्यवहार करते हैं। दुर्व्यवहार करने के कारण कुछ भी हो सकता है। जिसका परिणाम यह होता है कि पुत्री के मन में अपने माता-पिता के प्रति क्षोभ एवं प्रतिशोध की भावना का जन्म होता है। फलतः वे वेश्यावृत्ति को अपना लेती हैं और इस तरह पतन के मार्ग पर अग्रसर हो जाती हैं। इस प्रकार यह पता चलता है कि वेश्यावृत्ति के पनपने एवं बढ़ने का एक कारण माता-पिता द्वारा पुत्री के साथ दुर्व्यवहार करना कहा जा सकता है। पुत्रियाँ अपने माता-पिता से बदला लेने एवं शारीरिक एवं मानसिक कष्टों से छुटकारा पाने के लिए इस पेशा को अपनाती हैं। इलियट एवं मेरिल (Elliott and Merrill) ने भी वेश्यावृत्ति के इस कारण का उल्लेख करते हुए लिखा है, "Prostitutes who begin their careers in in early adolescence have usually experienced lack of affection in their family and have an unconsious desire to obtain revenge for their neglect."

4. नष्ट-घर—सामान्यतः घर स्त्री-पुरुष दोनों के सहयोग से चलता है। जिस घर में पति-पत्नी में सहयोग नहीं रहता है वह घर जल्द टूट जाता है। नष्ट-घर दो रूपों में सामने आते हैं। एक रूप तो प्राकृतिक या ईश्वरीय इच्छा कहा जा सकता है। दूसरा रूप ऐच्छिक होता है। दोनों ही स्थितियों में बच्चे असहाय एवं असुरक्षित हो जाते हैं। कोई अन्य रास्ता नहीं होने पर वे वेश्यावृत्ति के पेशा को भी अपना लेते हैं। इस प्रकार नष्ट-घर के कारण भी वेश्यावृत्ति को बढ़ावा मिलता है।

5. अवैध मातृत्व—जो बच्चे अवैध मातृत्व की उपज होते हैं उन्हें समाज तिरस्कार एवं घृणा की दृष्टि से देखता है और इसका परिणाम यह होता है कि ऐसे बच्चे वेश्यावृत्ति को अपना लेते हैं। इस प्रकार अवैध मातृत्व के कारण भी वेश्यावृत्ति को बढ़ावा मिलता है।

6. गन्दे पड़ोस का होना—अगर पड़ोस में कोई लड़की वेश्यावृत्ति कर रही होती है तो इस बात की सम्भावना अधिक रहती है कि दूसरी लड़कियाँ भी देखा-देखी इस पेशा को अपना लें। अक्सर गन्दी बस्तियों में ऐसा होता है जहाँ पड़ोस की देखा-देखी कम उम्र की लड़कियाँ इस पेशा को अपना लेती

हैं। इस प्रकार गन्दे पड़ोस का होना भी वेश्यावृत्ति का एक कारण कहा जा सकता है।

7. माँ का नौकरी करना—माँ के नौकरी करने से बच्चे स्वच्छन्द हो जाते हैं। खासकर लड़कियों पर इसका असर अधिक पड़ता है। स्वेच्छाचारिता के कारण काफी हद तक यह सम्भावना बनती है कि वे वेश्यावृत्ति के पेशा में आ जाएँ क्योंकि बच्चों पर नियंत्रण नहीं रहने से वे अपनी मनमानी करने से बाज नहीं आते हैं। इस प्रकार वेश्यावृत्ति का एक कारण माँ का नौकरी करना कहा जा सकता है।

8. एक अनैतिक परिवार—अनैतिक परिवार का वातावरण ही ऐसा होता है कि उस परिवार के बच्चे भी अनैतिकता को अपनाते हैं। जिस परिवार में जुआ खेला जाता हो, मद्यपान किया जाता हों, तथा अनैतिक यौन-संबंधों की स्थापना की जाती हो, उस परिवार के बच्चे भी अक्सर अनैतिक यौन-संबंधों की स्थापना कर वेश्यावृत्ति को बढ़ाने में सहायक सिद्ध होते हैं। इस प्रकार वेश्यावृत्ति का एक कारण अनैतिक परिवार कहा जा सकता है।

9. सौतेले माता-पिता—यदि माँ सौतेली हो या पिता सौतेला हो तो अक्सर वे अपने सौतेले बच्चों को उचित प्यार नहीं दे पाते जिसके वे हकदार हैं। इसका परिणाम यह होता है कि बच्चे खुद को अपमानित महसूस करने लगते हैं एवं वेश्यावृत्ति को अपना लेते हैं। इस प्रकार सौतेले माता-पिता भी वेश्यावृत्ति को बढ़ाने का एक कारण कहे जा सकते हैं।

10. पति का पत्नी के साथ दुर्व्यवहार—बहुत-से पति ऐसे भी होते हैं जो अपनी पत्नी के साथ दुर्व्यवहार करते हैं। जब पत्नी की सहनशक्ति अपनी सीमा पार कर जाती है तो वे वेश्यावृत्ति को अपना लेती हैं। इस प्रकार यह पता चलता है कि पति का पत्नी के साथ दुर्व्यवहार वेश्यावृत्ति का एक कारण कहा जा सकता है।

11. माता-पिता में उत्तरदायित्व का अभाव—जिन माता-पिता में उत्तरदायित्व की भावना का अभाव होता है वे माता-पिता अपने बच्चों का उचित पालन-पोषण नहीं कर पाते हैं। इस संबंध में स्कॉट (Scott) ने लिखा है, "बहुत-सी घटनाओं में स्वयं माँ वेश्या होती है, पिता दलाल और संचालक होता है और वे बिना किसी हिचक के अपनी कन्या को सड़कों पर भेज देते हैं, अक्सर यौन-संबंध के लिए स्वयं प्रेरित करते हैं।" **(In many cases, the mother is the prostitute herself, the father is a pimp and they send their daughter on the streets without the slightest compunction, often themselves initiating her is sexual intercourse.")**

जैविकीय कारक

वेश्यावृत्ति का पहला कारक या कारण जैविकीय कारक (Biological Factor) कहा जा सकता है। यहाँ यह स्पष्ट कर देना आवश्यक प्रतीत होता है कि जैविकीय कारक से यह तात्पर्य नहीं है कि वेश्यावृत्ति के तत्त्व वंशानुगत रूप में पाए जाते हैं। बल्कि इसका तात्पर्य यह है कि कुछ जैविकीय दशाएँ ऐसी होती हैं जो वेश्यावृत्ति को बढ़ावा देने में सहायक होती हैं। वे जैविकीय दशाएँ जो वेश्यावृत्ति को बढ़ावा देने में सहायक सिद्ध होती हैं, निम्नलिखित हैं–

1. यौन-क्षुधा की अतृप्ति–यौन-क्षुधा की अतृप्ति भी वेश्यावृत्ति को बढ़ावा देने में महत्त्वपूर्ण योगदान देते हैं। कुछ स्त्रियों में यौन-इच्छा अति प्रबल होती है। इसका परिणाम यह होता है कि अनेक पुरुषों के साथ यौन-संबंध स्थापित किए बिना उनकी इच्छा की तृप्ति नहीं होती है। इस इच्छा की पूर्ति वेश्या बनने पर ही संभव होता है। एस.डी. पुणेकर (S.D. Punekar) ने भी यौन-क्षुधा की अतृप्ति को वेश्यावृति का कारण माना है।

2. वंशानुगत–वंशानुगत कारणों से भी बहुत-सी स्त्रियाँ वेश्यावृत्ति के पेशा को अपनाती हैं। विभिन्न सर्वेक्षणों से यह पता चलता है कि अधिकांश वेश्याएँ उन परिवारों से आती हैं जिनके माता-पिता इस व्यवसाय में संलग्न होते हैं। यहाँ यह लिखना भी अनुचित नहीं प्रतीत होता है कि कुछ माता-पिता भी अपनी पुत्री को इस व्यवसाय को अपनाने के लिए प्रेरित करते हैं। स्कॉट (Scott) ने भी इस विचार का समर्थन किया है और लिखा है, "In many cases, the mother is the Prostitute herself, the father is a pimp and they send their daughter on the streets without the slightest compunction, often themselves initiating her is sexual intercourse." सामान्यतः यह देखा जाता है कि वेश्या की पुत्री भी वेश्या ही होती है। इसके लिए अन्य कारणों के साथ-साथ आनुवाशिक कारण भी जिम्मेदार होते हैं। एस.डी. पुणेकर (S.D. Punekar) ने भी मुम्बई की वेश्याओं का अध्ययन कर आनुवंशिक कारणों (Factors of Heridity) को वेश्यावृत्ति का एक प्रमुख कारक बताया।

3. यौन-संबंधों में विचित्रता की इच्छा–कुछ स्त्रियाँ इस पेशा को इसलिए भी अपनाती हैं क्योंकि उनका मन एक पुरुष से नहीं भरता है। वे स्वाद बदल-बदलकर यौन-क्षुधा की तृप्ति करना चाहती हैं। ठीक यही बात पुरुषों पर भी लागू होती है। वे इसलिए वेश्यागमन करते हैं जिससे स्वाद बदलकर यौन-सुख का आनन्द ले सकें क्योंकि उनका मन एक स्त्री से नहीं भरता है। स्त्रियों एवं पुरुषों

की इस विचित्र मानसिकता या इच्छा के कारण भी वेश्यावृत्ति पनपती है। विवाहित पुरुष वेश्याओं के पास क्यों जाते हैं, इस संबंध में एक लेखक ने लिखा है, "वेश्यावृत्ति भिन्नता, असामान्य यौन-इच्छा, रहस्यमय और भड़काने वाले वातावरण की इच्छा, व चिंताओं से मुक्त संबंधों की इच्छा की पूर्ति करती है।" ("Prostitution satisfies the craving for variety for preserve gratification, for myseterious and provocative surroundings, for intercourse free from entangling carves and civilized presence.")

4. समलिंगीय यौन-संबंधों की इच्छा—बहुत-सी स्त्रियों में समलिंगीय यौन-संबंध स्थापित करने की तीव्र इच्छा होती है। ऐसी स्त्रियाँ अपने से विपरीत लिंग से संतुष्ट नहीं होती हैं। फलतः वे वेश्यावृत्ति को अपना लेती हैं। वेश्यालयों में समलिंगीय यौन-संबंध स्थापित करने के काफी अवसर मिलते हैं। इससे वेश्याएँ अपनी यौन-इच्छाओं की सन्तुष्टि करती हैं।

5. पति का नपुंसक होना—कुछ स्त्रियाँ पति के नपुंसक होने के कारण पति से अपनी यौन कामवासना की सन्तुष्टि नहीं कर पाती हैं और वे वेश्यावृत्ति को अपना लेती हैं। इस प्रकार पति का नपुंसक होना भी वेश्यावृत्ति का एक कारण कहा जा सकता है।

मनोवैज्ञानिक कारक

वेश्यावृत्ति को बढ़ावा देने में मनोवैज्ञानिक कारक भी योगदान देते हैं। मनोवैज्ञानिक कारकों में निम्नलिखित कारणों से वेश्यावृत्ति को बढ़ावा मिलता है—

1. मद्यपान वेश्यावृत्ति—मद्यपान से नशा होता है और नशे की हालत में कोई भी अपना होश खो बैठता है। अनेक लड़कियाँ मद्यपान करके पुरुष-संसर्ग करती हैं और बाद में इसी पेशे में उत्तर जाती हैं। इस प्रकार यह पता चलता है कि मद्यपान के कारण भी वेश्यावृत्ति पनपती है।

2. अज्ञानता—अधिकांश लड़कियाँ अज्ञानता के कारण भी इस पेशे में आ जाती हैं। बहुत-से दलाल ऐसे होते हैं जो लड़कियों को नौकरियों के लिए लुभावने विज्ञापन देकर अक्सर लड़कियों को लुभाते हैं। अज्ञानता के कारण बहुत-सी लड़कियाँ इस चक्कर में पड़कर अपना अस्मत गवाँ बैठती हैं तथा कोई चारा नहीं रहने पर वेश्यावृत्ति के पेशा को अपना लेती हैं।

3. क्षतिपूर्ति—बहुत-सी लड़कियाँ परिवार में स्नेह की कमी के कारण कमसिन उम्र में ही इस धंधे में चली जाती हैं। ऐसी लड़कियों के मन में अपने

माता-पिता के साथ मानसिक रूप से बदला लेना चाहती है। फलतः वे पूर्णरूपेण वेश्यावृत्ति के पेशा को ही अपना लेती हैं।

4. इमिटेशन—कभी-कभी ऐसा होता है कि बिना कठोर परिश्रम के वेश्याओं का सुखी जीवन व्यतीत करते देख अन्य लड़कियों के अंदर भी आरामदायक जीवन व्यतीत करने की इच्छा जागृत हो जाती है। इस तरह आरामदायक जीवन व्यतीत करने की इच्छा के कारण भी कुछ लड़कियाँ इस पेशे मे आ जाती हैं। साथ ही कुछ परिस्थितियों में वेश्याएँ भी अन्य लड़कियों को इस पेशा में आने का सुझाव देती हैं। इस सन्दर्भ में रेकलेस (Reckless) ने लिखा है, "...that the actual idea of entering this career in most cases came from other girls who were already in it." इस प्रकार यह स्पष्ट होता है कि Imitation भी वेश्यावृत्ति के पनपने एवं बढ़ने का एक कारण है।

5. स्त्रियों की बुद्धिहीनता—कुछ स्त्रियाँ कम बुद्धि की होती हैं। फलस्वरूप वे दूसरों के बहकावे में आसानी से आ जाती हैं। शुरूआत में कोई व्यक्ति लड़कियों तथा स्त्रियों को विभिन्न तरह का प्रलोभन देकर परिवार से भाग जाने के लिए प्रोत्साहित करता है और जब वे उनके बहकावे मे आकार परिवार से भाग जाती हैं तो उनके लिए परिवार में फिर वापस लौटना संभव नहीं हो पाता है। क्योंकि वे समझने लगती हैं कि अब उनका परिवार उन्हें स्वीकार नहीं करेगा। ऐसी परिस्थिति में उन्हें उन लोगों के इशारे पर नाचना पड़ता है जिन्होंने उन्हें घर छोड़ने के लिए प्रेरित किया था। ये भगाने वाले व्यक्ति स्त्रियों या लड़कियों को अवैध यौन-संबंध स्थापित करने के लिए बाध्य कर देते हैं। इलियट एवं मेरिल (Elliott and Merrill) ने इस संबंध में लिखा है, "A girl who is in conflict over a previous illicit sex experience may easily become demoralised and drift into prostitution." इसका मतलब यह है कि लड़कियाँ या स्त्रियाँ यह महसूस करने लगती हैं कि जब एक बार अनैतिक यौन-संबंध स्थापित कर लिया तब उनके पास शेष बचा ही क्या है जिसकी वे रक्षा करें। फलतः वे वेश्यावृत्ति के पेशा को अपना लेती हैं। इस तरह यह पता चलता है कि बुद्धिहीनता के कारण भी वेश्यावृत्ति पनपती एवं बढ़ती है।

6. संवेगात्मक अस्थिरता—यह वेश्यावृत्ति का प्रमुख कारण है। मनोविश्लेषणात्मक सिद्धान्त के अनुसार वेश्यावृत्ति का कारण उद्वेगों की अस्थिरता है। इस सिद्धान्त के अनुसार जिस व्यक्ति में जितनी उद्वेगात्मक अस्थिरता होती है। उसके वेश्या बनने की सम्भावना अधिक रहती है। ऐसे लोगों के विचार स्थिर नहीं रह पाते हैं एवं नैतिकता एवं अनैतिकता के बीच हमेशा संघर्ष चलता रहता है।

7. स्वभाव—बहुत-सी लड़कियों एवं स्त्रियों का स्वभाव ऐसा होता है कि वे अत्यधिक बेचैनी, आत्मविश्वास की कमी, चिड़चिड़ापन एवं अत्यधिक अंतर्मुखी आदि की समस्या से ग्रसित रहती हैं। इन स्वभावों के कारण वेश्यावृत्ति पनपने की सम्भावना अधिक रहती है। इस प्रकार स्वभाव भी वेश्यावृत्ति पनपने का एक कारण कहा जा सकता है।

आर्थिक कारण

आर्थिक कारणों एक दशाओं के कारण भी वेश्यावृत्ति पनपती है। आर्थिक कारणों एवं दशाओं के अंतर्गत जो कारण वेश्यावृत्ति पनपाने के लिए कारक हैं वे निम्नलिखित हैं—

1. निर्धनता—अनेक लड़कियाँ आर्थिक अभाव या निर्धनता के कारण इस पेशा को अपनाती हैं। विभिन्न सर्वेक्षण अध्ययनों से यह पता चलता है कि निर्धनता के कारण वेश्यावृत्ति पनपती है। डॉ. पुणेकर (Dr. Punekar) ने वेश्याओं पर किए गए अपने सर्वेक्षण में पाया कि 30.5% वेश्याओं के लिए निर्धनता एवं महत्त्वपूर्ण कारण है और 9.3% वेश्याओं के लिए सहायक कारण है। साथ ही Report of the Committee on Social Moral Hygiene के अनुसार 55.4% वेश्याएँ निर्धनता के कारण ही इस पेशा से जुड़ी हैं। दोनों अध्ययनों के प्रतिशत में अंतर समस्याओं को उत्पन्न करती है। वेश्यावृत्ति भी इसका अपवाद नहीं है। इस संबंध में आर.ई.एल. फेरिस (R.E.L. Fairs) ने भी अपनी पुस्तक 'Social Disorganization' में निर्धनता को वेश्यावृत्ति का एक प्रमुख कारक बताया है और लिखा है, "Many writers on the subject of prostitution have assumed that economic need was the basic factor in women's bartering sex for a price."

2. क्षुधा—क्षुधा की तृप्ति के लिए भी वेश्यावृत्ति की जाती है। जब पेट की ज्वाला बर्दाश्त नहीं होती है तो इसकी शान्ति के लिए भी वेश्यावृत्ति को अपनाया जाता है। संस्कृत का एक श्लोक है 'विभूक्षितः किम् न करोति पापम्' अर्थात् भूखा पेट कोई भी पाप करने के लिए तैयार हो जाता है। अतः भूख की ज्वाला शान्त करने के लिए स्त्रियों का अनैतिक यौन-व्यापार करना अस्वाभाविक नहीं प्रतीत होता है। इस संबंध में लोंड्रस (Londers) ने भी लिखा है, "भूख वेश्यावृत्ति का आधार है।" ("The foundation of prostitation is hunger.") इस संबंध में मद्रास निगरानी आयोग ने भी लिखा है, "अधिकांश रूप से वेश्यावृत्ति का व्यवसाय जीविकोपार्जन के लिए किया जाता है।" ("The profession of prostitution is carried in most cases for sake of livelihood.") स्त्रियाँ शारीरिक रूप से कमजोर होती हैं और कठिन कार्य करने में असमर्थ होती हैं। इस हालत में वे अपना शरीर बेचकर क्षुधा की तृप्ति करने के लिए मजबूर हो जाती हैं। अगर पेट की क्षुधा नहीं होती तो शायद इतनी स्त्रियाँ इस पेशे में नहीं आतीं। इस तरह यह स्पष्ट होता है कि क्षुधा की तृप्ति के लिए स्त्रियाँ इस पेशे को अपनाती हैं।

3. अत्यधिक आवश्यकताएँ—बहुत-सी स्त्रियों की अत्यधिक आवश्यकताएँ होती हैं। आवश्यकताओं को तीन रूपों में देखा जा सकता है। इनमें पहला आवश्यक आवश्यकता है, दूसरा आरामदेह आवश्यकता है तथा तीसरा विलासी आवश्यकता है। आवश्यकताएँ अनन्त होती हैं। कोई भी व्यक्ति चाहकर भी आवश्यकताओं की पूर्ति नहीं कर पाता है। जब आराम संबंधी एवं विलासी आवश्यकता अधिक बढ़ जाती है तो इसकी आर्थिक पूर्ति के लिए लड़कियाँ वेश्यावृत्ति को अपना लेती हैं। इस तरह यह पता चलता है कि अत्यधिक आवश्यकताएँ भी वेश्यावृत्ति का एक कारण है।

4. नौकरी की दशाएँ—सामान्यतः ऐसी नौकरियाँ मिलती हैं जहाँ काम करने का समय अधिक और पैसे कम दिये जाते हैं। फलतः सभी आवश्यकताओं की पूर्ति नहीं हो पाती और इसकी पूर्ति के लिए वेश्यावृत्ति का सहारा लेना पड़ता है। साथ ही यदि घरेलू नौकरानी का काम कर रही है तो मालिक के ठाट-बाट देखकर इनके मन में हीन भावना एवं कुण्ठा उत्पन्न होती है जो वेश्यावृत्ति के लिए प्रेरित करती है। इस प्रकार यह पता चलता है कि नौकरी की दशाएँ भी वेश्यावृत्ति का एक कारण है।

5. अपकर्ष—किसी भी व्यक्ति का समय हमेशा एक-सा नहीं होता है। उसके आर्थिक व्यवस्था में अपकर्ष का भी समय आता है। जब अपकर्ष के कारण स्थिति बदतर हो जाती है तो अर्थव्यवस्था में सुधार के लिए वेश्यावृत्ति एक आसान तरीका माँगता है और इसे अपना लिया जाता है। इस प्रकार यह पता चलता है कि अपकर्ष के कारण भी वेश्यावृत्ति पनपती है।

उपर्युक्त आर्थिक कारणों के अवलोकन से पता चलता है कि आर्थिक कारण वेश्यावृत्ति के पनपने में महत्त्वपूर्ण भूमिका अदा करती है। वेश्यावृत्ति के आर्थिक कारणों का जिक्र करते हुए बोंगर (Bonger) ने भी 'Criminality and Economic Conditions' में लिखा है, "उन लड़कियों के लिए जो अपना व्यवसाय वेश्यावृत्ति बनाती हैं आर्थिक कारणों के साथ-साथ अनैतिक वातावरण और बहुत ही कम आयु में नौकरी और रोजगार आदि कम उत्तरदायी नहीं होते।

अधिकांश वेश्याएँ निर्धन और निम्न परिवारों की होती हैं। इस श्रेणी के माता-पिता अपनी वयस्क हो रही पुत्रियों की देखभाल गरीबी के कारण नहीं कर पाते। घर में कम जगह होने के कारण बड़े-बड़े लड़के-लड़कियों को अपने माता-पिता और घरवालों के साथ एक ही कमरे में सोना पड़ता है जिससे उनमें अनैतिकता की सम्भावना बढ़ जाती है। कम आयु में रोजगार मिल जाने पर ऐसे वातावरण में पड़ जाती हैं जहाँ वे स्वयं कुछ निश्चय नहीं कर पातीं। बहुत बार लड़कियों को जबरदस्ती आदमियों के साथ काम करना पड़ता है जो उनको कुछ ऐसी बातें बता देते हैं जिसका उन बालिकाओं के कोमल मस्तिष्क और हृदय पर बहुत ही बुरा प्रभाव पड़ता है। गरीबी, चाहे वह बहुत अधिक हो या कम, स्त्रियों के व्यवहार पर अपना प्रभाव डालती है। अत्यधिक गरीबी में जीवन-यापन के लिए और कम गरीबी में कुछ आराम की वस्तुओं के लिए युवतियाँ वेश्यावृत्ति करने लगती हैं।" इस प्रकार यह पता चलता है कि आर्थिक कारक वेश्यावृत्ति के लिए जिम्मेदार है। इस संबंध में League of Nations, Advisory Committee ने कहा है, "गरीबी, कम स्थान और भीड़ तथा कम आय कुछ ऐसे कारण हैं जिनके कारण औरतें वेश्यावृत्ति करती हैं।"

सामाजिक कारण

वेश्यावृत्ति का एक कारण सामाजिक कारक एवं दशाएँ हैं। अर्थात् विभिन्न सामाजिक कारणों से वेश्यावृत्ति पनपती है। जिन कारणों (सामाजिक) से वेश्यावृत्ति पनपती है वे निम्नलिखित हैं–

1. सामाजिक रीतियाँ एवं परम्पराएँ–समाज में प्रचलित विभिन्न रीतियाँ एवं परम्पराएँ वेश्यावृत्ति को प्रश्रय प्रदान करती हैं। Committee on Social and Moral Hygiene ने अपने अन्वेषण में पाया कि कुछ वेश्यालयों में ऐसी वेश्याएँ हैं जो सामाजिक रीतियों एवं समाजशास्त्रीय दशाओं की शिकार हैं। ये औरतें गरीब किन्तु सम्मानित परिवारों से आई थीं। ऐसी औरतों को कमेटी ने चार भागों में बाँटा है।

2. बाल-विवाह–बाल-विवाह के कारण भी वेश्यावृत्ति पनपती है। क्योंकि बाल-विवाह के कारण लड़कियाँ कम उम्र में ही विधवा हो जाती हैं। अनुमति नहीं देता और समाज विधवा-विवाह है। फलतः अनैतिक यौन-संबंध स्थापित होने की सम्भावना बढ़ जाती है और अक्सर यह वेश्यावृत्ति के रूप में बदल जाती है।

3. दहेज-प्रथा–आज के समाज मे दहेज-प्रथा एक गम्भीर सामाजिक समस्या के रूप में विद्यमान है। इस प्रथा के कारण बहुत-सी लड़कियों की शादी

उचित समय पर नहीं हो पाती है। इसके कारण वे अपनी कामेच्छाओं पर नियंत्रण नहीं रख पाती हैं और उनका दूसरे व्यक्तियों से अनैतिक संबंध स्थापित हो जाता है और एक बार अनैतिक संबंध स्थापित हो जाने के बाद वे इस दलदल में फँसती चली जाती हैं और अंततः उन्हें वेश्यावृत्ति अपनानी पड़ती है। इस प्रकार दहेज-प्रथा भी वेश्यावृत्ति के पनपने का एक कारण कहा जा सकता है।

4. विधवा-विवाह पर प्रतिबन्ध—बहुत-सी लड़कियाँ कम उम्र में ही विधवा हो जाती हैं। समाज में विधवा-विवाह काम-वासना की तृप्ति के लिए अनिवार्य है। विधवाएँ अपनी काम-वासनाओं की सन्तुष्टि तथा आर्थिक हितों की पूर्ति के लिए वेश्यावृत्ति को अपना लेती हैं। विधवाएँ आर्थिक रूप से भी असहाय होती हैं। वेश्यावृत्ति के माध्यम से वे अपनी दोनों आवश्यकताओं की पूर्ति कर लेती हैं। इस प्रकार विधवा-विवाह पर प्रतिबन्ध का होना भी वेश्यावृत्ति पनपने का एक कारण कहा जा सकता है।

5. पति-पत्नी के बीच विवाह-विच्छेद का होना—पति-पत्नी के बीच सामंजस्य स्थापित नहीं रहने के कारण विवाह-विच्छेद हो जाता है। स्त्रियों के लिए कभी-कभी इस कारण से आर्थिक समस्या उत्पन्न हो जाती है और इसकी पूर्ति के लिए वे वेश्यावृत्ति को अपना लेती हैं।

6. बहुपत्नी-विवाह प्रथा का प्रचलन—भारत में बहुत-से समाजों में बहुपत्नी-विवाह का प्रचलन है। इस प्रथा के प्रचलन के कारण परिवार का आकार बढ़ता है। पत्नियों के साथ-साथ बच्चे भी अधिक हो जाते हैं। यदि पति की मृत्यु असमय हो जाए तो पत्नियों के लिए अपने भरण-पोषण के लिए वेश्यावृत्ति अपनाने के अलावा और कोई सुगम मार्ग नहीं दिखता है। इस प्रकार यह कहा जा सकता है कि बहुपत्नी-विवाह प्रथा के प्रचलन के कारण भी वेश्यावृत्ति पनपती है।

7. पुत्र एवं पुत्रियों के बीच भेदभाव—अक्सर परिवारों में पुत्रों को अधिक लाड़-प्यार एवं संरक्षण दिया जाता है जबकि पुत्रियों की अपेक्षाकृत कम स्नेह एवं संरक्षण मिलता है। इसका पुत्रियों के मन-मस्तिष्क पर बुरा असर पड़ता है। वे अपने-आपको उपेक्षित एवं तिरस्कृत महसूस करती हैं। कभी-कभी वे अपनी उपेक्षा एवं तिरस्कार का अपने माता-पिता से बदला पूरा करने के लिए वेश्यावृत्ति का मार्ग चुन लेती हैं। इस प्रकार पुत्र एवं पुत्रियों के बीच भेदभाव रखने के कारण वेश्यावृत्ति पनपती है।

8. कुलीन विवाह का प्रचलन—बंगाल में यह प्रथा प्रचलित है। इस प्रथा के अनुसार जो व्यक्ति जितनी ही अधिक शादी करेगा वह उतना ही कुलीन

(उच्च) माना जाएगा। इस प्रथा के कारण मृत्यु-पर्यन्त व्यक्ति शादी करता रहता है। पति की मृत्यु के बाद उनकी विधवाओं को बनारस में काशी विश्वनाथ के मन्दिर में अर्पित कर दिया जाता है। परिणाम यह होता है कि इन स्त्रियों को वेश्यावृत्ति का सहारा लेना पड़ता है। बनारस की अधिकांश वेश्याएँ कुलीन विवाह प्रथा की देन हैं। इस प्रकार कुलीन विवाह का प्रचलन भी वेश्यावृत्ति पनपने का एक कारण कहा जा सकता है।

9. परवर्दाह प्रथा का प्रचलन—इस प्रथा का प्रचलन हैदराबाद के मुस्लिम समुदाय के बीच पाई जाती है। इस प्रथा के कारण गरीब एवं बड़े परिवारों के संरक्षक अपने बच्चों को नवाबों के यहाँ रख देते हैं। इसके पीछे उनका तर्क यह होता है कि कम-से-कम धनी व्यक्ति उनके बच्चे को जिन्दा तो रख सकते हैं। सामाजिक और नैतिक स्वास्थ्य समिति ने अपनी रिपोर्ट में बताया कि केवल हैदराबाद एवं सिकन्दराबाद में 23,000 बच्चे इस कुप्रथा के शिकार हैं जिनमें एक तिहाई लड़कियाँ हैं। लड़कियाँ जैसे ही यौवनावस्था को प्राप्त होती हैं, परिवार के सदस्यों की यौन-आवश्यकताओं की पूर्ति करती हैं।

10. लड़कियों के उत्तराधिकार का अभाव—उत्तराधिकार के अभाव के कारण लड़कियाँ अपने-आपको असहाय एवं असुरक्षित महसूस करती हैं। अतः वे वेश्यावृत्ति को अपनाकर अधिक सुरक्षित एवं स्वावलम्बी बनना चाहती हैं। इस प्रकार यह पता चलता है कि लड़कियों के उत्तराधिकार के अभाव के कारण भी वेश्यावृत्ति पनपती है।

वेश्यावृत्ति के उपर्युक्त सामाजिक कारणों के अलावा कुछ अन्य सामाजिक कारणों से भी वेश्यावृत्ति पनपती है जो निम्नलिखित हैं—

(i) पति की असमय मृत्यु तथा (ii) सास-ससुर एवं पति की क्रूरता।

इन कारणों के अतिरिक्त सामाजिक एवं नैतिक स्वास्थ्य समिति ने वेश्यावृत्ति के निम्नलिखित सामाजिक कारण बताए है—

(i) औद्योगीकरण एवं गन्दी बस्तियों का विकास, (ii) बुरी एवं अपर्याप्त प्रकाश-व्यवस्था, (iii) आर्थिक कठोरता, (iv) गन्दी और अपर्याप्त गृह-व्यवस्था, (v) असुखी परिवार और व्यक्तित्व का संघर्ष, (vi) संयुक्त परिवार व्यवस्था का विघटन, (vii) वैवाहिक और सामाजिक असामंजस्य तथा (viii) परिस्थितियों से बाध्य होकर व्यक्तियों की परिवार से अलग रहने की एकाग्रता। इस प्रकार यह पता चलता है कि वेश्यावृत्ति के पनपने एवं बढ़ावा देने में अनेक सामाजिक कारकों का योगदान है।

परम्परात्मक एवं धार्मिक कारण

वेश्यावृत्ति के पनपने एवं बढ़ने का एक कारण परम्परात्मक एवं धार्मिक दशाएँ कही जा सकती हैं। अर्थात् विभिन्न धार्मिक एवं परम्परात्मक दशाओं के कारण भी वेश्यावृत्ति पनपती है। जिन धार्मिक एवं परम्परागत दशाओं के कारण वेश्यावृत्ति पनपती हैं वे निम्नलिखित हैं–

1. देवदासी प्रथा का प्रचलन–भारत के विभिन्न भागों में देवदासी प्रथा का प्रचलन पाया जाता है। वे भगवान की मूर्तियों के सामने नाचती हैं और रात्रि को पुजारियों के साथ यौन-संबंध स्थापित करती हैं। जिन स्त्रियों को बच्चा पैदा नहीं होता है या पैदा होकर मर जाता है वे भगवान से जाकर मन्नत मांगती हैं कि यदि उन्हें लड़की पैदा हुई और जिन्दा रही तो वे उसे भगवान को अर्पित कर देंगी। साथ ही उन लड़कियों का नामकरण भी उस देवता के नाम पर ही होता है। इन लड़कियों के लिए विवाह करना निषिद्ध होता है और वे यौन-संबंधी आवश्यकताओं की पूर्ति पुजारियों से करती हैं। एस.डी. पुणेकर (S.D. Punekar) ने वेश्यावृत्ति के सर्वेक्षण रिपोर्ट में बताया कि सम्पूर्ण अध्ययन में देवदासी की मात्रा 32.29% थी। Report of the Committee on Social and Moral Hygiene ने भी वेश्यावृत्ति को बढ़ावा देने में देवदासी प्रथा को एक उत्तरदायी कारक घोषित किया है और लिखा है, "बम्बई के वेश्यालयों में उनकी संख्या अधिक है जो खानदेश, कर्नाटक तथा राज्य के अन्य भागों से सल्लामा, दुर्गा और मंगेश के मन्दिरों में अर्पित की गई थीं।" ("In the brothels of Bombay, however, we came across a fair number of devadasis dedicated to the temples of Xellamma, Durga and Mangesh from Karnataka, Khandesh and other parts of the State.") समिति का यह भी कहना था कि यह प्रथा अधिकांशतः गाँवों के हरिजनों में पायी जाती है। लड़कियाँ इस व्यवसाय में आने का विरोध करती हैं या नहीं, इस संबंध में कोई साक्ष्य नहीं है। कुछ देवदासियाँ जाति से ही होती हैं। ये देवदासियाँ इसलिए हैं कि क्योंकि उनकी पूर्वज देवदासी थीं। इनका काम नाचना, गाना और सेवा करना होता है लेकिन अपने यौन-संबंधी आवश्यकताओं की पूर्ति के लिए अपनाना इसकी मजबूरी होती है क्योंकि इनका विवाह-निषिद्ध होता है। कम उम्र में ही इन लड़कियों को वेश्यावृत्ति की शिक्षा दी जाती है। इसके लिए दो लड़कियों के बीच झूठ-मूठ का विवाह किया जाता है और ये पति-पत्नी के रूप में यौन-संबंधी शिक्षा ग्रहण करती हैं ताकि बड़ी होकर इस पेशा में निपुण हो सकें। कुछ स्त्रियाँ इसलिए भी वेश्या बन जाती हैं क्योंकि वे

वेश्यालय चलाने वाली से ऋण लिए हुए रहती हैं। ये ऋण धीरे-धीरे इतने अधिक हो जाते हैं कि मजबूरन उनको वेश्यावृत्ति का पेशा अपनाना पड़ता है। Committee on Social and Moral Hygiene ने यह भी पाया कि इस प्रकार वेश्याएँ अपनी कमाई का आधा हिस्सा चकला चलाने वाली को दे देती हैं तथा आधे हिस्से में चलती हैं। समिति के अनुसार इस प्रकार की वेश्याएँ मूर्ख एवं अनपढ़ होती हैं। जब इन वेश्याओं का स्वास्थ्य गिर जाता है तब वे गाँव लौट जाती हैं एवं वहाँ भी बीमारी फैलाती हैं।

2. नित्यमंगली प्रथा–ये राजा-महाराजाओं के महलों के आस-पास पाया जाता है। इस प्रकार की औरतें त्योहारों एवं विशेष अवसरों पर श्रोता-समूहों का मनोरंजन करती हैं और राज्य के राजकुमारों एवं सरदारों की प्रेमिका बनती हैं। इन्हें नित्यमंगली या कलावन्ती कहा जाता है। इनका समाज के ढाँचे में एक निश्चित स्थान रहता है : जिस परिवार के पुरुष इनके साथ अनैतिक यौन-संबंध स्थापित करते हैं उनके परिवार की स्त्रियाँ भी नित्यमंगलियों के साथ आनन्द मनाती हैं। ऐसा कहा जाता है कि अच्छे परिवार के पुरुष भी अपनी यौन-शिक्षा का प्रथम अनुभव इन्हीं से प्राप्त करते हैं। इनके वंशज अब भी पाए जाते हैं लेकिन समय में बदलाव एवं नए विचारों के उद्भव के कारण बहुत तेजी से यह वर्ग विलुप्त होता जा रहा है। इस संबंध में Report of the Committee on Social and Moral Hygiene ने भी लिखा है, "Another traditional group is to be found around the palaces of the Rajahs and Maharajahs– Women who were handed over to perform special services for the rules at the time of the festivals, entertain audience at court functions and become the paramours of Princes or Sardras in the State."

3. पण्डा एवं महन्त–भारतवर्ष में अनेक ऐसे आश्रम एवं केंद्र हैं जहाँ धर्म की आड़ में अनैतिक कार्य होते हैं। इन जगहों पर जो औरतें धर्म के लिए अपना जीवन न्योछावर कर देती हैं उनके साथ पण्डे, महन्त एवं अन्य आगन्तुक यौन-संबंध स्थापित करते हैं। ऐसा समिति ने अपने अध्ययन के दौरान पाया है।

कुछ अन्य कारण

वेश्यावृत्ति के उपर्युक्त कारकों के अलावा विविध कारकों की चर्चा की जा सकती है जिनके कारण वेश्यावृत्ति पनपती है। इन विविध कारणों के अंतर्गत निम्नलिखित कारणों से वेश्यावृत्ति पनपती एवं बढ़ती है–

1. सिनेमा–विविध कारकों के अंतर्गत सिनेमा प्रमुख कारण है जिससे वेश्यावृत्ति पनपती है। सिनेमा एक ऐसा व्यवसाय है जो स्त्रियों एवं पुरुषों को

अपनी ओर आकर्षित करता है। विभिन्न लड़कियाँ हीरोईन बनने के लिए घर से भाग जाती हैं। वे हीरोईन तो नहीं बन पातीं लेकिन दलालों के चक्कर में पड़कर अपना अस्मत गवाँ बैठती हैं एवं वेश्या बनने के अलावा उनके पास और कोई विकल्प नहीं बचता। फलतः वेश्यावृत्ति पनपती है। आधुनिक सिनेमा इतने अश्लील हो गए हैं कि उनका प्रभाव युवक एवं युवतियों के मन-मस्तिष्क पर नकारात्मक रूप में पड़ता है। बहुत परिस्थितियों में युवतियाँ अपनी कामेच्छाओं पर नियंत्रण नहीं रख पातीं एवं अनैतिक तरीके से यौन-संबंध स्थापित कर लेती हैं। और एक बार कदम आगे बढ़ने के बाद फिर पीछे लौटना नामुमकिन हो जाता है। फलतः सिनेमा के कारण भी वेश्यावृत्ति पनपती एवं बढ़ती है।

2. सह शिक्षा—विविध कारकों के अंतर्गत सह-शिक्षा वेश्यावृत्ति पनपने का एक प्रमुख कारण कहा जा सकता है। सामान्यतः ऐसा देखा जाता है कि सह-शिक्षा पा रहे युवक एवं युवतियाँ प्रेम एवं रोमांस के चक्कर में पड़कर अनैतिक यौन-संबंध स्थापित कर लेते हैं। ओर यदि लड़कियाँ गर्भवती हो जाती हैं तो उसे न तो लड़का अपनाता है और न ही उसका अपना परिवार। फिर उनके पास वेश्यावृत्ति के अलावा कोई मार्ग नहीं दिखता है। बाद में पछताने से कुछ नहीं होता है। यहाँ यह कहावत लागू होती है—'अब पछताए क्या होत है जब चिड़ियां चुग गई खेत' संभवतः यही कारण है कि स्वामी दयानन्द सरस्वती ने भी सह-शिक्षा को देश के लिए दुर्भाग्यपूर्ण बताया था।

3. फैशन—विविध कारकों के अंतर्गत फैशन वेश्यावृत्ति का एक मूल कारण कहा जा सकता है। आज नित नए फैशनों का प्रचलन होता जा रहा है। जो आज फैशन माना जाता है कल को वह आउट डेटेड हो जाता है। इस तीव्र गति से बदलते फैशन ने युवक एवं युवतियों को अपनी ओर आकर्षित किया है। इस फैशन की पूर्ति के लिए सभी लड़कियों के पास पर्याप्त रकम नहीं होती और वे फैशन में रहने के लिए अनैतिक यौन-संबंध का मार्ग अपना लेती हैं। इसके द्वारा वे फैशन भी करती हैं और यौन-संतुष्टि भी प्राप्त करती हैं। साथ ही लड़कियों के लिबास आज फैशन एवं पश्चिमीकरण के कारण इतने चुस्त एवं नग्न हो गए हैं कि उनका पूरा बदन कपड़े के अंदर से झाँकता है। जिसके कारण असामाजिक तत्त्व उनके यौवन पान करने की फिराक में लगे रहते है और यदि किसी प्रकार एक बार उनका मौका मिल जाता है तो उस लड़की के लिए फिर उसी पतन के मार्ग पर चलने के अलावा और कोई रास्ता नहीं बचता। इस प्रकार यह पता चलता है कि फैशन के कारण भी वेश्यावृत्ति पनपती है।

4. कम उम्र में लड़कियों द्वारा नौकरी कराना—विविध कारकों के अंतर्गत कम उम्र में लड़कियों द्वारा नौकरी करना वेश्यावृत्ति का एक मूल कारण कहा जा सकता है। नौकरी करने के दौरान उनका सम्पर्क अनेक व्यक्तियों से होता है। वहाँ गलत प्रवृत्ति के लोग भी होते हैं। चूँकि ये लड़कियाँ मानसिक रूप से परिपक्व होती नहीं हैं इसलिए दुश्चरित्र लोगों के झाँसे में आ जाती हैं जो पहले तो इनका यौन-शोषण करते हैं और बाद में वेश्यालयों तक पहुँचाते हैं। अनेक अध्ययनों से यह प्रमाणित हो चुका है कि कम उम्र में लड़कियों द्वारा नौकरी करना भी वेश्यावृत्ति का एक कारण है।

5. स्वार्थ पूर्ति—विविध कारकों के अंतर्गत अनेक व्यक्तियों के स्वार्थ वेश्यावृत्ति का एक मूल कारण कहा जा सकता है। आज वेश्यावृत्ति अनेक व्यक्तियों की रोजी-रोटी का जरिया है। फलतः जो दलाल लड़कियों को फँसाने के चक्कर में रहते हैं वे लड़कियों को पहले ऐसा सब्जबाग दिखाते हैं कि लड़कियाँ उनके चक्कर में फँसकर चकलाघरों तक पहुँच ही जाती हैं। इस प्रकार अनेक व्यक्तियों के स्वार्थ जुड़े होने के कारण भी वेश्यावृत्ति को पनपने एवं बढ़ने में सहायता मिलती है।

6. औद्योगीकरण एवं नगरीकरण—वेश्यावृत्ति का एक महत्त्वपूर्ण कारण औद्योगीकरण एवं नगरीकरण कहा जा सकता है। औद्योगीकरण एवं नगरीकरण के कारण वेश्यावृत्ति को बहुत बढ़ावा मिला है। क्योंकि नौकरी की खोज में गाँवों से औद्योगिक क्षेत्रों एवं नगरों की ओर लोगों का पलायन होता है। इसलिये औद्योगिक क्षेत्रों में आवास की समस्या उत्पन्न हो जाना स्वाभाविक है। भारत की जनगणनाओं से भी पता चलता है कि नगरों की जनसंख्या का घनत्व तेजी से बढ़ता चला जा रहा है। इसलिए इतनी बड़ी जनसंख्या के लिए आवास की कमी होती जा रही है। इस संबंध में शाही श्रम आयोग ने अपनी रिपोर्ट में लिखा है, "नगरों और औद्योगिक क्षेत्रों में भूमियों की कमी, भूमियों का ऊँचा मूल्य और श्रमिकों को अपने उद्योग के समीप रहने की आवश्यकता के कारण जनसंख्या का एकत्रीकरण हो गया है।" ("In the urban and industrial areas cramped sites, the high value of land and above all the necessity for worker to live in the vicinity of his work have all tended to intensify congestion and overcrowding.") इस प्रकार यह पता चलता है कि औद्योगिक क्षेत्रों में आवास की एक गंभीर समस्या होती है। फलतः एक ही कमरे में अनेक परिवार रहते हैं जिसके कारण अनैतिक यौन-संबंधों को बढ़ावा मिलता है। 1991

की जनगणना यह बताती है कि बम्बई में 89%, नागपुर, गोदिया एवं जबलपुर में 60% तथा अहमदाबाद में, 73%जनसंख्या एक ही कमरे में रहती है। जहाँ इतनी जनसंख्या एक ही कमरे में रहेगी वहाँ अनैतिक यौन-संबंध का पनपना स्वाभाविक ही है। आवास की समस्या के कारण औद्योगिक क्षेत्रों के श्रमिक अपने परिवारों को अपने साथ रखने में असमर्थ होते हैं। साथ ही उन्हें मेहनत भी अधिक करनी पड़ती हैं। वे शारीरिक एवं मानसिक रूप से थक जाते हैं और ऐसे में उन्हें स्त्री-संसर्ग की आवश्यकता पड़ती है। फलतः वे वेश्यागमन करते हैं। राधाकमल मुकर्जी ने 'India Working Class' में लिखा है, ''वास्तविक रूप से भारत के औद्योगिक केंद्रों की हजारों बस्तियों में मनुष्यत्व अनुपयोगी है, स्त्रीत्व श्रद्धा के अयोग्य है और कालकत्व जहरीला है।'' इनके विचारों से भी पता चलता है कि औद्योगिक क्षेत्रों में वेश्यावृत्ति का बाजार गर्म रहता है। इसका एक कारण यह भी है कि औद्योगिक क्षेत्रों में अक्सर अशिक्षित एवं नीची जाति के लोग निवास करते हैं। इनमें यौन नैतिकता का भाव भी कम पाया जाता है। फलतः वे यौन अनैतिकता को अपना लेते हैं। साथ ही जनगणनाओं एवं अध्ययनों से पता चलता है कि औद्योगिक क्षेत्रों में स्त्री-पुरुष के अनुपात में भी भिन्नता पाई जाती है और अध्ययन से ऐसा भी पता चला कि हुगली में प्रत्येक तीन नारी में एक वेश्या है। इस प्रकार यह पता चलता है कि औद्योगीकरण के कारण वेश्यावृत्ति पनपती है। इसका कारण औद्योगिक क्षेत्रों में आवास की समस्या, अनैतिकता, स्त्री-पुरुष के अनुपात में भिन्नता तथा अशिक्षित व्यक्तियों की अधिकता का होना है।

7. पुरुषों का उत्तरदायित्व—जब पुरुष वेश्यागमन करते हैं तभी तो वेश्यावृत्ति पनपती है। अगर पुरुष समाज एवं राष्ट्र के प्रति अपने को एक जिम्मेदार नागरिक समझ कर अपना दायित्व निभाते हुए वेश्यागमन न करें तो वेश्यावृत्ति की समस्या अपने-आप समाप्त हो जाएगी। इस संबंध में मोहिली (Mohili) ने लिखा है, ''इसके अनेक कारणों के विश्लेषण में हमें ध्यान देना होगा कि केवल नारी ही नहीं अपितु पुरुष भी उसी हद तक समान रूप से इस दोषमयी व्यवस्था के लिए उत्तरदायी हैं।'' ("It is frequently maintained that no approach can be made to the subject of Prostitution of woman without the man who come forward as the customers.") इस कथन से यह पता चलता है कि वेश्यावृत्ति को प्रश्रय एवं बढ़ाने में स्त्रियों के साथ-साथ पुरुषों का भी बहुत बड़ा योगदान है। स्त्रियाँ तो अधिकतर गरीबी या आर्थिक मजबूरी के कारण ही इस पेशा को अपनाती हैं लेकिन पुरुष तो सिर्फ

अपनी काम-वासना की सन्तुष्टि के लिए ही वेश्यागमन करते हैं। अतः स्त्री एवं पुरुष दोनों ही इस सामाजिक समस्या को जन्म देने में योगदान देते हैं। यह भी कहा जा सकता है कि इसके जड़ में पुरुष ही है। पुरुषों में वेश्यागमन करने के अनेक कारण होते हैं। इस संबंध में लेमर्ट (Lemert) ने मुख्यतः तीन कारणों की चर्चा की है जिसके कारण पुरुष वेश्यागमन करते हैं। ये कारण निम्नलिखित हैं–

1. बहुत-से व्यक्ति इस तरह की नौकरी करते हैं या परिस्थिति में रहते हैं जिनके कारण उन्हें अपनी यौन-सन्तुष्टि के लिए वेश्यावृत्ति का सहारा लेना पड़ता है। उदाहरणस्वरूप एक जगह से दूसरे जगह स्थानान्तरित होने वाले व्यक्ति, सिपाही, रिक्शा चालक, मजदूर, व्यापारी तथा एजेण्ट आदि।

2. बहुत-से व्यक्ति देखने में सुन्दर नहीं होते हैं। अर्थात् वे बदसूरत होते हैं। इस कारण उनका विवाह नहीं होता है या विवाह होने पर पारिवारिक सुख नहीं मिल पाता। फलतः वे अपनी कामेच्छाओं की पूर्ति के लिए वेश्यागमन करते हैं।

3. कुछ व्यक्ति उच्च वर्ग के एवं पैसे वाले होते हैं तथा इनकी प्रवृत्ति अधिक कामुक होती है। फलतः वे वेश्यागमन करते हैं।

लेमर्ट द्वारा बताए गए तीन कारणों के अतिरिक्त डॉ. रांगेय राघव ने 'सामाजिक विघटन' नामक अपनी पुस्तक में वेश्यागमन के दो कारण बताए हैं जो निम्नलिखित हैं–

1. कुछ पुरुषों की पत्नियाँ शारीरिक या मानसिक बीमारियों के कारण सहवास के अयोग्य होती हैं। अतः उनके पास यौन-क्षुधा की तृप्ति के लिए वेश्यावृत्ति के अलावा और कोई रास्ता नहीं बचता।

2. रांगेय राघव के अनुसार पुरुषों के वेश्यागमन का दूसरा कारण यह है कि वेश्याओं के दलाल या भड़ुए भी वेश्यागमन करते हैं क्योंकि वे तो इस व्यवसाय से सम्बन्धित होते ही हैं।

उपर्युक्त कारणों के अतिरिक्त भी वेश्यागमन के अनेक कारण हैं। वैवाहिक स्थिति के आधार पर वेश्यागमन करने वालों को तीन श्रेणियों में रखा जा सकता है। इनमें प्रथम श्रेणी अविवाहित व्यक्तियों का होता है। ऐसे व्यक्ति अपनी यौन-इच्छाओं की सन्तुष्टि के वेश्यागमन लिए करते हैं क्योंकि समाज में उनकी यौन-इच्छाओं की सन्तुष्टि संभव नहीं हो पाती। साथ ही समाज में स्त्री एवं पुरुष के लिए दोहरा मापदण्ड अपनाया गया है। स्त्रियों पर अनेक पाबन्दियाँ लगाई गई हैं जबकि पुरुषों पर कोई पाबन्दी नहीं है। अतः अविवाहित व्यक्ति वेश्यागमन का

सहारा लेते हैं। दूसरी श्रेणी विवाहित व्यक्तियों का होता है। इसका एक कारण असन्तुष्ट वैवाहिक संबंध कहा जा सकता है। कभी-कभी स्त्रियाँ यौन-संबंध स्थापित करने में उदासीनता का परिचय देती हैं। फलतः पुरुष वेश्यागमन का सहारा ले लेते हैं। कभी-कभी ऐसा भी होता है कि पति-पत्नी के आचार-विचार, स्वभाव एवं संस्कृति में अधिक भिन्नता पाई जाती है। उनका आपस में एक-दूसरे के साथ सामंजस्य न हो पाना। तनाव एवं संघर्ष की स्थिति पैदा कर देती है और पुरुष वेश्यागामी हो जाता है। कुछ व्यक्तियों का वैवाहिक जीवन अत्यन्त सुखमय होता है। फिर भी वे जायका बदलने के लिए वेश्यागमन करते हैं। तीसरी श्रेणी में विवाह-विच्छेद एवं विधुर व्यक्तियों को रखा जा सकता है। जिनका विवाह-विच्छेद हो जाता है वे अपनी काम-वासना की सन्तुष्टि के लिए वेश्यागमन करते हैं। साथ ही जो व्यक्ति असमय ही विधुर हो जाते हैं वे भी कामेच्छाओं की सन्तुष्टि के लिए वेश्यागमन करते हैं। इस प्रकार यह पता चलता है कि विभिन्न वैवाहिक स्थितियों के कारण भी पुरुष वेश्यागमन करते हैं जिससे वेश्यावृत्ति को बढ़ावा मिलता है। इसके अलावा अन्य बहुत से कारण हैं जिनके कारण पुरुष वेश्यागमन करते हैं। बहुत से व्यक्ति विवाह के बोझ से बचना चाहते हैं क्योंकि इसके बाद व्यक्ति के ऊपर अधिक भार पड़ जाता है। फलतः वे वेश्यागमन के सहारे ही जीवन व्यतीत करना सस्ता समझते हैं। कुछ व्यक्ति ऐसे भी होते हैं जो उत्सुकतावश वेश्यागमन करते हैं। बहुत से व्यक्ति रखैल आदि नहीं रख पाते क्योंकि उनकी आर्थिक स्थिति इसकी अनुमति नहीं देती है। इसीलिए वे वेश्यागमन करते हैं क्योंकि यह सस्ता पड़ता है। कुछ लोग इसलिए भी वेश्यागमन करते हैं क्योंकि इस पर किसी प्रकार का कानूनी बंधन नहीं है। बहुत-से व्यक्ति इसलिए भी वेश्यागमन का सहारा लेते हैं ताकि वे गर्भ आदि के झंझटों से मुक्त रहें। कुछ व्यक्ति विभिन्न प्रकार के नशे जैसे—मद्यपान आदि के कारण भी वेश्यागमन करते हैं।

उपर्युक्त विवरणों से पता चलता है कि पुरुषों के वेश्यागमन के भी अनेक कारण हैं। वेश्यागमन एवं वेश्यावृत्ति का आपस में संबंध है। बिना वेश्यागमन के वेश्यावृत्ति नहीं हो सकती।

वेश्यावृत्ति के कारणों की चर्चा करते हुए एस.डी. पुणेकर (S.d. Punekar) ने अपनी पुस्तक 'A Study of Prostitutes in Bombay' में वेश्यावृत्ति के 26 कारणों की चर्चा की है। उन्होंने वेश्यावृत्ति से सम्बन्धित सभी कारकों को छः समूहों में वर्गीकृत किया है। इसे अग्रलिखित तालिका द्वारा स्पष्ट किया जा सकता है—

Groups		*Factors*
Group-I	(i)	Death of parentes, guardian, husband and relatives.
Group-II	(i)	Poverty.
	(ii)	Destitution.
Group-III	(i)	Ill treatment by the parents, guardians, husband and relatives.
	(ii)	Disregard by parents, guardians, husband and relatives.
	(iii)	Unhappy family relation.
	(iv)	Unfaithfulness of husband.
	(v)	Desertion by the husband.
	(vi)	Unhappy marriage.
Group-IV	(i)	Neglects by parents, guardians, husband and relatives.
	(ii)	Introduction by parents, guardians, husband and relatives.
	(iii)	Bad Influence.
	(iv)	Desception.
	(v)	Kidnapping.
	(vi)	Environmental influence.
	(vii)	Traditional or Heredity.
Group-V	(i)	Sexual urge or sex curiosity.
	(ii)	Illicit sex relation.
	(iii)	Illegitimate pregnancy.
	(iv)	Rape.

Group-VI	(i)	Desire of easy life.
	(ii)	Love for adventure.
	(iii)	Hatred for marriage.
	(iv)	Ignorance.
	(v)	Low-moral values.
	(vi)	Desire for revenge.

वेश्यावृत्ति के उपर्युक्त सभी कारकों, कारणों, दशाओं एवं विभिन्न विद्वानों द्वारा प्रस्तुत कारणों के अवलोकनों से पता चलता है कि वेश्यावृत्ति किसी एक कारण या कारक की उपज नहीं है। विभिन्न परिस्थितियाँ एवं दशाएँ इसके लिए उत्तरदायी हैं। इसमें न केवल स्त्रियों का ही नहीं वरन् पुरुषों का भी योगदान है। यह कहना अनुचित नही होगा कि इस पुरुष प्रधान समाज में पुरुष ही इसके लिए अधिक जिम्मेदार है। इसके लिए व्यक्ति के साथ-साथ समाज भी जिम्मेदार है। वेश्यावृत्ति के लिए अमीरी एवं गरीबी की खाई भी जिम्मेदार है। इस प्रकार यह कहा जा सकता है कि विभिन्न कारणों से वेश्यावृत्ति की समस्या पनपती एवं बढ़ती जा रही है। विभिन्न लोगों की छत्रछाया में यह फलती-फूलती जा रही है। यह एक ऐसी सामाजिक समस्या है जो दिनों-दिन बढ़ती जा रही है। इसलिए यह आवश्यक है कि इसके सभी कारणों का पता लगाकर उसका उचित निदान किया जाए। यह कार्य जनता, स्वयंसेवी संस्था, सरकार, व्यक्ति (स्त्री एवं पुरुष दोनों) एवं समाज सभी के सहयोग से संभव हो पाएगा। इसलिए आवश्यकता इस बात की है कि दृढ़ इच्छाशक्ति एवं पूर्ण मनोयोग से इस समस्या का हल खोजा जाए। इसके लिए राजनीति के कर्णधारों को भी अपना रवैया बदलना होगा तथा प्रशासनिक सेवा में लगे लोगों को भी। अगर संकल्प के साथ इस समस्या का समाधान किया जाए तो अवश्य ही इसका कोई समाधान निकल आएगा।

वेश्यावृत्ति के कुप्रभाव

हमारा भौतिक विकास जिस अनुपात में हो रहा है उस अनुपात में हमारा नैतिक विकास नहीं हो रहा है। जब ये विवाह की संस्था उत्पन्न हुई और यौन अनैतिकता की निषेधता (Sex Taboo) उत्पन्न होने के बाद से अनैतिक यौन-संबंधों को प्रत्येक समाज में बुरा समझा जाने लगा। वेश्यावृत्ति एक ऐसा अनैतिक यौन-संबंध है जिसकी तुलना असभ्य स्तर की सभ्यता से किया जा सकता है।

दूसरे शब्दों में यह कहा जा सकता है कि वेश्यावृत्ति का प्रचलन सभ्य समाज के लोगों को असभ्य एवं बर्बर बना देता है। यह समस्या कम या अधिक मात्रा में प्रत्येक समाज में पाई जाती है। वेश्यावृत्ति की समस्या एक गंभीर समस्या होती है और यही कारण है कि इसकी तुलना कैंसर जैसी बीमारी अर्थात् असाध्य रोग से की जाती है। June, 1958 में 'Social Welfare Magazine, vol V, No.3' में वेश्यावृत्ति पर प्रकाशित एक लेख के अनुसार, "...like a cancer it is rooted deep in flesh and foncs of society over centuries..." इसका मतलब है कि वेश्यावृत्ति रूपी सामाजिक बीमारी सदियों से समाज में चली आ रही है। जो बीमारी जितनी पुरानी होती है उसका कुप्रभाव भी उतना ही गंभीर होता है। अतः हम कह सकते हैं कि वेश्यावृत्ति जैसी समया का नतीजा अत्यंत भयावह होता है। इसके प्रमुख कुप्रभाव अग्र हैं–

1. स्वास्थ्य संबंधी कुप्रभाव–वेश्यावृत्ति के कारण वेश्याओं के साथ संभोग करने वाले व्यक्ति भी विभिन्न तरह की बीमारियों के शिकार हो जाते हैं। वेश्याओं के पास जो ग्राहक आते हैं उनमें से किसी को सिफलिस (Syphils) तथा किसी को इनोरकिया (Enhorrkea) आदि बीमारियाँ रहती हैं। इन बीमारियों से ग्रसित रहने के कारण वेश्याएँ भी इन बीमारियों की शिकार हो जाती हैं। इनका नतीजा यह होता है कि जो भी व्यक्ति इन वेश्याओं से यौन-संबंध स्थापित करता है वह भी इन बीमारियों का शिकार हो जाता है। इस प्रकार यह पता चलता है कि वेश्यावृत्ति के कारण न केवल पुरुष बल्कि स्त्रियाँ भी विभिन्न यौन-संबंधी बीमारियों का शिकार हो जाती हैं। इसके साथ-साथ जब वेश्याओं के पास से ये पुरुष बीमारी लेकर अपने घर जाते हैं एवं अपनी पत्नियों से संभोग करते हैं तब उनकी पत्नियाँ भी इस बीमारी का शिकार हो जाती हैं। तदोपरांत में उनसे उत्पन्न संतान भी ऐसी बीमारियों से ग्रसित होती हैं। आज एड्स (Aids) एक भयानक बीमारी के रूप में समाज में व्याप्त है। इसके अनेक कारणों में से एक कारण वेश्याओं से संभोग करना है। जिस ग्राहक को एड्स रहता है वह वेश्याओं से संभोग के दौरान वेश्याओं को भी यह बीमारी दे जाते हैं और ये वेश्याएँ अपनी सभी ग्राहकों को ये बीमारियाँ दे जाती हैं। ऐसे व्यक्ति जब अपने घरों में जाकर अपने पत्नियों से संभोग करते हैं तब एड्स के कीटाणु उनके पत्नी के शरीर में प्रवेश कर जाते हैं जिससे होने वाला बच्चा भी प्रभावित होता है। इस प्रकार यह पता चलता है कि वेश्यावृत्ति के कारण अनेक यौन रोगों का प्रसार कई व्यक्तियों तक हो जाता है तथा स्वास्थ्य संबंधी समस्या उत्पन्न होती है। कभी-कभी यह

आने वाली पीढ़ी तक को भी प्रभावित करती है। इस प्रकार वेश्यावृत्ति का एक कुपरिणाम स्वास्थ्य सम्बन्धी कुपरिणाम कहा जा सकता है।

2. वैयक्तिक विघटन—जब व्यक्ति वेश्यागामी व्यक्ति के लिए नैतिकता का कोई मूल्य नहीं रह जाता है। समाज में वेश्यावृत्ति मुख्यतः इसी कारण है क्योंकि पुरुषों का संरक्षण इन्हें प्राप्त है। समाज पुरुषों की इस बुराई की ओर विशेष ध्यान नहीं देता है जबकि स्त्रियों की ओर समाज का ध्यान अधिक जाता है। समाज वेश्यावृत्ति के लिए केवल स्त्रियों को ही जिम्मेदार मानता है। यदि समाज इस व्यवसाय को जितना कुत्सित एवं घृणित स्त्रियों के लिए मानता है उतना ही पुरुषों के लिए भी मान ले तो समाज से यह बुराई ही समाप्त हो जाएगी। वेश्यावृत्ति के कारण वैयक्तिक विघटन होता है। समाज उन लोगों को हेय दृष्टि से देखता है जिनका इस व्यवसाय से संबंध होता है। जब समाज से इन्हें बहिष्कृत कर दिया जाता है तो विघटन प्रारम्भ हो जाता है। स्त्रियों को इस विघटन का सामना अधिक करना पड़ता है क्योंकि इसके सम्बन्ध में समाज दोहरे मापदण्ड अपनाता है। इस तरह का विघटन यकायक न आकर धीरे-धीरे आता है। यह कई स्तरों में धीरे-धीरे सामने आता है। इस सम्बन्ध में रेकलेस (Reckless) ने बताया है कि इस तरह के विघटन के दो स्तर होते हैं। इनमें पहले दोहरे व्यक्तित्व वाले व्यक्ति होते हैं तथा दूसरे नैतिक रूप से गिरे हुए व्यक्ति होते हैं। पहले समूह के व्यक्ति दोहरे व्यक्तित्व वाले होते हैं । वे दो तरह का जीवन व्यतीत करते हैं। मस्तिष्क के संघर्ष एवं शारीरिक कार्य के बोझ से उनकी कार्यक्षमता कम हो जाती है। दूसरे प्रकार में वे लोग आते हैं जिनका इस बुराई में पड़ते ही जीवन खराब होने लगता है। ऐसे व्यक्ति समाज की सीमाओं का बार-बार उल्लंघन करते हैं जिससे समाज की नजर में उनका मन सम्मान कम हो जाता है। इस कारण वह व्यक्ति चाहे स्त्री हो या पुरुष धीरे-धीरे समाज से बहिष्कृत हो जाता है। उदाहरणस्वरूप वेश्याओं एवं उसके दलालों के लिए यह बहुत कठिन हो जाता है कि वे अपने जीवन संगठन एवं इसके स्थायित्व को बदलें। जब व्यक्ति के बारे में समाज का रुख पूर्णतया बदल जाता है तब वह भी पूरी तरह बदल जाता है। इस प्रकार व्यक्ति का विघटन प्रारम्भ हो जाता है। इस प्रकार यह कहा जा सकता है कि वेश्यावृत्ति का एक कुप्रभाव वैयक्तिक विघटन के रूप में सामने आता है।

3. पारिवारिक विघटन—जब पुरुष वेश्याओं से संपर्क स्थापित करने का आदी हो जाता है तब इसकी जानकारी उसके पत्नी तथा लड़के-लड़कियों को भी हो जाती है। कोई भी पत्नी अपने पति का दुश्चरित्र होना पसन्द नहीं करती है।

ऐसी स्थिति में वह अपने पति को सही रास्ते पर लाने तथा परिवार को विघटन से बचाने का हर संभव कोशिश करती है। लेकिन वेश्यागमन का आदी हो चुका होता है अपने-आपको इससे अलग नहीं कर पाता है। फलतः पति-पत्नी में आपसी झगड़े, तनाव तथा कटु सम्बन्ध उत्पन्न हो जाते हैं और परिवार विघटन की ओर अग्रसर होता है। इस पारिवारिक विघटन के कारण परिवार की शांति भंग हो जाती है तथा स्नेह की जगह अलगाव की भावना पैदा हो जाती है जिसे वेश्यावृत्ति का अच्छा प्रभाव नहीं कहा जा सकता है बल्कि इसे वेश्यावृत्ति का बुरा प्रभाव या कुपरिणाम ही कहा जा सकता है। साथ ही जब बच्चे-बच्चियाँ अपने माता-पिता के वेश्यावृत्ति सम्बन्धी विचारों से परिचित होते हैं तब बहुत परिस्थितियों में वे भी इन बुराइयों का शिकार हो जाते हैं। इसका कारण यह है कि व्यक्तित्व के विकास में वातावरण की भूमिका को नजरअंदाज नहीं किया जा सकता। अर्थात् वातावरण का प्रभाव बच्चों पर पड़ता है। अतः भावी पीढ़ी भी इन बुराइयों का शिकार हो जाती हैं और बहुत-से बच्चे-बच्चियों का व्यक्तित्व विकसित होने से पहले ही कुंठाग्रस्त हो जाता है। इस सम्बन्ध में इलियट एवं मेरिल (Elliott and Merrill) ने अपनी पुस्तक 'Social Disorganization' में लिखा है, "वेश्यावृत्ति का पूरा फल उन लोगों को नहीं मिलता है जो वास्तव में वेश्यावृत्ति अथवा वेश्यागमन करते हैं। इसका आधा नतीजा तो उन लोगों को ही मिलता है जिनको इससे सम्बन्धित कोई रोग हो जाता है और आधा परिणाम वे निर्दोष उठाते हैं जिनका वेश्याओं से सीधा कोई सम्बन्ध नहीं होता। ये व्यक्ति होते हैं पति, पत्नी और बच्चे जिन पर उन बीमारियों का बड़ा भयानक प्रभाव पड़ता है।" इस प्रकार पति एवं पत्नी में संघर्ष हो जाता है जिसका परिणाम विवाह-विच्छेद के रूप में भी सामने आता है।

4. सामाजिक विघटन—वेश्यावृत्ति के कारण न केवल वैयक्तिक एवं पारिवारिक विघटन बल्कि सामाजिक विघटन भी होता है। इससे पूरे समाज के जीवन में बाधा उत्पन्न होती है। इसके दो रूप हैं व्यापारिक तथा स्वास्थ्य-सम्बन्धी। जब समाज में वेश्यावृत्ति की ओर ध्यान नहीं दिया जाता तब यह व्यापारिक रूप धारण कर लेती है। धीरे-धीरे इसका रूप व्यापक हो जाता है और यह पूरे समाज को दूषित कर देती है। इस तरह यह गंदगी समाज में विभिन्न तरह की समस्या उत्पन्न कर समाज को विघटित कर देती है। वेश्यावृत्ति के कारण कुछ यौन-बीमारियाँ भी समाज में फैलती हैं जिसके कारण विभिन्न सामाजिक समस्याओं का जन्म होता है। इस सम्बन्ध में इलियट एवं मेरिल (Elliott and Merrill) ने अपनी पुस्तक "Social Disorganization" में लिखा है, ये यौन-बीमारियाँ उपदंश,

रतिज प्रणाभ तथा सुजाक (Syphils, Chancroid, Gonorrhea) बहुत ही अधिक सामाजिक महत्त्व की हैं क्योंकि ये न केवल समाज में बड़े पैमाने पर महामारी (Epidemic) तथा घातक बीमारी फैलाती हैं वरन् ये बहुत-सी राजनीतिक समस्याओं की जनक भी हैं। इस प्रकार की बीमारियाँ पागलपन, अन्धेपन और पोलियो जैसे भयानक रोगों की जननी होती हैं। जिन लोगों को ये बीमारियाँ होती हैं वे और उनकी संतानें बहुत ही घातक अपराध करने या कराने में भी नहीं हिचकते। उपदंश (Syphlis) से पीड़ित लोगों के बच्चे अधिकांशतः अंधे होते हैं। जनेन्द्रियों की ये बीमारियाँ पश्चिमी देशों में जनस्वास्थ्य के लिए बहुत बड़ी समस्या बन रही हैं।'' इस प्रकार सामाजिक वातावरण को दूषित कर एवं समाज में विभिन्न समस्याओं को पनपाकर वेश्यावृत्ति अपना बुरा प्रभाव छोड़ती है। इस प्रकार यह कहा जा सकता है कि वेश्यावृत्ति के कारण सामाजिक विघटन होता है जो इसका एक कुप्रभाव है।

5. विभिन्न तरह के अपराधों को बढ़ावा देना—विभिन्न तरह के अपराधी मानसिक अशान्ति के समय अपने गम को भुलाने के लिए वेश्याओं के पास जाते हैं। इससे अन्य अपराधों को बढ़ावा मिलता है। साथ ही वेश्यालयों का विषाक्त वातावरण बाल-अपराधियों को भी उत्पन्न करने में योगदान देता है। ये बाल-अपराधी ही बाद में अपराधी बन जाते हैं। इस प्रकार यह पता चलता है कि वेश्यावृत्ति का एक कुप्रभाव अपराधों को बढ़ावा देना कहा जा सकता है।

6. आर्थिक संकट उत्पन्न करना—वेश्यावृत्ति के कारण आर्थिक संकट की स्थिति उत्पन्न होती है। वेश्यावृत्ति स्त्रियाँ इसलिए करती हैं, ताकि उन्हें आर्थिक लाभ मिल सके। यदि इस व्यवसाय के कारण कुछ स्त्रियों को आर्थिक संरक्षण प्राप्त होता है तो बहुत-से परिवार जिसके सदस्य वेश्यागामी होते हैं, आर्थिक विपन्नता के शिकार हो जाते हैं। इसका कारण यह है कि इनके आय का अधिकांश भाग वेश्याओं के पास चला जाता है।

उपर्युक्त विवरणों से पता चलता है कि वेश्यावृत्ति एक ऐसा सामाजिक रोग है जो समाज में विभिन्न तरह की समस्याएँ उत्पन्न कर रहा है। यह समाज पर विभिन्न रूपों में कुप्रभाव ही डालता है।

वेश्याओं का वर्गीकरण

वेश्यावृति का असितित्व कोई नवीन नहीं है, या यह कोई एक-दो शदी पूर्व की घटना नहीं है, बल्कि यह पुराने जमाने से ही समाज में विद्यमान है। अंतर

केवल इतना है कि आज इसका स्वरूप परिवर्तित हो गया है। प्राचीन काल में वेश्याओं का रूप नर्तकी, गायिका एवं दासी का होता था। आज भी कहीं-कहीं दासी प्रथा का रूप देखने को मिलता है और आधुनिक समाज वेश्यावृत्ति में एक व्यापार के रूप में अपना ली गई है। यह एक ऐसा व्यापार है जिसके माध्यम से अनेक लोगों का भरण-पोषण होता है। प्राचीन ग्रंथों से भी वेश्यावृत्ति के प्रमाण मिलते हैं। कामसूत्र के अनुसार वेश्या को तीन भागों में वर्गीकृत किया गया है। ये क्रमशः गणिका, रूपजीवी तथा सामान्य वेश्या हैं।

गणिका—प्राचीन समय में गणिकाएँ पाई जाती थीं। इन्हें समाज में एक विशिष्ट स्थान प्राप्त था। ऐसी गणिकाएँ सुंदर स्त्रियाँ होती थीं जिन्हें 64 कलाओं का ज्ञान होता था। इन गणिकाओं को राजाओं, कार्यकर्त्ताओं एवं कलाकारों आदि के द्वारा सम्मानित किया जाता था।

रूपजीवी—कामसूत्र के अनुसार दूसरी प्रकार की वेश्याएँ रूपजीवी कहलाती थीं। इनका रूप सुंदर होता था। ये आकर्षक होती थीं तथा इनका शरीर-सौष्ठव लावण्यमयी होता था। रूपजीवी को देखने मात्र से ही काम-वासना जागृत हो जाती थी।

सामान्य वेश्या—तीसरी प्रकार की वेश्याएँ सामान्य वेश्या कहलाती थीं। ये सुन्दर होती थीं तथा रुपयों के लिए हमेशा अपने शरीर को बेचने के लिए तैयार रहती थीं।

सामान्य रूप से भारतीय वेश्याओं को निम्नलिखित वर्गों में बाँटा जा सकता है—

(i) सामान्य वेश्याएँ—सामान्य वेश्याएँ उन वेश्याओं को कहा जाता है जो 14 से 16 वर्ष की या फिर 16 से 20 वर्ष की आयु-समूह की होती हैं। इन्हें पुरानी वेश्याओं द्वारा या इनमें सक्षिप्त व्यक्ति वेश्यावृत्ति करने के लिए बाध्य करते देते हैं। वेश्यालय चलाने वाले या चलाने वाली इन्हें सिर्फ भोजन, वस्त्र एवं आवास की सुविधा देती हैं और कमाई वे स्वयं रखते हैं। इनकी दशा अत्यन्त दयनीय होती है। मेहनत एवं शरीर का शोषण तो वे अपना करवाती है वे करती हैं, अपने शरीर का शोषण वे करवाती हैं और कमाई कोई दूसरा डकार जाता है। इनकी दयनीय दशा का वर्णन करते हुए डॉ. सी. बी. मेमोरिया ने पुस्तक 'Social Porblems and Social Disorganization in India' में लिखा है, "उनमें से अधिकांश को बहुत कम पैसा दिया जाता है, सामाजिक दृष्टि से निंदा की जाती है और मानसिक रूप से बीमार और मनोवैज्ञानिक दृष्टि से रोगग्रस्त। ये दोनों प्रकार की होती हैं, जहाँ सीधे भी पहुँचा जा सकता है और वेश्यालय चलाने वाले के माध्यम से भी।" ("They are mostly poorly paid, socially insulted, mentally ill and phychologically diseased. They are both directly approachable and indirectly through the procurers.") इस प्रकार यह पता चलता है कि सामान्य वेश्याओं की दशा अत्यन्त दयनीय होती है।

(ii) विकेंद्रीय वेश्याएँ—वेश्याओं का दूसरा प्रकार विकेंद्रीय वेश्याएँ हैं। विकेंद्रीय का अर्थ होता है एक जगह केन्द्रित न होकर अलग-अलग जगहों पर बिखरना। अर्थात् इस प्रकार की वेश्याएँ एक जगह केन्द्रित होकर अपना व्यवसाय नहीं करती हैं। इसका कारण यह है कि 'Suppression of Immoral Traffic Act' के पास हो जाने से हमेशा खतरा बना रहता है। इसलिए नगरों के अनेक भागों में वेश्याएँ स्वतंत्र रूप से अपना व्यवसाय करती हैं।

(iii) वंशानुगत वेश्याएँ—वेश्याओं का तीसरा प्रकार वंशानुगत वेश्याएँ हैं। इस प्रकार की वेश्याएँ मुगलकाल की देन हैं। ये वंशानुगत रूप में इस पेशा को अपनाए रहती हैं। ये वेश्याएँ अपनी लड़कियों को भी शुरू से ही इस धंधे की तालीम देती हैं। ऐसी वेश्याएँ नाचने-गाने की कला में पारंगत होती हैं। ये तुलनात्मक रूप में कुछ पढ़ी-लिखी होती हैं। विभिन्न राज्यों में इन्हें विभिन्न नामों से पुकारा जाता है। ये वेश्याएँ एक समय में एक ही आदमी से अपना यौन-सम्बंध स्थापित करती हैं। जब वह आदमी इन्हें छोड़ देता है तब ये दूसरे आदमी से यौन-सम्बन्ध स्थापित करती हैं।

(iv) होटल वेश्याएँ—वेश्याओं का चौथा प्रकार होटल वेश्याएँ कही जा सकती हैं। आधुनिक युग में इनकी संख्या में लगातार वृद्धि होती जा रही है। इस प्रकार की वेश्याएँ शिक्षित, सम्पन्न एवं उच्च वर्ग से आती हैं। इनका उद्देश्य आनन्द लेना एवं पैसे कमाना होता है। आज फैशन एवं साजो-शृंगार का भूत लड़कियों पर इतना अधिक सवार है कि वे इसकी पूर्ति करने हेतु वेश्यावृत्ति को अपना लेती हैं। होटल मालिकों के पास इनके निजी घरों का पता रहता है और वे ग्राहकों की आवश्यकतानुसार इन लड़कियों को बुला लेता है। इसमें कुछ कमीशन होटल मालिक का भी होता है और बाकी ये धंधा करने वाली लड़की रखती है। इन लड़कियों के ग्राहक देशी भी होते हैं और विदेशी भी होते हैं। इन्हें आवश्यकतानुसार सिनेमा, क्लब एवं अन्य स्थानों पर भी बुलाया जा सकता है। अक्सर इनकी कीमत ऊँची होती है। आधुनिक समाज में होटल वेश्याओं का प्रचलन बढ़ता जा रहा है।

(v) धार्मिक वेश्याएँ—वेश्याओं का पाँचवाँ प्रकार धार्मिक वेश्याएँ कही जा सकती हैं। धार्मिक वेश्याओं का प्रचलन पुराने समय में ही अधिक था। हालाँकि आज भी यह कहीं-कहीं विद्यमान है। धार्मिक वेश्याओं को देवदासी कहा जाता है। देवदासी को भिन्न-भिन्न राज्यों में भिन्न-भिन्न नामों से पुकारा जाता है। इस प्रथा

के अनुसार लड़कियों को मन्दिरों में देवता को समर्पित कर दिया जाता है। ये लड़कियाँ मन्दिरों में नाचती- गाती हैं और रात्रि को पंडे-पुजारियों की यौन तृप्ति पूरी करती हैं। इस प्रथा को धार्मिक मान्यता प्राप्त है। इस प्रकार धार्मिक रूप से वे लड़कियाँ वेश्याएँ बन जाती हैं। मारवाड़ में एक और प्रथा प्रचलित है जिसे भक्तिन (भक्त की पत्नी) कहा जाता है। भक्तिनों के लिए वेश्या बनने के पहले इनका झूठमूठ का विवाह होता है। फिर साधु और महन्त इनके साथ अनैतिक यौन-सम्बन्ध बनाकर इन्हें भक्तिम बनाते हैं। इस प्रकार यह पता चलता है कि धार्मिक रूप से भी वेश्याएँ बन जाती हैं।

(vi) परम्परात्मक वेश्याएँ—वेश्याओं का छठा प्रकार परम्परात्मक वेश्याएँ कही जा सकती हैं। भारत में परम्परात्मक वेश्याएँ भी पाई जाती हैं। इस प्रकार की वेश्याएँ नित्यमंगली प्रथा एवं कलावन्ती प्रथा द्वारा बनाई जाती हैं। इस प्रकार की वेश्याएँ त्योहारों एवं विशेष अवसरों पर श्रोता-समूहों का नाच-गाने द्वारा मनोरंजन करती हैं और राजकुमारों एवं सरदारों की प्रेमिका बनती हैं। हालाँकि अब राजा-महाराजाओं का जमाना है नहीं किन्तु नित्य मंगलियों के वंशजों के अवशेष अब भी बाकी हैं और किसी-न-किसी रूप में इस प्रकार वेश्यावृत्ति हो रही है। इस सम्बन्ध में 'सामाजिक और नैतिक समिति' ने लिखा है, "कथित धार्मिक आश्रय, पण्डों और महन्तों के केंद्र अनैतिक व्यापार-उद्देश्यों के लिए प्रयुक्त होते हैं; धर्म की आड़ में अर्पित औरतों का शोषण किया जाता है और आश्रम के साधु तथा आगन्तुक दोनों इसका लाभ उठाते हैं।" ("Even some so-called religious Ashramas, Centres of Pandas and Mahantas are used for immoral traffic purposes; under the guise of religion. women devotees are exploited and taken advantage of both by the Sadhus and by the Visitors of these Ashramas.")

(vii) विदेशी वेश्याएँ—वेश्याओं का सातवाँ प्रकार विदेशी वेश्याएँ कही जा सकती हैं। भारत के बड़े-बड़े शहरों एवं नगरों में विदेशी वेश्याओं का भी बाहुमूल्य है। ये विदेशी वेश्याएँ धन के बदले अपना शरीर ग्राहकों को सौंपती हैं। यहाँ चीनी, जापानी, अरबी, फ्रेंच, जैविस एवं पारसी आदि वेश्यायँ पाई जाती हैं। इस प्रकार विदेशी वेश्याएँ भी ग्राहकों का मन बहलाती हैं।

(viii) सामाजिक और समाजशास्त्रीय दशाओं की शिकार वेश्याएँ—वेश्याओं का आठवाँ प्रकार सामाजिक और समाजशास्त्रीय दशाओं की शिकार वेश्याएँ कही जा सकती हैं। बहुत-सी वेश्याएँ इन दशाओं की शिकार होने के कारण भी वेश्यावृत्ति को अपना लेती हैं। इन दशाओं में बेकारी एवं आर्थिक

आवश्यकता, युवा वैधव्य, परिवार द्वारा दुर्व्यवहार एवं असुरक्षा आदि प्रमुख हैं। कहने का तात्पर्य यह है कि बहुत-सी लड़कियाँ न चाहते हुए भी मजबूरीवश इन दशाओं के कारण उसे वेश्यावृत्ति के धंधे को अपनाना पड़ता है। ऐसे वेश्याओं की कमी नहीं है जो सामाजिक और समाजशास्त्रीय दशाओं की शिकार होकर वेश्या बन गई हैं।

(ix) पिछड़ी हुई और अपराधी वन्य जातियों से सम्बन्धित वेश्याएँ—वेश्याओं का नौवाँ प्रकार पिछड़ी हुई और अपराधी वन्य जातियों से सम्बन्धित वेश्याएँ कही जा सकती हैं। अनुसूचित जातियों एवं अपराधी आदिम जातियों से आई हुई भी बहुत-सी वेश्याएँ हैं जिनका फैलाव सम्पूर्ण भारत में है। विशेषकर इनका फैलाव उत्तरी भारत में है। इस तरह की वेश्याएँ नर, कंजर, कोपीज, सासीज एवं बेड़ियास आदि जातियों से आती हैं।

वेश्यावृत्ति की समस्या को दूर करने के सम्बन्ध में सुझाव

प्राचीन काल से ही वेश्यावृत्ति समाज के लिए वरदान नहीं बल्कि अभिशाप सिद्ध हुई है। इसे एक असाध्य रोग माना जाता है। इस समस्या को सुलझाने के लिए सरकारी गैर-सरकारी स्तर पर एक लम्बी अवधि से प्रयत्न हो रहे हैं लेकिन अभी तक संतोषजनक परिणाम नहीं मिल पा रहे हैं। भारत की सरकार ने 1956 में एक कानून भी पारित किया जो 'Suppression of Immoral Traffic in Women and Girls Act,1956 के नाम से जाना जाता है। इस कानून ने वेश्यावृत्ति को कम करने में थोड़ी-बहुत मदद अवश्य की है लेकिन इसके द्वारा समस्या का पूर्ण निदान नहीं हो सका है। इसलिए यह कहा जा सकता है कि इस समस्या का निदान बताना एक कठिन कार्य है। फिर भी इसके निदान से सम्बन्धित कुछ सुझाव प्रस्तुत करने का प्रयास किया जा रहा है। वेश्यावृत्ति की समस्या को न केवल सरकारी प्रयत्नों द्वारा और न ही केवल गैर-सरकारी प्रयत्नों द्वारा दूर किया जा सकता है। बल्कि इसके निदान के लिए सरकारी और गैर-सरकारी दोनों स्तरों से प्रयास होना चाहिए है। 'सामाजिक और नैतिक स्वास्थ्य समिति' ने भी अपने निष्कर्ष में इस समस्या के समाधान के लिए शासकीय एवं गैर-शासकीय दोनों स्तरों पर प्रयास करने का सुझाव दिया है।

सरकारी स्तर पर प्रयास

सरकारी स्तर पर इस समस्या के समाधान हेतु निम्नलिखित प्रयत्न आवश्यक हैं—

1. संबंधित कानूनों को कठोरता से लागू करना—सरकारी स्तर पर इस समस्या के समाधान के लिए यह आवश्यक है कि वेश्यावृत्ति से सम्बन्धित कानूनों को सख्ती से लागू किया जाए। सरकार सिर्फ कानून बना देती है। कार्यरूप से उसे परिणत सही ढंग से नहीं किया जाता है। इसका परिणाम यह होता है कि अपेक्षाकृत सफलता नहीं मिलती है। इसलिए यह आवश्यक है कि वेश्यावृत्ति से सम्बन्धित कानूनों को सख्ती से लागू किया जाए एवं सख्ती से इसका पालन करवाया जाए।

2. यौन शिक्षा का प्रचार-प्रसार—सरकारी स्तर पर वेश्यावृत्ति की समस्या के समाधान के लिए यह आवश्यक है कि यौन-शिक्षा का प्रचार-प्रसार किया जाए। यौन-शिक्षा को अनिवार्य रूप से बालकों एवं प्रौढ़ों के पाठ्यक्रम में भी लागू करना चाहिए। साथ ही इस प्रकार की शिक्षा घरों में भी दी जानी चाहिए। इससे लोगों में यौन शिक्षा के विषय में जागरूकता आयेगी। बालकों को यौन-शिक्षा प्रदान करने के साथ-साथ यह भी आवश्यक है कि स्त्रियों की शिक्षा की समुचित व्यवस्था की जाए। इससे कुछ हद तक वेश्यावृत्ति की समस्या के गंभीरता को कम किया जा सकता है। बहुत-सी स्त्रियाँ निर्धनता के कारण भी वेश्यावृत्ति को अपनाती हैं। शिक्षा प्राप्त करने से विभिन्न क्षेत्रों में स्त्रियों के लिए नौकरी प्राप्त करना संभव होगा जिससे इनकी आर्थिक समस्या का समाधान हो सकेगा। आर्थिक समस्याओं का समाधान होने से बहुत-सी वेश्याएँ इस पेशा से विमुख हो सकती हैं। साथ ही शिक्षा के कारण स्त्रियों की अज्ञानता भी दूर होगी और इसके दूर होने से वे बुरे लोगों के बहकावे में आने से बच सकेगी। इस तरह कुछ हद तक इस समस्या का समाधान हो सकता है। इस तरह के कुछ कदम सरकार ने उठाए भी हैं। निर्धन एवं निराश्रित स्त्रियों तथा विधवाओं के लिए केंद्रीय समाज कल्याण बोर्ड द्वारा शिक्षा का संक्षिप्त पाठ्यक्रम बनाया गया है। इस योजना के अंतर्गत ऐसी स्त्रियों को न्यूनतम बुनियादी शिक्षा प्रदान की जाती है ताकि वे शिक्षा प्राप्त करने के बाद प्राथमिक स्कूल शिक्षिकाओं, सहायक नर्स, मिडवाईफ ग्राम सेविका तथा बाल-सेविका आदि का प्रशिक्षण प्राप्त कर सकें। केंद्रीय समाज कल्याण बोर्ड की सामाजिक-आर्थिक योजना के अंतर्गत स्त्रियों को इस तरह का प्रशिक्षण दिया जाता है कि वे प्रशिक्षण के दौरान भी काम सीखने के साथ-साथ रोजी-रोटी ये भी जुड़ी रहती हैं जिससे उन्हें आत्मनिर्भर बनने में मदद मिलती है।

3. बाल निर्देशन चिकित्सालय—सरकारी स्तर पर वेश्यावृत्ति की समस्या के समाधान के लिए बाल निर्देशन चिकित्सालय (Child Guidance Clinic)

खोलकर भी इस समस्या का बहुत हद तक समाधान किया जा सकता है। इन चिकित्सालयों में योग्य एवं अनुभवी व्यक्तियों को रखा जाना चाहिए। इस तरह का सुझाव सामाजिक एवं नैतिक स्वास्थ्य समिति ने भी दिया है। पश्चिमी देशों में इस तरह के चिकित्सालय खोले गए हैं। प्रत्येक बच्चे का जीवन सुखी ही नहीं रहता है। क्योंकि बहुत-से माता-पिता अपने बच्चों की समस्याओं को समझने में असमर्थ रहते हैं। इसके लिए यह आवश्यक है कि बच्चों के तनावों को दूर किया जाए। कुछ बच्चे अनियंत्रित हो जाते हैं। इनके लिए प्रशिक्षित एवं अनुभवी स्त्रियों एवं पुरुषों की आवश्यकता होती है जो इनको नियंत्रित कर सकें। गलत नियंत्रण से बच्चे भटक जाते हैं एवं कई बार यौन-अपराधी भी बन जाते हैं। ऐसी दशा में उनका उपयुक्त समय पर उपयुक्त उपचार करना चाहिए है। इसलिए बाल निर्देशन चिकित्सालयों की स्थापना करना आवश्यक प्रतीत होता है। इन चिकित्सालयों में बाल-मनोविज्ञान एवं बाल-संरक्षण के बारे में जिनको ज्ञान प्राप्त हो उन्हीं को रखा जाना चाहिए।

4. जीविकोपार्जन हेतु विशेष सुविधाएँ—सरकारी स्तर पर वेश्यावृत्ति की समस्या के समाधान के लिए स्त्रियों के जीविकोपार्जन हेतु कुछ विशेष सुविधाएँ राज्य सरकारों द्वारा प्रदान की जानी चाहिए। स्त्रियों के नौकरी की दशाओं एवं काम के समय पर सरकार को अधिक ध्यान देना चाहिए ताकि अधिक-से-अधिक स्त्रियाँ वेश्यावृत्ति की अपेक्षा नौकरी को पसन्द करें साथ ही इन्हें विभिन्न प्रकार का प्रशिक्षण भी दिया जाना चाहिए ताकि इनको रोजगार की प्राप्ति में कठिनाइयाँ न आये। साथ ही स्त्रियों के लिए अधिक-से-अधिक रोजगार मुहैया कराना चाहिए ताकि उनकी आर्थिक स्थिति सुदृढ़ हो और वे दूसरी ओर प्रेरित न हो सकें।

5. माता-पिता-अध्यापक समितियों का गठन—सरकारी स्तर पर वेश्यावृत्ति की समस्या के समाधान के लिए प्रत्येक शिक्षण संस्थानों में माता-पिता-अध्यापक समितियाँ गठित की जानी चाहिए। कोई भी बालक अपने जीवन का स्वर्णिम समय विद्यालयों में ही व्यतीत करता है। बालक की बहुत सारी समस्याएँ होती हैं। बालक एवं बालिकाओं की समस्याओं को जानना आवश्यक होता है। समस्याओं की जानकारी होने के बाद ही उनका निदान संभव है। इस समिति के माध्यम से माता-पिता एवं अध्यापक सप्ताह में या पाक्षिक रूप से एक जगह मिलकर बालक-बालिकाओं की समस्याओं को जानकर उस पर विचार-विमर्श कर सकते हैं। इससे बच्चों के व्यक्तित्व को समझने में आसानी होगी तथा उनसे सहानुभूतिपूर्ण व्यवहार करना आसान होगा। जब बच्चों की समस्या समझ में आ जाएगी तथा

उनका उचित समाधान हो जाएगा तब उनके इधर-उधर भटकने की सम्भावना नहीं रहेगी।

6. वेश्याओं के लिए पुनर्वास की व्यवस्था--सरकारी स्तर पर वेश्यावृत्ति की समस्या के समाधान के लिए वेश्याओं के पुनर्वास की व्यवस्था की जानी चाहिए। जो स्त्रियाँ या लड़कियाँ अनैतिक व्यापार या वेश्यावृत्ति का शिकार हो गई हैं उनके पुनर्वास की व्यवस्था की जानी चाहिए। सिर्फ वेश्याओं के पुनर्वास से ही समस्या का समाधान संभव नहीं है बल्कि उनके साथ-साथ उनके पूरे परिवार के पुनर्वास की व्यवस्था होनी चाहिए।

7. यौन बीमारियों के लिए समुचित उपचार का प्रबन्ध--सरकारी स्तर पर वेश्यावृत्ति की समस्या के समाधान के लिए यौन-बीमारियों से पीड़ित वेश्याओं के लिए समुचित उपचार का प्रबन्ध किया जाना चाहिए। बहुत-सी वेश्याएँ गंभीर यौन-रोगों से पीड़ित रहती हैं। उनका समय पर समुचित इलाज नहीं होने से समस्या और गंभीर हो जाती है। इनके लिए चिकित्सकों एवं सामाजिक कार्यकर्त्ताओं की नियुक्ति की जानी चाहिए। ये चिकित्सक एवं कार्यकर्त्ता प्रशिक्षित होने चाहिए। यौन-रोगों के सम्बन्ध में जन-जागरूकता जागृत करने के लिए प्रयत्न किए जाने चाहिए। यौन-रोगों का निदान अनिवार्य रूप से किया जाना चाहिए। इस प्रकार विभिन्न प्रकार के यौन-रोगों पर नियंत्रण कर वेश्यावृत्ति की समस्या का कुछ हद तक समाधान संभव हो सकता है।

8. परिवार नियोजन एवं परिवार कल्याण कार्यक्रमों को बढ़ावा--वेश्यावृत्ति की समस्या के समाधान के लिए सरकारी स्तर पर परिवार नियोजन एवं परिवार कल्याण कार्यक्रमों का सफलतापूर्वक प्रचार-प्रसार एवं क्रियान्वयन किया जाना चाहिए। अर्थात इन कार्यक्रमों को सफलतापूर्वक लागू किया जाना चाहिए। कम बच्चे पैदा होने से उनके पालन-पोषण के लिए आर्थिक समस्या नहीं रहेगी। फलतः आवश्यकताओं की पूर्ति होने के कारण बहुत-सी लड़कियाँ एवं स्त्रियाँ वेश्यावृत्ति का शिकार होने से बच जाएँगी। कम बच्चे होने से आवास की समस्या भी नहीं रहेगी। माता-पिता एवं बच्चों को एक ही कमरे में नहीं सोना पड़ेगा। फलतः बच्चों पर माता-पिता द्वारा स्थापित यौन-सम्बन्धों की प्रभाव नहीं पड़ेगा एवं उनका मन इधर-उधर नहीं भटकेगा। इस प्रकार वेश्यावृत्ति पनपने की सम्भावना नहीं रहेगी। अतः परिवार नियोजन एवं परिवार कल्याण कार्यक्रमों पर जोर देने की आवश्यकता है।

गैर सरकारी स्तर पर प्रयास

वेश्यावृत्ति की समस्या को दूर करने के लिए सरकारी स्तर पर प्रयत्नों के अलावा गैर-सरकारी स्तर पर भी प्रयत्न करने की आवश्यकता है। गैर-सरकारी स्तर पर ऐच्छिक कल्याणकारी समितियाँ (Valuntary Welfare Societies) की स्थापना की जानी चाहिए। यह समिति विभिन्न प्रकार की सामाजिक, आर्थिक एवं अन्य कुरीतियों को समाज से दूर करने का प्रयत्न करेगी क्योंकि सरकारी स्तर पर कानून बनाकर भी समाज से सभी कुरीतियों को समाप्त नहीं किया जा सकता है। इसलिए स्वैच्छिक एवं समाजसेवी संगठनों का सहयोग बहुत आवश्यक होता है। ये ऐच्छिक कल्याणकारी समितियाँ वेश्यावृत्ति की समस्या के समाधान के लिए निम्नलिखित प्रयत्न कर सकती हैं–

1. ऐच्छिक कल्याणकारी समितियों की स्थापना–गैर-सरकारी स्तर पर वेश्यावृत्ति की समस्या के लिए ये समितियां समाज में प्रचलित कुरीतियों एवं कुप्रथाओं को दूर करने मे सहायक हो सकती हैं। खासकर उन कुरीतियों एवं कुप्रथाओं को दूर करने का प्रयत्न करना चाहिए जिसके कारण वेश्यावृत्ति पनपती है। उदाहरणस्वरूप बाल-विवाह, विधवा विवाह-निषेध, दहेज प्रथा, कुलीन विवाह, बहुपत्नी विवाह आदि कुरीतियों के प्रचलन के कारण बहुत-सी स्त्रियाँ वेश्यावृत्ति के पेशे को अपनाती हैं। यदि ऐच्छिक कल्याणकारी समितियाँ इन कुरीतियों को दूर करने के लिए प्रयत्न करेंगी तो स्वतः बहुत हद तक इस समस्या का समाधान हो जाएगा। इस प्रकार विभिन्न सामाजिक कुरीतियों एवं कुप्रथाओं को समाप्त कर इस समस्या का समाधान किया जा सकता है।

2. धार्मिक अंधविश्वासों को दूर करना–गैर-सरकारी स्तर पर वेश्यावृत्ति की समस्या के समाधान के लिए विभिन्न धार्मिक अंधविश्वासों को दूर करना भी है। समाज में प्रचलित विभिन्न अंधविश्वासों को दूर कर इस समस्या को कम किया जा सकता है। भारतवर्ष में धार्मिक अंधविश्वासों के कारण भी वेश्यावृत्ति का प्रचलन है। उदाहरणस्वरूप देवदासी प्रथा एवं भक्तिन आदि का प्रचलन धार्मिक अंधविश्वासों के कारण ही है। इन प्रथाओं के कारण वेश्यावृत्ति पनपती है। यदि इन धार्मिक अंधविश्वास को दूर कर दिया जाए तो स्वतः वेश्यावृत्ति की समस्या का समाधान हो जाएगा।

3. वेश्यावृत्ति के प्रति आम जनता के दृष्टिकोण में परिवर्तन लाना–गैर-सरकारी स्तर पर वेश्यावृत्ति की समस्या के समाधान के लिए वेश्यावृत्ति के प्रति आम जनता के दृष्टिकोण में परिवर्तन लाना भी आवश्यक है। अक्सर

वेश्याओं एवं उनके पुत्रियों को निम्न दृष्टिकोण से देखा जाता है और उन्हें पत्नी के रूप में भी स्वीकार करने के लिए जल्द कोई तैयार नहीं होता है। वेश्याएँ और उनकी पुत्रियाँ भी आम जनता के इस दृष्टिकोण से परिचित रहती हैं और महसूस करती हैं कि जब समाज ही उसे उपेक्षा की दृष्टि से देखता है तो जिन्दगी का दूसरा सहारा क्या है? फलतः इस पेशे को स्वीकार करना उनकी मजबूरी बन जाती है। यदि उनके प्रति जनता के दृष्टिकोण में परिवर्तन हो जाए तो निश्चित रूप से वेश्याओं की अधिकांश पुत्रियाँ वेश्या बनने के बजाय स्वस्थ पारिवारिक जीवन को पसन्द करेंगी। इसलिए जनता के दृष्टिकोण में परिवर्तन लाना अत्यन्त आवश्यक प्रतीत होता है। और जनता के दृष्टिकोण में परिवर्तन के लिए समाज सुधारकों का सहयोग आवश्यक है।

4. दोहरे मापदण्ड का विरोध—गैर-सरकारी स्तर पर वेश्यावृत्ति की समस्या के समाधान के लिए ऐच्छिक कल्याणकारी समितियों को नैतिकता के दोहरे मापदण्ड (Double Standard of Morality) का विरोध करना चाहिए। अर्थात नैतिकता का बंधन सिर्फ स्त्रियों तक ही क्यों है? पुरुषों के साथ क्यों नहीं? स्त्री-पुरुष समाज रूपी रथ के दो पहिए हैं। फिर स्त्रियों के लिए ही नैतिकता या अनैतिकता की बात क्यों की जाती है? पुरुषों के लिए क्यों नहीं की जाती? इसका विरोध किया जाना चाहिए तथा ऐसे कानून के निर्माण पर बल दिया जाना चाहिए ताकि जो भी इस व्यवसाय से सम्बन्धित लोग हों वे सजा में बराबर के हकदार हों। इस सम्बन्ध में दोहरा मापदण्ड नहीं अपनाया जाना चाहिए। इस प्रकार स्वयंसेवी संस्थाओं द्वारा नैतिकता के दोहरे मापदण्ड का विरोध कर वेश्यावृत्ति की समस्या का बहुत हद तक समाधान किया जा सकता है।

5. वेश्या विवाह का प्रबन्ध—गैर-सरकारी स्तर पर वेश्यावृति की समस्या के समाधान के लिए ऐच्छिक कल्याणकारी समितियों को वेश्याओं के विवाह के लिए प्रयत्न करना चाहिए। यदि वेश्याओं का विवाह हो सके तो बहुत हद तक इस समस्या का समाधान निकल आएगा क्योंकि वेश्याएँ अपने-आपको सुरक्षित महसूस करने लगेंगी। इसलिए इनके विवाह का प्रयत्न किया जाना चाहिए।

6. निराश्रित महिला समिति का कुशल प्रबन्ध—गैर-सरकारी स्तर पर वेश्यावृत्ति की समस्या के समाधान के लिए यह आवश्यक है कि जो समिति या संस्था निराश्रित महिलाओं के लिए बनाए जाएँ उसका अध्यक्ष किसी महिला को ही बनाया जाए। पुरुषों को इन समितियों एवं संस्थाओं से दूर रखा जाना चहिए।

7. जन जागरूकता—गैर-सरकारी स्तर पर वेश्यावृत्ति की समस्या के समाधान के लिए जन जागरूकता जरूरी है। अर्थात् जनता में वेश्यावृत्ति के

कुप्रभावों के बारे में प्रचार-प्रसार करना चाहिए तथा जनता को जागरूक बनाना चाहिए और जब वे समझ जायेंगे कि वास्तव में यह एक कुत्सित एवं घृणित कार्य ही नहीं बल्किअपनों द्वारा ही अपनों की अस्मत लूटना कहाँ का इन्साफ है तो बहुत हद तक इस समस्या का समाधान हो सकता है।

उपर्युक्त विवरणों से स्पष्ट होता है कि वेश्यावृत्ति एक जटिल सामाजिक समस्या है और यह समाज की जड़ों तक पहुँच चुकी है। इस समस्या का समाधान केवल सरकारी स्तर पर ही नहीं किया जा सकता बल्कि गैर-सरकारी संस्थाओं द्वारा भी प्रयत्न करने की आवश्यकता है। इसे एक जन-आन्दोलन का रूप दिया जाना चाहिए। हालाँकि विभिन्न स्तरों पर इसके लिए प्रयत्न भी किए जा रहे हैं लेकिन यह समस्या इतनी विकराल रूप धारण कर चुकी है कि अपेक्षित सफलता नहीं मिल पा रही है। अतः आवश्यकता इस बात की है कि पूर्ण मनोयोग एवं सच्चे मन से मिलकर सभी इस समस्या का हल ढूँढें एवं उसे क्रियान्वित करने का प्रयास करें। इसके लिए सभी स्तरों पर दृढ़ इच्छाशक्ति एवं तत्परता की जरूरत है।

भारत में वेश्यावृत्ति का इतिहास

वेश्यावृत्ति का चलन कोई नई बात नहीं है बल्कि इसका काफी पुराना इतिहास रहा है। यही कारण है कि प्राचीन ऐतिहासिक प्रलेखों में भी इस सम्बन्ध में कुछ-न-कुछ उल्लेख अवश्य मिलता है। यह कहा जा सकता है कि प्राचीनकाल में इसको धर्म से जोड़ दिया गया था। प्राचीन समय में मन्दिरों में ही वेश्याएँ पाई जाती थीं। उनका कार्य देवताओं के सामने नाचना-गाना तथा रात्रि में पंडे व पुजारियों की हवस की पूर्ति करना था। देवदासी प्रथा का प्रचलन इसका जीता-जागता उदाहरण है। प्राचीन समय में इतना अवश्य था कि वेश्यावृत्ति चोरी-छिपे होती थी और आम लोगों की राय इस सम्बन्ध में गलत थी। इसलिए लोग वेश्याओं के पास जाने से डरते थे। आगे चलकर कुछ परिस्थितियाँ बिगड़ीं और यह एक व्यवसाय के रूप में विकसित हो गयी। प्राचीन काल में धर्म के अनुसार भी वेश्यावृत्ति निषिद्ध था एवं इसे एक घृणित कृत्य समझा जाता था। इसको समाप्त करने के लिए सरकारी एवं गैर-सरकारी स्तर पर प्रयत्न भी किए गए लेकिन अपेक्षित सफलता नहीं मिली। शास्त्रों एवं पुराणों में यह कहा गया कि वेश्यागमन करने वाले घोर नरक के भागी होंगे। जनता के नियंत्रण के लिए इस तरह का उल्लेख शास्त्रों में किया गया। इससे बहुत हद तक इस पर नियंत्रण करने

में सफलता तो मिली लेकिन एक व्यवसाय के रूप में इसे समाप्त नहीं किया जा सका। प्राचीन काल में वेश्याओं को नगर से बाहर रखा जाता था। इनकी एक बस्ती ही नगर से बाहर बसाई जाती थी। इन वेश्याओं की सूची राज्य के पास रहती थी। कौटिल्य ने इन नगरवधुओं (वेश्याओं) के नियत्रण के लिए नियम एवं कानून बनाए थे। इसका उल्लेख 'Arthshastra-II, Chapter-28' में मिलता है। इसके अनुसार "Ganikas were segregated in the southern portion of a town. A superintendent should be appointed to keep information about the health and percuniary conditions of Ganikas" इससे भी पता चलता है कि वेश्याओं को नगरवधू के नाम से पुकारा जाता था। इन्हें नगर से बाहर रखा जाता था तथा उनके स्वास्थ्य एवं अन्य सुविधाओं का ध्यान रखा जाता था। वेश्याओं आदि के बारे में महाभारत आदि ग्रन्थों में भी उल्लेख मिलता है। विभिन्न हिन्दू शास्त्रकारों जैसे—मनु, गौतम एवं बृहस्पति आदि ने भी ऐसे नियम बनाए जिससे वेश्यावृत्ति कम हो। लेकिन वेश्यावृत्ति किसी-न-किसी रूप में समाज में विद्यमान ही रही। वेश्यावृति का अधिक प्रचलन हुआ। मुस्लिम शासकों के काल में हुआ। इसका मुख्य कारण मुस्लिम शासकों का हरम रखना था जहाँ अनेक सुन्दर स्त्रियाँ रहती थीं। वे शासकों का मन बहलाती थीं। शासकों का मन भर जाने के बाद उन्हें हरम से हटा दिया जाता था तो उनके पास वेश्यावृत्ति के अलावा और कोई मार्ग नहीं बचता था। ज्यों-ज्यों समय बदलता गया और औद्योगिक एवं नगरीकरण की प्रवृत्ति बढ़ती गई त्यों-त्यों वेश्यावृत्ति का धंधा और फलने-फूलने लगा। खासकर अंग्रेजी शासनकाल में औद्योगीकरण एवं नगरीकरण का विकास तीव्र गति से हुआ। इसी कारण इस समय वेश्यावृत्ति को रोकने के लिए अनेक कानून बनाए गए। लेकिन विभिन्न कानूनों के बन जाने के बाद भी आज वेश्यावृत्ति की समस्या एक गंभीर रूप धारण कर चुकी है। आज वेश्यावृत्ति एक ऐसी सामाजिक समस्या बन चुकी है जो अनेक समस्याओं को जन्म दे रही है। आज वेश्यावृत्ति के तरीके भी बदल गए हैं। पहले की तरह चकलाघरों एवं वेश्याओं के मुहल्ले एवं अड्डे पर तो यह धंधा चल ही रहा है। इसक अलावा होटलों, क्लबों, पॉश कालोनियों एवं अन्य कई सुविधाजनक जगहों पर वेश्यावृत्ति का धंधा धड़ल्ले से चल रहा है। खासकर नगरों एवं महानगरों में तो कुकुरमुत्ते का यह नया रूप दिन-प्रतिदिन फलता-फूलता जा रहा है। इसका कारण बढ़ता हुआ फैशन, बढ़ती हुई आवश्यकता एवं पश्चिमीकरण एवं आधुनिकीरण का बढ़ता हुआ प्रभाव है। इन सभी ने मिलकर वेश्यावृत्ति को एक नये रूप में परिवर्तित कर दिया है। आज विभिन्न प्रयासों के बावजूद वेश्यावृत्ति समाज के लिए अभिशाप

बन गई है जो समाज को निरन्तर गर्त में ढकेल रहा है। किसी भी सभ्य समाज़ के लिए यह शर्मनाक होतें हुए भी दिनों-दिन इसी की समस्या बढ़ती ही जा रही है। अतः समस्त स्तरों पर दृढ़ता के साथ इसका मुकाबला करना आवश्यक है ताकि इस समस्या को पूर्ग रूपेण समाप्त किया जा सके।

जहाँ तक वेश्यावृत्ति के उन्मूलन के लिए सरकार द्वारा किए गए प्रयत्नों का सवाल है वो न केवल स्वतंत्र भारत में इसके लिए प्रयास किए गए हैं बल्कि परतंत्र भारत में भी सरकार द्वारा इस सम्बन्ध में कदम उठाए गए थे। इसके लिए ईस्ट इण्डिया कम्पनी ने कई कानून बनाए थे। बाद में भारतीय दण्ड-विधान में भी ऐसे कानून बनाए गए जिनका उद्देश्य स्त्रियों की लज्ज़ा को बचाना एवं स्त्रियों को वेश्यावृत्ति के विरुद्ध संरक्षण प्रदान करना था। यदि किसी स्त्री को अपमानित किया जाए तो इसके लिए एक वर्ष की सजा या जुर्माना अथवा दोनों हो सकता था। इसलिए किसी स्त्री पर बल-प्रयोग करने, किसी स्त्री को जबरदस्ती किसी स्थान पर ले जाना, 21 वर्ष से कम आयु की युवतियों को वेश्यावृत्ति के लिए लाना तथा 18 वर्ष से कम आयु की लड़की को बरगलाना आदि दण्डनीय अपराध माने गए और इसके लिए 10 वर्ष तक की सजा और दण्ड निर्धारित किए गए। 16 वर्ष से कम आयु की लड़की के साथ सम्भोग को बलात्कार समझा गया भले ही वह उसकी मर्जी से ही किया गया हो। पति एवं पत्नी के सम्बन्ध में भी इसके लिए उम्र 15 वर्ष रखी गई।

कानूनों के उपर्युक्त विवरणों से पता चलता है कि वेश्यावृत्ति को अपराध नहीं माना गया। वेश्यालय चलाने को भी अपराध नहीं समझा गया। इस प्रकार यह पता चलता है कि अंग्रेजी सरकार द्वारा किए गए प्रयास सार्थक एवं उपर्युक्त नहीं थे। हालाँकि वेश्यावृत्ति के उन्मूलन के लिए राज्य स्तरों पर भी कोशिश की गयी एवं कानून बनाए गए। इनमें मुम्बई में 1923 में वेश्यावृत्ति निषेध अधिनियम तथा अन्य राज्यों में भी इसी तरह के अधिनियम बनाए गए। चेन्नई में 1930 में, और उत्तर प्रदेश में 1933 , पंजाब 1935 में, बिहार में 1948 में तथा मध्य प्रदेश में 1953 में वेश्यावृत्ति उन्मूलन के लिए अधिनियम पारित किए गए। इन अधिनियमों से वेश्यावृत्ति के उन्मूलन की दिशा में कोई खास प्रगति नहीं हो सकी। इसका कारण यह था कि एक तो सभी राज्यों में इसके उन्मूलन हेतु कानून न बनाना जहाँ बना भी गए वहाँ ये कानून इतने लचर थे कि इनमें इस दिशा में कोई विशेष सफलता नहीं मिल सकी। सामाजिक एवं नैतिक स्वास्थ्य की परामर्शदात्री समिति का यह मत था, "स्त्रियों और बालिकाओं का शोषण वेश्यावृत्ति से इतना

मेल खाता है कि बिना एक को खत्म किए दूसरा समाप्त नहीं किया जा सकता है।" कभी-कभी यह भी कहा जाता है कि वेश्यावृत्ति इतना पुराना है और इसकी जड़ें इतनी मजबूत हो चुकी हैं कि जब तक यह संसार है तब तक यह व्यवसाय भी रहेगा। इस सम्बन्ध में यह कहा गया कि "जनता में आन्तरिक रूप से एक विचारधारा है कि वेश्याओं की संस्था समाज में खराब नहीं है; इसको तो समाज में रहना ही चाहिए। यह एक प्रकार का सुरक्षा-वाल्ब (Safety-Valve) है जिससे उद्दण्ड प्रकृति के लोग समाज के साधारण व्यक्तियों को दूषित नहीं कर सकते।" समाज में दूसरी मान्यता यह है कि वेश्यावृत्ति एक घृणित कार्य है। वेश्यागमन के कारण व्यक्ति के साथ-साथ व्यक्ति का स्वास्थ्य एवं वैवाहिक जीवन भी प्रभावित होता है। अधिकांश स्त्रियाँ इस व्यवसाय में अपनी इच्छा के प्रतिकूल आती हैं। समाज में इसका जाल बिछा हुआ है। फलतः कानून भी उतने प्रभावी नहीं हो पाते। वेश्यावृत्ति को नियंत्रित एवं सीमित करने के लिए कई स्तरों पर प्रयास किए गए हैं। यह प्रयास सरकारी एवं गैर-सरकारी दोनों ही स्तरों पर किए गए। हालाँकि गैर-सरकारी स्तर पर कोई विशेष प्रयास नहीं किए गए। सामाजिक तथा नैतिक स्वास्थ्य संघ ने इस दिशा में कुछ प्रयास अवश्य किए। भारतीय पतिता उद्धार सभा, नई दिल्ली की मान्यता यह है कि अगर दुनिया भर की सरकारें मिलकर जिहाद छेड़ें एवं कुछ सुझावों एवं प्रस्तावों पर अमल किया जाए तो वेश्यावृत्ति को 50 वर्षों के अंदर समाप्त किया जा सकता है। इस समिति के अध्ययन पत्र के अनुसार इस समय देश भर में करीब 20 लाख 96 हजार वेश्याएँ हैं। एक अनुमान के अनुसार इनके बच्चों की संख्या करीब 50 लाख है। संगठन के अनुसार दिल्ली में वेश्याओं की संख्या 20,000, उत्तर प्रदेश में 1,27,000, बिहार में 1,50,000, राजस्थान में 72,000 तथा मध्य प्रदेश में 1,25,000 है। वेश्याओं के बच्चों के बारे में संगठन का सुझाव है कि सरकार उन्हें अपने संरक्षण में ले ले तथा उनके पालन-पोषण एवं शिक्षा की व्यवस्था करे। शिक्षा प्राप्त करने के बाद उन्हें व्यावसायिक प्रशिक्षण दिया जाए तथा रोजगार का अवसर मुहैया कराया जाए। इस प्रकार यह पता चलता है कि सरकारी एवं गैर-सरकारी स्तरों पर वेश्यावृत्ति उन्मूलन के लिए अनेक प्रयास किए गए लेकिन वांछित सफलता प्राप्त नहीं की जा सकी।

वेश्यावृत्ति की समस्या को रोकने के लिए केंद्रीय समाज कल्याण बोर्ड ने 24 दिसम्बर, 1955 को 'सामाजिक एवं नैतिक स्वास्थ्य-विज्ञान समिति' (Social and Moral Hygience Committee) की स्थाना की, जिसका काम स्त्रियों तथा

बच्चों के अनैतिक व्यापार के सम्बन्ध में जाँच करके अपनी रिपोर्ट प्रस्तुत करना था। इस कमेटी की रिपोर्ट सितम्बर, 1955 में प्रकाशित हुई। इसकी सिफारिशों के आधार पर केंद्रीय सरकार द्वारा 'स्त्री तथा कन्याओं का अनैतिक व्यापार निरोधक अधिनियम' (Suppression of Immoral Traffic in Women and Girls Act) 1956 ई. में पारित हुआ। इसे 1 मई, 1957 से सम्पूर्ण देश में एक साथ लागू किया गया। इस अधिनियम की मुख्य बातें निम्नलिखित हैं–

(i) 'वेश्या' एवं 'वेश्यावृत्ति' की परिभाषा इस अधिनियम में इस प्रकार है–'कोई भी स्त्री जो धन या वस्तु के बदले में अवैध यौन-सम्बन्ध के लिए अपने शरीर को अर्पण करती है, वह 'वेश्या' है और अपने शरीर को इस प्रकार यौन-सम्बन्ध के लिए अर्पण करना 'वेश्यावृत्ति' है।

(ii) इस अधिनियम के अनुसार किसी वेश्या के अपने लड़के या लड़की को छोड़कर अगर कोई 18 वर्ष से अधिक आयु का व्यक्ति पूर्णतः या अंशतः उसकी आय का उपयोग करता हैं तो उसे 2 वर्ष की सजा या 1 हजार रुपए तक के जुर्माने का प्रावधान किया गया है।

(iii) अब तक जो अधिनियम इस सम्बन्ध में बने थे वे अलग-अलग राज्यों में अलग-अलग थे। यह अधिनियम सारे देश पर एक साथ लागू होगा जिससे प्रत्येक स्थान पर यह अलग-अलग न होकर एक-सा हो।

(iv) वेश्यालय चलाने वाले व्यक्ति या व्यक्तियों को 1 से 15 साल तक की कैद तथा 2 हजार रुपए जुर्माना किया जा सकता है।

(v) इस अधिनियम के अंतर्गत वे सभी स्त्रियाँ, जो 21 वर्ष से कम आयु की हैं, 'लड़की' समझी जाएँगी। इस परिभाषा के अनुसार अधिनियम के लागू हो जाने पर वेश्यालयों की तलाशियाँ की गईं और अनेक लड़कियाँ जो 21 वर्ष से कम उम्र की थीं, उन्हें गिरफ्तार करके सुरक्षा गृहों में भेज दी गईं।

(vi) इस अधिनियम के अंतर्गत वेश्यावृत्ति में लगी स्त्रियों एवं लड़कियों के पुनर्वास एवं सुधार के लिए सुरक्षा-गृहों की स्थापना का भी प्रावधान किया गया है।

(vii) वेश्या के साथ रहना, उस पर नियंत्रण करना, उसे कार्य के लिए बाध्य करना, वेश्यावृत्ति के लिए स्त्रियों या लड़कियों को फुसलाना अथवा उन्हें एक स्थान से दूसरे स्थान पर वेश्यावृत्ति के लिए ले जाना कैद एवं जुर्माने के रूप में दण्डनीय होगा।

इस प्रकार यह पता चलता है कि Suppression of Immoral Traffic in women and Girls Act, 1956 के अनुसार वेश्यावृत्ति निवारण के लिए अनेक कानूनी प्रावधान किए गए। लेकिन वास्तविकता यह है कि कानूनी प्रावधान करके इन्हें लागू तो कर दिया गया लेकिन कार्यरूप में इसे इतना प्रभावी नहीं किया गया जितनी आवश्यकता थी। फलतः परिणाम संतोषजनक नहीं निकल सके।

भारत में वेश्यावृत्ति उन्मूलन विषयक 1956 के अधिनियम का संशोधित रूप 1987 के गणतंत्र दिवस के दिन संभवतः इसीलिए लागू करना पड़ा। इस संशोधित नियम के अनुसार किसी भी महिला को बिना उसकी मर्जी के जिस्मफरोशी या वेश्यावृत्ति के लिए प्रेरित या मजबूर करने वाले व्यक्ति को उम्र कैद की सजा दी जा सकती है। बच्चों से ऐसा काम करवाने वाले व्यक्तियों को उम्र कैद की सजा कम-से-कम 7 साल की दी जाएगी। यह संशोधित कानून 'वेश्यावृत्ति (निरोधक) अधिनियम 1986' के नाम से जाना जाता है जिसे संसार की मंजूरी अगस्त, 1986 में मिली थी एवं गणतंत्र दिवस के अवसर पर 26 जनवरी, 1987 को यह लागू की गई थी। इस संशोधित कानून की कुछ खास एवं परिवर्तित बातें निम्नलिखित हैं–

(i) संशोधित कानून में कड़ी सजा की व्यवस्था की गई जिससे युवा, छोटे बच्चे और महिलाओं के शोषण पर सख्ती से रोक लगाई जा सके।

(ii) नए कानून के अनुसार जिस्मफरोशी एवं वेश्यावृत्ति की परिभाषा बदल गई है जिससे युवा, छोटे बच्चे और महिलाओं के शोषण पर सख्ती से पाबन्दी लगाई जा सके।

पहले इस परिभाषा के अंतर्गत पुरुषों को नहीं। केवल महिलाओं एवं बालिकाओं को ही शामिल किया गया था।

(iii) छापे के दौरान पकड़ी जाने वाली महिला वेश्याओं से केवल महिला पुलिस अधिकारी ही पूछताछ कर सकती है। अगर महिला अधिकारी उपलब्ध न हों तो किसी रजिस्टर्ड महिला कल्याण संस्था की महिला सदस्य की मौजूदगी में कोई पुलिस अधिकारी पूछताछ कर सकता है।

(iv) वेश्याओं की तलाशी लेने के दौरान विशेष पुलिस अधिकारी के साथ कम-से-कम दो महिला पुलिस अधिकारी का जाना अनिवार्य होगा।

(v) अंतर्राज्यीय अपराधों की जाँच के लिए इस संशोधित अधिनियम में विशेष पुलिस अधिकारी नियुक्त किए जाने की व्यवस्था की गई और

इन्हें एक से अधिक राज्यों में जाकर जाँच करने का अधिकार दिया गया। पहले इस प्रकार की व्यवस्था नहीं थी।

(vi) एक से अधिक राज्यों में होने वाले अपराधों के मामले का शीघ्र निवारण हेतु केंद्र सरकार प्रथम श्रेणी के न्यायिक मजिस्ट्रेट की कुछ अदालतों का निर्माण करेगी।

(vii) इस संशोधित कानून के अनुसार विभिन्न आयु-समूह के लड़कियों को अलग-अलग श्रेणियों में रखा गया है तथा उनके लिए अलग-अलग सजाओं का भी प्रावधान किया गया है। इसके तहत 16 साल से कम उम्र के बच्चे एवं बच्चियों को एक अलग श्रेणी में रखा गया है। 18 साल से कम उम्र के बच्चे एवं बच्चियाँ नाबालिग की श्रेणी में होंगे। इसी प्रकार 16 साल से ऊपर वाले लड़के एवं लड़कियाँ अलग श्रेणी में आएँगे। 21 साल से बड़ी लड़की को महिला माना जाएगा। इन सभी श्रेणियों के लिए अलग-अलग दण्ड की व्यवस्था होगी।

उपर्युक्त विवरणों से पता चलता है कि स्वतंत्र भारत में वेश्यावृत्ति की समस्या को समाप्त करने के लिए बहुत-से कानून बनाए गए एवं लागू किए गए। लेकिन उन कानूनों से अपेक्षित सफलता नहीं मिली। भारतीय पतिता उद्धार सभा, नई दिल्ली की यह मान्यता है कि अगर दुनिया भर की सरकारें इस बुराई के खिलाफ एक साथ कदम उठाएँ एवं कुछ सुझावों एवं प्रस्तावों पर अमल करें तो 50 वर्षों में इस समस्या से निजात पाया जा सकता है। इस संगठन का सुझाव है कि भारत में सभी वेश्याओं का डॉक्टरी परीक्षण कराया जाए और स्वस्थ पाए जाने पर उन्हें फोटो लाइसेंस जारी किए जाएँ ताकि प्रशासन वेश्याओं पर नजर रख सके। साथ ही जो उन लड़कियों को भी रोका जा सके। पिछले दरवाजे से इस धंधे में धकेली जाने वाली संगठन का यह भी सुझाव है कि वेश्यावृत्ति के सभी अड्डे शहर से 5 किमी. की दूरी पर ले जाएँ ताकि सामाजिक वातावरण को स्वच्छ रखा जा सके। संगठन के अनुसार वेश्यावृत्ति के धंधे में लगे दलालों एवं व्यापारियों को कठोरतम सजा दी जाए।

सुप्रीम कोर्ट ने भी 2 मई, 1990 को आदेश दिया कि केंद्रीय तथा राज्य सरकारें मिलकर एक सलाहकार समिति का गठन करेंगी जो कि बाल-वेश्यावृत्ति को समाप्त करने के लिए समय-समय पर प्रभावी कदम उठाएगी। बाल-वेश्याओं के पुनर्वास हेतु इस केंद्रीय सलाहकार समिति ने 30 मार्च, 1994 को एक 'प्लान ऑफ एक्शन' बनाया। इस प्रकार यह पता चलता है कि सरकारी एवं गैर-सरकारी स्तर पर भी वेश्यावृत्ति की समस्या के निदान के लिए बहुत से कदम उठाए गए

हैं। इससे बहुत हद तक इस समस्या का समाधान भी हुआ है लेकिन अभी भी मंजिल दूर है। अतः आवश्यकता इस बात की है कि जो कानून बनते हैं उन्हें सही ढंग से क्रियान्वित किया जाए तथा आने वाले सुझावों पर अमल किया जाए। जब तक ऐसा नहीं होगा तब तक इस समस्या का समाधान नहीं हो सकेगा।

7

अपराध

अपराध एक ऐसी घटना हे जो समस्त विश्व में व्याप्त है। सिर्फ फर्क यही है कि कहीं यह ज्यादा है तो कहीं कम। लेकिन अनेक देशों में यह पूरी तरह फल-फूल रहा है। लेकिन अपराधविहीन समाज की कल्पना नहीं की जा सकती है। जहाँ तक यह सवाल है कि अपराध है क्या? इस संबंध में यह कहा जा सकता है कि अपराध मानव-व्यवहार है लेकिन सभी तरह के मानव-व्यवहार अपराध नहीं हो जाते। उन्हीं मानव-व्यवहारों को अपराध कहा जा सकता है जो सामाजिक मूल्यों के प्रतिकूल हों और जिससे समाज को हानि पहुँचती हो। मनुष्य के ऐसे व्यवहार जिनका संबंध अपराध से होता है, सार्वभौमिक हैं। अपराध आदिम समाज से लेकर आधुनिक समाज तथा शिक्षित समाज से लेकर अशिक्षित समाज तक में पाया जाता है। अपराध को विचलनकारी व्यवहार का एक विशिष्ट रूप भी कहा जा सकता है। अपराध की व्याख्या समाजशास्त्रीय मनोवैज्ञानिक व वैधानिक तीनों दृष्टिकोणों से की जा सकती है। समाजशास्त्रीय दृष्टिकोण से अपराध समाज विरोधी-व्यवहारों को कहा जा सकता है, मनोवैज्ञानिक दृष्टिकोण से अपराध मानव के असामान्य व्यवहारों को कहा जा सकता है तथा वैधानिक दृष्टिकोण से अपराध ऐसे व्यवहारों को कहा जा सकता है जो कानून विरोधी हों। अतः यह पता चलता है कि अपराध की व्याख्या कई दृष्टिकोणों से की जा सकती है। अपराधी और अपराध दोनों ही समाज के लिए हानिकारक होते हैं। इसलिए

समाज द्वारा इनका विरोध किया जाता है। अपराधी सिर्फ सामाजिक कल्याण के लिए ही खतरनाक नहीं होता बल्कि उससे व्यक्तिगत सम्पत्ति तथा स्वतंत्रता को भी खतरा पहुँचता है। गिलीन इस संबंध में 'Criminology and Penology' में लिखते हैं कि "अपराधी हमारे मनों में हमारे अपने लिए तथा हमारी अपनी सम्पत्ति के लिए आशंका की जो भावना उत्पन्न कर देता है वह भावना ही अधिक महत्त्वपूर्ण है।"

हालाँकि अपराध एक सार्वभौमिक घटना है लेकिन इसकी व्याख्या में सार्वभौमिकता का अभाव पाया जाता है। इसका कारण यह है कि अपराध की अवधारणा स्थान, समय, परिस्थितियों, सामाजिक मूल्यों तथा आदर्शों से सम्बन्धित होती है। इसलिए अपराध को रिलेटिव अवधारणा (Relative Concept) कहा जाता है। अपराध एक तरह का मानव व्यवहार है, फिर भी अपराधी व्यवहारों की सूची तैयार करना संभव नहीं होता है। इसका कारण यह है कि एक स्थान विशेष में जो व्यवहार अपराध की श्रेणी में रखा जाता है वह दूसरे स्थान में अपराध की श्रेणी में नहीं गिना जाता है। उदाहरणस्वरूप भारतवर्ष में किसी का कत्ल कर देना अपराध है लेकिन एस्कीमो जनजाति (Eskimo Tribe) में अपने बूढ़े माता-पिता का कत्ल कर देना अपराध नहीं माना जाता है बल्कि इसे सन्तान का एक आवश्यक कर्त्तव्य समझा जाता है। इस बात की चर्चा आर.ई.एल. फेरिस (R.E.L. Faris) ने अपनी पुस्तक 'Social Disorganization' में की है। इसी तरह बलात्कार हमारे देश में एक गंभीर अपराध है जबकि अनेक देशों में इसे एक छोटी-सी भूल के रूप में स्वीकार किया जाता है। शराब पीना कहीं अपराध समझा जाता है तो कहीं इसे अपराध नहीं समझा जाता है। इसी तरह एक ही समाज में एक समय में जो व्यवहार अपराध की परिधि के बाहर रहता है, दूसरे समय अपराध के क्षेत्र में शामिल हो जाता है। उदाहरणार्थ भारतवर्ष में सती-प्रथा 1829 ई. के पहले एक रूढ़ि थी एवं 1829 के बाद यह अपराध की सीमा में आ गई। हिन्दुओं के लिए 'Hindu Marriage and Divorce Act' 1955 ई. में पास होने के बाद एक से ज्यादा स्त्रियों से विवाह करना कानूनन अपराध हो गया जबकि इससे पहले ऐसा करना अपराध नहीं समझा जाता था। दूसरे की स्वीकृति के बिना किसी की सम्पत्ति लेना अपराध समझा जाता है, किन्तु प्रत्येक परिस्थिति में नहीं। उदाहरणार्थ कस्टम अधिकारी (Custom Officer) द्वारा स्मगलिंग के मालों को जब्त कर लेना अपराध नहीं समझा जाता है। किसी भी स्त्री के साथ बिना उसकी स्वीकृति के यौन संबंध स्थापित कर लेना अपराध समझा जाता है

किन्तु प्रत्येक परिस्थिति और प्रत्येक स्थान पर नहीं। उदाहरणस्वरूप आस्ट्रेलिया की जनजातियों में यौन संबंधी नियमों का उल्लंघन करने पर दण्डस्वरूप उसी स्त्री पर यौन आक्रमण करना अपराध नहीं समझा जाता है।

उक्त बातों से पता चलता है कि अपराध एक सार्वभौमिक घटना है लेकिन प्रत्येक जगहों पर इसका स्वरूप भिन्न-भिन्न होता है। दूसरे शब्दों में यह कहा जा सकता है कि अपराध की व्याख्या देश, काल और परिस्थितियों के अनुसार होती है। समाज गतिशील है और इस गतिशीलता के कारण समाज के मूल्यों, प्रथाओं और परम्पराओं में हमेशा परिवर्तन होता रहता है। परिणामतः अपराध की व्याख्या भी बदलती रहती है। सामाजिक तौर पर अपराध को निर्धारित करने वाले आदर्शों एवं मूल्यों में ही जब परिवर्तन होता रहेगा तो यह स्वाभाविक है कि अपराध का स्वरूप ही बदलता रहेगा। साथ ही कानूनी तौर पर अपराध को निर्धारित करने वाले कानूनों में भी हमेशा परिवर्तन आता रहता है। इसलिए अपराधी व्यवहारों की सूची प्रस्तुत करना सम्भव नहीं प्रतीत होता है।

अपराध फ्रेंच शब्द 'Crime' का हिन्दी अनुवाद है। 'मानक अंग्रेजी हिन्दी कोश' में 'क्राइम' के जो अन्य पर्याय दिए गए हैं वे इस प्रकार हैं–जुर्म, कसूर, दोष, अपकृत्य, पातक, पाप, गुनाह आदि। क्राइम (Crime) शब्द लैटिन भाषा के क्रिमेन (Crimen) शब्द से बना है जिसका अर्थ है विलगाव। सामान्य या साधारण बोलचाल की भाषा में अपराध एक ऐसा कार्य है जो व्यक्ति का सामाजिक विलगाव (अलगाव) उत्पन्न करता है। दूसरे शब्दों में यह कहा जा सकता है कि अपराध एक ऐसा कार्य है जिसके करने वाले को समाज कभी स्वीकार नहीं करता है।

अपराध के बारे में कोई एक ठोस परिभाषा नहीं है, बल्कि इस बारे में अनेक विद्वानों ने अपने-अपने तरीके से परिभाषा दिया है। दूसरे शब्दों में यह कहा जा सकता है कि अपराध को किसी एक आधार पर परिभाषित नहीं किया जा सकता है। मुख्य रूप से अपराध की परिभाषाएँ पाँच अवधारणाओं के आधार पर विद्वानों ने प्रस्तुत की हैं। ये अवधारणाएँ अग्रलिखित हैं–(i) प्रेतविद्या संबंधी अवधारणा (Demonological Conception), (ii) विधिशास्त्रीय अवधारणा (Legal Conception), (iii) समाजशास्त्रीय अवधारणा (Sociological Conception), (iv) सामाजिक एवं विधिशास्त्रीय अवधारणा (Socio-Legal Conception) तथा (v) मनोवैज्ञानिक अवधारणा (Psychological Conception)।

प्रेतविद्या संबंधी अवधारणा के आधार पर अपराध की परिभाषा

अपराध को शुरू में भूत-प्रेतों से सम्बन्धित माना जाता था। जब तक किसी औपचारिक सरकार की स्थापना नहीं हुई थी तब तक कुछ ऐसे कार्य थे जिन्हें अपराध माना जाता था। ये समुदाय के लिए भी हानिकारक समझे जाते थे। इन अपराधों में सबसे गंभीर अपराध किसी देवता का सार्वजनिक स्थानों पर अपमान करना माना जाता था। ऐसा माना जाता था कि इस तरह के अपराध से समूह एवं समाज की समृद्धि को खतरा पहुँचता है। देवताओं को रक्षक माना जाता था। ऐसा माना जाता था कि कोई व्यक्ति भूत-प्रेत का साया होने के कारण इस तरह का अपराध करता था। इस संबंध में बार्न्स एवं टीटर्स ;ठंतदमे दक ज्ममजमतेद्ध ने छमू भ्वतप्रवदे पद ब्तपउपदवसवहल में लिखा है, ''अपराध करने वाले व्यक्तियों पर भूत-प्रेतों का निवास या अधिकार होता था इसलिए अपराध के लिए दण्ड देने का मुख्य उद्देश्य या तो इन भूत-प्रेतों को भगाना होता था या फिर उस व्यक्ति को ही समूह से निकाल दिया जाता था अथवा उसको मार दिया जाता था जिसने भूतों के प्रभाव में आकर ऐसे व्यवहार किए, जो अपराध समझे गए। एक अंश में तो इस सिद्धान्त के पीछे समुदाय के अपराधी को और अधिक अपराधों से बचाने का विचार था। लेकिन इससे भी अधिक आवश्यक बात यह थी कि देवताओं को प्रसन्न रखा जाए।'' हालाँकि आज के वैज्ञानिक युग में भूत-प्रेत संबंधी अवधारणाओं का कोई महत्त्व नहीं है। फिर भी यदा-कदा समाज में कुछ हद तक अभी भी यह विचार कायम है कि स्वेच्छाचारी व्यक्ति भूत-प्रेत के प्रभाव में रहते हैं इसलिए दण्ड देकर उनका पवित्रीकरण किया जाए।

विधिशास्त्रीय अवधारणा के आधार पर अपराध की परिभाषा

अपराध के संबंध में जो सर्वमान्य विचार विधिशास्त्रीय या कानूनी है। इस आधार पर भी अपराध को परिभाषित किया जा सकता है। कानूनी दृष्टिकोण से कानून का उल्लंघन करना अपराध समझा जाता है। अनेक विद्वानों ने प्रत्यक्ष या अप्रत्यक्ष रूप से अपराध का मतलब कानूनों का उल्लंघन करना बताया है। इन विद्वानों में हेकरवाल (Haikerwal), मावरर (Mowrer), लैण्डिस एवं लैण्डिस (Landis and Landis), हाल्सबरी (Halsbury), सी. डैरो (C. Darrow), मैकेन्जी (Mackengie), इलियट एवं मेरिल (Elliot and Merrill), माइकेल एवं एडलर (Micheal and Adler) तथा एम.जे. सेथाना (M.J. Sethana) आदि प्रमुख हैं। विभिन्न विद्वानों द्वारा विधिशास्त्रीय दृष्टिकोण से अपराध को

परिभाषित किया गया है। इनमें से कुछ विद्वानों द्वारा प्रस्तुत परिभाषाएँ यहाँ प्रस्तुत की जा रही हैं जो निम्नलिखित हैं–

हेकरवाल (Haikerwal) अपराध को परिभाषित करते हुए ने लिखते हैं, ''अपराध कानून का उल्लंघन है।'' ("Crime is a violation of law.") यह परिभाषा अपराध की अवधारणा को पूर्णतया स्पष्ट नहीं करता है।

ब्लैकस्टोन ने 'Commentaries', Vol. 4 में अपराध को परिभाषित करते हुए लिखते हैं, ''कोई सार्वजनिक कानून जो किसी व्यवहार के करने पर प्रतिबन्ध लगाता है या ऐसा करने की अवज्ञा देता है, उसके उल्लंघनस्वरूप किया गया व्यवहार अपराध है।'' ("A crime is an act committed or omitted, in violation of a public law either forbidding or commanding it.") इस परिभाषा से पता चलता है कि कानून द्वारा जिन व्यवहारों पर प्रतिबन्ध लगाया जाता है उसका उल्लंघन करना अपराध कहा जाता है।

अपराध को परिभाषित करते हुए पॉल डब्लू. टेपर ने "Crime, Justice and Correction' में लिखा है, ''अपराध कानून का उल्लंघन है जो बिना किसी तर्कसंगति व प्रतिवाद के किया जाता है। विधिवेत्ताओं के अनुसार अपराध ऐसा आचरण है जो अपराध दण्ड संहिता के अंतर्गत है। अपराध की वैधानिक अवधारणा इस प्रकार के कृत्य का राज्य शक्ति द्वारा निषिद्ध होना है।''

लैण्डिस तथा लैण्डिस ने अपराध को परिभाषित करते हुए अपनी पुस्तक 'Social Living' में लिखते हैं ''अपराध वह क्रिया है जिसे राज्य ने सामूहिक कल्याण के लिए हानिकारक घोषित किया है और जिसके लिए राज्य दण्ड देने की शक्ति रखता है।'' ("Crime is an act which the State has declared harmful to group welfare and for which the State has power to punish.") इस परिभाषा से पता चलता है कि कानूनी दृष्टिकोण से वही कार्य अपराध समझा जाता है जो कानून द्वारा निषिद्ध होता है। साथ ही इसके लिए व्यक्ति राज्य द्वारा दण्ड भी पा सकता है।

माइकेल तथा एडलर (Michael and Adler) ने अपराध को परिभाषित करते हुए 'Crime, Law and Social Science' में लिखा है, ''अपराध वह व्यवहार है जो दण्ड संहिता (Criminal Code) द्वारा निषिद्ध ठहरा दिया गया है।'' इस परिभाषा से पता चलता है कि अपराध कानून द्वारा निषिद्ध व्यवहार को कहा जाता है।

टैपन (Tappan) द्वारा भी अपराध की परिभाषा दी गई है। उन्होंने अपराध को परिभाषित करते हुए 'Who is the Criminal?' में लिखा है, ''अपराध

कानून संहिता के उल्लंघन में एक जान-बूझकर किया गया व्यवहार है, जो बिना किसी आरक्षण के किया गया तथा जो राज्य द्वारा दण्डनीय है।" ("Crime is an intentional act in violation of the Criminal Law (Statutory and Case Law), Committed without defence or excuse, and penalized by the state as a felony or a misdemeanoar.") इस परिभाषा से स्पष्ट होता है कि कानून का उल्लंघन जब जान-बूझकर किया जाता है तब वह अपराध कहा जाता है। ऐसे अपराधों के लिए राज्य द्वारा दण्ड का भी प्रावधान रहता है।

अपराध की परिभाषा मैकेन्जी (Mackenzie) द्वारा भी दी गई है। उनके अनुसार, "यह समाज के विरुद्ध उन अपराधों से सम्बन्धित हैं जो राष्ट्रीय कानून द्वारा स्वीकृत हैं तथा जो दण्डनीय हैं।" ("It denotes only those offences against society which are recognized by national law and which are liable to punishment.")

हाल्सबरी (Halsbury) अपराध को परिभाषित करते हुए लिखते हैं, "अपराध गैर-कानूनी क्रिया या गलती है जो जनता के विरुद्ध अपराध है और इस क्रिया या गलती को करने वाला कानूनी दण्ड के योग्य है।" ("Crime is an unlawful act or fault which is an offence against the public and the perpetrator of that act or default is liable to legal punishment.")

एडलर (Adler) ने अपराध को परिभाषित करते हुए लिखा है, "व्यवहार का वह उदाहरण जो अपराधी-कानून द्वारा वर्जित है।" ("An instance of behaviour prohibited by Crimnal Law.")

अपराध के अनुसार सदरलैण्ड (Sutherland) "अपराध सामाजिक दृष्टिकोण से सम्बन्धित है। अपराधी-कानून का उल्लंघन करने वाला व्यवहार ही अपराधी-व्यवहार है।" ("Crime is related from the social point of view. Criminal hehaviour is that behaviour in violation of Criminal Law.") इस परिभाषा से पता चलता है कि जिन व्यवहारों द्वारा अपराधी-कानून का उल्लंघन होता है वही व्यवहार अपराध कहलाते हैं।

गिलीन एवं गिलीन (Gillin and Gillin) ने अपराध को परिभाषित करते हुए लिखा है, "अपराध देश के विरुद्ध किया गया व्यवहार है।" ("Crime is an offence against the law of the land.")

अपराध को परिभाषित करते हुए मावरर (Mowrer) ने लिखते हैं, "अपराध वह क्रिया है जिससे कानून का उल्लंघन होता है।" मावरर के अनुसार ऐसी क्रिया जिससे कानून का उल्लंघन होता हो अपराध कहलाता है।

अपराध को परिभाषित करते हुए जस्टिन मिलर (Justin Miller) ने कहा है, "जिन कामों को करने के लिए कानून प्रोत्साहित करता है या आज्ञा देता है उनको न करने और जिन कानूनों को कानून मना करता है उनको करने का नाम ही अपराध है। कानून को शक्तिशाली बनाने के लिए दण्ड होता है जो राज्य द्वारा प्रदान किया जाता है। कोई भी वह काम जो व्यक्तियों की अंतरात्मा को कितना ही खराब क्यों न लगे तब तक अपराध नहीं है जब तक कानून उसको मना न करे।" इस परिभाषा से पता चलता है कि कानून द्वारा वर्जित कार्यों को करना ही अपराध है। इसके लिए दण्ड का प्रावधान होता है। साथ ही मनुष्य का कोई भी कार्य तब तक अपराध नहीं माना जाता जब तक कानून उस कार्य को करने के लिए मना नहीं करे।

अपराध की प्रकृति को स्पष्ट करते हुए और इसे परिभाषित करते हुए सी. डैरो (C. Darrow) ने अपनी पुस्तक 'Crime–Its Causes and Punishment' में लिखा है, "Crime is an Act forbidden by the law of the land for which penality prescribed." इस परिभाषा से स्पष्ट होता है कि अपराध एक ऐसा कार्य है जो एक स्थान विशेष से सम्बन्धित होता है। जिस स्थान का कानून जिस कार्य को करना निषिद्ध घोषित करता है, उस कार्य को करना कानूनी तौर पर अपराध होता है। साथ ही इस परिभाषा से यह भी पता चलता है कि अपराधी कार्यों के लिए व्यक्ति दण्ड भी पाता है। साथ ही यह भी कहा जा सकता है कि अपराध वह कार्य है जो जनसमूह के लिए हानिकारक होता है। जब एक खास तरह के कार्य को सामूहिक कल्याण के दृष्टिकोण से राज्य हानिकारक घोषित करता है तब वह कार्य अपराध की श्रेणी में आ जाता है। इसका मतलब कानूनी दृष्टिकोण से वही कार्य अपराध समझा जाता है जो कानून द्वारा निषिद्ध होता है। तभी तो सदरलैण्ड (Sutherland) ने लिखा है, "Anti-social behaviour is not crime unless it is prohibited by law."

इलियट तथा मेरिल (Elliott and Merrill) अपराध को परिभाषित करते हुए लिखते हैं, "अपराध वह क्रिया है जो कानून द्वारा वर्जित है, जिसके लिए मृत्यु, जुर्माना, कारावास, कार्यगृह, सुधारगृह या जेल में रखकर दण्डित किया जा सकता है।" ("A crime is an act prohibited by law, which may be punished by death or by fine or by imprisonment in jail, workhouse, reformatory or prison.") इस परिभाषा से पता चलता है कि अपराध कानून द्वारा वर्जित क्रिया होता है तथा इसके लिए कानून में कई प्रकार से दण्ड का प्रावधान होता है।

किसी कार्य को अपराध घोषित करने के लिए कर्त्ता का क्रिमिनल इनटेंशन (Criminal Intention) का होना भी आवश्यक होता है। इसके अभाव में किया गया कार्य अपराध नहीं माना जाता है। लेकिन ऐसा भी सार्वभौमिक नहीं है। इसलिए कोई कार्य अपराध है या नहीं, इसके लिए देखना चाहिए कि वह कार्य राज्य द्वारा निषिद्ध है या नहीं तथा कर्त्ता के intention and behaviour में कोई co-relation है या नहीं। साथ ही डी.आर. टैफ्ट (D.R. Taft) ने विचार दिया है कि किसी भी कार्य को अपराध घोषित करने के लिए यह देखना आवश्यक है कि इस कार्य को करने वाला कर्त्ता की उम्र कितनी है। यदि कर्त्ता कम उम्र का है तो उसका कार्य अपराध की श्रेणी में न आकर बाल-अपराध की श्रेणी में आएगा।

अपराध कानूनी दृष्टिकोण से कानून द्वारा निषिद्ध कार्य है लेकिन इसका मतलब यह नहीं है कि अगर समाज में अपराधी कानून हो तो अपराध नहीं होंगे। अपराधी कानून किसी कार्य को अपराध घोषित करे या न करे, सामाजिक तौर पर अपराध की भावना सदैव बनी रहेगी। इतना हो सकता है कि इनके स्वरूपों या प्रकारों में अंतर पाया जाए। इस सन्दर्भ में सदरलैण्ड (Sutherland) ने लिखा है, "The name of the behaviour would be changed but behaviour and the societal reaction to the behaviour would remain essentially the same, for the "Social interests" damaged by the behaviour would remain essentially unchanged."

अपराध के उक्त वैधानिक दृष्टिकोण से वर्णन का अध्ययन करने पर पता चलता है कि वैधानिक दृष्टिकोण से अपराध कानून द्वारा वर्जित व्यवहारों या कार्यों को करना है। दूसरे शब्दों में यह कहा जा सकता है कि जिस कार्य को कानून निषिद्ध घोषित कर देता है उसे करना ही कानूनी या वैधानिक दृष्टिकोण से अपराध है। इसके लिए कानून में सजा का प्रावधान भी रहता है। साथ ही समय व स्थान विशेष में कानून भी अलग-अलग होता है तथा पृथक-पृथक व्यवहारों को अपराध की श्रेणी में रखा जाता है।

समाजशास्त्रीय अवधारणा के आधार पर अपराध की परिभाषा

अपराध को विभिन्न समाजशास्त्रियों द्वारा समाजिक दृष्टिकोण एवं समाजशास्त्रीय अवधारणा के आधार पर परिभाषित किया गया है। किन्तु प्रत्यक्ष या अप्रत्यक्ष रूप से सभी ने इस बात को स्वीकार किया है कि अपराध एक ऐसा कार्य है जिससे समाज को हानि पहुँचती है और जो सामाजिक आदर्श के विरुद्ध

होता है। हेकरवाल (Haikerwal), सदरलैण्ड (Sutherland), टैफ्ट (Taft), रेडक्लिफ ब्राउन (Radcliffe Brown) तथा थॉमस एवं जैनेनिकी आदि विद्वानों ने सामाजिक तौर पर अपराध की अवधारणा को स्पष्ट करने का प्रयत्न किया है। अपराध की समाजशास्त्रीय अवधारणा इस बात पर आधारित है कि अपराध के लिए समाज जिम्मेवार है। इस बात की पुष्टि करते हुए महात्मा गाँधी ने कहा है, "समाज का कर्त्तव्य है कि उन लोगों के प्रति, जो निश्चित रीतियों और परम्पराओं के विरुद्ध काम कर बैठते हैं, हृदयहीन सौतेली माँ जैसा व्यवहार न करें। इस प्रकार के अपराध भिन्न प्रकार की बीमारियाँ हैं।" महात्मा गाँधी के अनुसार गुप्त रूप से हम सभी अपराधी हैं। इस तरह यह पता चलता है कि सामाजिक रूप से सामाजिक मूल्यों, परम्पराओं तथा रूढ़ियों आदि का उल्लंघन करना अपराध कहलाता है। कभी-कभी व्यक्ति जान-बूझकर भी इसका उल्लंघन करता है तो कभी-कभी परिस्थितिवश भी। समाज ऐसा करने वालों को सामाजिक दण्ड देता है। अर्थात् सामाजिक रूप से भी अपराध करने पर दण्ड का प्रावधान होता है। अनेक विद्वानों द्वारा समाजशास्त्रीय रूप से दी गई परिभाषाओं का अवलोकन करने पर अपराध का स्वरूप और स्पष्ट हो जाएगा। विभिन्न विद्वानों द्वारा प्रस्तुत परिभाषाएँ अग्रलिखित हैं–

अपराध को परिभाषित करते हुए इलियट तथा मेरिल (Elliott and Merill) ने लिखा है, "जब किसी व्यक्ति का आचरण असामाजिक ठहराया जाता है तो उसका आचरण उस मान्य आचरण से, जो उस समूह के द्वारा उस स्थिति में निश्चित होता है, भिन्न होता है।" ("When a man's conduct is adjudged anti-social, his behaviour differs from accepted behaviour chiefly in the group's definition of the situation.")

अपराध को परिभाषित करते हुए हेकरवाल (Haikerwal) ने लिखते हैं, "सामाजिक दृष्टिकोण से अपराध या बाल-अपराध एक ऐसा व्यवहार है जो कि उन मानव-संबंधों की व्यवस्था में बाधा डालता है जिसे कि समाज अपने अस्तित्व के लिए मौलिक शक्ति के रूप में मानता है।" ("From the social point of view crime or delinquency implies such behaviour of the individual as interferes with the order of human relationships which society regards as primary condition of its existence.")

अपराध की परिभाषा थॉमस (Thomas) ने भी की है। उनके अनुसार, "अपराध एक ऐसा कार्य है जो उस समूह के स्थायित्व का विरोधी है जिसे कि

व्यक्ति अपना समझता है।" ("Crime is an action which is antagonistic to the solidarity of that group which the individual considers his own.")

अपराध को परिभाषित करते हुए प्रोफेसर रेकलेस (Prof. Reckless) ने लिखा है, "समाज के बनाए और माने हुए रास्ते को तोड़ने का नाम अपराध है, अपराध समाजशास्त्रीय दृष्टिकोण से उन कृत्यों का नाम है जो सामाजिक रूढ़ियों एवं प्रथाओं को तोड़ते हैं लेकिन इसके लिए यह आवश्यक नहीं है कि आधुनिक युग की कानून की किताब में इसका उल्लेख ही हो।"

अपराध की परिभाषा गैरोफेलो (Garofalo) के द्वारा भी की गई है। उनके अनुसार "दया और ईमानदारी की प्रचलित भावनाओं का उल्लंघन ही अपराध है।" ("A violation of prevalent sentiments of pity and probity.")

डॉ. राम आहूजा (Dr. Ram Ahuja) ने अपराध को परिभाषित करते हुए 'Social Problems of Modern India' में लिखा है, "समाजशास्त्रीय दृष्टिकोण से वह व्यवहार जो आदर्शमूलक (Normative) समूहों के व्यावहारिक नियमों के अनुरूप (Inconformity) है वह 'सामान्य' (Normal) व्यवहार है और जो इन नियमों का उल्लंघन करता है वह 'समाज-विरोधी' (Anti-social) व्यवहार है और यह 'अपराध' भी कहलाता है।"

अपराध को परिभाषित करते हुए ई.आर. मोवरर (E.R. Mowrer) ने 'Disorganiza-tion : Personal and Social' में लिखा है, "अपराध एक समाज-विरोधी कार्य है।"

गिलीन (Gillin) ने अपनी पुस्तक 'Criminology and Penology' में अपराध को परिभाषित करते हुए लिखा है, "अपराध ऐसा कार्य है जो समाज के लिए हानिप्रद सिद्ध हो चुका है तथा समाज ऐसे व्यवहार को सकारात्मक दण्ड विधानों के अंतर्गत निषिद्ध करता है।"

रेडक्लिफ ब्राउन (Redcliffe Brown) अपराध को परिभाषित करते हुए लिखते है, "अपराध उन प्रचलित रीतियों को तोड़ना है जो दण्ड की अभिमति के अभ्यास को जन्म देती है।" ("Crime is a violution of usage which gives rise to the exercise or penal sanciton.")

अपराध की समाजशास्त्रीय अवधारणा के आधार पर वृहत् एवं स्पष्ट रूप से परिभाषा सदरलैण्ड (Sutherland) द्वारा की गई है। उनके अनुसार, "एक मूल्य जो एक समूह द्वारा अथवा उस समूह की राजनीतिक दृष्टि से महत्त्वपूर्ण अंग द्वारा

मान्यता प्राप्त है, समूह के दूसरे भाग का उससे पृथक होना अथवा सांस्कृतिक संघर्ष होना जिससे कि इस पृथक् भाग के सदस्य उस मूल्य की सराहना नहीं करते या बहुत कम सराहना करते हैं तथा परिणामस्वरूप उस मूल्य को खतरा पहुँचाने की ओर झुकते हैं, फिर उस अंग के द्वारा जो उस मूल्य की सराहना करता है उस अंग के लिए एक प्रभावपूर्ण दबाव की व्यवस्था जो उसकी सराहना नहीं करता। इस तरह अपराध व्यक्ति के स्थान पर समूह या समाज की दृष्टि से देखा जाता है जो इन्हीं उपर्युक्त संबंधों का एक जाल मालूम पड़ता है।''

समाजशास्त्रीय अवधारणा के आधार पर अपराध की उक्त परिभाषाओं के अवलोकन से पता चलता है कि समाज में प्रचलित रीतियों एवं परम्पराओं को तोड़ना ही सामाजिक दृष्टिकोण से अपराध समझा जाता है। इन रीतियों एवं परम्पराओं को तोड़ने वाले समाज के द्वारा दण्ड के भागीदार भी होते हैं। साथ ही यह भी कहा जा सकता है कि सामाजिक एकता एवं संगठन को अगर किसी क्रिया द्वारा भंग किया जाता है तो वह अपराध कहलाता है।

सामाजिक तथा विधिशास्त्रीय अवधारणा के आधार पर अपराध की परिभाषा

सामाजिक एवं विधिशास्त्रीय आधार पर अपराध की व्याख्या करना तथा इसकी परिभाषा प्रस्तुत करना वास्तव में सामाजिक एवं विधिशास्त्रीय दोनों अवधारणाओं का मिश्रण करना है। इस विचार के अनुसार अपराध एक ऐसा कृत्य है जिससे समाज को हानि पहुँचती है लेकिन यह बात समाज की प्रभुता-सम्पन्न जनता की ही मानी जाती है। प्रभुता-सम्पन्न वर्ग वह होता है जिसके पास अपनी बात को मनवाने के लिए पर्याप्त शक्ति होती है। इसके बल पर कानून बनाया जाता है तथा इसको तोड़ने वालों को दण्डित किया जाता है। अपराध की यह अवधारणा या व्याख्या हालाँकि सामाजिक एवं विधिशास्त्रीय दोनों का सम्मिश्रण है लेकिन उपयुक्त प्रतीत नहीं होता है।

मनोवैज्ञानिक अवधारणा के आधार पर अपराध की परिभाषा

अपराध की मनोवैज्ञानिक धारणा के अंतर्गत वृत्ति तथा अपराधी-व्यवहार के विश्लेषण पर विशेष बल दिया गया है। अपराध का संबंध मानव-व्यवहार से है। लेकिन सभी मानव व्यवहार अपराध की सीमा में नहीं गिने जाते हैं। मानव के मुख्य रूप से दो तरह के व्यवहार होते हैं—सामान्य व्यवहार तथा असामान्य

व्यवहार। यदि मानव के सामान्य व्यवहार को सामाजिक रूप से स्वीकार कर लिया जाता है तो अपराध एक प्रकार के असामान्य व्यवहार के रूप में प्रदर्शित होता है। इसीलिए थॉमस (Thomas) का यह कथन उचित प्रतीत होता है कि अपराध वह प्रक्रिया है जिसमें सामान्य व्यवहार-प्रतिमान में विचलन होता है।

अपराध की मनोवैज्ञानिक अवधारणा इस सच्चाई पर जोर देती है कि अपराध के लिए व्यक्ति परिवेश की अपेक्षा अधिक उत्तरदायी है। व्यक्ति अपराधी व्यवहार का कारक स्वयं होता है परिवेश तो मात्र माध्यम होता है। सभी व्यक्ति सामाजिक परिवेश में ही रहते हैं लेकिन सभी अपराधी नहीं बन जाते। इसका कारण यह है कि ये व्यक्ति सामाजिक परिवेश के साथ अनुकूलन एवं अभियोजन स्थापित कर लेते हैं। सिर्फ वे व्यक्ति अपराधी बन जाते हैं जो सामाजिक परिवेश के साथ अनुकूलन एवं अभियोजन स्थापित नहीं कर पाते। इस प्रकार यह कहा जा सकता है कि मनोवैज्ञानिक धारणा के अनुसार व्यक्ति या उसका विघटनकारी व्यक्तित्व ही अपराध को जन्म देती है। इस संबंध में गौरेफेलो ने कहा है कि दया, ईमानदारी की भावना का दोषपूर्ण होना ही व्यक्ति को अपराधी बनाता है। इसी प्रकार गोडार्ड का कथन है कि अपराध मानसिक कमजोरी का परिणाम है। एडलर का कहना है कि अपराधी मन से होता है। आटोरेन्फ के अनुसार विघटित-व्यक्तित्व अपराध का कारक है। फ्रॉयड का विचार है कि अपराध दमन की अभिव्यक्तियाँ हैं।

उक्त विद्वानों के विचारों से पता चलता है कि मनोवैज्ञानिक कारणों से व्यक्ति अपराधी बनता है। इसके लिए सामाजिक परिवेश उत्तरदायी नहीं होता बल्कि व्यक्ति स्वयं जिम्मेदार होता है। अतः मनोवैज्ञानिक अवधारणा के आधार पर भी अपराध का स्वरूप स्पष्ट होता है।

अपराध एवं अपराधियों के प्रकार

अपराध एक प्रकार के नहीं बल्कि कई प्रकार के होते हैं। चूंकि ये मनुष्य द्वारा किए जाते हैं एवं मनुष्य के व्यवहार भी भिन्न-भिन्न प्रकार के होते हैं अतः अपराध भी भिन्न-भिन्न प्रकार के होते हैं। समाजशास्त्रियों के अध्ययन का विषय अपराध का अध्ययन न होकर अपराधियों का अध्ययन करना होता है। अगर अपराधी का अध्ययन हो जाए तो अपराध का अध्ययन स्वयं हो जाता है। यहाँ विभिन्न विद्वानों द्वारा प्रस्तुत अपराधियों के वर्गीकरण का उल्लेख निम्न प्रकार से किया जा सकता है—

ई.एच. सदरलैण्ड (E.H. Sutherland) ने दो तरह के अपराधियों का उल्लेख किया है–(i) साधारण या निम्न श्रेणी के अपराधी (Simple or Lower Criminals) तथा (ii) श्वेतवस्त्रधारी अपराधी (White Collar Criminals)

साधारण या निम्न श्रेणी के अपराधी वे अपराधी हैं जिनकी आर्थिक तथा सामाजिक स्थिति निम्न है। अर्थात् अगर सामाजिक एवं आर्थिक रूप से पिछड़ा हुआ व्यक्ति यदि कोई अपराध करता है तो वह साधारण या निम्न श्रेणी के अपराधी के तहत आता है। ऐसे अपराधी सही न्याय पाने में भी असमर्थ होते हैं।

उन अपराधियों को श्वेतवस्त्रधारी अपराधी कहा जाता है जिनकी सामाजिक व आर्थिक स्थिति समाज में उच्च होती है। उनके अपराध पर कोई जल्द विश्वास भी नहीं करता। लेकिन वे अपराध करते हैं। ऐसे लोग अपने व्यवसाय के दौरान अपराध करते हैं जिसका लोगों को पता नहीं चलता है। जैसे डॉक्टर प्राइवेट प्रैक्टिस के दौरान, वकील अपने पेशे के दौरान तथा उच्च अधिकारी भी घूस आदि लेकर इस तरह का अपराध करते हैं। इस प्रकार के अपराध का कोई पता नहीं चलता तथा ज्यादातर अपराधी को इस तरह के अपराध के लिए कोई सजा भी नहीं मिलती है। बार्न्स व टीटर्स (Barnes and Teeters) ने 'New Horizons in Criminology' में कहा है कि श्वेतवस्त्रधारी अपराधी वह है जो सन्देहपूर्ण आचार द्वारा व्यापार करते हैं। गबन, रिश्वत, धोखाधड़ी, मिलावट, कर-चोरी, काला-बाजारी आदि इस तरह के अपराध कहे जा सकते हैं।

काल्डवेल, टेपन, जार्ज बोल्ड एवं कुछ अन्य विद्वानों ने सदरलैण्ड द्वारा प्रस्तुत इस वर्गीकरण की आलोचना की है। उनका मानना है कि सदरलैण्ड द्वारा कोई ऐसा निश्चित लक्षण नहीं बतलाया गया है जिसके आधार पर अपराधी के प्रकार को निश्चित किया जाए।

सीजर लोम्ब्रोसो (Cesare Lombroso) ने 'Crime : Its Causes and Remedies' नामक पुस्तक में 383 इटालियन अपराधियों का अध्ययन कर उन्हें वर्गीकृत किया। उन्होंने अलग-अलग आधारों पर अपराधियों का वर्गीकरण प्रस्तुत किया जो अग्रलिखित हैं–(i) जन्मजात अपराधी, (ii) पागल अपराधी, (iii) कामुक अपराधी तथा (iv) आकस्मिक अपराधी।

जन्मजात अपराधी वैसे अपराधी को कहा जाता है जिनमें कुछ विशिष्ट शारीरिक विशेषताएँ पाई जाती हैं। लोम्ब्रोसो ने 19 विशिष्ट शारीरिक विशेषताओं का वर्णन किया है तथा बताया है कि इनमें से किसी पाँच या उससे ज्यादा लक्षण यदि किसी व्यक्ति में पाई जाए तो वह अवश्य अपराधी प्रवृत्तिवाला व्यक्ति होगा।

लोम्ब्रोसो के अनुसार दूसरे तरह के अपराधी पागल अपराधी होते हैं। ये मानसिक व्याधि के कारण अपराध कर बैठते हैं।

लोम्ब्रोसो के अनुसार तीसरे तरह के अपराधी कामुक अपराधी होते हैं। ऐसे अपराधी अपनी काम-पिपासा शान्त करने के लिए अपराध करते हैं।

चौथे प्रकार के अपराधी लोम्ब्रोसो के अनुसार आकस्मिक अपराधी हैं। इस प्रकार के अपराधी मानसिक व शारीरिक दोषों से मुक्त होते हैं। ये बाह्य परिस्थितियों के कारण अपराध कर बैठते हैं। आकस्मिक अपराधी को तीन उपश्रेणियों में विभाजित किया जा सकता है–(क) मिथ्या अपराधी (ख) अभ्यस्त अपराधी तथा (ग) अपराधी सम मिथ्या अपराधी।

हैण्डर्सन (Handerson) ने 'Atlantic Monthly' में अपराधियों को तीन श्रेणियों में विभाजित किया है। ये श्रेणियाँ निम्नलिखित हैं–(i) आदतन अपराधी नहीं, (ii) जो ऊपरी तौर पर अपराध करते हों तथा (iii) जिनकी आदत ही अपराध करने की हो गई है।

उक्त विवरणों से पता चलता है कि अनेक विद्वानों ने अपराधियों का विभिन्न वर्गीकरण प्रस्तुत किया है।

विभिन्न विद्वानों ने अपराध का वर्गीकरण किया है जो अग्रलिखित हैं–

लेमर्ट (Lemert) ने अपराधों का तीन वर्गीकरण किया है–(i) स्थितिजन्य अपराध (ii) नियोजित अपराध तथा (iii) विश्वासघातक अपराध।

स्थितिजन्य अपराध मनुष्य जान-बूझकर नहीं करता। ऐसी परिस्थितियाँ आ जाती हैं जिनमें ये अपराध हो जाते हैं। अर्थात् यह कहा जा सकता है कि मनुष्य स्वभावतः समाज-विरोधी कार्य नहीं करना चाहता है। क्योंकि इस तरह के अपराध परिस्थितिवश होते हैं इसलिए इनमें व्यक्ति की इच्छा एवं अनिच्छा का सवाल ही नहीं पैदा होता। इस तरह के अपराध अक्सर देखने को मिलते रहते हैं। हमारे देश में बेरोजगारी की समस्या एक विकराल समस्या है। अगर सभी तरह से योग्य व्यक्ति को रोजगार नहीं मिलता है और इससे ऊबकर यदि वह आत्महत्या कर लेता है तो इस तरह का अपराध परिस्थितिजन्य अपराध कहलाता है। यह अपराध परिस्थितिवश किया जाता है।

नियोजित अपराध ऐसे अपराधों को कहा जाता है जो सोच-विचारकर नियोजित ढंग से किए जाते हैं। आधुनिक युग में इस प्रकार के अपराधों की वृद्धि हो रही है। चोरी करना, डाका डालना, लूटना, सरकारी अध्यादेशों का उल्लंघन करना तथा धारा 144 का उल्लंघन करना आदि नियोजित अपराध के उदाहरण कहे जा सकते हैं। इस प्रकार के अपराध परिस्थितिवश नहीं होते बल्कि इसमें अपराध करने वाले की इच्छा प्रबल होती है।

विश्वासघातक अपराध ऐसे अपराध को कहा जाता है जिसमें अपराध करने वाला व्यक्ति पहले लोगों का विश्वास प्राप्त करता है तथा बाद में उनके साथ अपराध करता है। अर्थात् ऐसे अपराध को ठगी की संज्ञा दी जा सकती है।

अपराधों का वर्गीकरण दो बातों के आधार पर हेज (Hayes) ने किया है। इनमें पहला आधार अपराधी का उद्देश्य है तथा दूसरा आधार अपराध की प्रेरक शक्तियाँ हैं। इन दो तत्त्वों के आधार पर हेज ने अपराधों को तीन भागों में बाँटा गया है जो अग्रलिखित हैं–(i) व्यक्ति के विरुद्ध अपराध, (ii) सम्पत्ति के विरुद्ध अपराध तथा (iii) व्यवस्था के विरुद्ध अपराध।

व्यक्ति के विरुद्ध अपराध ऐसे अपराध को कहा जाता है जो किसी व्यक्ति विशेष या व्यक्तियों को हानि पहुँचाती हो।

सम्पत्ति के विरुद्ध अपराध ऐसे अपराध को कहा जाता है जो सम्पत्ति को प्राप्त करने या उसे हानि पहुँचाने के लिए किया जाता है।

व्यवस्था के विरुद्ध अपराध ऐसे अपराध को कहा जाता है जब किसी व्यवस्था के प्रति रोष प्रकट करते हुए कोई अपराध किया जाता है।

बोंजर (Bonger) ने अपराधों का वर्गीकरण प्रयोजन के आधार पर किया है। इस आधार पर उन्होंने अपराध के चार वर्गीकरण किए हैं–(i) आर्थिक अपराध, (ii) यौन-संबंधी अपराध, (iii) राजनीतिक अपराध तथा (iv) विविध अपराध।

आर्थिक अपराध वैसे अपराध को कहा जाता है जिसका प्रयोजन आर्थिक हितों को साधना होता है।

यौन-संबंधी अपराध वैसे अपराध हैं जिनमें यौन-संबंधी जरूरत की पूर्ति अनैतिक माध्यम से किया जाता है।

राजनीतिक अपराध वैसे अपराध हैं जो राजनीति के क्षेत्र में होते हैं। जब राजनेता राजनीतिक रूप से कोई अपराध करते हैं तब उसे राजनीतिक अपराध कहा जाता है।

विविध अपराध के तहत अनेक प्रकार के अपराध आते हैं। अपराधों की कोई कमी नहीं है। इसलिए अनेक प्रकार के अपराध विविध अपराध के तहत रखे जाते हैं।

अपराध के उपर्युक्त वर्गीकरणों के अतिरिक्त कुछ अन्य वर्गीकरणों की चर्चा की जा सकती है जो अग्रलिखित हैं–

गंभीरता के आधार पर अपराध को दो भागों में विभाजित किया जा सकता है–(i) साधारण अपराध तथा (ii) गंभीर अपराध।

साधारण अपराध वैसे अपराध को कहा जाता है जिनकी प्रकृति साधारण होती है। अर्थात् इस तरह के अपराध के कोई गंभीर नतीजा नहीं होते।

गंभीर अपराध वैसे अपराध को कहा जाता है जिनसे समाज तथा देश को क्षति पहुँचती है। इसलिए ऐसे अपराधों की प्रकृति गंभीर होती है।

संख्या के आधार पर सरकार ने पाँच तरह के अपराध निर्धारित किए हैं जो अग्रलिखित हैं—(i) व्यक्ति के विरुद्ध अपराध, (ii) सम्पत्ति के विरुद्ध अपराध, (iii) राज्य के विरुद्ध अपराध, (iv) व्यवस्था के विरुद्ध अपराध तथा (v) न्याय के विरुद्ध अपराध।

अपराध के लक्षण

अपराध की प्रकृति अलग-अलग होती है। यही कारण है कि सभी समाजों में अपराध एक जैसे नहीं पाए जाते हैं। यह एक सार्वभौमिक घटना है। यह विश्व के सभी देशों में पायी जाती है। भले ही अलग-अलग समाजों या समयों में इसकी प्रकृति में अंतर पाई जाती हो। लेकिन यह विद्यमान हमेशा रहता है। अपराध मुख्य रूप से समाज एवं कानून के विरुद्ध व्यवहार को कहा जाता है। अर्थात् अगर व्यक्ति के किसी व्यवहार से अगर सामाजिक आदर्श, मूल्य, प्रथा एवं परम्परा को खतरा हो तो उसका यह व्यवहार अपराध कहलाता है। हर समाज अपने सदस्यों के लिए कुछ व्यवहारों को निर्धारित करता है जो उस समाज के आदर्श, मूल्य, प्रथा एवं परम्परा के अनुकूल हो। व्यक्ति द्वारा समाज द्वारा निर्धारित इन्हीं व्यवहारों का उल्लंघन करना अपराध कहलाता है। इसी तरह कानून भी व्यक्तियों के लिए कुछ व्यवहार या नियम निर्धारित करता है। कानून द्वारा निर्धारित व्यवहार या नियम का पालन नहीं करना अथवा उसका उल्लंघन करना ही कानूनी दृष्टिकोण से अपराध कहा जाता है। इस प्रकार पता चलता है कि सामाजिक तथा कानूनी दोनों दृष्टिकोणों से अपराध व्यक्तियों का इसके विरुद्ध व्यवहार को कहा जाता है। अपराध के कुछ लक्षण या विशेषताएँ होती हैं जिनके आधार पर मनुष्य की क्रियाओं को अपराध कहा जाता है। अपराध की निम्नलिखित विशेषताएँ या लक्षण बताए जा सकते हैं—

1. अपराध का बाह्य परिणाम होता—अपराध की प्रथम विशेषता या लक्षण यह है कि इसका बाह्य परिणाम होता है। कहने का तात्पर्य यह है कि अपराध द्वारा किसी-न-किसी प्रकार की हानि अवश्य होती है चाहे वह हानि व्यक्तिगत हो या सामूहिक। अपराधी क्रिया के तहत वे ही क्रियाएँ आती हैं जिनसे समाज को नुकसान

हो। इस परिपेक्ष्य में सदरलैण्ड (Sutherland) ने लिखा है, "अपराध हानिकारक क्रिया है, सिर्फ मानसिक या भावात्मक क्रिया ही पर्याप्त नहीं है।" ("Crime has a harmful impact on social interest, a mental or emotional state is not enough.") इस प्रकार यह कहा जा सकता है कि अपराध किसी-न-किसी रूप में व्यक्ति या समाज को हानि ही पहुँचाता है।

2. अपराध के लिए क्रिया का होना अवश्यक है—अपराध की दूसरी विशेषता या लक्षण यह है कि अपराध के लिए क्रिया का होना जरूरी है। अर्थात् अगर कोई व्यक्ति अपराध के बारे में सोचता है और उसे करता नहीं है तो वह अपराध नहीं कहलाएगा। साथ ही यह क्रिया समाज अथवा कानून द्वारा निषिद्ध भी होनी चाहिए। अगर कोई क्रिया समाज अथवा कानून द्वारा निषिद्ध नहीं है तो वह अपराध की श्रेणी में नहीं आता। उदाहरण के लिए यदि कोई व्यक्ति ट्रेन में डाका डालने की सोचता है तो उसका ऐसा सोचना अपराध नहीं कहलाएगा। जब वह अपनी सोच को कार्यान्वित करेगा तो उसे अपराध कहा जाएगा। साथ ही यदि आत्मरक्षार्थ कोई मजबूर होकर क्रिया करे तो वह भी अपराध की श्रेणी में नहीं रखा जाता है। यदि कोई व्यक्ति किसी लड़की की इज्जत लूट रहा हो और अपने आत्मरक्षार्थ यदि वह गोली चलाती है जिससे उस व्यक्ति की मृत्यु हो जाती है तो ऐसी क्रिया अपराध नहीं कहलाएगी। कहने का आशय यह है कि ऐसी क्रिया जान-बूझकर नहीं की गई है तथा अपने आत्मरक्षार्थ मजबूरीवश की गई है। इस तरह यह मालूम होता है कि व्यवहार में लाकर या क्रिया करके ही अपराध किए जा सकते हैं, सिर्फ सोचने से नहीं। इसलिए क्रिया अपराध की एक विशेषता कही जा सकती है।

3. अपराध कानून द्वारा निषिद्ध होता है—अपराध की तीसरी विशेषता या लक्षण यह है कि यह कानून द्वारा निषिद्ध होता है। कहने का आशय यह है कि जब तक कोई क्रिया या व्यवहार कानून द्वारा निषिद्ध घोषित नहीं किया जाता है तब तक वह अपराध नहीं कहा जाता। भले ही उस क्रिया या व्यवहार से व्यक्ति तथा समाज का कितना ही हानि क्यों न हो रहा हो। इस संबंध में सदरलैण्ड (Sutherland) ने भी कहा है, "समाज-विरोधी व्यवहार को तब तक अपराध नहीं कहा जा सकता जब तक कि वह कानून के द्वारा निषिद्ध न हो।" ("Anti-social behaviour is not crime unless it is prohibited by law.") अर्थात् जब तक समाज विरोधी व्यवहार कानून द्वारा अपराध घोषित नहीं कर दिया जाता है तब तक वह अपराध की श्रेणी में नहीं आता है भले ही इससे व्यक्ति या समाज

का जितना भी नुकसान हो जाए। तभी तो गिलीन एवं गिलीन (Gillin and Gillin) ने भी लिखा है, "किसी भी देश के कानून के विरुद्ध किया गया कार्य अपराध है।" इससे यह मालूम होता है कि कानून के विरुद्ध किया गया कार्य अपराध है। इसे एक उदाहरण से स्पष्ट किया जा सकता है। भारत में जब सती-प्रथा का प्रचलन था उस समय यह अपराध नहीं था चूँकि कानून ने इसे अपराध घोषित नहीं किया था। जब कानून ने सती-प्रथा को अपराध घोषित कर दिया तब वह प्रथा अपराध हो गया। हालाँकि सती-प्रथा अमानवीय प्रथा थी तथा इससे धन एवं जन दोनों की हानि होती थी लेकिन यह कानून द्वारा अपराध घोषित नहीं किया गया था तो यह अपराध नहीं था। इसी तरह बहुत जगहों पर शराब पीने को कानूनन अपराध घोषित किया गया है। वहाँ शराब पीना अपराध है लेकिन जहाँ इसे अपराध घोषित नहीं किया गया है वहाँ यह अपराध नहीं है। इस सन्दर्भ में पी. गोस्वामी (P. Goswami) ने लिखा है, "कोई भी हानि जो अपराध है या कहा जा सकता है, निश्चित रूप से कानूनी दृष्टि से वर्जित कार्य होना चाहिए।" ("Any harm which is or can be called crime must be a legally forbidden act.") इस तरह यह पता चलता है कि कोई भी कार्य जब तक वह कानून द्वारा निषिद्ध घोषित नहीं किया गया हो तब तक अपराध नहीं कहा जा सकता है।

4. अपराध के लिए अपराधी नियत का होना आवश्यक है—अपराध की चौथी विशेषता या लक्षण यह है कि अपराध के लिए अपराधी नियत का होना जरूरी है। अपराध में दो तत्त्वों का समावेश होता है। इनमें एक है प्रयोजन तथा दूसरा है नीयत। अपराध का संबंध प्रयोजन से कम होता है। अर्थात् यदि अपराधी का प्रयोजन कितना ही उच्च क्यों न हो लेकिन यदि वह कानून द्वारा वर्जित है तो वह अपराध की श्रेणी में ही आएगा। अगर कोई गरीब स्त्री अपने भूख से तड़पते बच्चे को देख नहीं पाती है तथा मजबूर होकर उसका गला दबा देती है। इस कार्य में माँ का प्रयोजन गलत नहीं है लेकिन उसकी नीयत समाज विरोधी है और इसे कानून द्वारा अपराध की श्रेणी में रखा जाएगा। लेकिन ऐसा सार्वभौमिक नहीं है। इस तरह यह कहा जा सकता है कि अपराध की एक विशेषता या लक्षण अपराधी नीयत है।

5. अपराध के लिए दण्ड का निर्धारित होना—अपराध की पाँचवीं विशेषता या लक्षण यह है कि अपराध के लिए दण्ड निर्धारित रहता है। दण्ड का निर्धारण न्यायालयों द्वारा होता है। दण्ड भी किसी को यों ही नहीं दे दिया जाता।

पहले कोई व्यक्ति अभियुक्त होता है। यानि जब किसी व्यक्ति पर कोई अभियोग लगाया जाता है तो उस पर न्यायालय में मुकदमा चलाया जाता है। इस समय व्यक्ति अपराधी न होकर अभियुक्त होता है। जब न्यायालय किसी अभियुक्त को अपराधी मानकर उसे दण्ड सुना देता है तब वह व्यक्ति अपराधी कहलाता है। यदि व्यक्ति को अपराध से मुक्त कर दिया जाता है अर्थात् दण्ड नहीं दिया जाता है तब वह अपराधी नहीं कहलाता है। अतः यह पता चलता है कि अपराध के लिए दण्ड निर्धारित किया जाता है। इस संबंध में पी. गोस्वामी (P. Goswami) ने भी 'Criminology' में लिखा है, "If there is no punishment, fixed and prescribed by law, then it will be difficult task to point out which is a cirminal act and which is not." अतः यह स्पष्ट होता है कि अपराध की एक विशेषता या लक्षण दण्ड का निर्धारण कहा जा सकता है।

अपराध के लिए जिम्मेवार कारण या कारक

अपराध का संबंध मनुष्य से प्रत्यक्ष रूप से जुड़ा हुआ है। यह एक सार्वभौमिक घटना है। मानव व्यवहार सभी समाजों तथा सभी समयों में एक समान नहीं होते हैं। इस प्रकार अपराध के कारण या कारक भी अनेकों हो सकते हैं। इसके कारण असंख्य हो सकते हैं। भरसक इसीलिए काल्डवेल्स ने 'क्रिमिनोलॉजी' में अपराध के कारणों के संबंध में बहुकारवाद के सिद्धान्त का प्रतिपादन किया। अनेक विद्वानों ने अपरध के कारणों की सूची प्रस्तुत की। यहाँ कुछ विद्वानों द्वारा प्रस्तुत अपराध के कारणों की सूची प्रस्तुत की जा रही है जो निम्नलिखित हैं–

डेविड ड्रैस्लर ने अपराध के कारणों की एक सूची प्रस्तुत की है जो निम्न प्रकार है–

(i) घर में अपर्याप्त शारीरिक दण्ड
(ii) घर में असंगत शारीरिक दण्ड
(iii) गरीब बाल्यकाल
(iv) ज्यादा सम्पन्न बाल्यकाल
(v) अत्यधिक शिक्षा
(vi) बाल्यावस्था में अभिभावकों का ज्यादा लाड़-प्यार
(vii) बाल्यावस्था में अभिभावकों का अपर्याप्त स्नेह
(viii) घर में ज्यादा शारीरिक दण्ड
(ix) अपर्याप्त शिक्षा

(x) धार्मिक प्रशिक्षण का अभाव
(xi) अति दबावमूलक धार्मिक प्रशिक्षण
(xii) भग्न परिवार या घर
(xiii) विवाह विच्छेद तथा पारिवारिक या गृह-विच्छिन्नता
(xiv) पुलिस की कड़ी व्यवस्था
(xv) धनाढ्यता
(xvi) निर्धनता
(xvii) अत्यधिक दमनकारी पुलिस व्यवस्था
(xviii) चलचित्रों से हिंसा का बढ़ता हुआ प्रदर्शन।
(xix) जासूसी एवं अपराध साहित्य
(xx) बौद्धिक कुशाग्रता
(xxi) मन्द-बुद्धिता।

सिरील बर्ट ने 'दि यंग डेलिन्क्वेंट' में अपराध के कारणों की एक सूची प्रस्तुत की है जो अग्रलिखित है–

(i) शारीरिक हीनता
(ii) दोषपूर्ण ग्रन्थि
(iii) अपूर्ण मनोरंजन सुविधाएँ
(iv) भावनात्मक असन्तुलन
(v) शिक्षा की कमी
(vi) जर्जर तथा थका हुआ शरीर
(vii) श्रमिकों का शोषण
(viii) अस्थायी पागलपन
(ix) व्यक्तिवादी अराजकता
(x) स्वच्छन्दतावादी दृष्टिकोण
(xi) सामाजिक अपूर्णता
(xii) दान तथा आय का असमान वितरण
(xiii) अवैध ढंग से धनोपार्जन
(xii) मद्यपान तथा नशीली दवाइयों का सेवन
(xv) विघटित परिवार
(xvi) धार्मिक भ्रष्टाचार
(xvii) पुलिस का भ्रष्टाचार

(xviii) माता-पिता के नियंत्रण में कमी

(xix) प्रेम का अभाव

(xx) दोषपूर्ण नैतिक तथा सामाजिक परिस्थितियाँ।

उक्त दोनों विद्वानों द्वारा प्रस्तुत सूचियों से पता चलता है कि अपराध के असंख्य कारण हो सकते हैं। इसके सभी कारणों को स्पष्ट करना संभव नहीं प्रतीत होता है। अपराध के कारण से सम्बन्धित विभिन्न विद्वानों ने विभिन्न सिद्धान्तों का प्रतिपादन भी किया है जिनका यहाँ अवलोकन करना उचित प्रतीत होता है।

1. क्लासिक थ्योरी—अपराध के कारण से सम्बन्धित एक सिद्धान्त सी. बेकारिया (K. Beccaria) ने प्रस्तुत किया है। इन्होंने अपराध से सम्बन्धित जिस सिद्धान्त को प्रतिपादित किया वह सिद्धान्त 'क्लासिकल थ्योरी' (Classical theory) के नाम से जानी जाती है। बेकारिया के अनुसार अपराध का कारण यह है कि अपराध करने पर व्यक्ति को दुःख की अपेक्षा सुख की अधिक अनुभूति होती है। अर्थात् अपराध का कारण दुःख की तुलना में सुख की अधिक अनुभूति है। यह सिद्धान्त काल्पनिक विश्वासों पर आधारित कहा जा सकता है क्योंकि अपराधी एक एकाउण्टेंट नहीं होता जो अपराध करने से पहले उससे मिलने वाले दुःख और सुख का हिसाब जोड़ ले।

2. जियोग्राफिक थ्योरी—अपराध के कारण से सम्बन्धित दूसरा सिद्धान्त 'जियोग्राफिकल थ्योरी' (Geographical Theory) के नाम से जाना जाता है। इसके प्रवर्तक क्वेटलेट एवं गुरे (Quetlet and Guerry) हैं। इनके अनुसार भौगोलिक स्थितियाँ यथा—वातावरण, मौसम तथा इसी तरह की अन्य स्थितियाँ अपराध के लिए जिम्मेदार होती हैं। अर्थात् इनके विचार में भौगोलिक स्थितियाँ अपराध की प्रकृति और मात्रा को निश्चित करती हैं।

अपराध के कारण से सम्बन्धित यह सिद्धान्त सही नहीं प्रतीत होता है। यदि भौगोलिक स्थितियाँ अपराध का कारण है तो एक समान भौगोलिक स्थितियों के दो समाजों में अपराध का स्वरूप, प्रकृति एवं मात्रा एक जैसा होना चाहिए। लेकिन ऐसा नहीं होता है। इसलिए अपराध के कारण से सम्बन्धित इस सिद्धान्त को उचित नहीं माना जा सकता है।

3. टाइपोलॉजिकल थ्योरी—अपराध के कारण से सम्बन्धित तीसरा सिद्धान्त 'टाइपोलॉजिकल थ्योरी' है। इस सिद्धान्त के प्रवर्तकों में लोम्ब्रोसो, गैरोफेलो, फेरी, तथा हूटन, आदि का नाम प्रमुख है। इन लोगों का कहना है कि अपराधी जन्मजात होते हैं। इनके अनुसार अपराध के गुण आनुवांशिक प्रक्रियाओं के द्वारा एक पीढ़ी से दूसरी पीढ़ी को हस्तांरित होता रहता है।

टाइपोलॉजिकल थ्योरी के प्रवर्तकों का विचार भी सही नहीं प्रतीत होता है। यदि अपराधी जन्मजात होते तो सभी समाजों में अपराध की समान प्रकृति पाई जाती है क्योंकि व्यक्ति की जैवकीय क्षमताएँ (Biological Abilities) प्रत्येक समाज या स्थान पर एक जैसी होती है। इस प्रकार यह सिद्धान्त भी अपराध के कारणों पर सही प्रकाश डालने में असमर्थ सिद्ध होता है। यदि यह भी मान भी लिया जाए कि 'अपराधी जन्मजात होते हैं' तब इस बात को स्वीकार करना होगा कि अपराध के लिए दण्ड देने से कोई लाभ नहीं होगा क्योंकि जन्मजात प्रवृत्ति को बदला नहीं जा सकता है। लेकिन ऐसे भी उदाहरण इतिहास में हैं कि दुर्दांत अपराधियों का भी हृदय परिवर्तन हुआ है और वे समाज की धारा में जुड़ गए हैं। स्वर्गीय जयप्रकाश नारायण द्वारा चम्बल के दुर्दांत डाकुओं का आत्मसमर्पण कराना इस बात का जीता जागता उदाहरण है। अतः यह सिद्धान्त भी अपराध के कारणों को स्पष्ट नहीं कर पाता।

अपराध के कारणों से सम्बन्धित एक सिद्धान्त समाजशास्त्रीय सिद्धान्त (Sociological Theory) के नाम से जाना जाता है। इस सिद्धान्त के अनुसार अपराध विभिन्न कारकों की उपज है। लेकिन इस सिद्धान्त के अनुसार अपराधी व्यवहार सामाजिक दशाओं (Social Conditions) के द्वारा ही निर्धारित होता है या उसी का परिणाम है।

समाजशास्त्रीय सिद्धान्त भी अपराध के कारणों पर सही प्रकाश नहीं डाल पाता है। यह सिद्धान्त मानता है कि सामाजिक दशाएँ ही अपराध में महत्त्वपूर्ण भूमिका निभाती हैं, जो उचित नहीं प्रतीत होता। अतः यह सिद्धान्त भी पूर्णरूपेण मान्य नहीं कहा जा सकता है। अपराध के कारणों से सम्बन्धित उक्त सिद्धान्तों के अवलोकन से पता चलता है कि कोई भी सिद्धान्त अपराध के कारणों पर सही प्रकाश नहीं डाल पाया है। इसका कारण यह है कि हर सिद्धान्त अपराध के लिए किसी खास कारक को ही जिम्मेदार मानता है। दरअसल अपराध का निर्धारण किसी एक विशेष कारण या कारक के आधार पर नहीं किया जा सकता। इस संबंध में मैक्सवेबर तथा परेटो (Maxweber and Pareto) ने भी कहा है कि अपराध के एक कारण नहीं होकर भिन्न कारण हैं। इसका कारण यह है कि अलग-अलग घटनाएँ एक-दूसरे से अंतःसम्बन्धित होते हैं। इस संबंध में इलियट तथा मेरिल (Elliott and Merrill) ने भी अपनी पुस्तक 'Social Disorganization' में लिखा है, "The factors inrelation to the whole, rather than the sum of the single isolated factors, must be considered in any satisfactory analysis..... The behaviour is a resultant of the forces impinging upon the individual plus the characteristics of his personality." इस तरह यह कहा जा सकता है कि अपराध किसी एक कारक का परिणाम नहीं होता है बल्कि इसके विभिनन कारण होते हैं। अर्थात् अपराध के कई कारण होते हैं। अपराध से सम्बन्धित कारणों को अग्रलिखित भागों में विभाजित किया जा सकता है–

1. शारीरिक दशाएँ एवं बीमारियाँ–शारीरिक दशाएँ एवं बीमारियाँ भी व्यक्ति को अपराध की ओर प्रेरित करती हैं। लोम्ब्रोसो (Lombroso), फेरी (Ferri), हूटन (Hooton), गैरोफेलो (Garofalo), गोडार्ड (Goddard), एडोल्फ लेन्ज (Adolf Lenj) तथा गोरिंग (Goring) आदि विद्वानों ने शारीरिक दशाओं एवं बीमारियों को अपराध का कारण माना है। इन विद्वानों का कहना है कि अपराधी प्रवृत्तियाँ एक पीढ़ी से दूसरी पीढ़ी को आनुवंशिकता की प्रक्रिया (Process of Heredity) के द्वारा हस्तांतरित होती रहती है और इस प्रकार आनुवंशिकता अपराध का एक कारण माना जा सकता है। हूटन (Hooton) ने 1939 में 13,873 अपराधियों तथा 3,000 गैर-अपराधियों का अध्ययन कर यह बताया कि प्रजातीय लक्षणों के कारण अपराध फैलता है। इसी तरह U.S.A के पूर्वी राज्य के 'Peniten siyati' नामक सुधार गृह ने 1986 में 63 अपराधियों का अध्ययन किया। यह अध्ययन वैयक्तिक अध्ययन पद्धति (Case Study Method) द्वारा किया गया। इस अध्ययन से यह मालूम हो गया कि अपराधी लक्षण आनुवंशिकता की प्रक्रिया (Process of Heredity) द्वारा एक पीढ़ी से दूसरी पीढ़ी को हस्तांतरित होता रहता है। इसी तरह डूगेल एवं एस्टाब्रूक (Dugale and Estabrook) ने ज्यूक (Juke) तथा इडवार्ड (Edward) परिवारों का अध्ययन कर यह निष्कर्ष निकाला कि आनुवंशिकता अपराध का एक प्रमुख कारण है। इस तरह यह पता चलता है कि आनुवंशिकता के कारण अपराध पनपता है।

शारीरिक दशाओं एवं बीमारियों के तहत आयु-चक्र एवं अपराधों में भी घनिष्ठ संबंध है। आयु के साथ ही अपराधों में उतार-चढ़ाव आता रहता है। ऐसा विभिन्न अध्ययनों से सिद्ध हो चुका है। किशोरावस्था से प्रौढ़ावस्था के मध्य अपराधों की संख्या में वृद्धि होती है। इसी तरह इण्डियाना में किए गए यौन-अपराधों के अध्ययन से इस बात का पता चला कि 50 वर्ष से अधिक आयु के लोगों द्वारा अधिकांश यौन-अपराध किए गए थे। बर्क (Burke) ने 909 अपराधी लड़कों का अध्ययन कर यह निष्कर्ष निकाला कि अधिकांश अपराधी बालकों की आयु 19

वर्ष की थी। इसी तरह सदरलैण्ड ने अपने अध्ययन के आधार पर यह निकर्ष निकाला कि आयु एवं अपराध में सह-संबंध है।

शारीरिक दशाओं के तहत लिंग भी आता है। लिंग के आधार पर भी अपराध का निर्धारण होता है। अमेरिकन समाज में एक अध्ययन के दौरान यह पाया गया कि इस समाज में स्त्रियों की तुलना में पुरुष 20 गुणा अधिक अपराध करते हैं। इसका कारण यह है कि स्त्रियों को बहुत कारणों से अपराध की ओर से विमुख होना पड़ता है। इस संबंध में सदरलैण्ड (Sutherland) का कहना है कि चूँकि नारी को गर्भ रह जाता है इसलिए इस प्रत्यक्ष प्रमाण के कारण उन्हें मर्यादित रहना पड़ता है। इसके विपरीत पुरुष को इसका कोई भय नहीं रहता। इसलिए वे उच्छृंखल हो जाते हैं और यौन-अपराधों में वृद्धि होती है। जन्म-क्रम (Order of Birth) के कारण भी अपराध होता है। इस बात का वर्णन स्टेटो (Stetto) ने 'American Journal of Sociology' में किया है। स्टेटो ने अपने अध्ययन के आधार पर निष्कर्ष निकाला कि ज्येष्ठ लड़के और लड़कियाँ कनिष्ठों की अपेक्षा ज्यादा अपराध करते हैं। वे लड़कियाँ, जिनके भाई नहीं हैं किन्तु बहनें हैं, उन लड़कियों की अपेक्षा कम अपराध करती हैं जिनकी बहनें नहीं हैं किन्तु भाई हैं। वे लड़कियाँ, जिनके भाई तो हैं लेकिन बहनें नहीं हैं, उन लड़कियों से ज्यादा अपराध करती हैं जिनके भाई हों या न हों, पर बहनें हैं। इस तरह यह पता चलता है कि जन्म-क्रम के आधार पर भी अपराध होते हैं। पॉलक (Pollack) ने अध्ययन करके यह निकर्ष निकाला कि कुछ खास तरह के अपराध स्त्रियों द्वारा ही किए जाते हैं। इन अपराधों में बलात् धन प्राप्त करना, ठगना, भ्रूण हत्या और गर्भपात करना तथा उठाईगिरी आदि प्रमुख़ हैं।

शारीरिक भिन्नता भी अपराध का एक कारण है। शारीरिक भिन्नता से तात्पर्य शरीर के बाह्य आकार-प्रकार में भिन्नता से लिया जाता है। लोम्ब्रोसो (Lombroso) ने बताया है कि शारीरिक भिन्नता के आधार पर अपराधी और गैर-अपराधी का निर्धारण होता है। लोम्ब्रोसो (Lombroso) ने 'Crime, Its Causes and Remedies' में बताया है कि किसी-किसी व्यक्ति में कम चौड़ा तथा ढालू मत्था, काफी ज्यादा गोल भौंहें, बहुत बड़े-बड़े और बाहर निकले हुए कान, बायाँ हाथ अधिक सक्रिय, साधारण व्यक्तियों की तुलना में दर्द (Pain) कम मालूम होना, देखने, सूँघने, सुनने और चखने की शक्तियाँ असाधारणतया कम होना तथा नैतिकता का लगभग अभाव आदि होता है। इनका स्वभाव बहुत ही आततायी तथा हिंसात्मक होता है। गोरिंग एवं बोआस (Goring and Boas)

ने 1912 में अंग्रेज कैदियों पर अध्ययन किया तथा इस बात से घोर असहमति प्रकट की कि अपराधियों के शारीरिक बनावट में अंतर आती है। उन लोगों ने लोम्ब्रोसो द्वारा दिए गए विचारों की आलोचना भी की। गोरिंग ने इतना अवश्य पाया कि कुछ आनुवंशिक कारण होते हैं जो अपराध की ओर व्यक्तियों को प्रेरित करते हैं। उसी प्रकार क्रैशमर, किनबर्ग तथा मोर एवं गण्डलैक आदि विद्वानों ने भी शारीरिक बनावट या शारीरिक अंतर के आधार पर अपराधों का निर्धारण किया है।

शारीरिक विकास भी अपराध के निर्धारण में काफी हद तक अपनी भूमिका निभाती है। कभी-कभी शारीरिक विकास के कारण भी व्यक्ति अपराध की ओर प्रवृत्त होता है। जैसे यदि किसी लड़की का शारीरिक विकास उसकी उम्र की तुलना में ज्यादा हो जाता है तो लड़की अपनी उम्र की लड़कियों के साथ रहने में शर्म का अनुभव करती है तथा अपने से प्रौढ़ों के साथ सामाजिक स्वीकृति के अभाव के कारण नहीं रह सकती है। ऐसी स्थिति में उसके अंदर अपराध करने की सम्भावनाओं में बढ़ोत्तरी हो जाती है। अगर यही बात किसी लड़के के साथ है तो साथी लड़के उसका हँसी-मजाक उड़ाते हैं जिससे वह आक्रमणकारी प्रवृत्ति का हो जाता है तथा ऐसी स्थिति उसे अपराध की ओर भी मोड़ देती है।

स्थायी रूप से शारीरिक कमजोरी होने पर भी व्यक्ति अपराध की ओर प्रेरित होता है। स्थायी रूप से कमजोर व्यक्ति निराशा, विक्षोभ, अपमान तथा चिड़चिड़ापन आदि का शिकार हो जाता है। परिणामतः उनमें अपराधी प्रवृत्ति पनपती है तथा वह अपराध की ओर मुड़ जाता है।

शारीरिक दशाओं एवं बीमारियों के अंतर्गत बीमारी, अंग-भंग, अवयवी विचलन, कान दर्द, आँख दोष, नाक-गले की तकलीफ, बाएँहत्था, हकलाना तथा ग्रंथि असन्तुलन आदि विभिन्न ऐसे कारण हैं जिनके कारण व्यक्ति अपराधी प्रवृत्ति की ओर प्रेरित होता है तथा अपराधी बन जाता है। इस तरह यह पता चलता है कि शारीरिक दशाएँ एवं बीमारियाँ विभिन्न रूपों में अपराध के कारण हैं।

2. मानसिक दशाएँ एवं बीमारियाँ—अपराध के प्रमुख कारकों में मानसिक दशाएँ और बीमारियाँ (Mental Conditions and Diseases) भी एक प्रमुख कारक है। ज्यादातर विद्वानों का मानना है कि अपराधी वे व्यक्ति हैं जिनमें बुद्धि की कमी या कम बुद्धिमान हैं। कम बुद्धिवाले व्यक्तियों के मस्तिष्क का विकास सही ढंग से नहीं हो पाता इसलिए उनमें तार्किक शक्ति का अभाव पाया जाता है। इसके कारण व्यक्ति समाज-विरोधी व्यवहार या अपराध की ओर मुड़ जाते हैं।

कुछ मानसिक दशाएँ एवं बीमारियाँ व्यक्ति को अपराध की ओर प्रेरित करती हैं जो अग्रलिखित हैं–

मानसिक दुर्बलता (Mental Deficiency) या मानसिकहीनता अपराध का एक प्रमुख कारण है। विभिन्न अध्ययनों से इस बात की पुष्टि हो चुकी है। एच.एच. गोडार्ड (H.H. Goddard) ने अपने अध्ययन के आधार पर यह निष्कर्ष निकाला कि 80% अपराधी मानसिक दृष्टि से कमजोर होते हैं। इसी आधार पर गोडार्ड ने 'मानसिक परीक्षा संबंधी सम्प्रदाय' (Mental Testers School) की भी स्थापना की। एच.एच. गोडार्ड (H.H. Goddard) ने अपनी पुस्तक 'Human Efficiency and Level of Intelligence' में अपराध के विस्तार में मानसिक दुर्बलता के महत्त्व की चर्चा करते हुए लिखते हैं–"It is no longer to be denied that the greatest single cuase of delinquency and crime is low grade mentality much of it within the limits of feeble mindedness." इसी तरह गोरिंग (Goring) ने 1913 में अपराधियों के बुद्धि परीक्षा द्वारा यह निष्कर्ष निकाला था कि अपराधी कम बुद्धि के होते हैं। गैरोफेलो (Garofello) ने भी अपने अध्ययन के आधार पर यह निष्कर्ष निकाला कि अपराधी 'मनोवैज्ञानिक प्रकार' के होते हैं। उनकी मानसिक दशाएँ एक पीढ़ी से दूसरी पीढ़ी तक हस्तांतरित होते रहते हैं। सामाजिक और नैतिक स्वास्थ्य समिति (Committee on Social and Moral Hygeine) के अनुसार अधिक वेश्याएँ (Prostitutes) मानसिक दृष्टि से हीन होती हैं और मानसिक दुर्बलता वेश्यावृत्ति का एक प्रमुख कारण है। क्लारा चासेल कूपर (Clara Chassel Copper) ने अपनी पुस्तक 'Comparative Study of Delinquents and Non-delinquents' में इस बात का उल्लेख किया है कि अपराधी कम बुद्धिवाले होते हैं। इसी तरह विलीयम हीली तथा ब्रानर (William Hilli and Braner) ने शिकागो (अमेरिका) में अपराधियों का अध्ययन कर यह निष्कर्ष निकाला कि 91% अपराधी मानसिक दृष्टि से दुर्बल थे। स्कलैप तथा स्मिथ (Schlapp and Smith) ने भी मानसिक दुर्बलता को अपराध का एक प्रमुख कारक माना है। निम्न बुद्धिवाले व्यक्तियों में उचित और अनुचित कार्यों में अंतर महसूस करने की क्षमता का अभाव होता है। परिणामतः गलत रास्तों पर मुड़ जाना कठिन नहीं होता है। इसी प्रकार कुछ मानसिक बीमारियाँ, जैसे–साइकोसिस (Psychosis) आदि मानसिक सन्तुलन को प्रभावित कर व्यक्तियों को समाज विरोधी व्यवहार की तरफ अग्रसर करती है। यहाँ यह स्पष्ट करना जरूरी प्रतीत होता है कि निम्न

श्रेणी के अपराध बुद्धिहीनता के कारण हो सकते हैं लेकिन जालसाजी तथा गबन आदि अपराध उच्च कोटि के बुद्धिवाले ही कर सकते हैं। इस प्रकार यह पता चलता है कि ज्यादा अपराध बुद्धिहीनता या मानसिक दुर्बलता के ही कारण होते हैं। कभी-कभी उच्च कोटि के बुद्धिवाले भी अपराध करते हैं। अतः मानसिक दुर्बलता अपराध का एक प्रमुख मानसिक कारक कहा जाता सकता है।

हीनता की भावना के कारण भी अपराध पनपता है। हीनता की भावना व्यक्तित्व को कुंठित कर देता है। यह मन को पीड़ा पहुँचाता है। इससे व्यक्ति का विकास रुक जाता है। हीनता की भावना के कारण भावात्मक अस्थिरता का जन्म होता है, मानसिक सन्तुलन बिगड़ता है, क्रोध एवं कायरता आदि की भावना विकसित होती है। हीनता की भावना के कारण व्यक्ति कुंठित हो जाता है और वह अपराध की ओर प्रेरित हो जाता है।

व्यक्ति भावात्मक अस्थिरता के कारण भी अपराध की ओर उन्मुख होता है। अगर व्यक्ति में भावात्मक अस्थिरता है तो उसका असर उस पर मानसिक रूप से पड़ता है। व्यक्ति में सदैव मानसिक संघर्ष चलता रहता है और वह सत्य एवं असत्य में अंतर नहीं महसूस कर पाता है। इसका नतीजा यह होता है कि वह अपराध की ओर मुड़ जाता है।

अपराध के उक्त मानसिक दशाओं एवं बीमारियों के अलावा मानसिक विकृति, मस्तिष्क का क्रिया-कलाप तथा व्यवहार का प्रेरक आदि ऐसे अनेक मानसिक कारक हैं जिनके कारण अपराध पनपता है। अतः यह कहा जा सकता है कि मानसिक दशाएँ एवं बीमारियाँ विभिन्न रूपों में अपराध को पनपाने में सहायक सिद्ध होती हैं। अतः मानसिक दशाएँ एवं बीमारियाँ अपराध का एक प्रमुख कारण सिद्ध होती हैं। ऐसा अनेक अध्ययनों से सिद्ध भी हो चुका है कि मानसिक कारणों से अपराध पनपता है।

3. पारिवारिक दशाएँ और बीमारियाँ—परिवार व्यक्ति के समाजीकरण में महत्त्वपूर्ण भूमिका अदा करता है। परिवार ही वह स्थान है जहाँ से व्यक्ति के व्यक्तित्व का निर्माण होता है। परिवार से ही व्यक्ति के व्यक्तित्व के संगठन एवं विघटन की प्रक्रिया शुरू होती है। आज परिवार संक्रमण के दौर से गुजर रहा है जिससे पारिवारिक कारणों से भी अपराध का प्रचार-प्रसार बढ़ रहा है। कुछ ऐसी पारिवारिक दशाएँ एवं बीमारियाँ होती हैं जिनके कारण अपराध पनपते हैं। वे दशाएँ निम्नलिखित हैं—

पारिवारिक बिखराव—पारिवारिक विघटन के कारण अपराध पनपता है। परिवार का निर्माण स्त्री और पुरुष में एकमत के आधार पर होता है। अगर दोनों

के बीच एकमत का अभाव हो जाए तो पारिवारिक विघटन की स्थिति उत्पन्न होती है। एक एकमत के अभाव के विभिन्न कारण हो सकते हैं। आधुनिक युग में स्त्री और पुरुष दोनों को आर्थिक स्वतंत्रता मिल जाने के कारण पारिवारिक विघटन की स्थिति पैदा हुई है। साथ ही औद्योगीकरण, नगरीकरण, आधुनिकीकरण तथा पश्चिमीकरण के चकाचौंध ने इसको और अधिक बढ़ावा दिया है। पारिवारिक विघटन की स्थिति उत्पन्न हो जाने से सबसे बुरा हाल बच्चों का होता है। उनका समाजीकरण सही रूप में नहीं हो पाता है और वे अपराधी प्रवृत्ति के हो जाते हैं। विभिन्न अध्ययनों से भी इस बात का पता चला है। हीली एवं ब्रोनर (Healy and Broner) के अनुसार कम-से-कम 25% अपराधी टूटे हुए परिवार (Brokern Homes) की उपज होते हैं। इसी तरह डॉ. हेकरवाल (Dr. Haikerwal) ने भी अपने अध्ययन के आधार पर बताया कि लगभग 60% बाल अपराधी इन्हीं टूटे हुए परिवारों से अज्ञानता, असमर्थता तथा मानसिक-दोषों के कारण उत्पन्न होते हैं। ऐसे परिवारों में पिता का बच्चों पर नियंत्रण नहीं रहता है। परिवार के सदस्यों में कलह, द्वेष, ईर्ष्या तथा घृणा की भावना पाई जाती है। ऐसे परिवारों में बेकारी तथा आर्थिक संकट की स्थिति पैदा हो जाती है। परिणामतः बच्चों का अपराध की ओर अग्रसर होना स्वाभाविक है। इस तरह यह पता चलता है कि टूटे हुए परिवार या पारिवारिक विघटन अपराध को बढ़ावा देते हैं।

दुःखद वैवाहिक संबंध—दुःखद वैवाहिक संबंध भी अपराध को पनपाने का एक कारण कहा जा सकता है। अनेक सर्वेक्षणों से यह स्पष्ट हो चुका है कि बहुत-सी स्त्रियाँ अपने पति द्वारा सताए जाने या बाध्य किए जाने के कारण वेश्यावृत्ति का पेशा अपनाती हैं। अतः यह पता चलता है कि दुःखद वैवाहिक संबंधों के कारण अपराध पनपता है।

अपराधी माता-पिता या अपराधी भाई-बहन के कारण भी अपराध को बढ़ावा मिलता है। ज्यादातर यह देखा जाता है कि जिनके माता-पिता या दोनों में से कोई एक भी अपराधी है तो उसके बच्चे भी अपराधी बन जाते हैं। इसका कारण यह है कि बच्चों में सीखने की प्रवृत्ति अधिक होती है। वे अपने माता-पिता या भाई-बहन की अपराधी प्रवृत्ति देखकर उस ओर आकृष्ट हो जाते हैं। परिणामतः अपराध पनपता है।

वैवाहिक स्थिति—वैवाहिक स्थिति भी अपराध का एक प्रमुख कारण है। दुर्खीम (Durkheim) के आत्महत्या (Suicide) संबंधी आँकड़ों से यह पता चलता है कि विवाहित व्यक्तियों की तुलना में अविवाहित व्यक्तियों में तथा तलाकशुदा व्यक्तियों में आत्महत्या की दर ज्यादा होती है। एक तरफ यदि

पारिवारिक जीवन में स्नेह का अभाव या नियंत्रण की कमी अपराधों की संख्या में वृद्धि करती है तो दूसरी तरफ जरूरत से ज्यादा स्नेह और जरूरत से ज्यादा नियंत्रण भी अपराध को बढ़ावा देने का कारण बन जाता है।

परिवर्तित यौन-नैतिकता—परिवर्तित यौन-नैतिकता भी अपराध का एक कारण कहा जा सकता है। आज यौन-नैतिकता में तीव्र गति से परिवर्तन हो रहा है। आज न सिर्फ परिवार यौन सन्तुष्टि का माध्यम रह गया है बल्कि वैश्यालय, क्लब, होटल, थियेटर आदि इसके केंद्र बन गए हैं। इससे यौन सन्तुष्टि के बदले यौन अशांति मिलती है। इस यौन अशांति के कारण अपराध को प्रश्रय मिलता है। इस संबंध में एलिस (Ellis) ने लिखा है, "यौन-संबंधी शान्ति के असफल होने पर विवाह का ढाँचा ढलती हुए बालू पर खड़ा होता है।" ("With failure of sexual morality, the marriage structure rests on shifting sand.")

सहोदर स्थिति—सहोदर स्थिति भी अपराध का एक कारण माना जा सकता है। परिवार के बालकों के बीच किसी बालक या सभी बालकों का क्या स्थान है, इस पर बहुत से अन्वेषण हुए हैं। न्यूयार्क क्राइम कमीशन, 1930 ने यह पाया कि आयु में दूसरा बालक (Second child) प्रायः अपराधी होता है और सबसे छोटे बालक से बड़ा बालक (Next to Youngest) सबसे कम अपराध करता है। इस अध्ययन के निष्कर्ष से पूर्ण सहमति व्यक्त नहीं की जा सकती है चूँकि यह अध्ययन बहुत कम बालकों पर किया गया था। स्लेटो (Slato) का कहना है कि जब परिवार में अकेला बालक होता है तो उसके साथ माता-पिता का व्यवहार अलग ढंग का होता है और जब कई बालक होते हैं तो माता-पिता का व्यवहार भी बदल जाता है। इस संबंध में स्लेटो (Slato) ने लिखा है, "अपराध का अर्थ होता है सांस्कृतिक स्तरों (Cultural Standards) से असहमति (Non-confirmity) होना। यह असहमति उस परिवार के बालकों में अधिक होती है, जहाँ कई बच्चे होते हैं। अतः यह पता चलता है कि बच्चों का ज्यादा संख्या में होना भी अप्रत्यक्ष रूप से अपराध का कारण हो सकता है।

माता-पिता और बालकों के बीच असन्तोषजनक संबंध (Unsatisfactory Parent- Child Relationship) भी अपराध का एक कारण माना जा सकता है। इस संबंध में बुशांग (Bushong) का कहना है कि साधारण वातावरण में रहने वाले जितने बालक अपराध करते हैं, उससे तीन गुणा ज्यादा अपराध अशान्त परिवार में रहने वाले बच्चे करते हैं। बुशांश का कहना है कि इनमें 1:3 का अनुपात है। इसी प्रकार हीली और ब्रोनर (Hilli and Bronner) ने 153 बाल-अपराधियों का विस्तृत अध्ययन किया। इनके पारिवारिक वातावरण को भी

ध्यान में रखा गया था। अध्ययन में उन्होंने पाया कि केवल 20% परिवारों में सन्तोषजनक संबंध था। अतः यह पता चलता है कि पारिवारिक वातावरण या माता-पिता और बालकों के बीच असन्तोषजनक संबंध का अपराध से बहुत हद तक संबंध है।

बालकों पर नियंत्रण और उनकी देख-भाल का अभाव—बालकों पर नियंत्रण और उनकी देख-भाल का अभाव भी अपराध का एक कारण कहा जा सकता है। यदि माता-पिता स्वभाववश या अन्य कारणों से अपने बालकों पर सही नियंत्रण नहीं रख पाते हैं या उनकी देखरेख सही ढंग से नहीं कर पाते हैं तो बालकों का अपराध की ओर झुकाव हो जाता है। इस संबंध में बर्ट (Burt) ने अंग्रेज बाल-अपराधियों का अध्ययन किया तथा पाया कि अपराधी बालकों में गैर-अपराधी बालकों की तुलना में करीब 4.5 गुणा अनुशासन न होने और देखभाल की कमी जैसी गड़बड़ियाँ थीं। लेकिन अनेक अध्ययन ऐसे भी हुए हैं जिनसे यह पता चलता है कि घर में नियंत्रण का अभाव होने या अशान्त वातावरण होने पर भी बहुत से बालक अपराधी नहीं बने। उदाहरणार्थ हीले एवं ब्रोनर (Healey and Bronner) ने 105 अपराधी बालकों का अध्ययन किया और पाया कि उनके अन्य भाई-बहन और साथ रहने वाले बालक अपराधी नहीं थे। अतः यह कहा जा सकता है कि नियंत्रण एवं देखभाल के अभाव में बालकों के अपराधी बनने की सम्भावना रहती है लेकिन यह आवश्यक नहीं है कि सभी अपराधी बन ही जाएँ चूँकि अध्ययनों से इस बात की पुष्टि होती है।

अनैतिक परिवार—अनैतिक परिवार के कारण भी अपराध पनपता है। घर में अगर अनैतिकता का वातावरण होगा तो स्वाभाविक है कि उसका प्रभाव बच्चों पर भी पड़ेगा। घर में चाहे जुआखोरी हो, नशाखोरी हो, व्यभिचार हो या अन्य किसी तरह का अपराध हो बच्चे उससे प्रभावित जरूर होते हैं। विभिन्न विद्वानों ने अपने अध्ययन के आधार पर इस प्रकार का निष्कर्ष निकाला है। हीले ने 823 व्यक्तियों का अध्ययन किया। उन्होंने अपने अध्ययन में पाया कि 823 में से 157 अर्थात् 18% व्यक्तियों के परिवारों में शराबखोरी या ऐसी ही अन्य कोई बात अवश्य थी। 28 व्यक्तियों अर्थात् 3.4% व्यक्तियों के घर का वातावरण अनैतिक था। हीले एवं ब्रोनर ने एक अन्य अध्ययन में पाया कि उन व्यक्तियों में से जिन पर अध्ययन आधारित था करीब 21% के घर में शराबखोरी, अनैतिकता तथा असामान्य स्थितियाँ थीं। इस संबंध में यह भी कहा जा सकता है कि ये सभी अपराध के प्रत्यक्ष कारण नहीं कहे जा सकते हैं। इस संबंध में हीले एवं ब्रोनर ने

भी कहा है कि परिवार की खराब बात का असर बालक पर तभी पड़ता है जब इससे उसका कुछ संबंध हो, उसका कुछ स्वार्थ हो।

उक्त विवरणों से पता चलता है कि विभिन्न पारिवारिक दशाओं एवं बीमारियों के कारण अपराध उत्पन्न होते हैं। उपर्युक्त कारणों के अलावा कुछ और पारिवारिक कारणों को बताया जा सकता है जिनके कारण अपराध उत्पन्न होते हैं। इन कारणों में पति-पत्नी का विरोधी स्वभाव, तिरस्कृत बालक, अत्यधिक स्नेह तथा मद्यपान आदि प्रमुख हैं जिनके कारण अपराध पनपते हैं। इस प्रकार पारिवारिक दशाएँ एवं बीमारियाँ (Family Conditions and Diseases) अपराध का एक प्रमुख कारक सिद्ध होती हैं।

4. आर्थिक स्थितियाँ एवं बीमारियाँ—आर्थिक दशाएँ एवं बीमारियाअपराध का एक कारक कही जा सकता हैं। आर्थिक कारणों से अनेक अपराध पनपते हैं। जिनकी आर्थिक दशा दयनीय होती है वे किसी-न-किसी माध्यम से अपनी आवश्यकताओं की पूर्ति करना चाहते हैं। 'विभूषितः किम न करोति प्राणम्' यह कहावत भी इस बात को चरितार्थ करता है। मावरर (Mowrer) का भी कहना है कि आर्थिक दशाएँ अपराध के लिए मुख्य भूमिका अदा करती हैं। अपराध का मुख्य उद्देश्य प्रत्यक्ष या अप्रत्यक्ष रूप से आर्थिक ही होता है। इसलिए अपराध को आर्थिक दशाओं की देन कहकर भी पुकारा जाता है। विभिन्न आर्थिक दशाएँ अपराध का कारण बनती हैं जिनका विवरण निम्नलिखित है—

गरीबी—निर्धनता अपराध का एक प्रमुख कारण कहा जा सकता है। निर्धनता के शिकार व्यक्तियों का आर्थिक क्रियाओं के लिए अपराध की ओर आकृष्ट होना अस्वाभाविक नहीं कहा जा सकता है। आगबर्न (Ogburn) ने भी अपने लेख 'Factors in the variation of crime among cities' में 62 शहरों का तुलनात्मक अध्ययन कर उसके आधार पर यह निष्कर्ष निकाला कि 'निर्धनता एवं अपराध' में महत्त्वपूर्ण संबंध है। इसी प्रकार डोरोथी (Dorothy), थॉमस (Thomas), बोंगर (Bonger) तथा बर्ट (Burt) आदि विद्वानों ने यह कहा है कि आर्थिक तंगी के समय में अपराध की दरों में वृद्धि होती है। अर्थात् आर्थिक विपन्नता को अपराध का कारण कहा जा सकता है। निर्धनता के कारण वेश्यावृत्ति, भिक्षावृत्ति, जुआ एवं नशाखोरी, डकैती एवं लूट-पाट आदि की समस्याएँ उत्पन्न होती हैं। इस संबंध में डॉ. हेकरवाल (Dr. Haikerwal) का यह कथन कि 'अपराध के थर्मामीटर का पारा अच्छी और बुरी फसल के साथ ही गिरता और उठता है', अपराध के प्रसारण में आर्थिक कारकों के महत्त्व को स्पष्ट करता है।

व्यापार-चक्र–यह भी अपराधों को उत्पन्न करने में सहायक सिद्ध होता है। इस संबंध में वानकेन (Vankan) ने लिखा है, ''सम्पत्ति के विरुद्ध अपराधों का ज्यादातर अप्रत्यक्ष कारण बुरी तरह आर्थिक दशा होती है। इसके प्रत्यक्ष कारण घोर दरिद्रता और आर्थिक आवश्यकताएँ हैं।'' ("Crimes against property find in large measures their indirect casuality in bad economic conditions, them direct casuality in accute need and even more in chronic misery. Material well-being generally exults the vital instincts, increases alcohal consumption and therefore increases Crime against morals.") अतः यह पता चलता है कि न केवल Condition of Economic Depression अपराधी समस्या उत्पन्न करने के लिए जिम्मेदार है बल्कि Condition of Economic Prosperity भी अपराधी घटना के लिए उतरदायी है। सैलीन (Salin) ने भी व्यापार-चक्र और अपराध के संबंधों का अध्ययन कर कुछ निष्कर्ष निकाले तथा बताया कि व्यापार की अवनति के वक्त अपराध बढ़ जाते हैं। जब व्यापार समृद्ध होता है तो उस समय मद्यपान तथा यौन-अपराधों में वृद्धि हो जाती है। इसी तरह लैफर्ग ने भी गेहूँ की कीमत और अपराध की दरों का तुलनात्मक अध्ययन किया। उनके अध्ययन का निष्कर्ष था कि जैसे ही गेहूँ के मूल्यों में वृद्धि होती है वैसे ही अपराध भी बढ़ जाते हैं तथा जैसे ही गेहूँ के मूल्यों में कमी होती है वैसे ही अपराध भी कम हो जाते हैं। इस प्रकार यह पता चलता है कि व्यापार-चक्र के कारण अपराध उत्पन्न होता है।

भुखमरी–अकाल के कारण भी अपराध उत्पन्न होते हैं। अकाल सबसे बुरी आर्थिक स्थिति होती है। हालाँकि भारत एक कृषि प्रधान देश है। लेकिन यहाँ भी अकाल की नौबत आने पर भुखमरी की स्थिति पैदा हो जाती है। यहाँ बाढ़ और सूखा दोनों ही अकाल की स्थिति पैदा करते हैं। अकाल की स्थिति में चोरी, डकैती, राहजनी तथा लूट आदि अपराध जन्म लेते हैं। इस संबंध में हेकरवाल (Haikerwal) ने भी लिखा है, ''क्षुधा और भुखमरी व्यक्ति को अपराध के आसान एवं कुत्सित कार्यों को करने के लिए बाध्य करते हैं।'' ("Hunger and starvation temp to tread the easy and devious path of Crime.") अतः यह पता चलता है कि अकाल के कारण भी अपराध उत्पन्न होते हैं।

5. सामाजिक-सांस्कृतिक स्थितियाँ एवं बीमारियाँ–अपराध का एक कारण सामाजिक-सांस्कृतिक दशाएँ एवं बीमारियाँ हैं। प्रत्येक समाज में कुछ ऐसी प्रथाएँ पाई जाती हैं तथा कुछ ऐसे रीति-रिवाज पाए जाते हैं जिनके कारण मानव

समाज को हानि पहुँचती है। भारतवर्ष का यदि उदाहरण लिया जाए तो यह कहा जा सकता है कि बाल विवाह, दहेज प्रथा, विधवा विवाह पर प्रतिबन्ध आदि की प्रथाओं ने यौनिक अपराधों (Sexual Crimes) की मात्रा में वृद्धि करने में योगदान दिया है। साथ ही पहले समाज में प्रचलित देवदासी प्रथा ने भी वेश्यावृत्ति को प्रश्रय देने में महत्त्वपूर्ण भूमिका अदा की। ऐसा Committee on the Social and Moral Hygiene के रिपोर्ट से पता चलता है। धर्म की आड़ में मन्दिरों एवं चर्चों में यौन अपराध होते हैं। धार्मिक अंधविश्वास के कारण भी अपराध पनपता है। इस संबंध में एस. बेनुगोपाल राव (S. Venugopala Roa) ने 'Facets of Crime in India' में कहा है, "भौतिक सम्पदा प्राप्त करने के लिए आवेगों एवं बलिदानों (Spells and Sacrifices) में अटूट विश्वास अपराध का एक सामान्य कारण (Frequent Cause) है।"

मनोरंजन का व्यावसायीकरण–मनोरंजन के व्यावसायिक साधनों ने भी अपराध को बढ़ावा देने में सहायता की है। आज के युग में सिनेमा, क्लब, थियेटर, पार्टी तथा सामूहिक नृत्य आदि मनोरंजन के साधन बन गए हैं। इन सभी में पैसे की आवश्यकता होती है। जिनको इनकी लत पड़ जाती है वे अपराध के माध्यम से भी पैसा जमा कर अपना मनोरंजन करते हैं। इस प्रकार यह कहा जा सकता है कि अप्रत्यक्ष रूप से व्यावसायिक मनोरंजन के साधनों ने भी अपराध को बढ़ावा दिया है।

बेरोजगारी–बेरोजगारी के कारण भी अपराध को बढ़ावा मिलता है। बेरोजगारी एक ऐसी दशा है जिसमें व्यक्ति शारीरिक एवं मानसिक रूप से सक्षम होते हुए भी कोई रोजगार प्राप्त नहीं कर सकता है। ऐसी स्थिति में व्यक्ति में क्षोभ एवं आक्रोश उत्पन्न होता है। इस प्रकार व्यक्ति समाज के साथ सामंजस्य करने के बजाय विद्रोह कर बैठता है। वह अपराधी प्रवृत्ति की ओर अग्रसर हो जाता है जिससे वह अपनी आवश्यकताओं की पूर्ति कर सके। इस प्रकार बेरोजगारी भी अपराध को बढ़ावा देने का काम करता है।

सामाजिक संगठन की कमी–सामाजिक संगठन का अभाव के कारण अपराध पनपता है। सामाजिक संगठन के अभाव में सामाजिक नियंत्रण के साधन अप्रभावकारी सिद्ध होते हैं। सामाजिक नियंत्रण के साधनों में प्रभावहीनता की स्थिति से अपराधी व्यवहारों में वृद्धि होना स्वाभाविक है।

उक्त वर्णनों से पता चलता है कि अलग-अलग सामाजिक-सांस्कृतिक कारकों के कारण भी अपराध पनपता है।

अपराध के उपरोक्त लिखित कारकों के अतिरिक्त विविध कारकों के अंतर्गत अपराध के अनेक कारणों की चर्चा की जा सकती है। औद्योगीकरण (Industrialisation), मद्यपान (Alcoholism), छपे हुए आलेख (Printed Materials), राजनीतिक भ्रष्टाचार (Political Corruption), जेल (Jail), मित्रता और संग-साथ का कारण (The Companionship factor), सामुदायिक परिस्थितियाँ (Community Conditions), गुटबन्दी तथा कुलवैर (Factions and Feuds), वयस्कों द्वारा बालकों का शोषण (Exploitation of Children by Adults), मनोरंजन और संदेशवाहन के साधन (Media of Recreation and Communication), युद्ध (War), न्यायालय (Courts), पुलिस (Police) तथा शिक्षा (Education) आदि प्रत्यक्ष या अप्रत्यक्ष रूप से अपराध को बढ़ावा देने का कार्य करते हैं। इनमें से कुछ कारकों की चर्चा यहाँ की जा रही है।

मद्यपान (Alcoholism) एवं सिनेमा (Cinema) के कारण अपराध उत्पन्न होता है। मद्यपान के कारण शारीरिक बीमारियों के साथ-साथ मानसिक बीमारियाँ भी होती हैं। साथ ही इसके कारण स्मरण-शक्ति, मानसिक चेतना तथा उचित तथा अनुचित में अंतर महसूस करने की शक्ति का ह्रास होता है। ऐसी स्थिति में व्यक्ति अपराध की ओर अग्रसर होता है। राबर्ट स्ट्रॉस तथा एस.डी. बेकन (Robert Straus and S. D. Bacon) के अनुसार मद्यपान से यौन अपराधों (Sex Crimes) में बढ़ोत्तरी होती है। साथ ही व्यक्ति अपनी शराब की आवश्यकताओं की पूर्ति के लिए सम्पत्ति के विरुद्ध अपराध करने से भी नहीं चूकता। इस प्रकार चोरी, डकैती, लूटपाट आदि अपराधों में वृद्धि होती है। ब्रूसेल्स (Brusells) में हुए 'On International Panitentiary Congress' की रिपोर्ट के अनुसार यह पता चलता है कि मद्यपान के कारण लगभग 50% अपराध होते हैं। इसी प्रकार सिनेमा में भी भिन्न -भिन्न हिंसात्मक दृश्यों को देखकर व्यक्ति अपराध की ओर आकृष्ट होते हैं। सिनेमा में तरह-तरह से नए अपराध दिखाए जाते हैं और Law of Imitation के कारण व्यक्ति अपराधी व्यवहारों को अपना लेते हैं और अपराधी बन जाते हैं।

औद्योगीकरण और अपराध का भी गहरा संबंध है। वर्तमान युग औद्योगीकरण का युग है। औद्योगीकरण के कारण समाज के परम्परागत ढाँचे में बदलाव हो रहा है और परिणामस्वरूप अपराध की संख्या बढ़ रही है। औद्योगीकरण के कारण संयुक्त परिवारों का विघटन हो रहा है। एकाकी परिवारों में पति-पत्नी के बीच सामंजस्य का अभाव पाया जाता है। साथ ही इस असमंजस्यता को सुलझाने के

लिए भी कोई दूसरा रास्ता नहीं है। परिणामतः पारिवारिक विघटन बढ़ रहा है और यह विघटन अपराध की ओर प्रेरित करता है। औद्योगीकरण के कारण आवास की समस्या उत्पन्न हो रही है और गन्दी बस्तियों का विकास हो रहा है। इन क्षेत्रों में बच्चे ज्यादातर घर से बाहर रहते हैं और गलत वातावरण के कारण बुरी संगति में पड़कर अपराध की ओर मुड़ जाते हैं। भीड़-भाड़ के वातावरण में गोपनीयता का अभाव रहता है। बच्चे तनावग्रस्त रहते हैं और यौन-अपराध की ओर प्रेरित हो जाते हैं। इस संबंध में डॉ. सेथाना (Dr. Sethana) 'Society and the Criminal' में लिखते हैं, ''युवकों का मस्तिष्क अधिक सुझाव ग्रहण करने योग्य रहता है क्योंकि भीड़भाड़ का उनके जीवन पर सबसे अधिक प्रभाव पड़ता है। एक ही कमरे में सोने से बच्चे माता-पिता की बातों को सुनते हैं और उनकी क्रियाओं का अनुकरण करते हैं। इसका नतीजा यह होता है कि माता-पिता के प्रति बालक ईर्ष्यालु दृष्टिकोण को जन्म देते हैं। माता-पिता द्वारा जब उनकी भावनाओं को दबाया जाता है, तो वे अचेतन में जाकर बैठ जाती हैं, किन्तु पूर्णतया समाप्त नहीं होती हैं। कुछ ऐसी परिस्थितियाँ आती हैं, कि अंत में दबी ये भावनाएँ माता-पिता के प्रति घृणा के रूप में बदल जाती हैं और समाज-विरोधी कार्यों का जन्म होता है।'' ("Overcrowding is very bad for young children whose minds are impressionable. The child sleeping in the same room with its parents sees an overhears things from which the better-to-do are shielded. Seeing and haring thus, the shadow of father jealousy falls across the young and impressionable mind. It is suppressed and ferments in the cunconscious. But it is not suppressed for ever. Under some sudden stress, it emerges not as hatred of the father, but of authority generally—the Policeman or even the law abiding citizen.") औद्योगिक क्षेत्रों में यौन-अनैतिकता भी पाई जाती है। ऐसा विभिन्न रिपोर्टों से पता चलता है। इसका कारण यह है कि वहाँ पुरुषों की तुलना में स्त्रियों की संख्या कम रहती है। परिणामतः यौन-अनैतिकता का पनपना कोई बड़ी बात नहीं होती। औद्योगिक क्षेत्रों में जनसंख्या गतिशील रहती है। इस कारण वहाँ अनेक से जाति एवं धर्म के लोग निवास करते हैं। सभी के व्यवहार प्रतिमान भिन्न-भिन्न होते हैं। जीवन-व्यापारों में अंतर के कारण सामंजस्य नहीं हो पाता है और अपराधियों की संख्या में वृद्धि होती है। साथ ही औद्योगिक क्षेत्रों में श्रमिकों को ज्यादा श्रम करना पड़ता है। अपनी थकान मिटाने के लिए वे मद्यपान का सहारा लेते हैं और वेश्यागमन करते हैं। इस प्रकार अपराधों को बढ़ावा मिलता है।

इस प्रकार यह पता चलता है कि औद्योगीकरण के कारण भी विभिन्न रूपों में अपराध को बढ़ावा मिलता है।

मनोरंजन एवं संदेशवाहन के साधनों में समाचार पत्र भी काफी हद तक अपराध फैलाने के लिए उत्तरदायी हैं। इस संबंध में डी.आर. टैफ्ट (D.R. Taft) ने 'Criminology' में लिखा है कि अधिकांश समाचार पत्रों का उद्देश्य अधिक-से-अधिक धन कमाना होता है। वर्तमान युग में समाचार पत्र एवं पत्रिकाएँ एक तरह का व्यवसाय हो गया है। समाचार पत्र का दूसरा उद्देश्य नेतागिरी है और इसी के आस-पास समाचारों का प्रकाशन है। छापेखाने एक प्रकार से मनोरंजन के अंग होते हैं। टैफ्ट ने कुछ विधियाँ बताई हैं जिनसे अपराधों की संख्या में वृद्धि होती है। ये विधियाँ हैं—(i) अपराध और विधि बताकर, (ii) अपराध को सामान्य बनाकर, (iii) अपराध को आकर्षक दिखाकर (iv) अपराध को लाभदायक दिखाकर, (v) अपराधी की प्रतिष्ठा देखकर, (vi) अपराधी के प्रति सहानुभूति दिखाकर तथा (vii) न्याय को प्रभावित करके। इस तरह समाचार पत्र भी अप्रत्यक्ष रूप से अपराध को बढ़ावा देता है। मनोरंजन के साधनों में चलचित्र, टेलीविजन एवं विलासी साहित्यों के माध्यम से भी विभिन्न रूपों में अपराध पनपते हैं।

मित्रता और संग-साथ के कारण भी अपराध को प्रश्रय मिलता है। मनुष्य एक सामाजिक प्राणी है और इसके कारण उसे बहुत से व्यक्तियों से सम्पर्क करना पड़ता है। अंतर्क्रिया वाले समूहों का अपराध के साथ घनिष्ट संबंध होता है। भिन्न-भिन्न प्रकार के अध्ययनों से भी इस बात की पुष्टि हो चुकी है कि समूह में अपराध होते हैं। शॉ और मैके ने 'Social Factors in Juvenile Delinquency' में इस बात का वर्णन किया है। उन्होंने 1928 में शिकागो बाल न्यायालय में आने वाले बाल-अपराधियों में केवल 18% ऐसे अपराधी पाए जिन्होंने अकेले अपराध किया था। ऐसे अकेले अपराधी को भीषण अपराधी कहते हैं। बाकी सभी अपराधियों ने तब अपराध किए थे जब उनके कुछ अन्य साथी भी थे। ऐसे अपराधों की संख्या बहुत थी जिसमें अपराधी के साथ एक अन्य व्यक्ति या बालक ने साथ दिया था। अपराधी के साथ उसके दो मित्र हों इस तरह के अपराधों की संख्या भी कुछ कम नहीं थी। इस प्रकार यह पता चलता है कि अपराध मित्रता और संग-साथ के कारण पनपता है। इसी प्रकार वेल्स (Walsh) ने भारतीय अपराधों के विषय में 'Indian Village Crimes' में कहा है, "इंग्लैण्ड में प्रायः अकेला व्यक्ति ही अपराध करता है। वहाँ प्रति अपराध

व्यक्तियों का औसत ऐसा पता चला है कि दो व्यक्तियों से कम ही बैठता है। संयुक्त प्रान्त (अब उत्तर प्रदेश) में प्रति अपराध व्यक्तियों का औसत कम-से-कम दस व्यक्ति आता है। इसका मुख्य कारण यह है कि खेत में पानी आदि को लेकर काफी झगड़े होते रहते हैं। इसके अतिरिक्त बहुत से सामुदायिक झगड़े, डाका आदि कुछ ऐसे अपराध थे जिनके कारण अपराध में शामिल होने वाले व्यक्तियों की औसत संख्या बढ़ जाती है।'' इस तरह यह पता चलता है कि अपराध मित्रता और संग-साथ के कारण अपराध होता है। इस सन्दर्भ में हीले (Healy) ने भी अध्ययन किया है। उन्होंने अध्ययन कर 'The Individual Delinquent' में बताया है कि 823 व्यक्तियों के अध्ययन में यह पाया गया कि अपराध करने में मित्रता मुख्य कारण 44 अपराधियों में था। 279 अपराधियों में बहुत-से कारणों में से एक कारण मित्रता भी था, जो पूरे अपराधियों का 34% था। अतः यह पता चलता है कि मित्रता और संग-साथ के कारण भी अपराध पनपता है।

उक्त विवरणों से पता चलता है कि अपराध किसी एक कारक की उपज नहीं है बल्कि विभिन्न कारकों की उपज है। अर्थात् अपराध के एक कारण नहीं होकर अनेक कारण होते हैं। इस प्रकार किसी एक कारक या कारण के आधार पर अपराध की व्याख्या नहीं की जा सकती। अपराध की व्याख्या विभिन्न कारकों या कारणों के आधार पर ही की जा सकती है। ऐसा होना स्वाभाविक भी है क्योंकि विभिन्न कारणों से अपराधी पैदा होते हैं।

8

भारत में अपराध

भारत तथा पश्चिमी देशों के अपराध के कारणों में अन्तर है। यद्यपि कारणों में कोई पक्की विभाजक रेखा नहीं खींची जा सकती है कि एक खास प्रकार के अपराध केवल पाश्चात्य देशों में ही होते हैं और भारत में नहीं होते हैं। सवाल सिर्फ इतना है कि किन कारणों से अपराध ज्यादा या कम होते हैं। भारत में अपराध के प्रमुख कारण आर्थिक एवं सामाजिक है, जबकि पाश्चात्य देशों में अपराध का मुख्य कारण मानसिक और आर्थिक है। इसका कारण यह है कि औद्योगिक विकास पाश्चात्य देशों में अधिक हुआ है। अस्तु वहाँ मानसिक तथा संवेगात्मक अपराध अधिक होते हैं।

हीले तथा **ब्रानर** का मत है कि 91% अपराधी मानसिक समस्या से ग्रस्त हैं। **बर्ट** का मानना है कि 48.1% व्यक्ति अस्थिरता से पीड़ित हैं, जबकि 11.8% व्यक्ति साधारण व्यक्ति हैं। अन्य देशों के मुकाबले भारत की सांस्कृतिक, धार्मिक, आर्थिक व राजनीतिक परिस्थितियाँ अलग रही हैं और इन भिन्न परिस्थितियों के कारण कई प्रकार के अपराध जन्मे हैं। निम्नलिखित कारण भारत में अपराध के लिए बहुत हद तक उत्तरदायी हैं–

(1) **महिलाओं के खिलाफ अपराध**–भारतीय संस्कृति विश्व में अपनी एक पहचान रखती है। भारतीय धार्मिक ग्रन्थों में महिलाओं की भूरि-भूरि प्रशंसा की गयी है। उसके बगैर कोई धार्मिक काम संपन्न नहीं माना जाता है। दुर्गा,

सरस्वती, लक्ष्मी–ये शक्ति, कला और वैभव एवं धन की देवियां हैं जिनकी पूजा, अराधना व साधना करते हम नहीं थकते हैं।

हमें अफसोस है कि हमारे आदर्श हिमालय की तरह विशाल और गंगा की तरह पवित्र हैं लेकिन व्यावहारिक जीवन में हम जानवर से कम नहीं हैं। हमारी पाशविक प्रवृत्तियाँ महिलाओं के साथ किस-किस तरह का अपराध करती हैं यह जान-सुनकर पुरुष समाज का शर्म से सर झुक जाता है। वे कलंकित होते हैं। अपराध तो कुछ ही व्यक्ति करते हैं किन्तु पूरे पुरुष समाज के मुँह पर कालिख पुतती है। निम्नलिखित आँकड़े इस तथ्य के साक्षी हैं कि महिलाओं के खिलाफ अपराध में निरन्तर बढ़ोतरी होती जा रही है।

जनसंख्या एवं अपराध

1981 में भारतीय दण्ड संहिता के तहत पुलिस ने अपराध के कुल 13,85,757 मामले दर्ज किये थे जबकि 1991 में ऐसे अपराधों की संख्या 16,78,375 हो गयी। इस तरह 1981 की तुलना में 1991 में 2,92,618 अपराध ा ज्यादा दर्ज किये गये। 1981 एवं 1991 के दशक में देश में अपराधों में 21.1 फीसदी की बढ़ोतरी हुई जबकि जनसंख्या में 23.1 फीसदी की बढ़ोतरी हुई पुलिस द्वारा दर्ज आपराधिक मामलों में बाल अपराध से जुड़े आँकड़े भी सम्मिलित हैं। दिए गये तालिका में देश में जनसंख्या, अपराध एवं अपराध-दर में बढ़ोतरी को दिखाया गया है–

भारत में जनसंख्या अपराध तथा अपराध-दर (1981-91)

क्रम संख्या	वर्ष	अनुमानित जनसंख्या (करोड़ में)	भारतीय दण्ड संहिता के तहत अपराध	प्रति 1 लाख जनसंख्या पर अपराध दर
1.	1981	69.01	13,85,757	200.8
2.	1982	70.52	13,53,904	192.0
3.	1983	72.04	13,49,866	187.4
4.	1984	73.56	13,58,660	187.7
5.	1985	75.09	13,84,731	184.4
6.	1986	76.61	14,05,835	183.5
7.	1987	78.14	14,06,992	180.1
8.	1988	79.66	14,40,356	180.8

9.	1989	81.18	15,29,844	188.5
10.	1990	82.70	16,04,449	194.0
11.	1991	84.63	16,78,375	197.5
12.	1981 से	+23.1%	21.1%	-1.6%

उपरोक्त आँकड़े इस तथ्य के प्रमाण हैं कि आदमी मानवता से कहीं नीचे गिर गया है। वह जानवर से भी नीचे गिरा हुआ है। बल्कि उसे पुरुष कहने में शर्म आती है। जो व्यक्ति 6 वर्ष व 10 साल की लड़की के साथ बलात्कार करता है उसे पक्की तौर पर कठोर सजा मिलनी चाहिए। दहेज के कारण आपराधिक घटनाएँ मध्यम और उच्च परिवारों में ज्यादा घट रही हैं। दहेज हेतु लड़कों की बोली लगती है।

लड़की वाले के पास क्रय-शक्ति जितनी है वह उतनी ही बड़ी बोली लगाकर लड़के को खरीदता है। आई. ए. एस. बने लड़के की कीमत 20 से 50 लाख के बीच में होती है। अब तो एक सामान्य बाबू का विवाह भी 5 लाख रुपये में होता है। शादी में दहेज लेकर लड़के वालों का पेट सामान्यता नहीं भरता। वह लड़की वालों का निरन्तर दोहन करते हैं। जब कभी कन्या पक्ष, लड़के वालों की इच्छा पूर्ण करने में असमर्थ रहते हैं तो ससुराल वाले बहू को सताते हैं और इसमें उसकी जान भी जा सकती है। दहेज-लोभी लोगों को कम से कम आजीवन कारावास का दण्ड मिलना चाहिए। सरकार न करे तो जनता को इकट्ठी होकर ऐसा करना चाहिए। सामाजिक बहिष्कार इसका इलाज है।

उत्तर प्रदेश में महिलाओं के खिलाफ अपराध

आबादी के आधार पर उत्तर प्रदेश सबसे बड़ा राज्य है और अपराध के मामले में यह राज्य किसी से कम नहीं है। निम्नलिखित तालिका इस तथ्य की साक्षी है—

क्रमांक	अपराध	1996	1997	1998
1.	दहेज हत्या	5,513	6,006	6,917
2.	बलात्कार	14,846	15,336	15,033
3.	छेड़खानी	28,939	30,764	31,046
4.	अपहरण	14,877	15,617	16,381
5.	यौन उत्पीड़न	5,671	5,796	8,123
6.	यातना	35,246	36,592	41,318

पिछले दो दशक से अपहरण एक नियोजित संगठित अपराध हो गया है। यह माफिया गैंगों का पेशा हो गया है। अपहरणकर्ता बड़े-बड़े सेठ, व्यापारी, अधिकारियों और राजनेताओं के बच्चों, युवाओं, लड़कियों का अपहरण कर मुंहमांगी कीमत की माँग करते हैं। इधर फिल्मी शख्सियतों का अपहरण किया गया है। अपहरण की घटनाएँ लगातार नगरों व महानगरों में बढ़ती जा रही हैं क्योंकि इस अपराध में बहुत थोड़े समय में काफी अधिक धन प्राप्त होता है। अपहरणकर्ता का आतंक काफी होता है। इसलिए इसमें निरन्तर बढ़ोतरी हो रही है।

सन् 1996 से 1998 तक के आँकड़े इसके गवाह हैं। उपरोक्त तालिका के आँकड़े इस बात के प्रमाण हैं कि उत्तर प्रदेश में महिलाओं के खिलाफ विभिन्न प्रकार के अपराधों में बढ़ोतरी हुई है। यह चौंकाने वाला दृश्य है कि 1998 में महिलाओं के खिलाफ दर्ज मामलों की संख्या 1,31,338 थी। सरकार, कर्मचारी तन्त्र के अधिकारी व पुरुषों के लिए बहुत शर्म की बात है कि हम अपनी बहु, बेटी, पत्नी व भारतीय महिला की हिफाजत करने में असफल रहे हैं। ये अपराध पुरुष समाज के लिए कलंक है। उपरोक्त आँकड़े वे हैं जो पुलिस में दर्ज कराए गए हैं। असंख्य ऐसी महिलाओं के खिलाफ अपराध भी होता है जो पुलिस विभाग में किन्हीं कारणों से दर्ज नहीं होते हैं।

गाँवों और सुदूर गाँव के असंख्य अपराध पुलिस विभाग तक पहुँचते ही नहीं हैं। असंख्य परिवार ऐसे हैं जो लोकलाज वश पुलिस विभाग में अपराध को दर्ज करवाते ही नहीं हैं। इस तरह अपराधों की वास्तविक संख्या कई गुना अधिक है। प्रजातांत्रिक शासन व्यवस्था में अपराधी की प्रबृत्ति में जिस तरह से बढ़ोतरी हो रही है वह चिन्ता का विषय है। सरकार के लिए भी चुनौती है कि वह किस तरह बढ़ते हुए अपराध पर अंकुश लगाए। शासन और पुलिस व्यवस्था में कहीं पर ऐसी गड़बड़ी और अव्यवस्था है जो बढ़ते अपराध को रोकने में असमर्थ है। माफिया का जमघट सुनियोजित ढंग से अपराध करता है। इसकी जानकारी शासन और बड़े अधिकारियों को होती है। कटु सच तो यह है कि इनकी आपसी समझदारी की नियत ने अपराधियों को प्रोत्साहित किया है। उत्तर प्रदेश की राजधानी लखनऊ में जहाँ सरकार और प्रशासनिक व्यवस्था चुस्त दुरस्त होनी चाहिए वहाँ ये आँकड़े बताते हैं कि अपराधी घटनाओं में तेजी से बढ़ोतरी हुई—लखनऊ के पुलिस रिकार्ड में दर्ज अपराधों की गिनती जो एक जनवरी 96 से तीस जून 96 तक की थी, के मुताबिक लूट की 40, गृह भेदन की 144, वाहन चोरी की 196, साइकिल चोरी की 85, बिजली की तार की चोरी करने की 21, अन्य चोरी 399,

चेन स्नेचिंग 27, हत्या 103, सदोष मानव वध 15, हत्या की कोशिश 82, गम्भीर चोट 123, अपहरण 37, दहेज हत्या 18, बलात्कार की 22 घटनाएं हुईं।

1. संयुक्त परिवार एवं अपराध—इसमें कोई दो राय नहीं है कि संयुक्त परिवार में आज भी एकता और संगठन है। सभी व्यक्ति एक के लिए नहीं सभी के लिए होते हैं। संयुक्त परिवार ने दो तरह से अपराध को पैदा किया है—

(अ) संयुक्त परिवार के नियम इतने अधिक कड़े होते थे कि व्यक्ति की सारी इच्छाएं, महत्वाकांक्षा, स्वतंत्रता आदि कुंठित हो जाती है। स्त्री जो घर की चारदीवारी में एक बार बंद हो जाती है तो मृत्यु के बाद ही बाहर आती है। नव वधू को संयुक्त परिवार का सारा काम ही नहीं करना पड़ता, बल्कि अत्याचार भी सहने पड़ते हैं। ऐसी स्थिति में वह आत्महत्या कर लेती है अथवा घर से भागकर बुरे और अपराधी लोगों के बीच फंस जाती हैं। ये व्यक्ति उससे अनैतिक काम करवाते हैं।

(ब) संयुक्त परिवार की दूसरी स्थिति है कि स्त्री-पुरुष दोनों संयुक्त परिवार के बन्धन से मुक्त होना चाहते हैं और अब वे बहुत कुछ मुक्त हो गये हैं। व्यक्ति नियंत्रण तोड़कर मुक्त हो गया। उसके व्यवहार पर किसी का अंकुश नहीं रह गया है। अब वह समूह, परिवार, समुदाय पास-पड़ोस आदि की पहले की तरह चिन्ता नहीं करता है, क्योंकि अपने परिवार से जुड़े मूल्यों में उसकी आस्था न के बराबर रह गयी है।

2. दहेज-प्रथा—हमारे समाज के लिए दहेज-प्रथा एक अभिशाप है। यह अभिशाप समय के साथ गहरा होता गया है। दहेज प्रथा अर्थात वर-मूल्य, वर कितना अच्छा है, कितने ऊँचे ओहदे पर है और किस कुल का है? इसके साथ उसका मूल्य बढ़ता जाता है, वे वर-मूल्य दे देते हैं अन्यथा बेमेल-विवाह होते हैं। सामान्यतया देखा जाता है कि पिता अपनी पुत्री के विवाह हेतु धन एकत्रित करना चाहता है, किन्तु वह केवल वेतन से नहीं हो सकता। उसे अनेक उल्टे-सीधे काम करने पड़ते हैं। वह रिश्वत भी लेता है। अनेक वस्तुओं की हेरा-फेरी भी करता है। कई बार वह गबन जैसे गंभीर अपराध भी करता है।

एक निश्चित उम्र तक लड़की अपनी मर्यादा का पालन करती है, लेकिन एक निश्चित आयु के पश्चात् उससे यौन अपराध होने लगते हैं। युवतियाँ माता-पिता को अपने विवाह की चिन्ता से निरन्तर ग्रस्त देखती है। कानपुर की तीन बहनों ने दहेज के कारण आत्महत्या की थी।

केन्द्रीय शासन के नाक के नीचे अपराध—केन्द्र शासन से यह आशा की जाती है कि वह पूरे भारत में बढ़ते हुए अपराधों पर अंकुश लगायेगी लेकिन

दिल्ली में चौंकाने वाले अपराध घटित होते हैं। इसका मुख्य कारण है कि यहाँ अधिक प्रभावशाली व्यक्ति, राजनीति, सत्ताधारी और बड़े से बड़े अधिकारियों के झुंड हैं। अपराधियों का सीधा रिश्ता इनसे है। दिल्ली में नैना साहनी हत्या काण्ड चौंकाने वाला एक गंभीर हादसा है। अफसोस इस बात का है कि अपराधी राजनीतिज्ञ है।

दिल्ली में जहाँ पूरे भारत के मुकाबले अधिक सुविधायें हैं वहाँ अपराध बढ़ रहे हैं। "जहाँ शासन-व्यवस्था तीन स्तरों पर है। एक लाख से ज्यादा वी. आई. पी. यहाँ रहते हैं। इनमें दस हजार से ज्यादा वी. वी. आई. पी. हैं। 2100 पुलिस गाड़ियाँ वॉकी-टॉकी से लैस दिन भर दौड़ती हैं। जितना दूसरे शहरों की पुलिस का कुल खर्च है उतना दिल्ली पुलिस सिर्फ अपने विज्ञापनों पर साल भर में खर्च करती है।"

महिलाओं पर हुए अत्याचारों पर गौर करें तो "उस दिल्ली पुलिस से एक महिला क्या उम्मीद रखे जिसके 16 जवान मिलकर पुलिस बूथ में एक 12 साल की अबोध लड़की के साथ महीनों रेप करते हैं? उस राजनीतिज्ञ व्यवस्था से महिला क्या आशा रखे जहाँ प्रतिनिधि जनों ने इस काण्ड के बारे में यह कहा कि शिकार लड़की बांग्लादेशी है दिल्ली पुलिस के सारे जवान टहल रहे हैं।" इस तरह की घटनाएं पूरे भारत में हो रही हैं। पुलिस विभागों से कम से कम जनता यह आशा की नहीं करती है कि वह भी अपराध बन जायेगी। उत्तराखण्ड के सामूहिक बलात्कार मामले में पुलिस पर सीधे-सीधे आरोप लगाये गये हैं।

सी. बी. आई. की जाँच से यह प्रमाणित हो गया है कि वहाँ की महिलाओं के साथ पुलिस ने बलात्कार किया है। यह पुलिस विभाग के लिए निहायत शर्म की बात है जो जनता की रक्षा करने हेतु बना है कानून-व्यवस्था को बनाये रखने में जो अहम भूमिका अदा करती है। उसी विभाग के कुछ कर्मचारी अपराधी बन जाएं। एक मछली संपूर्ण तालाब को गंदा करती है। उम्मीद है कि स्वतंत्र भारत की पुलिस भक्षक नहीं रक्षक बनेगी। देश की राजधानी दिल्ली बहुत से मामलों में जहाँ बहुत आगे है वहाँ हत्या, बलात्कार और अपहरण के मामले में भी पीछे नहीं हैं।

अपराध अनुसंधान और विकास ब्यूरो ने अपने अध्ययन रिपोर्ट में कहा है कि इन अपराध विशेषज्ञों में दिल्ली सबसे आगे है। दिल्ली और इसके समीप के क्षेत्र में 25 बड़े अन्तर्राज्यीय अपराधी गिरोह हैं जो नियोजित ढंग से अपराध करते और करवाते हैं। इनमें से भी कई ऐसे गिरोह हैं जिनका सीधा रिश्ता अन्तर्राष्ट्रीय

अपराधी गिरोहों से भी है। इन गिरोहों का मुख्य अपराधिक काम अपहरण, हत्या, डकैती, फिरौती, भाड़े पर हत्यायें और वाहन चोरी आदि करना है। अपराधों की बड़ी संख्या से ज्ञात होता है कि दिल्ली राजनीति की ही धुरी नहीं है बल्कि अपराधियों और माफिया गैंगों के लिए भी धरती का स्वर्ग है।

4. अपहरण—इस तरह का अपराध देश में नया नहीं है। प्राचीन काल में भी ऐसे अपराध होते थे, लेकिन आज इनकी जितनी संख्या बढ़ गयी है, उतनी तब नहीं थी। अपहरण अपराध की पृष्ठभूमि में अनेक कारण मौजूद हैं। जो निम्नवत हैं:

क. अपहरण की जाने वाली लड़कियों की आयु काफी कम होती है।

ख. नासमझ लड़कियाँ दूसरे के बहकावे में शीघ्र आ जाती हैं।

ग. ये निर्धन परिवार की होती हैं।

घ. निर्धन परिवार की लड़कियाँ जीविका के लालच में तुरंत आ जाती हैं।

ङ. कुछ पेशेवर स्त्रियाँ लड़कियों के अपहरण काम में मदद करती हैं।

च. कुछ लड़कियों को विलासिता का आकर्षण दिखाया जाता है और उनका अपहरण किया जाता है।

छ. धनी परिवार के बच्चों का अपहरण करके अपराधी बड़ी रकम की माँग उस परिवार से करते हैं।

ज. आतंकवादी अपने साथियों को छुड़ाने के लिए वी. आई. पी. के परिवार के लोगों का अपहरण करते हैं।

5. बाल-हत्या—यह देश बड़ा अजीब है और इसकी प्रथाएं और भी विचित्र हैं। इन प्रथाओं से जुड़ी हुई बातों का न आदि है और न अन्त। बस एक अन्धा चलन जो किसी सामाजिक, धार्मिक धारणा से शुरू हुआ था, उसके आज भी अवशेष जीवित हैं। किसी समय राजपूत अपनी नवजात कन्या की हत्या कर देते थे यह सोचकर कि समाज में उनका मस्तक लड़की पैदा होने से नीचा होता है। वे वर-पक्ष के मुकाबले निम्न समझे जाते थे। कभी-कभी भगवान या इष्ट गुरु की आज्ञा सुनकर व्यक्ति मंत्र सिद्धि के लिए बच्चों का वध कर देता था।

6. आत्महत्या की दर में लगातार बढ़ोतरी—आत्महत्या एक अपराध है। प्रत्येक वर्ष इसमें बढ़ोतरी होती है। भारत आर्थिक-सामाजिक रूप से प्रगति कर रहा है फिर भी करोड़ों युवक बेरोजगार हैं। यहाँ तक चिकित्सक और अभियन्ता भी बेरोजगार हैं। आत्महत्या के असंख्य कारण हो सकते हैं। मनोवैज्ञानिकों का कहना है व्यक्ति कई कारणों से अपनी जीवन लीला खत्म करने की ठान लेता है।

उदाहरण के लिए प्रेम प्रसंग में विफल होना परीक्षा में फेल होना, बेरोजगार होना, पारिवारिक कलह आदि।

अमेरिका और स्वीडन जैसे संपन्न देश में आत्महत्या की दर ज्यादा है, जहाँ व्यक्ति का एकाकी जीवन, प्रेम और स्नेह के अभाव में निराश, हताश जीवन, व्यक्ति को आत्महत्या करने की प्रेरणा देता है। चौंकाने वाला सवाल यह है कि पश्चिमी बंगाल में सबसे अधिक आत्महत्या की घटनाएं होती हैं। यहाँ तो समाजवादी सरकार तकरीबन 30 वर्षों से है। कम से कम इस प्रदेश में व्यक्ति को आर्थिक तंगी के कारण तो आत्महत्या नहीं करनी चाहिए।

नेशनल क्राइम रिकार्ड्स ब्यूरो से प्राप्त आँकड़ों के आधार पर निम्न प्रदेशों में वर्ष 1993 में आत्महत्या की दर निम्नवत् है–

प्रदेश	आत्महत्या
पश्चिम बंगाल	11381
महाराष्ट्र	100338
केरल	8124
कर्नाटक	8055
आन्ध्र प्रदेश	7850
मध्य प्रदेश	6251
उत्तर प्रदेश	5947
दिल्ली	883
पांडिचेरी	616

वर्ष 1993 में भारत में कुल 84244 आत्महत्याओं के मामले दर्ज हुए। आत्महत्या की घटनाओं की पृष्ठभूमि में जिन कारणों की व्याख्या की गयी उनमें मुख्य है कि 14.2 फीसदी आत्महत्यायें घातक बीमारी के कारण हुईं। 11.3 फीसदी लोग सास, श्वसुर या पत्नी या पति से कलह होने के कारण एवं आर्थिक हालत खराब होने के कारण, 1155 पुरुषों और 214 महिलाओं ने आत्महत्याएं कीं। 1989 से 1993 के मध्य 54.2 फीसदी दहेज के कारण आत्महत्याएं की गयीं। 24.5 फीसदी व्यक्ति फाँसी लगाकर और 10 फीसदी ने डूबकर आत्महत्या की। जहाँ तक उम्र और आत्महत्या का सवाल है सबसे अधिक 43.4 फीसदी आत्महत्या के मामले 18 से 30 वर्ष की आयु के लोगों में पाये जाते हैं। 32.7 फीसदी लोग सामान्यतः 30 से 50 वर्ष की आयु के लोग होते हैं। हैरानी की बात यह भी है कि 11.2 फीसदी बच्चों ने आत्महत्या की।

उत्तर प्रदेश में दूसरे राज्यों की तुलना में आत्महत्या की दर काफी कम है। रिकार्ड से यह भी प्राप्त होता है कि पुरुषों में आत्महत्या की दर कहीं ज्यादा है, अपेक्षाकृत महिलाओं के। 1994 में 8952 महिलाएं और 17873 पुरुषों ने आत्महत्या की।

उपरोक्त तथ्यों से यह ज्ञात होता है कि अन्य अपराधों की तरह आत्महत्या की दरों में लगातार बढ़ोतरी हो रही है। इस अपराध की पृष्ठभूमि में मुख्य कारण आर्थिक-सामाजिक व्यवस्था है। जिस समाज में व्यक्ति दो समय का भोजन भी सरलता से अर्जित नहीं कर पाता है, वह बीमारी से अपना इलाज कैसे करा सकता है। आर्थिक तंगी पारिवारिक क्लेश का कारण है।

बेरोजगारी, युवा पीढ़ी में तनाव, निराशा, कुण्ठा को जन्म देती है। संक्षेप में स्वस्थ समाज में आत्महत्या की घटनाएं कम होंगी और बीमार तथा विकृत समाज में कहीं अधिक। केन्द्र और राज्य की सरकारें खास ध्यान दें कि भावी-पीढ़ी आर्थिक-सामाजिक कुरीतियों के कारण आत्महत्या न कर सके।

7. धर्म और अपराध—विश्व का कोई भी धर्म किसी भी तरह से अपराध करने की प्रेरणा नहीं देता है, लेकिन धर्म के साथ असंख्य अंधविश्वास जो समय के साथ, धर्म से नत्थी कर दिये गये हैं, वे अपराध के माध्यम हैं जिनके आधार पर व्यक्ति अपराध करता है। धर्म के नाम पर व्यक्ति बच्चों की बलि देता है। बड़े-बड़े मन्दिर के मठाधीश इन मन्दिरों की आड़ में जाने कितने प्रकार के अनैतिक काम और भ्रष्टाचार करते हैं। धर्म के नाम पर ठगी का धंधा होता है। धार्मिक स्थलों पर जितनी लूट-खसोट और ठगने का काम प्रचलित है शायद ही कहीं हो। साधु और संन्यासियों के भेष में चोर डाकू, ठग, तस्करी करने वाले आदि व्यक्ति बड़े पैमाने पर देखे जा सकते हैं।

8. आर्थिक हालत एवं अपराध—आर्थिक हालत बहुत कुछ अपराध की संख्या का नियमन करती है। सिर्फ इतना ही नहीं विभिन्न प्रकार के अपराध, आर्थिक दशाओं के कारण ही होते हैं। कुछ लोग इसलिए अपराध करते हैं कि उन्हें दो समय का भोजन नसीब नहीं होता। कुछ व्यक्ति इसलिए भी अपराध करते हैं कि उनकी आय या वेतन इतनी कम है कि उनकी अनिवार्य जरूरतें भी उसमें पूरी नहीं हो पाती हैं। कुछ इसलिए अपराध करते हैं कि उन्हें नौकरी प्राप्त नहीं होती है। कुछ व्यक्ति इसलिए अपराध करते हैं कि वे धनी बनना चाहते हैं, जबकि धनी व्यक्ति इसलिए अपराध करता है कि वह और धनी हो जाय। इसमें श्वेत वस्त्रधारी अपराधी आते हैं।

9. औद्योगिक अपराध—भारतीय परम्परात्मक समाज में औद्योगिक विकास काफी तेजी से हो रहा है। प्रगति ने नगरों की सभ्यता और संस्कृति को परिवर्तित कर दिया है। नगर की भौतिकवादी सभ्यता और संस्कृति ने यहां के आकर्षण में चार चाँद लगा दिये हैं। निःसन्देह औद्योगीकरण से देश की उन्नति हुई, इससे अपराधों की संख्या में भी पर्याप्त बढ़ोतरी हुई है। इसके अनेक कारण हैं जो संक्षेप में निम्नवत हैं—

1. जिस अनुपात में काम की खोज में गाँव से आने वालों की संख्या दिन-प्रतिदिन बढ़ती जाती है। ये नगर आकर अनेक गंदी आदतें सीख लेते हैं—जैसे, जूआ, नशा और वेश्यावृत्ति।

2. जिस अनुपात में नगरों में जनसंख्या की बढ़ोतरी हो रही है उस अनुपात में व्यक्तियों को यहाँ जीविका प्राप्त नहीं होती है। अस्तु वे अंसवैधानिक ढंग से ध ान इकट्ठा करते हैं।

3. जनसंख्या के अनुपात में मकान नहीं होते हैं। इसलिए स्लम बस्तियाँ स्वयं बस जाती हैं, जहाँ एक ही कमरे में कई व्यक्ति रहते हैं। इन बस्तियों में अधि ाकांश व्यक्तियों की बुरी आदतें होती हैं। ये जूआ, शराब बनाना, अनैतिक यौन-सम्बन्धों का व्यापार करना, तस्करी आदि के अड्डे होते हैं।

4. नगरों में पुरुषों की संख्या स्त्रियों के मुकाबले अधिक होती है। इसलिए यहाँ यौन-सम्बन्धी अपराध होते हैं।

5. स्त्रियों की स्थिति भी यहाँ अजीब होती है। अनेक स्त्रियाँ बाहर जीविका-अर्जित करने के लिये जाती हैं। उन्हें जब नौकरी प्राप्त नहीं हो पाती है, तो विभिन्न प्रकार के गिरोहों से अपना सम्बन्ध स्थापित कर लेती हैं, जो इनसे अवैध काम करवाते हैं।

6. इन नगरों में व्यक्ति रातों-रात धनी बनना चाहता है। इसलिए वह घूस-लेना, काला धन्धा करना, मिलावट करना, नकली सामान बनाने आदि का काम करता है।

10. बढ़ती जनसंख्या और अपराध—देश की जनसंख्या में जिस गति से बढ़ोतरी हो रही है, इसका असली कारण है, सरकार के पास ठोस योजनाओं का अभाव। भारत सरकार के समक्ष ऐसी योजनाएं नहीं हैं जिनसे बढ़ती हुई आबादी को खपाया जा सके। मशहूर कहावत है कि खाली दिमाग शैतान का घर होता है। जिस व्यक्ति के पास काम नहीं है वह देश में गुण्डागर्दी, बदमाशी, चोरी, चाकूबाजी, जबरन माल को छीनना, गिरहकटी, कत्ल जैसे वारदात करता है जिससे देश में अपराधों की संख्या में निरन्तर बढ़ोतरी होती जा रही है।

11. **सिनेमा**—भारत इस व्यवसाय में काफी प्रगति कर चुका है। यह प्रगति कई अर्थों में है, एक अर्थ तो यह है कि यहाँ प्रतिवर्ष अनेक चल चित्रों का निर्माण होता है और दूसरा अर्थ यह है कि इसने अपने भारतीय परम्परात्मक आदर्श को त्यागकर पश्चिमी सभ्यता को बढ़ावा दिया है। भारतीय चित्रों में यौन-सम्बन्धी दृश्य खुले रूप में दिखाये जाने लगे हैं कि उनमें भारतीयता दिखाई नहीं पड़ती। इन फिल्मों में जहाँ एक ओर यौन सम्बन्धी दृश्य और अपराधों की भारमार होती है, वहीं विलासी रहन-सहन, खान-पान, फैशन की पराकाष्ठा, मारपीट, हत्या आदि के भी सुनहरे दृश्य होते हैं, इनका कुप्रभाव समाज पर पड़ता है। आज तो शायद ही कोई फिल्म ऐसी बनती हो जिसमें गुण्डागर्दी, तस्करी, अपराधी गिरोहों को न दिखाया जाता हो। इन चीजों का बुरा असर युवा पीढ़ी पर पड़ रहा है।

अपराधों की नवीनतम प्रवृत्तियाँ

आजादी के बाद भारत में कुछ अपराध अपने नये स्वरूप में उत्पन्न हुए हैं। हम यह नहीं कहते कि ये अपराध पूर्णतया नये हैं, पर इनका स्वरूप और ढाँचा अवश्य नया है। ये निम्नवत हैं—

(1) **अपराध एक व्यक्ति नहीं समूह करता है**—आजादी के बाद अपराध क्षेत्र में नयी-नयी प्रवृत्तियों को देखा जा सकता है। लगभग दो दशक पूर्व सामान्यतः अपराध व्यक्ति अकेला करता था। न वह व्यावसायिक अपराधी था और न ही आदतन। पर आज अपराध नियोजित ढंग से किये जा रहे हैं। कई अपराधी ग्रुप हैं जिनका नेटवर्क राज्य स्तर पर है, राष्ट्रीय स्तर पर है और अन्तर्राष्ट्रीय स्तर पर है। उदाहरण के लिए तस्करी से लेकर वी. आई. पी. की हत्याएं भी इन्हीं संगठित अपराधी गिरोह के द्वारा करायी जाती हैं।

(2) **अपराधियों की समानान्तर व्यवस्था**—मौजूदा समय में भारत और विश्व में अपराधियों की समानान्तर व्यवस्था है। इनके अपने नियम कायदे हैं, इनका अपना अनुशासन है। इनका अपना प्रशिक्षण केन्द्र और कैम्प है जहाँ अनेक प्रकार के व्यक्तियों को नियोजित ढंग से अपराध करने का प्रशिक्षण दिया जाता है। इस समानान्तर व्यवस्था में बड़े-बड़े अधिकारियों और राजनीतिज्ञों की सीधे अथवा परोक्ष रूप से भागीदारी है। इनका कमीशन बंधा होता है। इसीलिए सीमा क्षेत्र से अपराधी घुसपैठ करते रहते हैं। समुद्री मार्ग में भी इनकी साठ-गाँठ वी. आई. पी. से होती है। इसलिए अरबों रुपये के विदेशी सामान, सोने के बिस्कुट, चाँदी की ईंटें, हीरे जवाहरात आदि आते-जाते रहते हैं और भारत से विदेशों में जाते हैं। बड़े

पैमाने पर प्राचीन मूल्यवान अष्टधातु की मूर्तियों का व्यापार इन्हीं अपराधियों के द्वारा किया जाता है। ये ऐसे अपराधी हैं जिन्होंने सत्ता व शासन के सम्पूर्ण ढाँचे को विघटित कर रखा है। कानून व्यवस्था की इन्हें कोई चिन्ता नहीं होती क्योंकि कानून के रक्षक स्वयं बिके होते हैं। इस प्रकार समाज में अपराधियों की सामानान्तर व्यवस्था है जिस पर सरकार नियंत्रण करने में अभी तक सफल नहीं हो पायी है।

(3) **राजनीति में यौनाचार और अपराधी**—राजनीति में यौनाचार कोई नयी घटना नहीं है। सदियों से राजनीति में यौनाचार होता रहा है पर एक स्वतंत्र और जनतांत्रिक देश में राजनीतिज्ञ अपनी सैक्स की हवस को जिस तरह पूरा करता है। यह शर्मनाक बात है। राजनीति के क्षेत्र में कई महत्वकांक्षी स्त्री, युवती या विवाहिता स्वतः अपने को समर्पित करती है और मजबूरी में फंसकर शोषण का शिकार होती है और जब मामले का पर्दाफाश होता है तो स्त्री को मौत के घाट उतार दिया जाता है। पत्रकार मृणाल पांडे के मुताबिक राजनीति में यौनाचार के किस्से आम हो गये हैं। जो चीजें पहले दबी-छिपी थीं, अब खुलती जा रही हैं। केवल परस्त्री या परपुरुषगमन के प्रकरण ही सामने नहीं आ रहे हैं, बल्कि एक साथ कई-कई स्त्रियों या पुरुषों से संबंध रखना भी राजनीति में अब आम हो चला है फिर भी दोष तो राजनीतिज्ञों के सिर ही डाला जाना चाहिए। दूसरे जिस पद और प्रतिष्ठा का भोग वे कर रहे हैं, उसमें उनसे सार्वजनिक ही नहीं व्यक्तिगत जीवन में भी पारदर्शिता की उम्मीद रहती है। इस प्रकार यह कह सकते हैं कि देश के राजनीतिज्ञों से भारतीय महिलाओं को ही नहीं बल्कि अपने को भी कलंकित किया है। सैक्स की हवस पूर्ण करने के बाद उसकी हत्या करवाना एक जघन्य अपराध है। ऐसे अपराधी को कठोर दण्ड दिया जाना चाहिए चाहे वह कितना ही प्रभावशाली और बड़ा राजनीतिज्ञ क्यों न हो। समाज के सम्मुख सत्ता को यह उदाहरण प्रस्तुत करना होगा। अन्यथा शासन और सत्ता कलंकित होगी। ऐसे अपराधी नेताओं को चुनाव लड़ने की अनुमति नहीं दी जानी चाहिए।

(4) **साम्प्रदायिकता**—भारत में साम्प्रदायिकता की जड़ें बेहद गहरी हैं, किन्तु स्वतंत्रता के बाद जो इसका रूप उभरा है, वह पहले से भिन्न है। धर्म के नाम पर विभिन्न धर्मों के मध्य और खासतौर से हिन्दू और मुस्लिम के मध्य साम्प्रदायिक दंगे-फसाद होते रहे हैं। स्वतंत्रता के बाद साम्प्रदायिकता दंगों-फसादों में राजनैतिक स्वार्थों का विशेष स्थान हो गया है। इस तरह के दंगों की पृष्ठभूमि में राजनीतिक दलों की खास भूमिका रहती है। अगर साम्प्रदायिक दंगों का समय

देखें तो सामान्यतः यह चुनाव के समय अथवा चुनाव के कुछ समय पूर्व घटित होते हैं। स्वतंत्रता के बाद भारत में जितने साम्प्रदायिक दंगे लड़ाई, झगड़े, खूनखराबे हुये, उतने स्वतंत्रता के पूर्व नहीं हुये थे। साम्प्रदायिक दंगों में आग लगना, विध्वंसकारी काम करना, हत्या, लूट-पाट आदि की घटनाएं सामान्य होती हैं। ये सभी अपराधी की श्रेणी में आती हैं।

(5) **राजनीति और राजनीतिज्ञ**—स्वतंत्रता के बाद हमारे देश में सिर्फ राजनैतिक गतिविधियों में तीव्रता ही नहीं आई, वरन सैकड़ों की संख्या में राजनैतिक दलों का भी उदय हुआ है। विरोधी दलों का काम एक दूसरे को भला-बुरा कहना और आलोचना करना है। इससे अनेक दलों के सम्बन्ध तनाव, घृणा और ईर्ष्या में परिवर्तित होते हैं। इसका फल यह है कि दल अपने-अपने सिद्धान्तों के मुताबिक जनता को गुमराह करते हैं। थोथी अफवाहें, देश में लड़ाई, झगड़े, हड़ताल, मारपीट, तनाव आदि को बढ़ावा देते हैं।

(6) **अपराध का राजनीतिकरण**—देश की आजादी के बाद आर्थिक, सामाजिक और राजनैतिक क्षेत्र में जितनी विकृत तस्वीरें अपराध और भ्रष्टाचार ने गढ़ दी है उसका अनुमान लगाना भी मुश्किल है। अपराधी, माफिया गैंग से संबद्ध हो गये। इनका सीधा संबंध बड़े राजनीतिज्ञों और बड़े से बड़े अधिकारियों से है। ये अपराधी होते हुए भी स्वतंत्र है अपराध करने और करवाने के लिए। पिछले दो दशक में राजनीति का जितना पतन हुआ वह कल्पना से भी ज्यादा है। विधायक, सांसद, मंत्री और राजनीतिज्ञों पर देश के निर्माण का उत्तरदायित्व है, पर इन्हें अपने ही घर को भरने से फुर्सत नहीं। बगैर किसी काम और नौकरी के ये करोड़पति हैं। अपने परिवार से विरासत में इन्हें कुछ नहीं मिला पर ये करोड़ों का व्यापार करते हैं। कौन पकड़ेगा इन्हें। इनके हाथ बहुत लम्बे हैं।

कुछ समय पहले पूर्व चुनाव आयुक्त टी. एन. शेषन ने कहा था कि उत्तर प्रदेश के 425 विधान सभा सदस्यों में से 180 का अपराधिक इतिहास रहा है। 1993 के विधानसभा के चुनाव के पश्चात् जब नवनिर्वाचित जनप्रतिनिधियों के इतिहास की छानबीन की गयी तो इसमें 143 का किसी न किसी रूप में आपराधिक रिकार्ड था। इनमें से कुछ विधायक ऐसे हैं जिन पर एक-दो से लेकर 17 मुकदमे दर्ज हैं। इस विश्लेषण का कदापि यह अर्थ नहीं है कि पहले राजनीति में अपराधी नहीं थे फर्क इतना है कि पहले राजनीतिक नेता अपराधियों को पालते थे अब ठीक इसके विपरीत हो गया है।

आश्चर्य की बात यह है कि अब अपराधी राजनीतिकों के आर्थिक सहयोगी बन गये हैं। अपराधियों का जब राजनीतिकरण हो गया तो इन पर अंकुश कौन

लगायेगा। इसलिए पूरे देश में अपराधियों की संख्या में बढ़ोतरी हो रही है क्योंकि इन्हें राजनीतिक संरक्षण प्राप्त है।

(7) **सरकार और अपराध**—लोकतांत्रिक सरकारें जनता के चुने हुए प्रतिनिधियों के द्वारा बनती हैं। प्रतिनिधि जनता द्वारा चुने जाते हैं। इसलिए ये जनता का बहुत ध्यान रखते हैं। ये जनता को उचित अनुचित दोनों तरह की सेवा प्रदान करते हैं। उदाहरण के लिए सिफारिश का काम, नौकरी से लेकर हत्या के अपराध तक के मामलों में नेताओं की सिफारिशें होती हैं। सरकारें, अपराध को प्रोत्साहित भी करती हैं, जैसे संसद में जाने कितनी बार यह सवाल उठाया गया कि वनस्पति तेलों में कोई रंग मिलाया जाय, किन्तु सरकार ने इसे हमेशा यह कहकर टाला है कि अभी ऐसे रंग की खोज नहीं हो पायी है जो वनस्पति तेलों में मिलाया जा सके। असल में नेताओं को चुनावों में पूँजीपतियों से जो आर्थिक मदद मिलती है, भला उनका नुकसान वे क्यों चाहेंगे।

बात यहीं खत्म नहीं होती, जब हमारे देश के नेता भ्रष्टाचारी हैं और वे कई तरह के अपराध करते हैं तो फिर वह दूसरों को कैसे रोक सकते हैं। जब नेता ही अपराधी और भ्रष्टाचारी हैं, तो फिर वह जनता को अपराध करने से कैसे मना कर सकते हैं। पूरे देश की सरकारें ही जब भ्रष्टाचारी खम्भों पर खड़ी हैं तो फिर राष्ट्र का क्या होगा। हर्षद मेहता का जन्म इस देश में कैसे हुआ यह आज का ज्वलन्त प्रश्न है।

(8) **व्यक्तिवाद और अपराध**—भारत में व्यक्तिवाद उभरकर सामने आया है। व्यक्ति ने अपने को ज्यादा महत्त्व दिया है और समूह, समुदाय को कम। वह किसी तरह के बन्धन में नहीं रहना चाहता है। वह बन्धन-मुक्त है, जो वह करना चाहता है उस पर किसी का नियंत्रण नहीं है। वह रात को घर देर से लौट सकता है, अपने एकाकी जीवन से ऊब कर वह नशा कर सकता है क्योंकि इससे उसे खुशी मिलती है। नगर के एकल जिंदगी में जब वह ऊबता है तो वह अनेक बुरी आदतों में फँस जाता है। यह उसे एक-न-एक दिन अपराधी बनाकर छोड़ती है।

(9) **नये कानून और अपराध**—सरकार नये कानून बनाती है। ये नये कानून सभी राज्यों और सभी राजनीतिक दलों के लिए मान्य नहीं होते हैं। इन कानूनों के विरोध में एक ओर जनता क्रान्ति करती है। नये कानूनों को लागू करने में सरकार को अनेक मुश्किलों का सामना करना पड़ता है, उसे जनता और राजनीतिक दलों से मोर्चा लेना पड़ता है। इस मोर्चे पर संघर्ष होते हैं, अनेक बार विरोधी दलों के व्यक्तियों से जेल भर जाते हैं। तोड़-फोड़, हिंसा, आगजनी के अपराध इतने ज्यादा बढ़ जाते हैं कि देश में अशान्ति की लहर दौड़ जाती है।

(10) **वन माफियाओं द्वारा हत्याएं एवं चोरी**—स्वतंत्रता के बाद भारतीयों ने यह कल्पना की थी कि देश महानता की ओर अग्रसर होगा। इस देश के निवासियों की आर्थिक स्थिति सुदृढ़ होगी। इस देश की सम्पत्ति में बढ़ोतरी होगी और उसका वितरण समान रूप से सामान्य जनता में होगा। पूरे देश के निवासियों की आर्थिक-सामाजिक स्थिति बेहतर होगी। उनका रहन-सहन का स्तर ऊँचा उठेगा। दुर्भाग्य यह है कि मुट्ठी भर लोग इस देश को खुले रूप में लूट रहे हैं। इन माफियाओं के संगठनों ने देश में लूट की संस्कृति की स्थापना की है। ये मंत्रियों और बड़े अधिकारियों से मिलकर धन सम्पत्ति को मनचाहे रूप से हजम कर रहे हैं और सीना तानकर समाज में जी रहे हैं। वन हमारे सम्पत्ति के भन्डार है। हमारे जीवन का आधार हैं।

माफियाओं ने वनों को भी लूटना आरम्भ कर दिया। वनों को इन्होंने उजाड़ दिया। इन्हें जो रोकता है उसे मौत के घाट उतार देते हैं। पिछले छह वर्षों में वन क्षेत्रों से 1597.86 लाख रुपयों की वन सम्पत्ति की चोरी की है। जब इन्हें रोके जाने का प्रयास किया गया तो इन्होंने सैकड़ोंकर्मियों की हत्या कर दी और 63 अन्य को घायल कर दिया।

उत्तर प्रदेश के वनों से करोड़ों रुपयों की चोरी हो रही है। इसमें लगातार बढ़ोतरी होती जा रही है, पर यहां की सरकारों को इस वन-चोरी को रोकने के लिए जितने कठोर कदम उठाने चाहिए उसने नहीं उठाये हैं। इसका सीधा मतलब यह भी निकलता है कि माफिया, बड़े अधिकारियों और शासन में कहीं गहरे सांठ-गांठ है।

(11) **आयात-निर्यात में व्यापारियों की कैपिटल फ्लाइट व धोखाधड़ी**—भारत के अरबपति असंख्य तरह के आर्थिक अपराध करते हैं, फिर भी समाज में वे बेताज बादशाह हैं। काला बाजारी, जमाखोरी, खाद्य पदार्थों तथा अन्य उपभोक्ता सामग्रियों में मिलावट, नकली वस्तुओं का निर्माण आदि से हम परिचित हैं। ये वे श्वेतधारी अपराधी हैं जो समाज और सरकार दोनों को अरबों रुपयों का नुकसान पहुँचाते हैं और समाज के प्रतिष्ठित व्यक्ति भी कहलाते हैं। इस देश का दुर्भाग्य ही कहेंगे कि सरकार इनका कुछ नहीं बिगाड़ पाती है क्योंकि इनकी सांठ-गांठ सीधे सरकार से है।

कैपिटल फ्लाइट की धोखाधड़ी का प्रकरण उजागर हुआ है। इसमें 14 हजार करोड़ रुपए के घोटाले का पर्दाफाश हुआ। यह सबसे बड़ा आर्थिक घोटाला है। आश्चर्य यह है कि सरकार को जानकारी होते हुए भी इनके विरुद्ध कड़ी

कार्यवाही नहीं की गई। कैपिटल फ्लाइट घाटे में रहकर व्यापार करने और कालाध ान विदेश में जमा करने का एक अजूबा तरीका है। इसका तात्पर्य यह है कि व्यापारी अमेरिका से कई प्रकार की वस्तुएँ ऊंची कीमत में खरीदते हैं और अपने देश में निर्मित वस्तुओं को अमेरिका में विश्व-बाजार की कीमत से बहुत सस्ते दामों में बेचकर अपने व्यापार को घाटे में दिखाते हैं, यह टैक्स चोरी का भी एक गंभीर अपराध है। 1993 के आंकड़े यह बताते हैं कि भारतीय व्यापारियों द्वारा 14 हजार करोड़ रुपये अमेरिका में जमा किये गये। अब तो यह कई गुना बढ़ गया होगा।

(12) **राजनीतिज्ञ और अपराध**—यह भारतीय राजनीति और भारत का दुर्भाग्य है कि जिन कंधों पर भारत के विकास का दायित्व है वे ही सबसे बड़े लुटेरे हैं। विकास के नाम पर ये अरबों रुपये के आर्थिक घोटाले कर रहे हैं। भारत जैसे गरीब देश की जनता के साथ धोखा कर रहे हैं। ये डकैत न होते हुए भी डकैतों से बड़े हैं। गत पाँच वर्षों में राजनीतिज्ञों, मंत्रियों और बड़े अधिकारियों के चौंकाने वाले घोटाले सामने आये हैं। यह क्रम जारी है। **बोफोर्स काण्ड** दबा दिया गया **हर्षद मेहता** काण्ड उजागार हुआ। जैन की डायरी ने मंत्रियों और राज्यपालों को कटघरे में खड़ा कर दिया।

बिहार के **पशुचारा काण्ड** ने कई मंत्रियों, मुख्य मंत्री और अनेक अधि ाकारियों को घोटाले में सम्मिलित पाया। **यूरिया काण्ड** ने भूतपूर्व प्रधानमंत्री नरसिम्हाराव के परिवार पर सीधा आरोप लगाया गया है। **चीनी घोटाला** काण्ड में **कल्पनाथ राय** पर सीधे उंगली उठायी गई और उन्हें 10 साल कैद की सजा दी गई। क्योंकि चीनी घोटाले में देश के आम लोगों को पाँच हजार करोड़ रुपए से भी अधिक ही हानि हुई थी। बिहार की **पुलिस-वर्दी घोटाले** ने अपना इतिहास रचा है। इन सबसे बड़ा घोटाला देश के कर्णधार पूर्व **मंत्री सुखराम का** है जिनके घर से साढ़े तीन करोड़ रुपए से अधिक नकदी प्राप्त हुई। इसके अलावा करोड़ों रुपए के मकान फार्म हाउस आदि के दस्तावेज प्राप्त हुए। करोड़ों रुपए मकान में ऐसे पड़े थे जैसे रद्दी भरी गयी हो। आपको यह जानकार हैरानी होगी कि सुखराम निहायत गरीब परिवार के हैं। गाँव में सुख्वा पंडित के नाम से जाने जाते थे। सवाल है कि निर्धन परिवार के सुखराम के पास यह अथाह धन की सम्पत्ति कहाँ से आयी। जाहिर है कि इन्होंने मंत्री पद का फायदा उठाकर गैर कानूनी ढंग से अथाह सम्पत्ति जमा किया। संक्षेप में हम यह कह सकते हैं कि आज अधिकांश राजनीतिज्ञ देश का धन लूटने में लगे हुए हैं। जरूरत है ऐसे कानून बनाने की

जिससे एम. एल. ए., एम. पी. और मंत्री बनने से पूर्व व्यक्ति अपनी सम्पत्ति की घोषणा करे। ठीक इसी तरह का कानून बड़े अधिकारियों के लिए बनना चाहिए, अन्यथा ये देश को लूटते रहेंगे और आम जनता गरीबी, बेकारी और भूख से तड़पती रहेगी। विकास सिर्फ इसी वर्ग का होगा निर्धन और मध्यम वर्ग का नहीं।

भारत में अपराध के कारण

अपराध के लिए एक नहीं बल्कि अनेक कारण जिम्मेवार होते हैं। यह विश्व के प्रत्येक समाज में व्याप्त है। यह एक सार्वभौमिक घटना है। इसके कुछ कारण ऐसे होते हैं जो हर स्थान तथा हर समय के लिए लागू हो सकते हैं। लेकिन इस बात से भी इन्कार नहीं किया जा सकता कि अपराध की परिस्थिति देश, काल एवं परिस्थितियों से भी सम्बन्धित होती हैं। अतः यह कहा जा सकता है कि भारतवर्ष में भी अपराध के लिए वे कारक उत्तरदायी हैं जो अन्य समाजों के लिए जिम्मेवार हैं। साथ ही यहाँ की सामाजिक, सांस्कृतिक और आर्थिक परिस्थितियाँ भी अपराध की घटना को बढ़ावा देने हेतु जिम्मेदार हैं। भारत में अपराध हेतु जिम्मेदार प्रथाएँ और सामाजिक दशाएँ अग्रलिखित हैं—

बेमेल विवाह—बेमेल विवाह के कारण भारत में अनेक प्रकार के अपराधों का जन्म होता है। कम उम्र की लड़कियों का विवाह ज्यादा उम्र के पुरुषों के साथ कर दिया जाता है जिसके कारण स्त्रियों के काम-वासना की सन्तुष्टि नहीं हो पाती है और वे अवैध यौन-व्यापार की शिकार हो जाती हैं। साथ ही अधिक उम्र के पुरुषों के साथ विवाह के फलस्वरूप स्त्रियों के यौवनावस्था में प्रवेश करते ही विधवा हो जाने की सम्भावना रहती है। विधवाओं को समाज द्वारा पुनर्विवाह की स्वतंत्रता नहीं रहती है। परिणामतः बहुत-सी विधवाएँ मजबूरीवश वेश्यावृत्ति के पेशे को अपना लेती हैं और इस प्रकार वे एक अपराधी बन जाती हैं। अतः यह कहा जा सकता है कि बेमेल विवाह भारत में अपराध का एक कारण है।

विधवा विवाह—भारत में अपराध का एक कारण विधवा पुनर्विवाह पर निषेध का होना कहा जा सकता है। विधवाओं का पुनर्विवाह नहीं होने पर वे बेसहारा हो जाती हैं। समाज के लोगों का दृष्टिकोण भी उनके प्रति गलत ही रहता है। फलतः वे यौन अपराधों की ओर अग्रसर हो जाती हैं। इस प्रकार यह कहा जा सकता है कि विधवा पुनर्विवाह पर निषेध का होना भी अपराध का एक कारण है।

बाल विवाह—भारत में अपराध का एक कारण बाल विवाह का प्रचलन भी कहा जा सकता है। बाल विवाह के प्रचलन के कारण कम उम्र में ही सन्तान पैदा होने लगते हैं। इसके कारण जनसंख्या में वृद्धि होती है तथा निर्धनता एवं बेकारी

की समस्या उत्पन्न होती है। निर्धनता एवं बेकारी की समस्या सम्पत्ति के विरुद्ध अपराध के लिए जिम्मेवारी है। इस प्रकार अप्रत्यक्ष रूप से बाल विवाह प्रथा के कारण विधवाओं की संख्या में वृद्धि होती है और नैतिकता के दोहरे मापदण्ड (Double Standard of Morality) के कारण यौनिक अपराधों (Sexual Crimes) में वृद्धि होती है। अतः यह कहा जा सकता है कि बाल विवाह के प्रचलन के कारण भी भारत में अपराध फैलता है।

भारत में प्राचीन समय में देवदासी प्रथा का प्रचलन था। यह प्रथा भी भारत में अपराध का एक कारण था। हालाँकि आज कानून के द्वारा इस प्रथा पर रोक लगा दी गई है। किन्तु पहले चेनन्ई, महाराष्ट्र तथा उड़ीसा आदि राज्यों में कुछ लड़कियों को जन्म लेते ही देवताओं को समर्पित कर दिया जाता था। देवताओं की सेवा करने की आड़ में मन्दिर के महन्थों, पुजारियों एवं पृष्ठ पोषकों की यौन संबंधी आवश्यकताओं की पूर्ति देवदासियाँ करती थीं। परिणामतः इस प्रथा के कारण यौन अपराधों में वृद्धि होती थी। 'Committee on Social and Moral Hygeine' ने भी वेश्यावृत्ति का प्रमुख कारण देवदासी प्रथा का प्रचलन माना। इसके साथ ही समाज में प्रचलित नित्य मंगली प्रथा ने भी यौन अपराधों को बढ़ाने में मदद की। कुलीन विवाह, बाल हत्या, नस्ली प्रथा आदि ने भी अपराधों को बढ़ावा देने में मददगार का काम किया। इस प्रकार यह पता चलता है कि समाज में प्रचलित अलग-अलग कुप्रथाओं ने भारत में अपराध को बढ़ावा देने में सहायता की है। हालाँकि ये कुप्रथाएँ बहुत हद तक समाज से समाप्त हो चुकी हैं लेकिन वह अपना कुछ-न-कुछ छाप तो छोड़ ही गई हैं।

दहेज प्रथा—भारत में वर-मूल्य प्रथा का प्रचलन अपराध का एक कारण कहा जा सकता है। इस प्रथा के कारण बहुत-सी लड़कियों को आत्महत्या करनी पड़ती है। जिनके माता-पिता इतने सक्षम नहीं रहते कि वे वर-मूल्य चुकाकर अपनी लड़कियों की शादी कर सकें उनकी लड़कियाँ ज्यादातर आत्महत्या का मार्ग अपना लेती हैं। इस प्रथा के कारण काफी उम्र तक लड़कियों का विवाह नहीं हो पाता है। फलतः अवैध यौन संबंधों या यौन अपराधों में वृद्धि होती है। अतः यह कहा जा सकता है कि भारत में अपराध का कारण वर-मूल्य प्रथा भी है।

जाति प्रथा—भारत में अपराध का एक कारण अप्रत्यक्ष रूप से जाति प्रथा भी है। आज आए दिन जातियों के बीच संघर्ष का मामला प्रकाश में आता रहा है। लोगों में जातिवाद का जहर इस हद तक विस्तृत चुका है कि जाति के नाम पर नरसंहार एवं हत्या एक मामूली-सी घटना बनकर रह गई है। साथ ही भारत में जातीय व्यवस्था ने बहुत हद तक बाल विवाह तथा कुलीन विवाह आदि को

बढ़ावा दिया है। विधवा विवाह पर रोक भी जाति प्रथा की ही देन है। इस प्रकार यह पता चलता है कि जाति प्रथा ने अप्रत्यक्ष रूप से भारत में अपराध को प्रश्रय दिया है। अतः भारत में अपराध का कारण अप्रत्यक्ष रूप से जाति प्रथा भी है।

महँगी शादी—भारत में अपराध का एक कारण महँगे समारोह भी कहे जा सकते हैं। यहाँ जन्म, मृत्यु, विवाह एवं अन्य समारोहों पर अत्यधिक खर्च किए जाते हैं। लोग इसे अपनी प्रतिष्ठा से जोड़कर देखते हैं। साथ ही थोड़ा बहुत दबाव समाज का भी रहता है। इसका नतीजा यह होता है कि व्यक्ति पर कर्ज का बोझ बढ़ता चला जाता है। इसे वे किसी अनैतिक या गलत ढंग से ही पूरा करते हैं। यथा घूस लेकर, चोरी, डकैती या गबन करके कर्ज अदा की जाती है। फलतः विभिन्न अपराधों में वृद्धि होती है। इस प्रकार यह कहा जा सकता है कि महँगे समारोह भी भारत में अपराध को बढ़ावा देने का अप्रत्यक्ष कारण है।

संयुक्त परिवारों का बिखराव—भारत में अपराध का एक कारण संयुक्त परिवारों का विघटन (Disintegration of Joint Family) होना कहा जा सकता है। यद्यपि यह परिवार भी बुराइयों से मुक्त नहीं था और न है लेकिन इसके बहुत से फायदे भी थे। संयुक्त परिवार व्यवस्था अपने सदस्यों को आर्थिक सुरक्षा प्रदान कर मानसिक सुरक्षा भी प्रदान करती थी। साथ ही यह अपने सदस्यों पर बहुत हद तक नियंत्रण भी रखती थी। इसके विघटित होने से आर्थिक निर्धनता की स्थिति उत्पन्न हुई तथा व्यक्तिवादी दृष्टिकोण का विकास हुआ। समाज में सामाजिक नियंत्रण के साधन के रूप में परिवार का महत्त्व घटने लगा। फलतः परिवार, समाज तथा समुदाय में विघटन की स्थिति पैदा हुई। यह स्थिति अलग- अलग अपराधों को जन्म देने का कारण बन गई। अतः यह स्पष्ट होता है कि संयुक्त परिवार का विघटन भी भारत में विभिन्न अपराधों का एक कारण है।

उक्त विवेचनाओं से पता चलता है कि विभिन्न सामाजिक तथा सांस्कृतिक परिस्थितियों ने भारत में अपराध को बढ़ावा देने का कार्य किया है। इस संबंध में हेकरवाल (Haikerwal) ने भी लिखा है, "प्रत्येक देश में सामाजिक कारणों और परिस्थितियाँ अपराध को बढ़ावा देती हैं..." ("In every country social causes and circumstances account for the bulk of crime…")

सामाजिक तथा सांस्कृतिक परिस्थितियों के अतिरिक्त कुछ आर्थिक परिस्थितियाँ भी हैं जो भारत में अपराधों को बढ़ावा देती है। दरअसल आर्थिक परिस्थितियों ने एक ऐसी पृष्ठभूमि तैयार की है जिसके कारण अपराधी प्रवृत्ति में वृद्धि हो रही है। जो आर्थिक परिस्थितियाँ अपराध को बढ़ावा देती हैं वे निम्नलिखित हैं—

गरीबी—गरीबी एक प्रमुख आर्थिक कारण है जिससे अपराधी प्रवृत्तियों में वृद्धि होती है। एक ऐसा भी समय था जब भारत में दूध की नदियाँ बहती थीं। उस समय लोग घरों में ताले भी नहीं लगाते थे। आज आलम यह है कि उसी देश भारत में निर्धनता की छत्रछाया है। लेकिन आज भारत की आर्थिक स्थिति निम्न है तथा इसकी गिनती निर्धन देशों में होती है। यहाँ प्रति व्यक्ति आय अमेरिका, कनाडा, आस्ट्रेलिया तथा कुवैत आदि देशों की तुलना में बहुत कम है। गरीबी की स्थिति में व्यक्ति अवैध तरीके से धन की प्राप्ति कर अपनी जरूरतों की पूर्ति करना चाहता है। फलतः सम्पत्ति के विरुद्ध अपराधों की संख्या में वृद्धि होती है। आर्थिक निश्चयवादियों तथा अपराधशास्त्रियों ने गरीबी को विभिन्न अपराधों का कारण माना है। आर्थिक जीवन में सफल न होने तथा आवश्यक आवश्यकताओं की पूर्ति न कर सकने की स्थिति में व्यक्ति अपना मानसिक सन्तुलन खो बैठता है तथा सम्पत्ति के विरुद्ध अपराध कर बैठता है। एक बार अपराध करने पर आगे ऐसा करना उसकी आदत बन जाती है। परिवार का अपराधी वातावरण बाल अपराध को उत्पन्न करने में योगदान देता है। यह बाल-अपराध ही आगे चलकर अपराध का रूप धारण करता है। वेश्यावृत्ति पर किए गए सर्वेक्षण अध्ययन से यह पता चलता है कि बहुत-सी लड़कियाँ इस धन्धे में निर्धनता के कारण ही आईं।

बेरोजगारी—भिक्षावृत्ति भी भारत में अपराध का एक कारण कहा जा सकता है। यद्यपि आज इस बात को स्वीकार किया जा रहा है कि सभी भिक्षुक निर्धन नहीं होते हैं। लेकिन इससे यह अर्थ भी निकलता है कि कुछ भिक्षुक निर्धन भी होते हैं। जीविका का कोई साधन नहीं होने पर वे भिक्षावृत्ति को अपनाते हैं। साथ ही मद्यपान तथा जुआ आदि अपराधों के वृद्धि में भी गरीबी योगदान देती है। जुए के द्वारा पैसा प्राप्त करने की इच्छा के कारण व्यक्ति इस ओर आकृष्ट होता है। वह धीरे-धीरे जुए का आदी हो जाता है। मद्यपान मानसिक तनावों और आर्थिक संकटों से कुछ समय के लिए छुटकारा दिलाने में मदद करता है। इस उद्देश्य से निर्धन व्यक्ति मद्यपान करता है तथा धीरे-धीरे उसका आदी हो जाता है। अतः यह स्पष्ट होता है कि भारत में निर्धनता ने अलग-अलग तरह के अपराधों को बढ़ावा दिया है। इस प्रकार निर्धनता भारत में अपराध का एक कारण कहा जा सकता है।

नगरीयकरण—भारत में अपराध का एक प्रमुख आर्थिक कारण अच्छी फसलों का न होना कहा जा सकता है। डॉ. हेकरवाल का यह कथन कि "अपराध के थर्मामीटर का पारा अच्छी और बुरी फसल के साथ ही गिरता और उठता है" भी इस तथ्य की पुष्टि करता है। भारत एक कृषि प्रधान देश है लेकिन यहाँ कृषि

की स्थिति अच्छी नहीं है। कभी सूखा तो कभी बाढ़ भारत की नियति बन गई है। इसके कारण भी पैदावार पर असर पड़ता है। चूँकि यहाँ फसलों की हालत अक्सर विभिन्न कारणों से खराब रहा करती है इसलिए लोग भुखमरी की अपेक्षा चोरी, डकैती एवं अन्य अपराधों के माध्यम से अपनी जरूरतों को पूरा करना अच्छा समझते हैं। अतः अत्यधिक लोगों की कृषि पर निर्भरता तथा फसलों की दशा अच्छी नहीं होने से भारत में अपराध की मात्रा में वृद्धि होती है। अतः अच्छी फसलों का न होना भारत में अपराध का एक कारण कहा जा सकता है।

बेरोजगारी की समस्या भारत में अपराध का एक आर्थिक कारण है। हमारे देश में बेरोजगारों की संख्या में दिनानुदिन बेतहाशा वृद्धि होती जा रही है। यह एक गंभीर समस्या का रूप धारण कर चुकी है। बेरोजगार व्यक्ति अपने आवश्यकताओं की पूर्ति के लिए सम्पत्ति के विरुद्ध अपराध करते हैं। भारत में अनेक ऐसे भी लोग हैं जिनको मौसमी बेरोजगारी का भी सामना करना पड़ता है। बेरोजगारी की स्थिति में अवैध तरीकों से ही व्यक्ति अपनी न्यूनतम जरूरतों की पूर्ति करता है। फलतः विभिन्न प्रकार के अपराधों में वृद्धि होती है। अतः बेरोजगारी भी भारत में अपराध का एक कारण कहा जा सकता है।

भारत में अपराध का एक कारण औद्योगीकरण तथा नगरीकरण में वृद्धि कहा जा सकता है। औद्योगीकरण तथा नगरीकरण के कारण ऐसी परिस्थितियाँ उत्पन्न हुई हैं जिसके कारण अपराधी प्रवृत्तियों को बढ़ावा मिलता है। औद्योगीकरण के कारण ग्रामीण कुटीर उद्योग-धंधों का ह्रास हुआ तथा बेरोजगारी की समस्या में वृद्धि हुई। परिणामतः अपराधों में वृद्धि हुई। बड़े-बड़े उद्योग-धंधों में काम करने वाले श्रमिक अपने साथ अपनी पत्नियों को नहीं रखते हैं। वे एक दीर्घ अवधि के पश्चात घर आते हैं। इस बीच वे अपनी यौन संबंधी आवश्यकताओं की पूर्ति के हेतु अक्सर वेश्याओं का सहारा लेते हैं। फलतः वेश्यावृत्ति को बढ़ावा मिलता है। औद्योगीकरण के कारण भारत में गन्दी बस्तियों का विकास हुआ है। गन्दी बस्तियाँ अपराधों का केंद्र होती हैं। अपराधी वातावरण में बच्चे भी अपराधी बन जाते हैं। साथ ही भारत में औद्योगीकरण ने व्यावसायिक मनोरंजन केंद्रों को जन्म दिया है जिनमें वेश्यालय, जुआघर, शराबघर तथा नृत्यघर आदि प्रमुख हैं। इन केंद्रों के कारण विभिन्न तरह के अपराधों की संख्या में वृद्धि होती है। औद्योगीकरण ने बाल-श्रम को प्रोत्साहित किया है जिससे व्यक्तित्व के विकास में बाधा उत्पन्न हुई है तथा बाल अपराधों की संख्या में वृद्धि हुई है। बाल अपराधी ही कुछ समय के बाद अपराधी की श्रेणी में आ जाते हैं। औद्योगीकरण ने स्त्रियों को रोजगार के अवसर प्रदान कर उन्हें बच्चों की देखभाज से वंचित कर दिया है। देखभाल की

कमी तथा उचित निर्देशन के अभाव में बच्चे कुसंगति के शिकार हो जाते हैं तथा उनमें अपराधी प्रवृत्तियाँ उत्पन्न होती हैं। इस बात से इन्कार नहीं किया जा सकता कि आज के बाल-अपराधी ही कल के अपराधी बनेंगे। इस प्रकार यह कहा जा सकता है कि औद्योगीकरण तथा नगरीकरण के कारण भारत में अपराध को बढ़ावा मिला है। इस प्रकार औद्योगीकरण तथा नगरीकरण भारत में अपराध का एक कारण कहा जा सकता है।

भारत में अपराधों की वृद्धि में सामाजिक, सांस्कृतिक तथा आर्थिक कारकों के अलावा कुछ अन्य कारकों का भी योगदान रहा है। इनमें चलचित्र, फैशन, भ्रष्ट राजनीतिज्ञ तथा भ्रष्ट अधिकारी आदि प्रमुख हैं। भारतवर्ष में फिल्मों में मार-धाड़, हिंसा तथा अपराध का बोलबाला रहता है। फिल्में ऐसी कथानक पर बनती हैं जिनमें व्यक्तियों के विरुद्ध अपराध तथा सम्पत्ति के विरुद्ध अपराध अधिकतर होते हैं। बार-बार इस तरह के फिल्मों को देखने से व्यक्तियों का झुकाव अपराध की ओर हो जाता है चूँकि फिल्मों का असर व्यक्तियों पर तुरन्त एवं प्रभावी ढंग से पड़ता है। साथ ही फिल्मों में अभिनेत्रियों के चुस्त एवं अधनंगी पोशाकें तथा बेबाक रोमांस का प्रदर्शन भी युवक तथा युवतियों पर बुरा प्रभाव डालती हैं। वे व्यक्तिगत जीवन में भी उसे अपनाना चाहते हैं। परिणामतः यौन अपराधों में वृद्धि होती है। इसी प्रकार भ्रष्ट राजनीतिज्ञ तथा भ्रष्ट अधिकारीगण बड़े-बड़े अपराधियों को अपने हितों की पूर्ति के उद्देश्य से संरक्षण प्रदान करते हैं जिससे अपराधी का मनोबल और बढ़ जाता है और वह गंभीर-से-गंभीर अपराध करने से नहीं चूकता है। इस प्रकार अपराध को बढ़ावा मिलता है। अतः यह कहा जा सकता है कि चलचित्र, फैशन, भ्रष्ट राजनीतिज्ञ तथा भ्रष्ट अधिकारी भी भारत में अपराध पैदा करने के कारण हैं।

उपर्युक्त विवेचनाओं के आलोक में यह कहा जा सकता है कि भारत में अपराध किसी एक कारक का परिणाम नहीं है बल्कि विभिन्न कारणों से भारत में अपराध पनपा है।

९

हिंसा

जैसे-जैसे समाज का विकास होता जा रहा है वैसे-वेसे समाज में हिंसा की प्रवृति भी बढ़ती जा रही है। आधुनिक समाज में हिंसा के नए-नए साधन भी विकसित हो रहे हैं। भिन्न-भिन्न समाजों में हिंसा के भिन्न-भिन्न तरीके अपनाए जाते हैं। आदिम समाज में हिंसा फैलाने के साधनों के रूप में पत्थर, लाठी आदि का प्रयोग होता था, आधुनिक समय में विज्ञान की उन्नति ने हिंसा के नए-नए साधन विकसित किये हैं। हिंसा के आधुनिकतम साधन के रूप में "इराक द्वारा अमेरिका पर चेचक के वायरस द्वारा हमले की आशंका से पूरा विश्व चिन्तित था।"

हिंसा का अर्थ

हिंसा के विषय में विभिन्न विचारकों के भिन्न भिन्न विचार हैं, लेकिन सामान्य रूप से हिंसा के विषय में कहा जा सकता है कि "हिंसा किसी व्यक्ति या समाज के विरुद्ध किया गया ऐसा आपराधिक कार्य है, जिसमें व्यक्ति या समाज को या मानसिक भय एवं कष्ट हो।"

इससे स्पष्ट है कि हिंसा किसी व्यक्ति या समाज के विरुद्ध किया गया ऐसा कार्य है जिसमें व्यक्ति या समाज को मानसिक पीड़ा होती है तथा शारीरिक कष्ट भी होता है।

हिंसा के आवश्यक तत्व

हिंसा के प्रमुख आवश्यक तत्व निम्नलिखित हैं–

(1) अपराध–हिंसा का एक प्रमुख तत्व अपराध है, हिंसात्मक कार्य से ही अपराध का बोध हो जाता है। अपराध के बिना हिंसा सम्भंव नहीं है। जैसे सरकार द्वारा जब किसी व्यक्ति को फांसी दी जाती है तो हम इसे हिंसात्मक कार्य नहीं कहेंगे, लेकिन जब कोई व्यक्ति किसी सड़क पर चलते व्यक्ति को चाकू मारकर उसका बेग छीन ले जाता है तो यह कार्य हिंसात्मक है और इसमें अपराध हो रहा है।

(2) मानसिक एवं शारीरिक कष्ट–हिंसात्मक कार्य में हिंसापीड़ित एवं हिंसात्मक व्यक्ति दोनों को ही कष्ट होता है। हिंसापीड़ित व्यक्ति को मानसिक एवं शारीरिक दोनों कष्ट होते हैं तो हिंसात्मक व्यक्ति को भी कहीं न कहीं मानसिक पीड़ा आवश्यक होती है।

हिंसा के प्रकार

हिंसा मुख्यतः दो प्रकार की होती है–

मानसिक हिंसा

मानसिक हिंसा को दो भागों में बाँटा गया है–

(i) व्यक्ति के विरुद्ध हिंसा–व्यक्ति के विरुद्ध मानसिक हिंसा वह हिंसा है जिसमें किसी व्यक्ति को मानसिक रूप से कष्ट दिया जाता है। जैसे विवाह के बाद भी अनेक स्त्रियों को इस बात के लिए मानसिक कष्ट दिया जाता है कि वह अपने मायके से और धन की व्यवस्था करे। इसके अलावा गाली-गलौच करना, ताने मारना, धमकी देना, भावनात्मक दबाव डालकर वह सब करवाना जो स्त्री मन से करना नहीं चाहती है। यदि किसी व्यक्ति के बच्चे का अपहरण कर उसे धमकी दी जाए कि यदि उसे बच्चा चाहिए तो इतनी रकम लेकर यहाँ पहुँचा जाओ, यह भी मानसिक हिंसा का ही उदाहरण है क्योंकि इसमें व्यक्ति को बहुत अधिक मानसिक पीड़ा होती है।

(ii) समाज के विरुद्ध हिंसा–समाज के विरुद्ध मानसिक हिंसा वह हिंसा है जिसमें समाज में रह रहे विभन्न लोगों को मानसिक रूप से कष्ट होता है। जैसे भारत पाकिस्तान के सम्बन्धों को लेकर परमाणु हथियारों के प्रयोग का भय दोनों देशों के नागरिकों को है तथा वर्तमान में इराक एवं अमेरिका के सम्बन्धों को लेकर चेचक के वायरस द्वारा हमले का भय पूरी दुनिया में है।

शारीरिक हिंसा

शारीरिक हिंसा को भी दो भागों में बाँटा जा सकता है—

(i) व्यक्ति के विरुद्ध हिंसा—व्यक्ति के विरुद्ध शारीरिक हिंसा वह हिंसा है जिसमें व्यक्ति को शारीरिक रूप से कष्ट होता है। भारत में महिलाओं के विरुद्ध होने वाले अपराधों में व्यक्ति के विरुद्ध हिंसा को स्पष्ट रूप से देखा जा सकता है। भारतीय नारी हिंसा का सबसे ज्यादा शिकार होती है। विवाह के बाद कई घरों में नारी को उसकी सास, ननद, देवर एवं पति द्वारा बेरहमी से पीटा जाता है, यहाँ तक की उसे कभी-कभी **जला भी दिया** जाता है। राह चलती लड़की का **बलात्कार** किया जाता है। **मानव संसाधन विकास मंत्रालय** के महिला एवं विकास विभाग द्वारा प्रदर्शित आंकड़ों के अनुसार 54 मिनट पर भारत में एक महिला के साथ रेप होता है। हर 102 मिनट पर एक दहेज हत्या होती है। हर सात मिनट पर परिवार के अन्दर एक महिला के विरुद्ध कोई न कोई हिंसक घटना होती है। महिलाओं के विरुद्ध हिंसा की घटनाएँ पूरे विश्व में बढ़ रही हैं। अमेरिका जैसे राष्ट्र में हर 15 सेकेण्ड में एक महिला अपने पति द्वारा पीटी जाती है। यह सब व्यक्त्वि के विरुद्ध हिंसा का ही उदाहरण है। इसमें व्यक्ति को शारीरिक कष्ट के अलावा मानसिक पीड़ा भी होती है।

(ii) समाज के विरुद्ध हिंसा—शारीरिक हिंसा समाज के विरुद्ध वह हिंसा है जिसमें समाज में रह हरे भिन्न भिन्न लोगों को शारीरिक कष्ट होता है। जैसे अमेरिका द्वारा जापान के दो मुख्य शहरों (हीरोसीमा, नागासाकी) में परमाणु बम से हमला करना जिसमें अत्यधिक धन-जन की हानि हुई समाज के खिलाफ शारीरिक हिंसा का उदाहरण है। हाल में गुजरात के अक्षरधाम मंदिर में हुआ आतंकवादी हमला शारीरिक हिंसा का उदाहरण है।

यह स्पष्ट है कि जब भी व्यक्ति या समाज के खिलाफ शारीरिक हिंसा होती है तो उसमें मानसिक हिंसा भी देखने को मिलती है।

हिंसा की उत्पत्ति

हिंसा की उत्पत्ति के सम्बन्ध में अग्रलिखित मुख्य कारण हैं—

(1) बदले की भावना—बदले की भावना हिंसा की उत्पत्ति का एक प्रमुख कारण है। आधुनिक समाज में बदले की भावना के अंतर्गत ही हिंसा का भयानक रूप देखने को मिल रहा है। एक व्यक्ति दूसरे से बदला लेने के किए उसकी हत्या भी कर देता है। एक देश दूसरे देश पर जैविकीय हथियारों के हमले से भय का

वातावरण पैदा कर देता है। यह सब बदले की भावना ही है जिससे हिंसा में बढ़ोतरी हाती है।

(2) आवश्यकता की पूर्ति—जरूरत की पूर्ति हिंसा का एक प्रमुख कारण है। आज के समय में बेरोजगार युवकों द्वारा अकेले या समूह बनाकर हिंसात्मक कार्य अपनी आवश्यकता पूर्ति के लिए किए जा रहे हैं। आज के माहौल में युवकों को जब उचित रोजगार नहीं मिल रहा है तो वे अकेले या समूह बनाकर लूट-पाट के कार्यों की ओर प्रेरित हो रहे हैं। अक्षरधाम मन्दिर में फायरिंग करने वाले 20-22 वर्ष के नवयुवक को उनकी आवश्यकता ने आतंकवादी बना डाला।

(4) भय उत्पन्न करना—आज के समय में अनेक ऐसे संगठन बन गए हैं जिनका उद्देश्य जनसमुदाय में भी भय पैदा करना है। उदाहरणार्थ लादेन का संगठन अलकायदा के द्वारा अमेरिका के विश्व प्रसिद्ध टावर ध्वस्त कर अमेरिका की सरकार एवं जनता में भय उत्पन्न कर दिया था। इस प्रकार के संगठनों की संख्या भी विश्व में बढ़ रही है।

(3) हिंसा का प्रसार—हिंसा का भी पूरा प्रसार स्स्वना एवं प्रौद्योगिकी के विकास न किया है। अमेरिकी टावर ध्वस्त की घटना पूरे विश्व में प्रसारित की गई। भारतीय संसद पर किए गए हमले का मीडिया ने खूब प्रचार किया।

हिंसा के प्रचार-प्रसार का सबसे प्रमुख साधन सिनेमा है। आधुनिक समय में हर रोज लाखों लोग सिनेमा घरों में हिंसात्मक दृश्य देखते हैं। आज का बच्चा सिर्फ नेटवर्क के माध्यम से हर रोज लगभग 50 हिंसात्मक दृश्य देखता है, उसका उसके दिमाग पर क्या असर पड़ रहा है? यह शोध का विषय बन गया है। इस प्रकार स्पष्ट है कि मीडिया से हिंसा प्रचार-प्रसार किया है।

हिंसा की प्रमुख समस्या

परिवर्तन की रणनीति में हिंसा (Violence) और संघर्ष (Conflict) की भूमिका का समाजशास्त्रियों ने विश्लेषण किया है। सामाजिक परिवर्तन और हिंसक राजनीति के आपसी रिश्तों में दो मूल बातें शामिल हैं। पहली बात तो यह है कि तनाव और हिंसा सामाजिक परिवर्तन के स्वाभाविक कारण हो सकते हैं। दूसरी, परिवर्तन के मन्त्रों के रूप में हिंसा और संघर्ष को लिया जा सकता है। विश्व में इन दोनों मुद्दों पर बराबर बहस जारी है। यहाँ सामाजिक परिवर्तन के लिए उन हिंसक साधनों की चर्चा की गई है जो सोच-समझकर उपयोग किए जाते हैं। मार्क्सवादी संघर्ष को क्रान्ति का औजार मानते हैं। उनका इतिहास संघर्षों से भरा हुआ है। वे क्रान्ति लाने के लिए खूनी संघर्ष से भी परहेज नहीं करते हैं।

इसका एक अच्छा उदाहरण भारत में नक्सलवादी आन्दोलन है। अकसर सभी हिंसक प्रतिक्रियाओं का उद्देश्य लक्ष्य को हासिल करना नहीं होता है। कई लोग धन-दौलत, माल-असबाब इत्यादि जमा करने के लिए भी इन हिंसक प्रवृत्तियों में जुटे देखे जा सकते हैं। वे मौकों की तलाश में रहते हैं और उन व्यावसायियों को लूट लेते हैं, जिन्होंने कभी उनकी मदद नहीं की थी। इसलिए सामान्यतय हिंसक प्रवृत्तियों को सामाजिक परिवर्तन का एक उपयुक्त साधन नहीं माना जाता है। चूँकि हिंसा का इस्तेमाल समाज में शान्ति को भंग करता है। इससे विकास की योजनाएँ प्रभावित होती हैं। प्रजातन्त्र में हिंसा की मान्यता नहीं दी जा सकती।

हिंसा को रोकने के उपाय

हिंसा का विकास वर्तमान समय में इतनी तीव्र गति से हो रहा है कि इससे विकास कार्य भी प्रभावित हो रहे हैं। देश के वर्तमान में हिंसा को रोकने के लिए अग्रलिखित प्रमुख उपाय किए जा रहे हैं–

(1) सरकारी उपाय–विभिन्न उपाय सरकारी उपायों के तहत किए जा रहे है जिनका उद्देश्य हिंसा में कमी करना भी है। उदाहरण आतंकवादियों के विरुद्ध सक्त रवैया, पोटा लागू करना, बेरोजगारों के लिए विभिन्न रोजगार योजनाएँ जैसे प्रधानमन्त्री रोजगार योजना इत्यादि योजनाओं द्वारा सरकार का प्रयास हिंसा को कम करना भी है।

(2) गैर-सरकारी उपाय–विभिन्न संस्थाएं एवं संगठन का प्रचार-प्रसार गैर-सरकारी उपायों के तहत करते है, हिंसा को कम करने में सहायक हैं। उदाहरण–ब्रह्म समाज, आर्य समाज विभिन्न महिला संगठन इत्यादि। जैन धर्म एवं बौद्ध धर्म में भी हिंसा का कोई स्थान नहीं है।

प्रत्यक्ष तौर पर सरकारी या गैर सरकारी उपायों का मुख्य उद्देश्य हिंसा दूर करना नहीं किन्तु अप्रत्यक्ष तौर पर उनके उपरोक्त कार्यक्रम बहुत हद तक हिंसा को कम करते हैं।

10

श्वेतपोश अपराध

अपराध लगभग हर समाज में विद्यमान होता है। हाँ इतना अवश्य है कि उसका स्वरूप बदला होता है। यह एक सार्वभौमिक घटना है। मानव समाज के इतिहास में सभी समय यह घटना पाई जाती है। लेकिन हर समाज में और हर समय में इसके स्वरूप में भिन्नता पाई जाती है। साथ ही एक समाज में भी विभिन्न समयों में इसके स्वरूपों में भिन्नता होती है। अपराधियों की आयु के आधार पर अपराध को विभिन्न भागों में बाँटा गया है। इसी तरह अपराधियों के प्रस्थिति के आधार पर भी अपराध को भिन्न-भिन्न भागों में विभाजित किया जा सकता है। अपराध मुख्य रूप से तीन तरह के होते हैं–(i) अपराध, (ii) श्वेतपोश अपराध तथा (iii) बाल-अपराध।

वर्तमान समय में समाज का स्वरूप काफी बदल गया है। इसे एक जटिल समाज की संज्ञा दी जा सकती है। यह अत्यधिक गत्यात्मक है। इस गतिशीलता के कारण सामाजिक ढांचे और संरचना में जटिलता आती जा रही है। आज समाज में अनेक समस्याओं का जन्म हो रहा है जो जटिलता का ही परिणाम है। आज अपराध निर्धनता एवं मानसिक विकृति के लिए ही नहीं किया जाता है बल्कि संपन्न एवं उच्च स्तर के लोगों के द्वारा भी किया जाता है। ऐसे अपराधों के लिए कानून द्वारा दण्ड की कोई व्यवस्था नहीं रहती है। लेकिन ऐसे अपराध समाज एवं राष्ट्र के लिए अत्यधिक घातक होते हैं। इस तरह यह पता चलता है कि अनेक

अपराध ऐसे भी होते हैं जिनका पता नहीं चलता तथा वे दण्ड की परिधि से बाहर होते हैं। ऐसे अपराध उन व्यक्तियों द्वारा किए जाते हैं जो समाज में उच्च पद प्राप्त किए रहते हैं। इस तरह के अपराध को श्वेतपोश अपराध (White-Collar Crime) कहा जाता है। ऐसे अपराध पेशे के दौरान किए जाते हैं। कुछ विद्वानों का विचार है कि ऐसा नहीं है कि इस तरह के अपराध आज हो रहे हैं, बल्कि ऐसे अपराध प्राचीन काल से ही समाज में मौजूद हैं। प्राचीन संस्कृति में इन अपराधों को 'समरथ को नहिं दोष गुसाईं की कहावत के आधार पर नजरअंदाज कर दिया जाता था। 1872 लंदन में हुए अपराध निवारण संबंधी अंतर्राष्ट्रीय कांग्रेस में, 'आपराधिक पूंजीपति' नामक शोधपत्र में एडविन सी. हिल ने समाज के उच्चवर्गीय व्यक्तियों द्वारा किए जाने वाले अपराधों की ओर सदस्यों का ध्यान आकृष्ट किया था। इसी तरह प्रो. अल्बर्ट मोरिस ने 1984 में समाज के प्रतिष्ठित एवं धनाढ्य व्यक्तियों द्वारा किएं जाने वाले अपराधों के प्रति जरूरी कदम उठाने के लिए समाज का सशक्त आह्वान किया था। अतः स्पष्ट होता है कि केवल वर्तमान समय में ही इस तरह के अपराध नहीं किए जाते हैं बल्कि प्राचीन काल में भी इस तरह के अपराध होते थे।

श्वेतपोश अपराध का आश्य

यह ऐसा अपराध है जो समाज के उच्च प्रतिष्ठित व्यक्ति अपने पेशे के दौरान करते हैं। उदाहरण के लिए एक जज अपने पेशे के दौरान फैसला देने के लिए रिसवत लेता है, एक वकील का अपने मुवक्किल से अधिक फीस वसूल करता है आदि। इस तरह के अपराध का प्रायः पता नहीं चलता है क्योंकि ऐसे अपराध समाज के उच्च प्रतिष्ठित व्यक्तियों द्वारा किया जाता है। साथ ही ऐसे अपराध वे व्यक्ति अपने पेशे के दौरान करते हैं। इस प्रकार के अपराध के लिए किसी तरह के दण्ड की भी कोई व्यवस्था नहीं रहती है। श्वेतपोश अपराध साधारण अपराध से बहुत हद तक पृथक होता है। विलहेलम ओबर्ट (Vilhelem Aubert) ने अपने आलेख 'White-Collar Crime and Social Structure' में कहा है कि श्वेतपोश अपराध साधारण अपराध से बहुत रूपों में पृथक है। उन्हीं के शब्दों में, ''White-Collar Crime differs from other crime, not only in the methods of dealing with it but in the status of the offender's toleration of the public, and the support which offenders may receive from other groups in the society." इस कथन से पता चलता है कि श्वेतपोश अपराध साधारण अपराध से दण्ड देने के दृष्टिकोण से पृथक है। अन्य तरह के अपराधों के लिए व्यक्ति सजा का भागी होता है। इसके विपरीत श्वेतपोश अपराध के लिए व्यक्ति प्रायः सजा नहीं पाता है। विलहेलम ओबर्ट (Vilhelem Aubert) के अनुसार श्वेतपोश अपराध और साधारण अपराध में भिन्नता का आधार और भी है। अपराधियों की स्थिति के आधार पर भी दोनों में भिन्नता है। स्तरीकरण की प्रक्रिया के कारण समाज विभिन्न प्रस्थिति समूहों में विभाजित है। यदि समाज में उच्च प्रस्थिति प्राप्त व्यक्ति कोई अपराध करता है तो उसे श्वेतपोश अपराध कहा जाता है। इसके विपरीत निम्न प्रस्थिति प्राप्त व्यक्तियों द्वारा किया जाने वाला अपराध साधारण अपराध की श्रेणी में आता है। साथ ही श्वेतपोश अपराध साधारण अपराध से समाज के अन्य समूहों द्वारा प्राप्त होने वाली मदद की दृष्टि से भी पृथक है। प्रायः जनता श्वेतपोश अपराध का विरोध नहीं करती क्योंकि इसका स्वरूप अप्रत्यक्ष होता है।

श्वेतपोश अपराध को विभिन्न विद्वानों ने अपने-अपने ढ़ंग से परिभाषित किया है। कुछ प्रमुख विद्वानों द्वारा प्रस्तुत परिभाषाएं आगे प्रस्तुत की जा रही है—

हार्टंग (Hartung) के विचार में—"श्वेतपोश अपराधी वह होता है जो समाज के ऊँचे आर्थिक भाग से आता है और सुशिक्षित व्यक्ति होता है।"

वाल्टर सी. रेकलेस के विचार में—"श्वेतपोश अपराध उन व्यवसायियों के अपराधों का प्रतिनिधित्व करते हैं जो व्यवसायों की नीति एवं कार्यक्रम निर्धारित करते हैं।"

सदरलैण्ड (Sutherland) के विचार में—"प्रतिष्ठित एवं उच्च सामाजिक पद के व्यक्ति के द्वारा अपने व्यवसाय के समय में किया गया अपराध ही 'श्वेतपोश अपराध' है।"

प्रो. पी. गोस्वामी का विचार है—"उच्च प्रतिष्ठा प्राप्त व्यक्तियों द्वारा अपनी प्रतिष्ठा की ओट में किया गया कानून का उल्लंघन ही श्वेतपाश अपराध है।"

डी.आर.टैफ्ट (D. R. Taft) का विचार है—"श्वेतपोश अपराध, अपराध का वह तरह है जो उच्च वर्ग के व्यक्तियों द्वारा संपादित किया जाता है।"

उपर्युक्त परिभाषाओं के आलोक में यह कहा जा सकता है कि समाज में उच्च प्रतिष्ठित व्यक्ति या उच्च स्थिति प्राप्त व्यक्ति अपने पेशे के दौरान जो अपराध करते हैं वह अपराध श्वेतपोश अपराध के नाम से जाना जाता है। चूंकि ऐसे अपराध समाज के उच्च स्थिति प्राप्त व्यक्ति करते हैं इसलिए ऐसे अपराधों

का पता भी नहीं चल पाता एवं व्यक्तियों द्वारा इसका कोई विरोध भी नहीं किया जाता है। इस तरह के अपराध का कोई लेखा-जोखा पुलिस रिकार्ड में भी नहीं उपलब्ध रहता है इसलिए ऐसे अपराधों के लिए कोई दण्ड निश्चित नहीं है।

श्वेतपोश अपराध की विशेषताएँ

श्वेतपोश अपराध की कई विशेषताएँ हैं। चूँकि यह अपराध साधारण अपराध से भिन्न है इसलिए इसकी विशेषता भी साधारण अपराध से पृथक है। श्वेतपोश अपराध की निम्नलिखित विशेषताएँ कही जा सकती हैं—

1. कोई पुलिस रिकार्ड नहीं—इस तरह के अपराध का पुलिस रिकार्ड में कोई लेखा-जोखा नहीं रहता है। सदरलैण्ड ने श्वेतपोश अपराध की इस विशेषता का उल्लेख किया है और अपनी पुस्तक 'Criminology' में लिखा है, ''White-Collar Crimes......are extermely wide spread, but an index of their frequency is not found in Police reprots." सदरलैण्ड के इस विचार से पता चलता है कि श्वेतपोश अपराध सभी जगह पाया जाता है। लेकिन इसकी यह एक विशेषता है कि इसका लेखा-जोखा पुलिस रिकार्ड में नहीं रहता है। इसलिए इस तरह के अपराध के संबंध में वास्तविक आँकड़ा प्राप्त करना संभव नहीं होता है।

2. उच्च प्रतिष्ठित व्यक्तियों द्वारा किया जाने वाला अपराध—यह अपराध समाज के उच्च प्रतिष्ठित व्यक्तियों द्वारा किया जाता है। इसका विचारलब कि हर स्थिति के व्यक्तियों द्वारा किया जाने वाला अपराध श्वेतपोश अपराध नहीं है बल्कि समाज के उच्च स्थिति प्राप्त व्यक्तियों द्वारा किया जाने वाला अपराध श्वेतपोश अपराध के अंतर्गत शामिल किया जाता है। सदरलैण्ड द्वारा प्रस्तुत श्वेतपोश अपराध की परिभाषा के आधार भी इस विशेषता का वर्णन किया जा सकता है। सदरलैण्ड (Sutherland) का विचार है—"White-Collar Crime may be defined approximately as a crime committed by a person of respectability and high social status....." साथ ही पी. गोस्वामी (P. Goswami) ने भी अपनी पुस्तक 'Criminology' में श्वेतपोश अपराध की इस विशेषता का उल्लेख किया है। उदाहरणस्वरूप डॉक्टर, प्रोफेसर, इंजीनियर तथा प्रशासनिक अधिकारी आदि को समाज में उच्च स्थिति प्राप्त रहती है। अतः इन लोगों द्वारा किया जाने वाला अपराध श्वेतपोश अपराध कहा जाता है।

3. दंड का प्रावधान नहीं—इस तरह के अपराध के लिए अपराधी दण्ड नहीं पाते हैं। कहने का आश्य यह है कि श्वेतपोश अपराध के लिए व्यक्ति

न्यायालयों द्वारा सजा नहीं पाता है। सदरलैण्ड (Sutherland) के विचार में–"Prosecution for this kind of crime frequently is avoided because of the political or financial importance of the parties concerned....." सदरलैण्ड ने न केवल श्वेतपोश अपराध की विशेषताओं का उल्लेख किया है बल्कि उन कारणों की भी चर्चा की है जिसके कारण श्वेतपोश अपराधी प्रायः सजा नहीं पाते हैं। इनके अनुसार समाज के उच्च स्थिति प्राप्त व्यक्ति विभिन्न आधारों पर समाज में उच्च स्थिति प्राप्त कर सकते हैं। उच्च स्थिति प्राप्त करने का आधार राजनीति तथा अर्थ दोनों हो सकता है। इन व्यक्तियों का समाज में बोलबाला रहता है और इन्हें सजा देने का कोई साहस नहीं करता है। साथ ही अपने वित्तीय महत्त्व के कारण भी इस तरह के अपराधी घूस देकर सजा से वंचित हो जाते हैं। प्रायः यह देखने में आता है कि पुलिस अधिकारी भी ऐसे ही व्यक्तियों के खिलाफ चार्जशीट दाखिल करती है जो आर्थिक एवं राजनीतिक दृष्टिकोण से निम्न स्थिति पाए रहते हैं। पुलिस को यह भय रहता है कि नेता के खिलाफ आरोप लगाने पर नेता उनका ऐसे स्थान पर तबादला करवा सकता है जहाँ आमदनी का दरवाजा बंद हो या उसके कारगुजारियों का विधानसभा के मंच पर भंडा फोड़कर उन्हें निलंबित करवा सकता है या गलत आरोप लगाकर प्रोसेक्यूशन (Prosecution) करवा सकता है। इस तरह यह पता चलता है कि श्वेतपोश अपराधियों का समाज में इतना अधिक बोलबाला रहता है कि वे प्रायः सजा से वंचित रहते हैं।

4. अविश्वास उत्पन्न करना–इस तरह का अपराध विश्वासघात करता है और अविश्वास उत्पन्न करता है। सदरलैण्ड (Sutherland) ने भी इस विशेषता का उल्लेख किया है और लिखा है, "White-Collar Crimes violate trust and therefore create distrust,......" चूँकि श्वेतपोश अपराध वह अपराध है जो समाज के उच्च स्थिति प्राप्त व्यक्तियों द्वारा किया जाता है और इन व्यक्तियों पर जनता का यह विश्वास रहता है कि ये कभी अपराध नहीं कर सकते हैं। इसलिए यदि उच्च प्रतिष्ठावाले व्यक्ति अपराध करते हैं तब सदरलैण्ड तथा रोसेक आदि विद्वानों के अनुसार इनके इस कार्य को विश्वासघात करना कहा जा सकता है। चूँकि इस तरह के अपराधी जनता के साथ विश्वासघात करते हैं इसलिए ऐसे अपराधों के फलस्वरूप जनता में 'Feeling of distrust' उत्पन्न होता है। एक तरफ इसे श्वेतपोश अपराध की विशेषता के अंतर्गत सम्मिलित किया जा सकता है और दूसरी तरफ इसे श्वेतपोश अपराध का परिणाम (Effect) भी कहा जा सकता है।

5. व्यावसायिक तथा राजनीतिक क्षेत्रों में इसकी उपस्थिति—इस तरह का अपराध मुख्यतः व्यावसायिक तथा राजनीतिक क्षेत्रों में पाया जाता है। इसका विचारलब यह नहीं है कि अन्य क्षेत्रों में इस तरह के अपराध नहीं पाए जाते हैं। कहने का तात्पर्य यह है कि विभिन्न क्षेत्रों में इस तरह के अपराध पाए जाते हैं। किन्तु मुख्य रूप से इस तरह के अपराध व्यवसायियों एवं राजनीतिक नेताओं द्वारा किए जाते हैं।

6. सामाजिक संस्थाओं पर व्यापक प्रभाव डालना—इस तरह के अपराध का प्रभाव मुख्य रूप से संस्थाओं एवं सामाजिक संगठनों पर अधिक पड़ता है। इसका विचारलब यह नहीं है कि साधारण अपराध का प्रभाव सामाजिक संस्थाओं तथा सामाजिक संगठनों पर नहीं पड़ता है। साधारण अपराध का प्रभाव भी विभिन्न सामाजिक संस्थाओं एवं सामाजिक संगठनों पर पड़ता है। लेकिन श्वेतपोश अपराध की तुलना में कम पड़ता है। इस तथ्य की पुष्टि करते हुए सदरलैण्ड (Sutherland) ने भी लिखा है, "Many of the White-Collar Crimes attack the fundamental principles of American institutions ordinary crimes, on the other hand, produce little effect on social institutions or social organization." श्वेतपोश अपराध के संबंध में सदरलैण्ड का यह कथन एक तरफ श्वेतपोश अपराध की विशेषता बताता है तो दूसरी तरफ श्वेतपोश अपराध एवं साधारण अपराध में अंतर प्रस्तुत करता है।

7. आर्थ प्राप्ति—इसका संबंध आर्थ प्राप्ति के उद्देश्य से होता है। कहने का आशय यह है कि यह कहा जा सकता है कि इस तरह का अपराध आर्थिक प्राप्ति के उद्देश्य से किया जाता है। धनी व्यक्तियों का गलत इनकम टैक्स रिटर्न देना, डॉक्टर का जाली सर्टिफिकेट देना तथा ऑफिसर का घूस लेना आदि आर्थिक प्राप्ति के लिए किए जाने वाले अपराध हैं। सदरलैण्ड (Sutherland) ने श्वेतपोश अपराध की परिभाषा में भी इस बात का उल्लेख किया है पेशे के दौरान एक प्रतिष्ठित एवं उच्च सामाजिक पदवाले व्यक्तियों द्वारा किया गया अपराध श्वेतपोश अपराध है। इस बात से भी इन्कार नहीं किया जा सकता कि किसी भी व्यवसाय के पीछे व्यक्तियों का उद्देश्य धन की प्राप्ति रहता है। अतः आर्थिक उद्देश्य की प्राप्ति भी श्वेतपोश अपराध की एक विशेषता कही जा सकती है।

8. जनसाधारण द्वारा इसका विरोध नहीं किया जाना—जनता द्वारा इस अपराध का विरोध नहीं किया जाता है। इसका कारण यह है कि इस तरह का अपराध समाज के उच्च स्थिति प्राप्त व्यक्तियों द्वारा किया जाता है। सोरोकिन

(Sorokin) के अनुसार एक क्षेत्र में जिसे उच्च स्थिति प्राप्त रहती है उसे प्रायः दूसरे क्षेत्र में भी उच्च स्थिति प्राप्त रहती है। अतः विभिन्न क्षेत्रों में ऐसे अपराधियों का बोलबाला इतना रहता है कि इलियट एवं मेरिल (Elliott and Merrill) के अनुसार ये राष्ट्र के उद्देश्यों को अपने लाभ में परिणत कर देने की क्षविचारा रखते हैं। ऐसी स्थिति में जनता ऐसे अपराधियों का विरोध करने की क्षविचारा नहीं रखती है। साथ ही इस तरह के अपराधियों को समाज में उच्च प्रतिष्ठा प्राप्त रहती है और जनता इनको श्रद्धा की दृष्टि से देखती है। ये जनता का बहुत अधिक विश्वास प्राप्त किए हुए रहते हैं और विश्वास की आड़ में ही अपराध करते हैं। जनता इनके अपराधी कारनामों से परिचित नहीं रहती है। अतः ऐसी परिस्थिति में ऐसे अपराधियों का जनता द्वारा विरोध करने का प्रश्न ही नहीं उपस्थित होता है।

श्वेतपोश अपराध के कारण

इस तरह के अपराध के अनेक कारण हैं। कुछ प्रमुख कारण अग्र हैं–

1. धन कमाने का उद्देश्य–ऐसा अपराध मुनाफा कमाने के उद्देश्य से किया जाता है। ऐसा नहीं है कि सभी तरह के श्वेतपोश अपराधों के लिए मुनाफा कमाना ही एकमात्र कारण है। दरअसल कोई भी परिणाम किसी एक कारक की उपज नहीं होती है। इन विभिन्न कारकों में मुनाफा कमाने का उद्देश्य या आर्थिक प्राप्ति की मनोवृत्ति भी एक कारक है। इन कारकों को कुछ उदाहरणों के द्वारा समझाया जा सकता है। श्वेतपोश अपराध की अवधारणा से ही यह स्पष्ट होता है कि इस तरह के अपराधी को समाज में उच्च स्थिति प्राप्त रहता है। प्रस्थिति के निर्धारण के लिए बहुत से कारक जिम्मेदार हैं जिनमें अर्थ भी एक प्रमुख स्थान रखता है। दूसरे शब्दों में यह कहा जा सकता है कि आर्थिक स्थिति भी प्रस्थिति का एक निर्धारक तत्त्व है। धन की स्थिति के कारण भी किसी व्यक्ति को समाज में उच्च स्थिति प्राप्त हो सकती है। ऐसे व्यक्ति भी अपराध करते हुए देखे जा सकते हैं। जैसे-आमदनी कर (Income tax) बचाने के उद्देश्य से धनी व्यक्ति गलत सूचना देते हैं। धनी व्यवसायी अनुपयोगी वस्तुओं के संबंध में गलत विज्ञापन देते हैं। इसी तरह ये व्यवसायी बैंड वैगन डेविस (Band Wagon Device) का सहारा लेकर लोगों की आँखों में धूल झोंककर अपनी वस्तुओं की बिक्री बढ़ाने और जनता को ठगने का कार्य करते हैं। इसी तरह डॉक्टर का जाली सर्टिफिकेट देना, रोगी को ऐसी दुकानों पर दवा खरीदने की सलाह देना जहाँ

Expiry Date की दवाइयाँ मिलती हैं आदि श्वेतपोश अपराध हैं और ये सभी मुनाफा कमाने के उद्देश्य से किए जाते हैं। इसी तरह इंजीनियर तथा प्रशासनिक पदाधिकारी का घूस लेना आदि का उद्देश्य भी आर्थिक प्राप्ति या मुनाफा होता है। इस तरह यह कहा जा सकता है कि मुनाफा कमाने का उद्देश्य श्वेतपोश अपराध का एक कारण है।

2. दण्ड का अभाव—इस तरह के अपराध के लिए दण्ड की कोई व्यवस्था नहीं रहती है। सदरलैण्ड (Sutherland) ने भी श्वेतपोश अपराध का वर्णन करते हुए कहा है कि इस तरह के अपराध के लिए अपराधी सजा से वंचित रहता है। चूँकि श्वेतपोश अपराध के लिए किसी तरह की सजा का प्रावधान नहीं है इसलिए इनके अपराधी प्रवृत्तियों में कोई सुधार नहीं होता है। अपराधी प्रवृत्तियों में सुधार लाने के लिए विभिन्न साधन हैं जिनमें कानून का भी एक प्रमुख स्थान है। कानून में इसके उल्लंघनकर्त्ता को दण्ड देने की भी व्यवस्था रहती है जो उल्लंघनकर्त्ता के अंदर भय का संचार करती है और व्यक्ति सजा पाने के भय से अपराधी प्रवृत्तियों के भय से अपने को दूर रखने का प्रयत्न करता है। किन्तु श्वेतपोश अपराधी प्रायः सजा से वंचित रहते हैं। इसलिए उन्हें अपराध करते वक्त कोई भय नहीं रहता है और वे खुलकर अपराध करते हैं। अतः श्वेतपोश अपराध के विकास का एक प्रमुख कारण दण्ड का अभाव कहा जा सकता है।

3. गोपनीयता—श्वेतपोश अपराध की एक प्रमुख विशेषता यह है कि इस तरह के अपराध का जनता द्वारा कोई विरोध नहीं किया जाता है। इसका कारण यह है कि इस तरह का अपराध समाज में उच्च स्थिति प्राप्त किए हुए लोगों द्वारा किया जाता है। उच्च स्थिति वाले व्यक्तियों को जनता का विश्वास प्राप्त रहता है और इस विश्वास की आड़ में वे अपराध करते हैं। अतः यह कहा जा सकता है कि इस तरह के अपराध का स्वरूप अप्रत्यक्ष होता है। यही कारण है कि जनता इस तरह के अपराध का विरोध नहीं करती है। अतः ऐसे अपराध का एक कारण 'गोपनीयता' कहा जा सकता है।

4. अज्ञानता—यह कहा जा सकता है कि जनता की अज्ञानता भी इस तरह के अपराध को बढ़ावा देती है। छल-कपट विधि प्रचार की एक प्रमुख प्रविधि है। जनता अपनी अज्ञानता के कारण छल-कपट विधि के जरिए किए जाने वाले प्रचार का शिकार हो जाती है और श्वेतपोश अपराधियों के उद्देश्यों की पूर्ति हो जाती है। इसी तरह समाचार पत्रों एवं पत्रिकाओं में गलत विज्ञापन देकर लोग जनता को ठगने का कार्य करते हैं। प्रायः पत्र-पत्रिकाओं में यह विज्ञापन देखने को

मिलता है कि अग्रिम पैसा भेजकर पाँच या दस रुपए में घड़ी मँगवाइए। कुछ लोग इस तरह के प्रचार का शिकार हो जाते हैं। इस तरह के प्रचार का शिकार हो जाना जनता की अज्ञानता एवं नासमझी का द्योतक है। यदि लोगों को इस बात का ज्ञान हो जाए कि पाँच या दस रुपए में घड़ी, रेडियो आदि का मिलना संभव नहीं है तो शायद इस तरह के अपराध कम हो सकते हैं।

5. जन-जागरूकता का अभाव—जन-जागरूकता के अभाव में जनता श्वेतपोश अपराध का विरोध नहीं करती है। प्रायः यह सुनने में आता है कि पुलिस अधिकारी निर्दोष व्यक्तियों को भी घूस देने के लिए बाध्य करते हैं और तरह-तरह से उनका शोषण करते हैं। जनता द्वारा शोषण को बर्दाश्त करना और घूस देना जन-जागरूकता के अभाव का ही द्योतक है। इसी तरह अगर कहीं डॉक्टर के प्राइवेट प्रैक्टिस पर रोक लगा दी जाती है फिर भी वे प्राइवेट प्रैक्टिस करते हुए नजर आते हैं जो श्वेतपोश अपराध का उदाहरण कहा जा सकता है। यह जानते हुए भी कि प्राइवेट प्रैक्टिस पर रोक लग गई है जनता प्राइवेट फीस देकर अपना इलाज करवाती है। साथ ही आम जनता अपनी आँखों के सामने श्वेतपोश अपराध होते हुए देखकर भी उसका कोई विरोध नहीं करती है तो इसका कारण जन-जागरूकता का अभाव ही कहा जा सकता है। अतः यह सिद्ध होता है कि जन-जागरूकता का अभाव श्वेतपोश अपराध का एक प्रमुख कारण है।

6. मानव जीवन पर धर्म आदि सामाजिक नियंत्रणों के साधनों के प्रभाव का कम होना—औद्योगीकरण, नगरीकरण तथा पश्चिमीकरण आदि प्रक्रियाओं के कारण मानव जीवन पर धर्म का प्रभाव कम होने लगा है। फलस्वरूप धर्म के आचरणों का उल्लंघन करने में व्यक्ति नहीं हिचकता है। पाप-पुण्य की अवधारणा समाप्त होने लगी है। इसी तरह हिंदू धर्म के पुनर्जन्म की व्याख्या भी अर्थहीन समझी जाने लगी है। आज मानव के सामने मुख्य समस्या मोक्ष की प्राप्ति नहीं रह गई है। अतः धार्मिक विश्वासों के विपरीत आचरण करते हुए उसे किसी तरह का भय नहीं रहता है। इसलिए समाज में उच्च स्थिति प्राप्त व्यक्ति भी घूस लेना, दूसरों को ठगना या विश्वासघात करना तथा दूसरों का शोषण करना पाप कर्म नहीं समझते हैं। अतः मानव जीवन पर धर्म का प्रभाव कम होना भी श्वेतपोश अपराध के विकास का एक कारण कहा जा सकता है।

7. पूँजीवादी व्यवस्था—पूँजीवादी व्यवस्था में पूँजी कुछ ही लोगों के हाथों में केंद्रित हो जाती है। जिनके हाथों में पूँजी होती है वे उचित एवं अनुचित तरीकों से अधिकाधिक उद्योग-धंधों पर कब्जा कर लेते हैं। साथ ही वे वैधानिक एवं

अवैधानिक सभी तरीकों से धनार्जन करना चाहते हैं। ऐसे लोगों के विरुद्ध सरकार भी कोई कड़ा कदम उठा नहीं पाती है क्योंकि आर्थिक शक्ति के बल पर इनका राजनीतिज्ञों पर भी प्रभाव रहता है।

8. स्वार्थवाद—जब मानव स्वार्थ के वशीभूत हो जाता है तो वह इसके लिए गंभीर-से-गंभीर अपराध करने के लिए भी हमेशा तैयार रहता है। श्वेतपोश अपराधी भी जल्द-से-जल्द धन कमाना चाहते हैं जो कि उनके स्वार्थ को परिलक्षित करता है। ये लोग खाद्य पदार्थों में मिलावट, नकली दवाइयों का निर्माण तथा अन्य कई गलत एवं अनैतिक तरीकों से अपने स्वार्थ के वशीभूत होकर जल्द-से-जल्द धन कमाने के लिए ऐसे अपराध करते हैं। अतः स्वार्थवाद भी श्वेतपोश अपराध का एक कारण कहा जा सकता है।

9. औद्योगीकरण की प्रगति—औद्योगीकरण के कारण व्यवसाय का क्षेत्र वृहत् हो गया है। मशीनीकरण के कारण प्रतिस्पर्द्धा भी बढ़ी है। उद्योगपति वैध या अवैध तरीके से किसी भी तरह के प्रतिस्पर्द्धा में दूसरों को नीचा दिखाने का प्रयत्न करते हैं। इसके लिए वे गलत तरीकों का इस्तेमाल करते हैं जो श्वेतपोश अपराध को बढ़ावा देने का एक कारण बन जाता है। इस तरह औद्योगीकरण की प्रगति भी श्वेतपोश अपराध का एक कारण कहा जा सकता है।

10. कानून की जटिलता—कानून में इतनी जटिलता है कि वह जनसाधारण की समझ से बाहर है। श्वेतपोश अपराधी धनी एवं अभिजात्य वर्ग से सम्बन्धित होते हैं। उन्हें विधि का ज्ञान भी होता है और अगर नहीं भी होता है तो वे अच्छे-से-अच्छे विधिवेत्ताओं की सेवा लेने में समर्थ होते हैं। अतः वे कानून को मनमाने ढंग से तोड़-मरोड़कर इस्तेमाल करते हैं। इस तरह कानून की जटिलता श्वेतपोश अपराध का एक कारण कहा जा सकता है।

11. न्यायिक पक्षपात—चूँकि श्वेतपोश अपराधी उच्च वर्ग से सम्बन्धित होते हैं इसलिए न्यायिक व्यवस्था भी प्रायः उनका पक्ष लेती है। कहने का तात्पर्य यह है कि न्यायिक व्यवस्था भी पक्षपातपूर्ण रवैया अपनाती है। इसका एक कारण यह भी होता है कि सरकार में भी अधिकतर उसी वर्ग के लोग होते हैं जिसके कारण पक्षपात की संभावना बनी रहती है। इस तरह न्यायिक पक्षपात भी श्वेतपोश अपराध का एक कारण कहा जा सकता है।

12. तकनीकी एवं वैज्ञानिक कारण—समाज में व्यापारिक प्रतिष्ठानों की वृद्धि से नियंत्रण कमजोर हो गया है जिससे एकाधिकार, प्रबंधक वर्ग का उदय आदि को प्रोत्साहन मिलता है। इस तरह की नई सामाजिक व्यवस्था, आर्थिक व्यवस्था एवं

राजनीतिक व्यवस्था आदि को सुचारु रखने के लिए नैतिकता का कठोरता से पालन करना अनिवार्य होता है। समाज के सभी वर्ग इस जरूरीता की पूर्ति में असमर्थ होते हैं। फलतः श्वेतपोश अपराध का उदय एवं विकास होता है। इस तरह तकनीकी एवं वैज्ञानिक कारण भी श्वेतपोश अपराध का एक कारण कहा जा सकता है।

श्वेतपोश अपराधों का प्रभाव

श्वेतपोश अपराध समाज को अनेक तरह से प्रभावित करता है उनमें से कुछ प्रमुख प्रभाव अग्र हैं–

1. विभाग को हानि पहुँचाना–श्वेतपोश अपराध का एक महत्त्वपूर्ण प्रभाव कर विभाग को हानि पहुँचाना कहा जा सकता है। प्रायः श्वेतपोश अपराधी अभिजात वर्ग से होते हैं। वे शिक्षित भी होते हैं। अतः वे विभिन्न तरह से जालसाजी कर तथा कानून को तोड़-मरोड़कर करों की चोरी करते हैं। इसका नतीजा यह होता है कि कर विभाग को करोड़ों की हानि होती है। इसका प्रभाव सरकार पर पड़ता है क्योंकि धनाभाव के कारण वे विभिन्न योजनाओं को लागू करने में असमर्थ हो जाते हैं। इस तरह राष्ट्र की हानि होती है। अतः श्वेतपोश अपराध का दूसरा प्रभाव कर विभाग को हानि पहुँचाने के रूप में सामने आता है।

2. भावी पीढ़ी का शत्रु–श्वेतपोश अपराधी अपनी अगली पीढ़ी को भी श्वेतपोश अपराध करना सिखा देती है जिससे उनकी अगली पीढ़ी भी श्वेतपोश अपराधी बन जाते हैं और शोषण का मार्ग अख्तियार करते हैं। इसका प्रभाव समाज एवं राष्ट्र पर बुरे रूप में पड़ता है। इस तरह यह कहा जा सकता है कि श्वेतपोश अपराध का एक प्रभाव भावी पीढ़ी के शत्रु के रूप में सामने आता है।

3. आर्थिक असंतुलन की स्थिति पैदा होना–श्वेतपोश अपराध के द्वारा आर्थिक असंतुलन की स्थिति पैदा होती है। इस तरह के अपराध के द्वारा बड़े-बड़े उद्योगपति अनुचित ढंग से लाभ कमाते हैं। इस तरह श्वेतपोश अपराध के द्वारा पूंजीपति और अधिक पूंजीपति होते चले जाते हैं और गरीब और अधिक गरीब होते चले जाते हैं। इस तरह समाज में आर्थिक असंतुलन की स्थिति पैदा होती है। साथ ही गरीबी एवं अमीरी की खाई भी बढ़ती चली जाती है। इस तरह यह पता चलता है कि श्वेतपोश अपराध का एक प्रभाव आर्थिक असंतुलन के रूप में सामने आता है।

4. अनैतिकता को प्रोत्साहन–श्वेतपोश अपराधी अपनी आर्थिक स्थिति के बल पर समाज में मान-सम्मान तथा आदर पाते हैं। गरीब लोग भी इनके चंगुल

में फँसकर अपराधी बन जाते हैं। गरीब अपनी गरीबी से मुक्ति पाने के लिए इनके झाँसे में आ जाते हैं तथा अनैतिक रास्तों पर चलकर अपराधी बन जाते हैं। कुछ लोग ऐसे भी होते हैं, जो श्वेतपोश अपराधियों की अमीरी एवं चमक-दमक से प्रभावित होकर इस तरह के अपराध की ओर प्रेरित हो जाते हैं। इनके लिए धर्म एवं नैतिकता का कोई मूल्य नहीं होता है। इनके मन में यह धारण घर कर जाती है कि मनुष्य को धन से ही इज्जत मिलती है। इनके लिए नैतिकता का कोई मूल्य नहीं होता। श्वेतपोश अपराधी ऐसे लोगों को आग में घी डालने का कार्य करते हैं। अर्थात् वे अपने आस-पास के लोगों एवं वातावरण में अनैतिकता का प्रसार करते हैं। श्वेतपोश अपराधी अधिकारियों को भी घूस आदि देकर अपना काम करवाते हैं। इस तरह ये अपराधियों को भी भ्रष्ट एवं रिश्वतखोर बनाकर अनैतिकता का मार्ग दिखा देते हैं। इस तरह यह कहा जा सकता है कि श्वेतपोश अपराध का एक प्रभाव अनैतिकता को प्रोत्साहन देने के रूप में समाने आता है।

5. राष्ट्रद्रोह—श्वेतपोश अपराधियों को राष्ट्रहित एवं मानव सेवा में कोई विश्वास नहीं रहता है। अपने धन कमाने के उद्देश्य को वे राष्ट्रहित एवं मानवता से ऊपर रखते हैं। राष्ट्र के ऊपर कितना भी संकट क्यों न हो वे इससे विचारलब नहीं रखते। वे तो ऐसे समय में और अधिक-से-अधिक मुनाफा कमाकर अपने धन को दोगुना करने में लगे रहते हैं। ऐसे अपराधी राष्ट्र को धोखा देते हैं और राष्ट्रद्रोही होते हैं। ये युद्ध, प्राकृतिक विपदा एवं ऐसे ही अन्य गंभीर संकटों के समय वस्तुओं का कृत्रिम अभाव पैदा कर देते हैं तथा उसके माध्यम से अधिक-से-अधिक मुनाफा कमाते हैं। इनका उद्देश्य सिर्फ अपना लाभ होता है। ऐसे अपराधी समाज एवं राष्ट्र के लिए एक कोढ़ के समान होते हैं। दुर्भाग्यवश ऐसे ही लोगों का समाज एवं राष्ट्र में सम्मान है। इस तरह श्वेतपोश अपराध का प्रभाव राष्ट्रद्रोह कहा जा सकता है।

6. समाजवाद में अवरोध—श्वेतपोश अपराधों के कारण समाज में अमीर और गरीब के बीच एक खाई उत्पन्न हो जाती है। अमीर एवं उद्योगपति श्वेतपोश अपराधों के माध्यम से और अधिक अमीर बन जाते हैं जबकि गरीब की गरीबी कायम रहती है। इस तरह की स्थिति समाजवाद के मार्ग में बाधक होती है। साथ ही अधिक संपन्न श्वेतपोश अपराधी सरकारी नीतियों को प्रभावित कर समाजवाद के मार्ग में बाधक बनते हैं। इस तरह यह कहा जा सकता है कि श्वेतपोश अपराध का एक प्रभाव समाजवाद में बाधक के रूप में सामने आता है।

श्वेतपोश अपराधों का वर्गीकरण

श्वेतपोश अपराध प्रायः अपराधी द्वारा अपने व्यवसाय के दौरान किया जाता हैं। सामान्यरूप से ऐसे अपराध व्यवसाय की प्रकृति के अनुसार ही होते हैं। अप्रत्यक्ष होने के कारण श्वेतपोश अपराध के बहुत से प्रकार का पता ही नहीं चलता। अपराधशास्त्रियों के अनुसार श्वेतपोश अपराध के निम्नलिखित प्रकारों में विभक्त किया जा सकता है–

1. खाद्य-पदार्थों एवं औषधियों में मिलावट–श्वेतपोश अपराधी अपने व्यापार में अधिक मुनाफा कमाने के उद्देश्य से खाद्य पदार्थों एवं औषधियों में मिलावट कर देते हैं। इसके कारण कई बार कई जिन्दगियाँ बरबाद हो जाती हैं। कई घर तबाह हो जाते हैं।

2. व्यापार में नाट–इस तरह के अपराध के अंतर्गत बीड्स की बिक्री एवं पूँजी लगाने के मामलों में कपटपूर्ण व्यवहार आदि को शामिल किया जाता है।

3. चिकित्सा व्यवसाय में अनाचार–इस तरह के अपराध में अवैध गर्भपात, छिपे हुए अपराधियों का इलाज, एल्कोहल एवं अन्य नशीली द्रव्यों की अवैध बिक्री, जाली विशेषज्ञ तथा दुर्घटना के संबंध में झूठी रिपोर्ट देना आदि को शामिल किया जाता है। इस तरह यह स्पष्ट होता है कि श्वेतपोश अपराध के माध्यम से चिकित्सा व्यवसाय में अनेक अनाचार होते हैं।

4. आपराधिक कार्यों के लिए न्यास, उत्पादक संघ, व्यापार संघ एवं सिंडीकेट आदि का गठन–आज यह अधिक मात्रा में हो रहा है। इस तरह से श्वेतपोश अपराधों को बढ़ावा मिल रहा है।

5. प्रतियोगिता (स्वस्थ) का विरोध करना–आज श्वेतपोश अपराधी स्वस्थ प्रतियोगिताओं में विश्वास नहीं रखते बल्कि वे अस्वस्थ ढंग से छल-कपटपूर्ण प्रतियोगिताओं में विश्वास रखते हैं।

6. गुमराह करने वाले विज्ञापन–अधिकतर व्यवसायी अधिक-से-अधिक मुनाफा गलत तरीकों से कमाना चाहते हैं। वे समाचार पत्रों एवं पत्रिकाओं में गुमराह करने वाले आकर्षक विज्ञापन छपवा देते हैं ताकि लोग उनके झाँसे में आ जाएँ। जनता भी ऐसे लुभावने विज्ञापनों से आकर्षित हो जाती है तथा उसमें फँसकर अपना धन गँवा बैठती है। इस तरह श्वेतपोश अपराध का एक कारण गुमराह करने वाले विज्ञापन कहे जा सकते हैं।

7. वकीलों द्वारा अपराध–प्रायः वकील अपने पेशे के दौरान साक्ष्यों को तोड़-मरोड़कर पेश करते हैं जिससे कई बार सही अपराधी सजा से वंचित हो जाते

हैं। साथ ही वे दुर्घटना आदि के संबंध में झूठे दावे भी पेश करते हैं। इतना ही नहीं ये निकायों के आपराधिक एवं अर्द्ध-आपराधिक गतिविधियों का मार्गदर्शन भी करते हैं। उनके द्वारा किए गए ये सभी अपराध श्वेतपोश अपराध के अंतर्गत आते हैं।

8. लोक-अधिकारियों द्वारा रिश्वत लेना तथा भ्रष्टाचार—आज चारों ओर भ्रष्टाचार का बोलबाला है। लोक-अधिकारीगण भ्रष्टाचार में आकंठ तक डूबे हुए हैं। इस तरह वे श्वेतपोश अपराध को बढ़ावा दे रहे हैं। अतः लोक-अधिकारियों द्वारा रिश्वत लेना तथा भ्रष्टाचार को श्वेतपोश अपराध का एक तरह कहा जा सकता है।

श्वेतपोश अपराध का उन्मूलन

श्वेतपोश अपराध के उन्मूलन के लिए कुछ उपाय किए जा सकते हैं जो निम्नलिखित हैं—

1. राष्ट्रीय चरित्र का निर्माण—राष्ट्रीय चरित्र का निर्माण कर बहुत हद तक श्वेतपोश अपराध का उन्मूलन किया जा सकता है। श्वेतपोश अपराध मुख्यतः नागरिकों के चारित्रिक अधःपतन के कारण ही होता है। इसलिए यह जरूरी है कि नागरिकों के अच्छे चरित्र का निर्माण किया जाए। इसके लिए नागरिकों के व्यक्तित्व का विकास, सामुदायिक भावना एवं राष्ट्रीय भावना आदि को जागृत करना अनिवार्य है। इन सभी के कारण बहुत हद तक श्वेतपोश अपराधों का उन्मूलन हो सकता है।

2. देश का आर्थिक विकास—श्वेतपोश अपराध का किसी भी देश के आर्थिक व्यवस्था से घनिष्ठ संबंध रहता है। अर्थव्यवस्था में परिवर्तन लाकर श्वेतपोश अपराध का उन्मूलन बहुत हद तक किया जा सकता है। इसके लिए रोजगार की सुविधाएँ, व्यावसायिक नैतिकता का विकास, निर्धनता तथा परमिट व्यवस्था का उन्मूलन तथा एकाधिकार का अंत करना जरूरी प्रतीत होता है। इन सब प्रयासों से देश का आर्थिक विकास होगा और बहुत हद तक श्वेतपोश अपराध का उन्मूलन हो जाएगा।

3. आपराधिक-विधि में संसोधन—संपति एवं अर्थ से सम्बन्धित आपराधिक व्यवहार पर लागू होने वाली विधि में मूलभूत परिवर्तन करने की जरूरीता है। आपराधिक व्यवहार के उन्मूलन के लिए छोटे-मोटे सुधारों से लाभ नहीं होता है।

4. अपराध-प्रक्रिया संहिता में समुचित संशोधन—श्वेतपोश अपराधी को न्यायालय में दोषसिद्ध करने के लिए अपने प्रभाव का इस्तेमाल करने से रोका जाना चाहिए।

5. कठोर दण्ड का प्रावधान—श्वेतपोश अपराध के उन्मूलन का एक उपाय यह है कि कपट, बेईमानी, टैक्स-चोरी तथा सार्वजनिक संपत्ति की बेइंतजामी के लिए कठोर दण्ड की व्यवस्था की जानी चाहिए।

6. श्वेत अपराध के लिए निवारक दण्ड की व्यवस्था—इस तरह के अपराधियों के लिए मामूली जुर्माना कहीं से भी न्यायसंगत एवं तर्कसंगत नहीं है क्योंकि ये आर्थिक रूप से संपन्न होते हैं। इनके लिए जुर्माने के स्थान पर सम्पत्ति की जब्ती, विशेषाधिकारों की समाप्ति, राजनीतिक अधिकारों की समाप्ति एवं सजा के रूप में दण्ड की व्यवस्था होनी चाहिए। इन उपायों को अपनाकर ही श्वेतपोश अपराधों का उन्मूलन संभव है। उपरोक्त उपायों के अतिरिक्त मनुष्य को स्वयं अपने सोच में बदलाव लाने की जरूरीता है। ये सभी उपाय तो मनुष्य को अपराध करने के बाद उससे रोकने के लिए हैं। लेकिन यदि मानव स्वयं नैतिकता के आधार पर यह सोच ले कि वह जो कुछ कर रहा है उससे मानव, समाज तथा राष्ट्र तीनों को अपार क्षति पहुँच रही है। सिर्फ अपने लाभ के लिए इतने लोगों को नुकसान पहुँचाना किसी भी तरह से उचित नहीं कहा जा सकता है। अगर मनुष्य की यह सोच हो जाए तो अपने-आप इस समस्या का उन्मूलन हो सकता है। ऐसा होना कठिन है, लेकिन असंभव नहीं है।

7. शैक्षणिक व्यवस्थाओं में सुधार—शैक्षणिक व्यवस्थाओं में सुधार विभिन्न रूपों में किया जा सकता है। इनमें व्यावसायिक शिक्षा की व्यवस्था, जैविक एवं चारित्रिक शिक्षा की व्यवस्था, शैक्षणिक जागरूकता का विकास, परम्परागत शिक्षा व्यवस्था में परिवर्तन तथा सभी संकायों में स्वतंत्र शिक्षा की व्यवस्था आदि को शामिल किया जा सकता है। साथ ही शिक्षा जगत में फैले भ्रष्टाचार एवं भाई-भतीजावाद आदि को समाप्त करके भी श्वेतपोश अपराध का उन्मूलन किया जा सकता है।

8. राजनीतिक सुधार—श्वेतपोश अपराध को बढ़ावा देने में राजनीतिक नेताओं का बहुत बड़ा योगदान रहता है। अतः यह जरूरी प्रतीत होता है कि राजनीतिक सुधार करके इस अपराध का उन्मूलन किया जाए। राजनीतिक जीवन में कुछ सुधारों को प्रोत्साहित करके श्वेतपोश अपराधों को नियंत्रित किया जा सकता है। इन सुधारों में नेतृत्व के लिए योग्यता निर्धारण, राजनैतिक दलों में नैतिक स्तर का विकास, सस्ती नेतागिरी को हतोत्साहित करना, नेतृत्व के लिए नैतिक संहिता का निर्माण तथा जन-जागरूकता का विकास आदि प्रमुख हैं। राजनीतिक सुधार कर श्वेतपोश अपराध का उन्मूलन बहुत हद तक संभव है।

11

बाल-अपराध

विकास के मार्ग पर आरूढ़ आज का मानव पूर्व की तुलना में कहीं अधिक धनी एवं. शिक्षित है। वह अपने बच्चों को ऊंची-से-ऊंची शिक्षा, देने-दिलाने की कोशिश ही नहीं करता, बल्कि उसे हर तरह की सुविधा देने का प्रयास करता है, जिससे वह प्रगति के नये आयाम कायम कर सके। अभिभावक की तरफ से इतनी सुविधा मिलने के बाद भी बाल अपराधियों की संख्या में लगतार हो रही वृद्धि अत्यंत ही चिन्तनीय है।

वैज्ञानिक और मशीनी युग की विशेषताओं ने समाज के परंपरागत मूल्यों, विश्वासों, स्थितियों, भूमिकाओं को ही नहीं, अपितु सामाजिक व्यवस्था, संगठन एवं ढाँचे को भी बदल दिया है। मानवीय जीवन से सम्बन्धित कई वस्तुओं और सम्बन्धों के ताने-बाने विश्रृंखलित होकर विघटित हो गये हैं। बाल-अपराध की समस्या कृषि-प्रधान एवं अर्द्ध-विकसित देशों की अपेक्षा उन देशों में अधिक गम्भीर हो गयी है जो औद्योगिक क्षेत्र में अत्यधिक उन्नति कर गये हैं। औद्योगिक क्षेत्र में जहाँ आर्थिक ढाँचे में प्रगति हो रही है, वहाँ नगरीकरण की प्रक्रिया में वृद्धि हो रही है। सामाजिक आर्थिक मूल्यों में नगरीकरण के प्रभाव से बदलाव हो रहा है। इन परिवर्तनों से नगरों में बाल-अपराधियों में बढ़ोतरी हो रही है। भारतीय कृषक समाज अब भी अपनी कृषक विशेषताओं हेतु आगे बढ़ रहा है किन्तु यह भी स्पष्ट तौर पर दिखाई दे रहा है कि वह औद्योगिक एवं नगरीकरण के प्रभाव

से वंचित भी नहीं है। बड़े विशाल नगर एवं महानगर औद्योगीकरण की प्रक्रिया में काफी आगे निकल चुके हैं। यहाँ पर निवास करने वाले करोड़ों व्यक्तियों का जीवन-दर्शन परिवर्तित हो चुका है। उनके जीवन के साथ परम्परात्मक विश्वासों का स्तर नजर नहीं आता है। न तो उसके ऊपर अब संयुक्त-परिवार का नियंत्रण है और न पास-पड़ोस अथवा समुदाय का ही है। वे स्वतंत्र और मुक्त हैं, जैसा चाहें वैसा कर सकते हैं।

नगरों में संयुक्त-परिवार के स्थान पर एकाकी परिवार हैं एकाकी-परिवार का सम्बन्ध न तो अपने सम्बन्धियों से है और न तो अपने चारों ओर निवास करने वाले व्यक्तियों से है। इन परिवारों का जीवन अपने सदस्यों के अहम् के चारों तरफ मंडराता है। उन्हें सिर्फ अपनी चिन्ता है। दूसरों के प्रति ज्यादातर वे उदासीन रहते हैं। नगर में परम्परागत नियंत्रण के साधनों में परिवर्तन हो गये हैं जिसने नगर समाज को परम्परा से अलग बना दिया है। नगरीकरण एवं औद्योगिकीकरण के आकर्षण ने ग्रामीण व्यक्ति को अपनी तरफ आकर्षित किया। बड़ी संख्या में ग्रामीण व्यक्ति नगर में आकर बसने लगे। विशेष तौर पर उन नगरों में जो औद्योगिक क्षेत्र में काफी प्रगति कर चुके हैं। इन नगरों में व्यक्ति मशीन की तरह काम करता है और स्वयं भी मशीन हो जाता है जिसमें भावना नाम की वस्तु बड़ी कठिनाई से अनुभव करने को मिलती है। भावना के अभाव में व्यक्ति, व्यक्ति से दूर और पृथक्-पृथक् हो जाता है। **एक ब्यूरो रिपोर्ट** के अनुसार—"व्यक्ति को भावनात्मक मदद समुदाय से मिलती रही है। इसके अभाव में यह स्वयं में टूटता जा रहा है। वह सत्य है कि यह भावनात्मक मदद आर्थिक और सामाजिक सहायता से कहीं अधिक रही है, जिसने परिवार के सदस्यों को एक सूत्र में बाँधने का कार्य किया था।"

बाल-अपराध का उद्भव

व्यक्ति यह जानने के लिए उत्सुक रहा है कि अमुक तरह के व्यवहार व्यक्ति किन कारणों ओर किन परिस्थितियों में करते हैं। ये बालकों के व्यवहारों पर भी लागू होते हैं। समाजशास्त्रियों एवं मनोवैज्ञानिकों ने यह जानने का प्रयत्न किया है कि बालकों के व्यवहार क्षण-क्षण में और हँसी-मजाक के साथ क्यों परिवर्तित होते रहते हैं? किन परिस्थितियों में बालक के व्यवहार पृथक तरह के होते हैं। इन बातों को ज्ञात करने की उनमें जिज्ञासा पैदा हुई और वे किसी सीमा तक अपनी जिज्ञासा की प्राप्ति में सफल भी हुए हैं। बाल-अपराध की समस्या काफी प्राचीन है। कुछ विचारक कभी-कभी यह कहते हैं कि इस समस्या का

उद्भव आधुनिक युग में हुआ है। वास्तव में यह सत्य नहीं है। इतना अवश्य है कि अपराध की संख्या में अवश्य बढ़ोतरी हो रही है और उसके स्वरूप में विविधता आ गई है। यह भी कहना सत्य है कि समय के साथ बालकों के व्यवहार करने के नये-नये तरीके स्वतः जन्म लेते हैं और प्राचीन समाप्त होते रहते हैं। आधुनिक युग में बालकों के विविध प्रकार के व्यवहारों तथा अपराध के पृथक-पृथक स्वरूपों का अध्ययन प्रारम्भ हो गया है। दो शताब्दी पूर्व बालकों के साथ उनकी प्रकृति के अनुसार व्यवहार नहीं किया जाता था। अगर उन्होंने अपराध किया है तो उन्हें भी दण्ड प्राप्त होगा। सन् 1831 में जॉन बेल नामक एक 13 वर्षीय बालक को मेडस्टोन में मृत्यु-दण्ड दिया गया। बालकों को साधारण तौर से समान अपराध के लिए कठोर दण्ड प्राप्त होता था। मेगोल्ड का विचार है कि "यह आततायी मत आधुनिक मनोवैज्ञानिकों द्वारा पूर्णतया ठुकरा दिया गया है तथा इसके स्थान पर यह सिद्धान्त आ गया है कि ज्यादातर उनके चारों तरफ प्रभावों तथा अनुभवों का उत्पादन या योग है। वे अहम् अथवा स्वयं के कमजोर समूह में रहते हैं। जब तक कि वे मस्तिष्क एवं शरीर में लचीले हैं तब तक उनके कार्यों के उत्तरदायित्व का अन्तः सम्बन्ध दिमागी अपरिपक्वता में होता है।"

असल में बाल-अपराध की धारणा का सम्बन्ध बाल-न्यायालय आन्दोलन के साथ नत्थी है। **सर्वप्रथम बाल-न्यायालय आन्दोलन संयुक्त राष्ट्र एवं कनाडा में आरम्भ हुआ।** बाल-न्यायालय का मुख्य उद्देश्य बालक के व्यवहारों में सुधार करनाहै। समाज की प्रगति के साथ बाल-अपराधियों का समाजशास्त्रीय तथा मनोवैज्ञानिक तरीके से सुधार किया जाने लगा है।

बाल-अपराध की परिभाषा

बाल-अपराध क्या है? इसकी परिभाषा क्या है? इस बात पर निर्भर है कि अलग-अलग देशों के कानून, सरकार एवं अन्य विचारक बाल-अपराधियों का किस दृष्टिकोण से अध्ययन करते हैं। वे उनके लिए कौन-सी मान्यताएँ अथवा कार्यों को तय करते हैं, जिनके अंतर्गत बाल-अपराधी आता है। इस तरह बाल अपराध की परिभाषा देश-विदेश के कानून एवं सामाजिक परिस्थितियों पर निर्भर करती है। यही वजह है कि विविध देशों में बाल-अपराध की आयु में अंतर पाया जाता है।

हर विचारक और समाज-सेवक अपने अनुभव और दृष्टिकोण के आधार पर बाल-अपराध की परिभाषा देने की कोशिश करता है। इसलिए इस समस्या की

एक परिभाषा न होकर अनेक परिभाषाएँ हैं, जो विविध विचारकों के पृथक्-पृथक् दृष्टिकोणों को व्यक्त करती है। कुछ परिभाषाएँ निम्नलिखित हैं–

डा. सेठना के शब्दों में–"बाल अपराधों में विशेष रूप से उस समय लागू कानून द्वारा निर्धारित, एक निश्चित आयु के बालकों या युवकों द्वारा किये गये अनुचित कार्य शामिल होते हैं।"

गिलीन और गिलीन के अनुसार–"समाजशास्त्रीय दृष्टिकोण में अपराधी या बाल-अपराधी एक ऐसा व्यक्ति है जो ऐसे कार्य का अपराधी है जिसको वह समूह, जिसमें अपने विश्वासों को कार्यान्वित करने की शक्ति है, समाज के लिये हानिकारक समझता है और इसलिये ऐसा कार्य करना मना है।"

साधारणतया बाल-अपराध को परिभाषित करते समय हम उन लक्षणों एवं विशेषताओं की भी चर्चा करते हैं जो उनमें पाई जाती है, यथा स्कूल से अनुपस्थित रहना, आवारागर्दी करना, जुए के अड्डों पर रहना; चोर, डाकुओं, गुण्डों, वेश्याओं अथवा अन्य बुरे आदमियों की संगत में रहना या रात में इधर-उधर घूमना आदि ऐसे कार्य जो असामाजिक होते हैं। ऐसे कार्यों को करने वाले को बाल-अपराधी कहा जाता है। **रॉबिन्स** के अनुसार बाल-अपराधियों में अग्रांकित लक्षण पाये जाते हैं–"आवारागर्दी और भीख माँगना, दुर्व्यवहार, बुरे इरादे से शैतानी करना और उद्दण्डता।"

बाल-अपराधी की व्याख्या करते हुए संयुक्त राष्ट्र संघ कहता है–"बाल-अपराधी वह नवयुवक तथा नवयुवती है, जिसने निश्चित उम्र के भीतर दण्ड-विधान के तहत अपराध किया है एवं न्याय-अदालत या बाल-कल्याण समिति जैसी विशेष संस्था के सामने पेश किया गया है ताकि उसकी ऐसी चिकित्सा का प्रबन्ध हो सके, जिससे वह समाज द्वारा पुनः स्थापित यानि स्वीकृत हो जाए। ज्यादातर मामलों में कानून बाल-अपराध की अधिक से अधिक ही नहीं, कम उम्र भी निर्धारित कर देता है जिससे नीचे की उम्र का बच्चा अपने अपराधों के लिए जिम्मेदार नहीं होता है।"

बाल-अपराध की कानूनी एवं मनोवैज्ञानिक परिभाषा

कानूनी दृष्टिकोण के अनुसार किसी भी देश के कानून के अंतर्गत कम उम्र के बालकों द्वारा किये गये अपराध या निश्चित आयु मे जो बाल समाज विरोधी कार्य करते हैं, वे बाल-अपराध कहलाते हैं।

जहाँ तक मनोवैज्ञानिक परिभाषा का प्रश्न है, इसमें वे समस्त बालक एवं बालिकाएँ आएंगे, जिन्होंने किसी भी प्रकार का असामाजिक व्यवहार किया हो।

भले ही वह कानून की दृष्टि से बच निकलें, जैसे-हँसी-हँसी में किसी को नदी में ढकेल देना, चलती रेलगाड़ी पर ईंटें फेंकना, दूसरों की छतों पर खेलना, खेल-खेल में आग लगा देना आदि।

वैधानिक दृष्टिकोण से बाल-अपराधी की व्याख्या

न्यूयार्क नगर के बाल कानून (Children's Court Act of the city of New-York, 1933) का अध्ययन करने से हमें बाल-अपराधियों के सम्बन्ध में निम्नलिखित तथ्य ज्ञात होते हैं–

(1) जो सुधार से परे, उद्दण्ड अथवा आदतन अवज्ञाकारी हो और अपने माता-पिता, सरंक्षक या कानूनी अधिकारियों के नियंत्रण से परे है।

(2) संयुक्त राज्य अमेरिका या इस प्रान्त अथवा न्यूयार्क नगर के किसी कानून का उल्लंघन करे।

(3) जो बिना किसी ठोस कारण के और बिना अपने माता-पिता, संरक्षक की सम्मति के अपना घर या रहने के स्थान को त्याग दे।

(4) जिसकी स्कूल में गैर हाजिर रहने की आदत पड़ गई हो।

(5) सार्वजनिक स्थानों पर भीख माँगना।

(6) गैर कानूनी कार्यों को करता हो।

(7) कानून द्वारा वर्जित स्थानों की संगति।

(8) अनैतिक या दुश्चरित्र व्यक्तियों की संगति।

(9) जान बूझ कर ऐसे व्यवहार करना जिससे उसकी तथा अन्य व्यक्तियों की नैतिकता अथवा स्वास्थ्य को हानि पहुँचे।

(10) आदतन अश्लील अथवा अभद्र भाषा का प्रयोग करना।

मिस्र के दण्ड विधान 124 के अनुरूप बाल-अपराधी वह है जिसकी आयु 18 वर्ष से कम है तथा जो–

(1) गुण्डों, लफंगों का साथ देता है या बदनाम लोगों का साथ देता है।

(2) सड़क पर से जले हुए सिगरेट के टुकड़े या अन्य फेंकी हुई चीजें इकट्ठा करता है।

(3) भीख माँगता है, सड़क पर बेकार चीजें बेचता है या कसरती खेल दिखाता रहता है।

(4) वेश्यावृत्ति, संभोग के अन्य अपराधों, जुए आदि में रत है या ऐसे अपराधियों का साथ देता है।

(5) जिसके अभिभावक या माता-पिता मर गये हैं, जेल में हैं या लापता हैं एवं जिसकी जीविका का कोई कानूनी सहारा नहीं है।

(6) दुश्चरित्र है, अपने माता-पिता या अभिभावक के नियंत्रण से बाहर है।

(7) जिसके रहने का कोई तय स्थान नहीं है तथा जो आदतन सड़कों पर सोता रहता है।

बाल-अपराधियों का वर्गीकरण

बाल-अपराध के कार्यों और प्रवृत्तियों के आधार पर उनको निम्नलिखित श्रेणियों में रखा जा सकता है–

(1) चालाक एवं मौन-अपराधी–ये वे बाल-अपराधी हैं जो अपने कार्य में काफी चतुर होते हैं। ये अपराध करने के बाद भी उसका प्रकटीकरण अन्य स्थानों पर नहीं करते हैं। इस श्रेणी में कम बोलने वाले बालक एवं बालिकाएँ भी आती हैं।

(2) उद्यम मचाने वाले बाल-अपराधी–इस वर्ग के तहत वे बाल-अपराधी आते हैं जो शारीरिक दृष्टि से हृष्ट-पुष्ट होते हैं। वे तोड़-फोड़, मार-पीट, चोरी आदि का ही कार्य नहीं करते हैं, वरन् वे अपना गिरोह बना कर उसके नेता भी बन जाते हैं। अक्सर इस तरह के कार्यों को करने वाले ज्यादातर बालक होते हैं, बालिकाओं की संख्या न के समान होती है और कम-से-कम भारत के लिए तो यह सत्य ही है।

(3) नासमझ बाल-अपराधी–इस प्रकार के बाल-अपराधियों की संख्या अधिक है। कई बाल-अपराधी अनजाने-अनसमझे ही इस तरह के कार्य खेल-खेल और हँसी-मजाक में करते रहते हैं। ये कार्य बाल-अपराधियों के कार्यों में सम्मिलित किए जाते हैं।

(4) बाल अपराधी के गिरोह–इसमें वे बाल-अपराधी आते हैं जो अपराध के कार्य में दक्ष हैं। इसके ज्यादातर सदस्य एक से ज्यादा बाल-अपराध कर चुके होते हैं। इस प्रकार से बाल-अपराधियों का अपना गिरोह होता है और उस गिरोह का एक नेता होता है, जिसके नेतृत्व में अपराधी कार्य करवाये जाते हैं।

अपराधी तथा बाल-अपराधी में अन्तर

उम्र का फर्क–जैसा कि हम देख चुके हैं कि बाल-अपराधियों की आयु एक निश्चित सीमा में बँधी हुई है। यह उम्र की सीमा अलग-अलग देशों में

पृथक्-पृथक् प्रकार की पायी जाती है। अस्तु, बाल-अपराधी और अपराधी में प्रथम अन्तर आयु का है, जबकि दोनों के कार्य असामाजिक होते हैं। एक निर्धारित आयु के पश्चात् जो बालक या बालिका समाज-विरोधी कार्य करता है, वह अपराधी घोषित किया जाता है, यथा—भारत में 18 वर्ष के बाद जो बालक कानून का उल्लंघन करता है वह बाल-अपराधी न होकर अपराधी की श्रेणी में आता है।

उद्देश्यों में अन्तर—अपराधी साधारणतया योजना बनाकर अपराध करता है। वह पहले से जानता है कि वह किस तरह का अपराध करने जा रहा है और उससे उसे कितना और कैसा लाभ प्राप्त होने वाला है। उसे यह भी मालूम होता है कि अमुक तरह के कानून के उल्लंघन का दण्ड किस प्रकार का है। जबकि बाल-अपराधी अक्सर योजना बनाकर अपराध नहीं करते एवं न उनका उद्देश्य अपराध करने का होता है, बल्कि अधिकतर अपराध उनसे खेल में अनजाने में हो जाते हैं। इसीलिए बाल-अपराध को खाली समय का कार्य (Leisure time activity) कहते हैं।

दण्ड विधान में अन्तर—बाल-अपराध और अपराधी, दोनों को एक ही कानून के उल्लंघन करने पर अलग-अलग ढंग से दण्ड दिया जाता है। बाल-अपराधियों को सुधार संस्थाओं में रखकर उनका मनोवैज्ञानिक तरीके से उपचार किया जाता है, जबकि अपराधियों को जल में रखा जाता है। अपराधी को अपराध की दृष्टि से दण्ड दिया जाता है। यद्यपि दोनों दण्ड़ों का उद्देश्य व्यक्ति का सुधार करना है। बाल-अपराधियों को दण्ड का एहसास नहीं कराया जाता है। अतः दोनों के उपचार और सुधार के ढंग में अन्तर है।

बाल-अपराधों की रोकथाम

बाल-अपराध विश्व के करीब सभी देशों की एक गम्भीर समस्या बन गई है। परन्तु इस समस्या की पृष्ठभूमि में जो कारक हैं वे समान न होकर भिन्न हैं। उनके स्वरूप अलग-अलग हैं। यह केवल गरीब देशों की समस्या नहीं हैं, वरन् धनी देशों की भी है। अन्तर सिर्फ आर्थिक, सामाजिक एवं राजनैतिक ढाँचे का है जिससे यह समस्या विभिन्न रूपों में विभिन्न समाजों में उदय होती है।

असल में यह समस्या गंभीर है, जिसका निदान किसी एक पहलू अथवा नजरिये से नहीं किया जा सकता है, चूँकि इस समस्या में बहुत सी समस्याएँ नत्थी हैं, जैसे-शारीरिक, मानसिक दृष्टिकोण से अविकसित बालक, अनाथ बालक,

परिवार सम्बन्धी कारक, स्कूल की समस्याएँ, निर्धनता, अशिक्षा, आवारागर्दी शोषण की प्रवृत्ति आदि। अस्तु यह समस्या जो ऊपरी सतह से बहुत सतही दिखायी देती है उसकी तह में जाने की आवश्यकता है। 'उपचार की अपेक्षा रोकथाम उत्तम है' (Prevention is better than cure) के सिद्धान्त को अपनाना होगा। **इसलिए हर्बर्ट** लिखते हैं कि "सामाजिक कार्यकर्त्ता को सतही स्थिति को स्वीकार नहीं करना चाहिए, बल्कि समस्या की गहराई देखनी चाहिए, ऐसे वातावरण की खोज करनी चाहिए जिसमें विश्वास किया जा सके और पारस्परिक समझ प्राप्त की जा सके।"

बाल-अपराध की समस्या को निम्नलिखित प्रकार से कम किया जा सकता है–

(1) शिक्षा की भूमिका–शिक्षा से अभिप्राय यह है कि किस प्रकार की शिक्षा बालकों को परिवार तथा स्कूल में दी जाय जिनसे अनके व्यक्तित्व का सृजन स्वस्थ ढंग से हो सके। जहाँ परिवार में शुरू से उचित निर्देशन देने की जरूरत होती है, वहाँ स्कूल और कालेजों के आध्यापकों का यह कर्त्तव्य है कि वे बालकों को नैतिक व अनैतिक, उचित व अनुचित, धर्म तथा अधर्म के कार्यों के बारे में समझायें।

पाठ्यक्रम इतना बोझिल न हो कि बालकों की समझ में न आये, वरना बालक पढ़ने से जी चुरायेंगे तथा स्कूल से भागने का कोशिश भी करने लगेंगे।

(2) परिवार का कर्त्तव्य एवं उत्तरदायित्व–यह माता-पिता का पुनीत कर्त्तव्य है कि वे अपने बालकों का पालन-पोषण स्नेहपूर्ण तरीका से करें। उन्हें स्वप्न में भी इसका आभास नहीं होना चाहिये कि उनकी शारीरिक, मानसिक दुर्बलता एवं कुरूपता के कारण परिवार में उनकी उपेक्षा हो रही है। माता-पिता का नियंत्रण एवं अनुशासन इतना कठोर न हो कि बालक घर को जेल समझने लगे। उन पर स्नेहयुक्त नियन्त्रण होनी चाहिये। बालकों की उत्सुकतापूर्ण प्रश्नों को मनोवैज्ञानिक तरीका से समझना चाहिये जिससे कि उनके प्रश्न का जवाब उनके व्यक्तित्व पर पड़े या उनके व्यक्तित्व निर्माण में सहायक हो सके। इस बात का भी प्रयास करना चाहिये कि उनकी जरूरतों की पूर्ति हो सके। अन्यथा वे इसे किसी दूसरे माध्यम से पूर्ण करने का प्रयास करेंगे। **मार्टिन न्यूमेर का विचार है कि** "अधिकतर परिवार अपने मुख्य कार्य को अपनी अधिकतम क्षमता के अनुसार कर रहे होते हैं लेकिन बहुत से दूसरे परिवारों में बच्चों की मौलिक आवश्यकताएं भी उचित रूप से पूर्ण नहीं हो पाती हैं।"

(3) मनोरंजन–मनोरंजन का यह आशय कमी नहीं होता कि बालक जहाँ और जैसे चाहे खेलता रहे, अपितु मनोरंजन प्रशिक्षित (Supervised Recreation) होता है, जिससे बालक का स्वस्थ मानसिक विकास हो सके। मनोरंजन का एक स्वस्थ उद्देश्य है। इस उद्देश्य की प्राप्ति तभी हो सकती है कि जब मनोरंजन के साधनों का निरीक्षण तथा परीक्षण के द्वारा से अपने व्यक्तित्व का सृजन अनुशासित ढंग से कर सके।

बालक-बालिकाओं की समस्याएं भी मनोरंजन की दृष्टि से अलग-अलग हैं। अच्छा हो कि सभी छोटे और बड़े मोहल्ले में एक पार्क हो जिसमें बच्चों के खेल-कूद के पर्याप्त साधन हों और बच्चे शारीरिक रोग से पीड़ित हैं उनके घर में खेले जाने वाले खेलों का व्यवस्था हो। इस तरह के खेलों के लिए भी मोहल्ले, नगर और महानगर में कई बाल-क्लब हों जिसमें खेलने के साथ ही अच्छी बालोपयोगी पुस्तकें भी हों।

(4) आर्थिक सुविधाएँ–हमें मालूम है कि बाल-अपराधियों की काफी बड़ी संख्या गरीब है जो गरीब परिवारों से पैदा आती है। अतः सामाजिक एवं सरकारी तौर पर इस प्रकार का प्रबन्ध करना चाहिये कि निर्धन परिवारों के बालक भी समुचित शिक्षा प्राप्त कर सकें। उन्हें शिक्षा सम्बन्धी सभी सुविधाएं दी जाएं। उनके लिए निःशुल्क शिक्षा हो और संभव हो सके तो ऐसे विद्यार्थी को कुछ आर्थिक मदद भी देनी चाहिये। आर्थिक सहायता से बालकों और बालकों के परिवारों को प्रेरणा प्राप्त होगी कि वे अपने बालकों को शिक्षित बनायें। स्कूल में इस प्रकार की शिक्षा दी जाय कि विद्यार्थी पढ़ने के साथ-साथ कुछ हासिल कर सकें। इन कार्यों से बालकों में आरम्भ से ही स्वावलम्बी बनने की प्रवृत्ति पैदा होगी और वे अपने खाली समय का प्रयोग भी कर सकेंगे।

(5) बाल सुधार गृह–बाल-सुधार घरों की हमारे देश में काफी कमी है और जो हैं भी वे सन्तोषजनक नहीं हैं। विशेषतौर से वे घर जो जनता द्वारा चलाये जा रहे हैं, उनका उद्देश्य सरकार से ज्यादा सहायता लेना है, न कि अपराधियों को सुधारना। जरूरत इस बात की है कि इस प्रकार के घर ज्यादा संख्या में खोले जायँ, साथ ही इस तरह के घरों की कार्य पद्धति का समय-समय पर निरीक्षण होते रहना चाहिये। इस प्रकार के सुधार घर उन बालकों के लिए बहुत महत्वपूर्ण हैं, जिनका इस संसार में कोई नहीं है या जो अवैध सन्तान के रूप में हैं या जिनकी आदतें खराब हो चुकी हैं या वे जिनकी प्रवृत्ति भगोड़ा बन चुकी है इत्यादि। इस प्रकार के बालकों का सुधार इन घरों में काफी अच्छा हो सकता है, बशर्ते उनके

साथ ईमानदारी और लगन के साथ काम किया जाय और यह तभी हो सकता है जब हमारी मिशनरी भावना हो।

(6) मनोवैज्ञानिक अस्पताल—अधिकतर बच्चों में इस तरह की भावना घर कर जाती है और जिसे सामान्य व्यक्ति या माता-पिता नहीं समझ पाते हैं। किसी जख्मी भावना के परिणामस्वरूप उनमें द्वेष, संघर्ष, ईर्ष्या आदि विरोधी जटिल भावनाओं का एक साथ जन्म हो जाता है। इन विरोधी भावनाओं के कारण उनका व्यवहार दिन-प्रतिदिन असामाजिक बनता जाता हैं। इस तरह के बालकों का मनोवैज्ञानिक विश्लेषण के माध्यम से उनका आक्रोश जानने का प्रयास किया जाता है। उनकी चिकित्सा भी मनोवैज्ञानिक ढंग से की जाती है। हमारे देश में इस तरह के अस्पतालों का काफी अभाव है। न्यूनतम छोटे-बड़े नगरों में इस प्रकार के अस्पताल होने चाहिये।

(7) सामुदायिक नेतागिरी—सामुदायिक नेतागिरी के अभाव में बाल-अपराध को नियन्त्रित करने का कम-मुश्किल हो जायेगा। किन्तु कार ने समुदाय नेता के कार्य के सम्बन्ध में निम्नवत् बातें कहीं हैं—

(1) बाल-अपराधियों की मुश्किलों को समझें।

(2) समस्या के समाधान के लिए प्रस्ताव एवं सुझाव उद्धत करें।

(3) संगठन को शक्तिशाली एवं दृढ़ बनाएं।

(4) रचनात्मक कार्यक्रम बनाएं जिससे स्थानीय समस्याओं का समाधान हो सके तथा उनकी आवश्यकताओं की पूर्ति हो सके।

(8) संयुक्त परिषद—अनेक देशों में बाल-अपराधों को रोकने के लिए संयुक्त परिषदों की स्थापना हुई है। इन परिषदों का निर्माण अभिभावकों, स्कूल, पुलिस-विभाग, किशोर-न्यायालय, प्रोबेशन विभाग के प्रतिनिधियों को लेकर किया जाता है। इस परिषद का मुख्य उद्देश्य है, बालकों के अपराधी कार्यों को ज्ञात करना तथा उनके समाधान के तरीके खोजना। यह परिवार के स्तर के साथ ही सामुदायिक परिस्थितियों, जिनसे बाल-अपराध जन्म देते हैं, को सुधारने की कोशिश करती हैं।

(9) बाल कल्याण समितियाँ—सामाजिक संस्थाओं की यह जिम्मेदारी है कि वह नगर के विविध भागों में बाल-कल्याण समितियों की स्थापना करे। इन समितियों का यह उत्तरदायित्व है कि वे अपने क्षेत्र के बालकों का अध्ययन करें। उसके खाली समय का किस तरह से अधिकाधिक रूप में उपयोग किया जाय,

इसके लिये उपाय निकालें। इस तरह की समितियों में अनुभवी तथा क्षेत्रीय व्यक्तियों को अधिकाधिक स्थान प्राप्त होने चाहिये। चूँकि बाल-अपराध की क्षेत्रीय समस्या बहुत कुछ अन्य क्षेत्र से पृथक हो सकती है। अतएवं इसका निदान कैसे हो सकता है, वहाँ के अनुभवी व्यक्ति बता सकते हैं।

बाल-अपराधियों के सुधार

जब समाजशास्त्रियों ने यह अनुभव किया कि बाल-अपराधियों की समस्या अन्य अपराधियों से भिन्न है तब उन्होंने इसके निदान के लिए नवीन तरीकों पर विचार करना आरम्भ किया। इसके फलस्वरूप बाल-अपराधियों के सुधार में नयी-नयी पद्धतियों का उपयोग होने लगा। इसके अग्रलिखित उदाहरण हैं—

बोर्सटल स्कूल—सर्वप्रथम 1961 में इस स्कूल की स्थापना चेन्नई में हुई। उसके बाद उत्तर प्रदेश में बोर्सटल अधिनियम पास किया गया और बरेली बाल-बन्दीगृह की स्थापना हुई। बरेली के बाल-जेलों में सिर्फ निम्न प्रकार के बालक आते हैं

(1) जिस बालक को कठोर दण्ड प्राप्त होता हो।

(2) 18 वर्ष से कम उम्र का हो।

(3) अपराधी के कुल और जाति का पता न हो।

(4) स्वस्थ मस्तिष्क तथा स्वस्थ शरीर हो।

(5) धारा 109, 110 या 113 (भारतीय दण्ड विधान) के तहत् उसे दण्ड प्राप्त न हुआ हो।

इस तरह के बाल-अपराधियों को व्यावसायिक प्रशिक्षण भी दिया जाता है ताकि वे स्वावलम्बी बन सकें। इस गृह की दूसरी कई विशेषतायें भी हैं। इस गृह में जो भी बालक अनुशासनयुक्त रहता है, इसे पारितोषिक भी दिया जाता है। बालकों को ऊँची शिक्षा देने का भी व्यवस्था है।

बाल न्यायालय—बालकों के अपराध का फैसला करने के लिए पृथक् न्यायालय होते हैं जिन्हें हम बाल न्यायालय कहते हैं। इस न्यायालय का उद्देश्य बालक को दण्ड ने देकर उसका सुधार करना है। यह बालकों के अपराध का विश्लेषण कर उसे मनोवैज्ञानिक तरीके से सुधारने का प्रयास करता है। इनमें बाल-अपराधी को कटघरे में नहीं बन्द किया जाता है। भारत में ऐसा न्यायालय मुम्बई में है।

इस न्यायालय में जज के स्थान पर चिकित्सक, मनोवैज्ञानिक तथा समाजशास्त्री आदि होते है। इसका अध्यक्ष एक वेतन प्राप्त मजिस्ट्रेट होता है। इस न्यायालय

में पुलिस भी सादी पोशाक पहनती है ताकि बालकों के मस्तिष्क एवं हृदय पर किसी तरह का बुरा प्रभाव न पड़े। अस्तु, बाल-न्यायालय बाल-अपराध के क्षेत्र में प्रमुख भूमिका निभा रहे हैं।

बाल सुधार गृह—असल में, ये सुधार-गृह औद्योगिक संस्थायें हैं। बालकों को जेल में न भेजकर इन गृहों में रखा जाता है। इन्हें यहीं पर भिन्न-भिन्न प्रकार की जरूरतों को पूरा करने के लिए स्वयं अपना कोई कार्य करना सिखाया जाता है इस तरह के सुधार-गृह, शोलापुर, नासिक, लखनऊ, बरेली, दिल्ली आदि स्थानों पर हैं।

राज्यों में बाल-अपराध को रोकने की कोशिश

भारत में विभिन्न राज्यों में बाल-अपराध की समस्या गंभीर रूप धारण करती जा रही थी। अतः कुछ राज्यों ने इस गम्भीर समस्या के समाधान के लिए प्रयत्न करना शुरू कर दिया। कुछ राज्यों का वर्णन यहां दिया जा रहा हैं।

उत्तर प्रदेश

1935 में उत्तर प्रदेश में, चिल्ड्रेन ऐक्ट पारित किया गया। इस ऐक्ट की निम्नांकित विशेषतायें हैं–

(1) उद्दंड बालक जो सुधार-गृह द्वारा सुधारे नहीं जा सकते हैं उन्हें जेल भी भेजा जा सकता है।

(2) यदि माता-पिता अथवा संरक्षक किसी बालक की देख-रेख उचित रूप में नहीं करते हैं तो मजिस्ट्रेट सूचना पाते ही इस बालक को किसी की भी संरक्षता में रख सकता है अथवा सुधार गृह में भी भेज सकते हैं जहाँ उसकी सही देखभाल हो सके और उसके व्यक्तित्व का निर्माण ठीक तरीके से हो सके।

(3) किसी भी बालक को अपराधी बनाने वाले वातावरण में नहीं रखा जा सकता है।

(4) उन परिस्थितियों का सुधार करना जो बाल-अपराध की वृद्धि में मददगार होती हैं।

(5) प्रोबेशन अधिकारी जमानत पर मुक्त किये गये बालकों का समय-समय पर परीक्षण करता है।

(6) बाल-अपराधी की रोकथाम हेतु माता-पिता को भी शिक्षा तथा व्यवहार-सम्बन्धी निर्देशन दिये जाते हैं।

(7) बालकों को सुधार के लिए जेल न भेजकर सुधार गृह भेजा जाता है।

(8) अलग-अलग क्षेत्रों में बाल-अपराध रोकथाम सम्बन्धी संस्थाएं स्थापित की जाती हैं जो इस समस्या को रोकने का प्रयास करती है।

(9) बालक के मनोरंजन हेतु क्रीड़ा-स्थल की व्यवस्था है, जहाँ उसके उन्मुक्त व्यवहार से उसके आचरण एवं आदतों को समझने की कोशिश की जाती है।

मुम्बई

मुम्बई बाल-अपराध के क्षेत्र में काफी जागरूक है। वहाँ समय-समय पर सेवा संस्थाओं तथा कानूनों के द्वारा इस समस्या के हल के लिए प्रयत्न किया जाता है।

1924 का बाम्बे चिल्ड्रेन ऐक्ट महत्त्वपूर्ण प्रगतिवादी तथा व्यापक ऐक्ट है, जिसके माध्यम से 14वर्ष से कम आयु के बालकों को सुरक्षा प्रदान की जाती है। इससे ज्यादा आयु के बालकों का, जिनकी उम्र 16 वर्ष से कम है, परीक्षण न्यायालय द्वारा होता है तथा उन्हें दण्ड देने का भी विधान है लेकिन दण्डित समय में उसे सुधारने का प्रयत्न किया जाता है। इस आयु का निर्धारण बाल न्यायालय द्वारा किया जाता है। इस ऐक्ट के आधार पर प्रोबेशन अधिकारी की भी नियुक्ति हो सकती है। इस ऐक्ट के आधार पर चार प्रकार के बालक माने गये हैं–

(1) उद्दण्ड बालक

(2) उपेक्षित और एकाकी बालक अथवा समाज पीड़ित बालक

(3) बाल-अपराधी अथवा युवक आक्रमणकारी

(4) अपराध ग्रसित बालक।

1924 के ऐक्ट को 1948 में संशोधित किया गया था, जो आज भी लागू है। नये अधिनियम के अनुरूप बालक की सुरक्षा, उसका उपचार तथा उसकी पुनर्स्थापना करना; 16 वर्ष से कम आयु के युवक अपराधी का न्यायालय में परीक्षण करना; युवक अपराधी की पुनर्स्थापना करना; इन्हें दण्ड न देकर सुधारने की कोशिश करना। नवीन एवं संशोधित ऐक्ट की सबसे खास विशेषता है–बाल-अपराधी को सुधारना तथा उसकी पुनर्स्थापना करना, न कि उसे दण्ड देना। इस नये अधिनियम ने भारतीय स्तर पर बाल-अधिनियम को बनाने के लिए प्रोत्साहित किया। इसी की प्रेरणा से 1960 में अखिल भारतीय बाल-अधिनियम बना। इतना ही नहीं, वरन् अनेक चिल्ड्रेन बिल पारित किये गये जिनका उद्देश्य बाल-कल्याण है। केवल सौराष्ट्र ही ऐसा प्रदेश था जिसने इस ऐक्ट को किसी भी

प्रकार की सहायता प्रदान नहीं की थी और वह युवक अपराधी को दण्ड देने में विश्वास करता है।

मुम्बई का 1948 का बाल अधिनियम बाल-न्यायालय, रिमाण्ड होम्स, प्रमाणित स्कूल और अन्य संस्थाओं की स्थापना करता है। इन समस्त को इस ऐक्ट के अनुसार कार्य करना पड़ता है। इसी ऐक्ट ने बाल अपराधियों के लिए पृथक् बाल-न्यायालय की स्थापना की है। यहाँ तक कि अगर बाल-अपराधी ने किसी की हत्या भी कर दी है तो उसका बाल-न्यायालय में परीक्षण होगा। इस ऐक्ट की दूसरी विशेषता यह है कि बाल-अपराधी के अपराध पर इतना ध्यान नहीं देता है, जितना उसको सुधारने में।

रिमाण्ड होम में निम्नलिखित प्रकार के बालकों को भर्ती किया जाता है–

(1) शारीरिक एवं मानसिक रूप से ग्रसित बालक।

(2) बाल-अपराधी।

(3) उद्दण्ड बालक।

(4) पीड़ित एवं एकाकी बालक।

(5) सामाजिक दृष्टि से ग्रसित बालक।

बालकों को **रिमाण्ड होम** में तब तक रखा जात है जब तक कि उसको न्यायालय द्वारा फैसला नहीं सुना दिया जाता है।

बाल अधिनियम वास्तव में, सुधार-गृह अधिनियिम के विस्तृत रूप थे। इन अधिनियमों के अंतर्गत केवल अपराध पर ही नियन्त्रण करने का प्रयास नहीं किया जाता था, वरन् साधनहीन, निराश्रित बालकों की रक्षा, उन्हें सुधारने की कोशिश तथा पुनर्स्थापना का प्रयास भी किया जाता है।

आज जो मुख्य ऐक्ट विभिन्न राज्यों में प्रचलित है, वे निम्नांकित हैं–

(1) चिल्ड्रेन ऐक्ट बम्बई (1948), मद्रास (1950), पश्चिमी बंगाल (1951), आंध्र (1951), दिल्ली (1941), केरल (1945), कोचीन (1946), मैसूर (1933), पंजाब (1949), उत्तर प्रदेश (1943)

(2) रिफार्मेटरी स्कूल ऐक्ट (1987)

(3) केन्द्रीय सरकार के एक्ट71948

(4) प्रोबेशन आफ आफंडर्स ऐक्ट बम्बई (1938), मद्रास (1936), मध्य प्रदेश (1936), उत्तर प्रदेश (1938), मैसूर (1943)।

वास्तव में बाल-अपराध एक भारी समस्या है। इस समस्या का हल तब तक नहीं हो सकता है जब तक कि आर्थिक, सामाजिक दशाओं में सुधार नहीं होता। हमें उन परिस्थितियों को दूर करना होगा जिनसे बाल-अपराधियों का जन्म होता

है। हमें उन्हें सामाजिक, आर्थिक खाइयों को समाप्त करना होगा जो बालकों को अपराध करने हेतु विवश करते हैं। केवल कानूनों के निर्माण से ही इस समस्या का समाधान नहीं होगा और न दो-चार संस्थाओं की स्थापना से ही हो सकता है। हमें आर्थिक-सामाजिक ढाँचे का परिवर्तित करना होगा। सभी बालक को एक बराबर सुविधाएँ देनी होंगी भले ही उसके माता-पिता जीवित हों अथवा न हों। व्यक्तियों के हृदय में बालकों के प्रति स्नेह उत्पन्न करना होगा वरना हम कानूनों का निर्माण करते रहेंगे।

12

आधुनिक समाज की कुछ अन्य समस्यायें

पश्चिमीकरण

सामाजिक परिवर्तन की प्रक्रियाओं में पश्चिमीकरण का महत्त्वपूर्ण स्थान है। यह एक ऐसा माध्यम है जिससे सामाजिक परिवर्तन की प्रकृति को समझा जा सकता है। इसका प्रभाव शहरी जीवन पर ग्रामीण जीवन की अपेक्षा ज्यादा पड़ा है। सबसे पहले भारतीय समाजशास्त्री एम.एन. श्रीनिवास (M.N. Srinivas) ने इस अवधारणा को प्रस्तुत किया। उन्होंने इस अवधारणा के द्वारा भारतीय समाज में पश्चिमीकरण की प्रक्रिया से ब्रिटिश प्रभावों को समझाया है तथा सामाजिक परिवर्तन की व्याख्या की है।

सामाजिक और सांस्कृतिक परिवर्तन भारत में अंग्रेजी शासन की देन है। इस युग में देश का एकीकरण, नई औद्योगिकी और संचार-साधनों के विस्तार के परिणामस्वरूप हुआ। 19 वीं शताब्दी में धीरे-धीरे भूमि का सर्वेक्षण करके, राजस्व निर्धारित किया। आधुनिक अधिकारी तन्त्र, सेना और पुलिस की स्थापना करके कानून-संहिताये बनाई। संचार साधनों, रेलों, डाक-तार, सड़कों और नहरों का विकास किया। स्कूलों और कॉलेजों की स्थापना की और इन सबके द्वारा

आधुनिक राज्य की नींव डाली। छापेखानों की स्थापना भी अंग्रेजों ने की। इसी के कारण भारतीय जीवन और चिन्तन में क्रान्ति आई, समाचार-पत्रों और पत्रिकाओं का प्रकाशन हुआ। देश में जागृति समाचार-पत्रों के माध्यम से उत्पन्न हुई और देशवासी एक-दूसरे के निकट आये।

उन्नीसवी शताब्दी के पूर्वार्द्ध में अंग्रेजों ने जागरूक भारतीय जनमत के समर्थन में समाजिक बुराइयों को मिटाया। 150 वर्षो के अंग्रेजी शासन के परिणामस्वरूप भारतीय समाज और संस्कृति में होने वाले परिवर्तन के लिए डॉ. एम. एन. श्रीनिवास ने पश्चिमीकरण शब्द का प्रयोग किया है।

पश्चिमीकरण के परिणमस्वरूप नई संस्थाओं के समावेश के साथ-साथ पुरानी संस्थाओं में भी मूलभूत परिवर्तन हुए। मानवतावाद, पश्चिमीकरण का सबसे महत्वपूर्ण मूल्य है। मानवतावाद (Humanitarianism) का अभिप्राय है जाति, आर्थिक, स्थिति, धर्म, आयु, और लिंग-भेद (Sex differece) के बिना मनुष्य मात्र की भलाई के लिए कर्मण्ठ भावना।

पश्चिमीकरण का अर्थ

पश्चिमी देशों द्वारा पूर्वी देशों पर प्रभाव डालने प्रक्रिया को पश्चिमीकरण कहते है। पश्चिमी देशों द्वारा पूर्वी देशों की सामाजिक संस्थाओं, व्यवस्थाओं, मूल्यों एवं संस्कृतियों को प्रभावित इस प्रक्रिया के अंतर्गत आता है। भारतीय संदर्भ में पश्चिमीकरण की प्रक्रिया के अंतर्गत केवल ब्रिटेन के प्रभाव को ही सम्मिलित किया जाता है क्योंकि भारत लंबे समय तक ब्रिटेन के अधीन रहा। लेकिन स्वतंत्रता प्राप्ति के पश्चात् भारत पर अन्य पश्चिमी देशों का भी प्रभाव पड़ा।

पश्चिमीकरण के अर्थ को और अधिक स्पष्ट करने के लिए कुछ प्रमुख परिभाषाएँ प्रस्तुत की जा रही है—

पश्चिमीकरण को परिभाषित करते हुए एम. एन. श्रीनिवास ने 'Social Change in Modern India' में लिखा है,. "150 वर्षों के अंग्रेजी राज्य के फलस्वरूप भारतीय समाज एवं संस्कृति में होनेवाले परिवर्तनों के लिए मैंने पश्चिमीकरण शब्द का प्रयोग किया है और यह शब्द औद्योगिक संस्थाएँ, विचारधारा और मूल्य आदि अलग-अलग स्तर पर होनेवाले परिवर्तन को अपने में आत्मसात् करता है। मैं यह कहना चाहता हूँ कि इसके अस्पष्ट और सर्वत्र स्वरूप के बावजूद मैं जान-बूझकर इसका प्रयोग कर रहा हूँ। किसी पश्चिमी देश के साथ दीर्घकालीन सम्पर्क के फलस्वरूप किसी गैर-पश्चिमी देश में होनेवाले परिवर्तनों के विश्लेषण में ऐसे शब्द की आवश्यकता है। जब निहित वस्तुओं के साथ-साथ उनसे अद्भुत

प्रक्रियाएँ काफी ज्यादा जटिल हों, तो यह आशा करना यथार्थवादी नहीं है कि किसी सरल, एक आयामी और सर्वथा स्पष्ट अवधारणा से इनकी पूर्ण व्याख्या हो जाएगी। "उन्होंने पुनः लिखा है," मैंने 'पश्चिमीकरण' शब्द को अन्य स्थान पर ब्रिटिश राज्य के डेढ़ सौ वर्ष के शासन के परिणामस्वरूप भारतीय समाज और संस्कृति में उत्पन्न हुए परिवर्तनों के लिए प्रयोग किया है और यह शब्द प्रौद्योगिकी, संस्थाओं, विचारधारा और मूल्यों–विभिन्न स्तरों पर उत्पन्न होनेवाले परिवर्तनों को सम्मिलित करता है।" इस विचार से यह पता चलता है कि पश्चिमीकरण से प्रौद्योगिकी, समाज एवं संस्कृति के विभिन्न पहलू परिवर्तित हुए हैं।

योगेन्द्र सिंह (Yogendra Singh) पश्चिमीकरण को परिभाषित करते हुए 'Modernization of Indian Tradition' लिखा हैं, "मानववाद तथा बुद्धिवाद पर जोर पश्चिमीकरण का है, जिसने भारत के संस्थागत तथा सामाजिक सुधारों का सिलसिला प्रारंभ किया। वैज्ञानिक, औद्योगिक तथा शिक्षण संस्थाओं की स्थापना, राष्ट्रीयता का उदय, देश में नवीन राजनीतिक संस्कृति और नेतृत्व सब पश्चिमीकरण के उपोत्पादन हैं।"

लिंच ने पश्चिमीकरण को परिभाषित करते हुए लिखा है, "पश्चिमीकरण में पाश्चात्य पोशाक, खान-पान, तौर-तरीकों शिक्षा विधियों और खेलों, मूल्यों आदि को सम्मिलित किया जाता है।"

उक्त परिभाषाओं के आधार पर यह कहा जा सकता है कि पश्चिमीकरण परिवर्तन की ऐसी प्रक्रिया है जिसके तहत पश्चिमी समाज के मूल्यों, आदर्शों एवं सामाजिक संस्थाओं को पूर्वी समाज पर थोपने की कोशिश की जाती है इसका कारण यह है कि विभिन्न पश्चिमी देश, जैसे–इंग्लैंड, पुर्तगाल, फ्रांस एवं हालैंड आदि पश्चिमी देश भूतकाल में कई उपनिवेशों के स्वामी बने हुए थे। अतः वे पूर्वी देशों पर बल पूर्वक हर प्रकार से पश्चिमीकरण दिये थे। यद्यपि अब विश्व से उनकी औपनिवेशिक बस्तियाँ समाप्त हो गई हैं। लेकिन पश्चिमी देश इतने ज्यादा समृद्धिशाली है कि उनके प्रभाव से विकासशील देश अपने आपको मुक्त नहीं रख पा रहे हैं। इस तरह पश्चिमीकरण का कुछ न कुछ प्रभाव इन देशा। में बना ही रहता है।

पश्चिमीकरण की विशेषताएँ

पश्चिमीकरण की कुछ विशेषताएँ भी पाई जाती हैं। इन लक्षणों या विशेषताओं से पश्चिमीकरण की प्रकृति भी स्पष्ट होती है। एम. एन. श्रीनिवास (M.N.

Srinivas) ने पश्चिमीकरण की प्रकृति को समझने के लिए निम्नलिखित लक्षणों या विशेषताओं की चर्चा की है–

1. तटस्थ अवधारणा–आधुनिकीकरण को सामान्य रूप से अच्छा समझा जाता है, लेकिन पश्चिमीकरण को हमेशा अच्छा नहीं समझा जाता है। पश्चिमीकरण अच्छे एवं बुरे दोनों ही तरह के हुए हैं। यह एक नैतिक तटस्थ अवधारणा है यह केवल सामाजिक परिवर्तन एवं सामाजिक गतिशीलता के लक्ष्य को प्रोत्साहित करती है। जो उचित एवं अनुचित का बोध नहीं कराती ही नहीं है।

2. संपूर्ण जीवन पर प्रभाव–पश्चिमीकरण एक ऐसी अवधारणा है जो संस्कृति के सभी पक्षों को प्रभावित करती है। पश्चिमीकरण के द्वारा राजनीतिक, सामाजिक, आर्थिक, धार्मिक एवं सांस्कृतिक आदि सभी क्षेत्र परिवर्तित होते हैं। इस तरह यह पता चलता है कि पश्चिमीकरण की एक विशेषता संपूर्ण जीवन पर प्रभाव है।

3. नगरीकरण से भिन्नता–पश्चिमीकरण से नगरीकरण नहीं समझना चाहिए। भारत में ऐसे कई ग्रामीण एवं पिछड़े हुए क्षेत्र हैं जिसने नगरों की विशेषताओं से कम एवं पश्चिमीकरण की विशेषता से ज्यादा प्रभावित हुए है। भारत में ऐसे क्षेत्र वहाँ दिखाई देते हैं जहाँ चाय एवं काफी आदि के बगान आदि पाए जाते हैं। इस तरह यह पता चलता है कि पश्चिमीकरण की एक विशेषता यह है कि यह नगरीकरण नहीं है।

4. बहुस्तरीय एवं संश्लिष्ट अवधारणा–पश्चिमीकरण एक बहुस्तरीय अवधारणा है जिसमें एक छोर पर पश्चिमी औद्योगिक से लेकर दूसरे छोर पर आधुनिक विज्ञान एवं आधुनिक इतिहास लेखन तक का क्षेत्र शामिल है। अर्थात् पश्चिमीकरण का प्रत्यय व्यापक है। इसके अंतर्गत वे सभी परिवर्तन आते हैं जो पाश्चात्य प्रौद्योगिकी एवं आधुनिक विज्ञान का नतीजा है। पश्चिमीकरण की प्रक्रिया से समाज एवं संस्कृति के विभिन्न पहलुओं पर विभिन्न प्रभाव पड़े हैं। इस तरह यह पता चलता है कि पश्चिमीकरण एक जटिल प्रक्रिया है। पश्चिमीकरण का प्रभाव विभिन्न स्तरों पर होता है। इसे एक उदाहरण के द्वारा स्पष्ट किया जा सकता है। पहले लोग जमीन पर बैठककर धातु के बर्तन में या पत्तों पर भोजन किया करते थे। अब इसकी जगह कुर्सी एवं मेज पर बैठकर छुरी-काँटे से खाना खाते हैं। इससे यह मालूम होता है कि भोजन में अब धार्मिक क्रियाओं का कोई महत्त्व नहीं रह गया है बल्कि उसका लौकोकीकरण हो गया है। हालाँकि पश्चिमीकरण का व्यापक प्रभाव पड़ा है। लेकिन सर्वत्र पश्चिमीकरण का प्रभाव एक समान नहीं

पड़ा है। इस तरह यह पता चला है कि पश्चिमीकरण की एक विशेषता बहुतस्तरीय एवं संश्लिष्ट अवधारणा है।

5. पश्चिमीकरण की सीमाएँ—पश्चिमीकरण एवं पाश्चात्य संस्कृति में अंतर है। पाश्चात्य संस्कृति के सभी तत्त्वों की उत्पत्ति पश्चिम में नहीं हुई है। उदाहरणस्वरूप ईसाई धर्म को लिया जा सकता है जिसकी उत्पत्ति एशिया में हुई। इसी तरह दशमलव पद्धति भारत में उत्पन्न होकर अरब एवं यूरोप में पहुँचा। इसी तरह बारूद, छापाखाना का कागज का आविष्कार चीन में हुआ। इन सभी को पाश्चात्य एवं संस्कृति का महत्त्वपूर्ण अंग कहा जा सकता है लेकिन इनकी उत्पत्ति पश्चिम में नहीं हुई है। इसी तरह पश्चिम से जिन देशों का बोध होता है उनकी कोई सामान्य संस्कृति नहीं है। उदाहरण स्वरूप संयुक्त राज्य अमेरिका, ग्रेट ब्रिटेन, फ्रांस, जर्मनी, इटली एवं कनाडा आदि की संस्कृतियों में काफी अंतर दिखाई पड़ता है। इस तरह यह पता चलता है कि विभिन्न पश्चिमी देशों की संस्कृतियों में विभिन्नताएँ पाई जाती हैं। भारत में सामाजिक परिवर्तन के रूप में पश्चिमीकरण की जो प्रक्रिया काम कर रही है उसे ब्रिटिश संस्कृति का प्रभाव समझा जाना चाहिए। इस तरह यह पता चलता है कि पश्चिमीकरण की एक विशेषता पश्चिमीकरण की सीमाएँ हैं।

6. असमान प्रभाव—एम. एन. श्रीनिवास (M.N. Srinivas) का कहना है कि पश्चिमीकरण का प्रभाव सभी देशों पर असमान रूप से दिखाई देता है। यानि कुछ देश ऐसे हैं जिन पर पश्चिमीकरण का प्रभाव कम हुआ है तथा कुछ देश ऐसे हैं जिन पर पश्चिमीकरण का प्रभाव ज्यादा दिखाई देता है। इस संबंध में श्री निवास का कहना है कि, "पश्चिमीकरण का स्वरूप एवं गति एक क्षेत्र से दूसरे क्षेत्र में तथा जनसंख्या की एक भाग से दूसरे भाग में भिन्न-भिन्न रही है। लोगों का एक सभूह वेशभूषा, भोजन के तौर तरीकों, भाषा, खेलकूद, और अपने द्वारा काम में ली जानेवाली वस्तुओं की दृष्टि से पश्चिमीकृत हो गया है, जबकि अन्य समूहों ने पश्चिमी विज्ञान ज्ञान तथा साहित्य को अपना लिया है जो वाहन की दृष्टि से पश्चिमीकरण से सापेक्ष रूप से मुक्त रहा है। "इस तरह यह पता चलता है कि पश्चिमीकरण की एक विशेषता असमान प्रभाव है।

7. जटिल प्रक्रिया—पश्चिमीकरण की प्रक्रिया में अनेक आदर्श मॉडल अपनाए जाते हैं जिसके कारण यह प्रक्रिया जटिल एवं विविधता जन्य है। हर पश्चिमी देश अपना एक आदर्श मॉडल प्रस्तुत करता है। पश्चिमीकरण को अपनाने वाला प्रत्येक देश उसके मॉडल को अपनाने के साथ-साथ उसकी सामान्य संस्कृति

को भी अपना लेता है। जो देश इसे ग्रहण करता है उसमें पृथक्-पृथक् समुदायों के लोग रहते हैं। ये समुदाय संस्कृति के सामान्य पक्ष को अपनाने के साथ-साथ पश्चिमी संस्कृति को अपनाने पर भी जोर देते हैं। इस तरह संस्कृति की विविधता के कारण पश्चिमीकरण की प्रक्रिया ज्यादा जटिल हो जाती है। इस तरह यह मालूम चलता है कि पश्चिमीकरण की एक विशेषता जटिल प्रक्रिया है।

8. चेतन-अचेतन प्रक्रिया—पाश्चात्य संस्कृति के प्रभाव को भारत में सब जगह जान-बूझकर नहीं अपनाया गया है। कुछ क्षेत्रों में जान-बूझकर अंग्रेजों का अनुकरण किया गया है। साथ ही कुछ क्षेत्रों में अचेतन रूप से ऐसा हो गया है। जो लोग अंग्रेजों के निकट सम्पर्क में थे उनका तो पश्चिमीकरण से प्रभावित होना स्वाभाविक था। लेकिन जो निकट सम्पर्क में नहीं थे वे जाने-अनजाने इससे प्रभावित हो गए। इस तरह यह मालूम चलता है कि पश्चिमीकरण की एक विशेषता चेतन-अचेतन प्रक्रिया है।

उपर्युक्त विशेषताओं से यह मालूम होता है कि पश्चिमीकरण की अनेक विशेषताएँ हैं जो भारतीय समाज को एवं अन्य समाजों को विभिन्न रूपों से प्रभावित करते हैं।

पश्चिमीकरण वाहक

अंग्रेज एवं भारतीय दोनों को ही पश्चिमीकरण के वाहक की संज्ञा दी जाती है, क्योंकि भारत में पश्चिमीकरण की प्रक्रिया को अंग्रेज एवं भारतीय दोनों ने ही फैलाया। अंग्रेजों में तीन वर्ग के लोगों का प्रभाव दृष्टिगोचर होता है। ये लोग अग्रलिखित हैं—

(क) सैनिक एवं सिविलियन अधिकारी जो सबसे उच्च स्तर पर थे।

(ख) मिशनरी अंग्रेजों का वर्ग।

(ग) सौदागर व्यापारी एवं बगीचों के मालिक।

इन सभी वर्गों ने भारत में पश्चिमीकरण को फैलाने में अपना योगदान दिया। इसी तरह जिन भारतीयों ने पश्चिमीकरण की प्रक्रिया में अपना योगदान दिया उन्हें अग्रलिखित दो वर्गों में रखा जा सकता है—

(i) अंग्रेजों के प्रत्यक्ष सम्पर्क में आने वाले भारतीय—अनेक भारतीय ऐसे थे जो अंग्रेजों के प्रत्यक्ष सम्पर्क में आए। इन पर अंग्रेजों का प्रभाव पड़ना स्वाभाविक था। इनमें भी दो वर्ग के लोग थे। वर्ग वह था जो हिंदू धर्म छोड़कर ईसाई बन गया था। दूसरा वर्ग वह था जो अंग्रेजों के यहाँ चपरासी, खानसमा

आदि की नौकरी करता था। इन दोनों वर्गों का पश्चिमीकरण की प्रक्रिया में महत्वपूर्ण योगदान है।

(ii) परोक्ष रूप से प्रभावित लोग—ऐसे बहुत से भारतीय थे जो अंग्रेजों के प्रत्यक्ष (सम्पर्क) में नहीं थे। भारत वर्ष में पश्चिमीकरण की प्रक्रिया में उन भारतीयों का ज्यादा योगदान रहा है जो पाश्चात्य संस्कृति से अप्रत्यक्ष रूप से प्रभावित थे। इनमें वे भारतीय सम्मिलित हैं जिन्होंने नई शिक्षा पाई, विभिन्न व्यवसायों में दाखिल हुए, अंग्रेजी नौकरशाही में नौकरी की अथवा बड़े-बड़े नगरों में उद्योग-धंधे चलाए। इनमें मध्यम एवं उच्च वर्ग दोनों वर्गों के लोग शामिल थे। इन अंग्रजी पढ़े-लिखे लोगों ने हिंदू समाज एवं संस्कृति में व्यापक परिवर्तन किए तथा विभिन्न आंदोलन चलाए। इसके परिणामस्वरूप समाज में परिवर्तन आया। राजाराम मोहनराय एवं रवीन्द्र नाथ ठाकुर आदि का नाम इनमें लिया जा सकता है। इसी तरह मुस्लिम समाज में सर सैयद अहमद खाँ ने पश्चिमीकरण फैलाने में प्रमुख योगदान दिया। पिछड़े वर्गों में डा. भीमराव अम्बेडकर ने पश्चिमीकरण की दिशा में महत्त्वपूर्ण कार्य किए। हिंदुओं में अनेक जातियों का पश्चिमीकरण हुआ जिनमें उत्तरी भारत के कायस्थ, बंगाल के वैद्य, पश्चिमी भारत के पारसी एवं बनिया तथा उत्तर प्रदेश के कुछ मुसलमानों एवं केरल के नायरों में पाश्चात्य शिक्षा का विशेष प्रभाव पड़ा। भारतीयों के द्वारा पश्चिमीकरण का विस्तार अंग्रेजी अस्पतालों में रहनेवाले रोगियों, अंग्रेजी न्यायालय में जानेवाले वादियों एवं प्रतिवादियों तथा समाचार पत्रों और पुस्तकों को पढ़ने वालों के माध्यम से हुआ। सबसे पहले पश्चिमीकरण की प्रक्रिया कोलकाता, मुम्बई एवं चेन्नई आदि जगहों पर हुआ तथा बाद में इसका विस्तार देश के अन्य भागों में हुआ।

उक्त विवेचनाओं के आलोक में यह कहा जा सकता है कि भारत में पशिमीकरण के विस्तार में विभिन्न लोगों ने अपना योगदान दिया है। भारत में पश्चिमीकरण को तैसें का तैसे नहीं अपना लिया गया। इनमें से कुछ को छोड़ दिया गया, कुछ का विस्तार किया गया तथा कुछ की फिर से व्यवस्था की गई। भारतवर्ष में पश्चिमीकरण की सफलता का कारण यह रहा है कि भारतीय संस्कृति परंपरागत सहिष्णुता पर आधारित थी। भारतीय संस्कृति हमेशा से उदार एवं सहिष्णु रही है। यही कारण है कि विभिन्न महापुरुष पश्चिमीकरण से प्रभावित हुए। इन महापुरुषों में विवेकानंद, गोखले, रानाडे, पटेल, टैगोर, तिलक, अरविन्द, गाँधी, नेहरू एवं राधाकृष्णन जैसे महापुरुषों का नाम लिया जा सकता है। इन लोगो ने दोनों संस्कृतियों में समन्वय स्थापित करने का प्रयत्न किया। इस तरह यह मालूम होता है कि भारत में पशिमीकरण का प्रसार विभिन्न वाहकों के द्वारा समय-समय पर हुआ।

पश्चिमीकरण का परिणाम

पश्चिमीकरण ने भारत पर अपना व्यापक प्रभाव डाला। ऐसे में यह स्वाभाविक है कि इसके कुछ परिणाम भी अवश्य होंगे। भारतवर्ष में पश्चिमीकरण के प्रभाव के फलस्वरूप उत्पन्न परिणामों के संबंध में एम. एन. श्रीनिवास (M.N. Srinivas) ने इस तरह मत व्यक्त किए हैं–

1. संस्थाओं पर प्रभाव–पश्चिमीकरण के प्रभाव से जाति प्रथा एवं संयुक्त परिवार आदि अनेक पुरानी संस्थाओं में महत्त्वपूर्ण परिवर्तन हुए। साथ ही समाचार पत्र, मतदान एवं ईसाई मिशनरी जैसी नई संस्थाओं का जन्म हुआ।"

2. सरकारी सुधार–पश्चिमीकरण के प्रभाव से समस्त देश में राज्यों की ओर से अनेक सुधार किए गए जिनसे महामारियों को रोकने अकालों से बचाव तथा शिक्षा के प्रसार की दिशा में महत्त्वपूर्ण कार्य हुआ है।

3. शिक्षा का प्रचार–पश्चिमीकरण का सबसे महत्त्वपूर्ण परिणाम आधुनिक शिक्षा के व्यापक प्रचार के रूप में दिखाई देता है। अंग्रेजी शासनकाल में विभिन्न प्रकार के विद्यालय, महाविद्यालय एवं विश्वविद्यालय खुले। देश में विभिन्न पत्र-पत्रिकाओं का प्रकाशन शुरू हुआ। इससे विभिन्न विचार धाराओं को फैलाने में मदद मिली। साक्षरता आंदोलन का भी प्रसार हुआ तथा एक ऐसे शिक्षित वर्ग का निर्माण हुआ जो आधुनिक भारतीय क्रांति का अग्रदूत बन गया।

4. मूल्यों में परिवर्तन–पश्चिमीकरण के फलस्वरूप भारत में मानवतावाद, समानतावाद तथा लौकिकवाद के मूल्य बढ़े। ब्रिटिश, सिविल एवं पीनल कानून ने हिंदू एवं मुस्लिम कानून में व्यापक परिवर्तन किए। सभी लोगों को न्याय एवं कानून के सामने समानता दी गई। दास-प्रथा को समाप्त कर दिया गया एवं प्रत्येक धर्म, जाति तथा प्रजाति के लोगों को विद्यालयों एवं अन्य शैक्षणिक संस्थाओं में प्रवेश की अनुमति दी गई। स्त्रियों में भी शिक्षा का प्रचार-प्रसार हुआ। सैद्धांतिक रूप से सभी को सामान्य आर्थिक अवसर दिए गए। उन धार्मिक प्रथाओं को समाप्त कर दिया गया जो मानव एवं मानव में भेद फैलाते थे।

5. हिंदुत्व की पुनः व्याख्या–पाश्चात्य संस्कृति के प्रभाव से विभिन्न संगठनों एवं समाज-सुधार आंदोलनों का जन्म हुआ। इनमें आर्य-समाज, ब्रह्म-समाज, प्रार्थना-समाज, थियोसोफिकल सोसाइटी, रामकृष्ण मिशन आदि प्रमुख हैं। इन सभी समाज-सुधार आंदोलनों के द्वारा हिंदुत्व की पुनर्व्याख्या की गई तथा उसके विभिन्न पहलुओं की आधुनिक विज्ञान की प्रगति के प्रकाश में व्याख्या की गई।

हिंदू धर्म की पुर्नव्याख्या करने में महर्षि दयानन्द, रामकृष्ण परमहंस, रवीन्द्र ठाकुर, विवेकानन्द, अरविंद, महात्मा गाँधी तथा राजा राम मोहन राय आदि ने महत्त्वपूर्ण भूमिकाएँ अदा कीं। इससे हिंदू धर्म के अनेक ऐसे पहलुओं की ओर संकेत किया गया जिनमें परिवर्तन जरूरी था। इससे सत्ती-प्रथा निषेध, बाल-विवाह पर रोक, विधवा पुर्नाविवाह की अनुमति एवं अस्पृश्यता उन्मूलन जैसे महत्त्वपूर्ण सुधार हुए।

6. विविध सांस्कृतिक एवं राजनीतिक आंदोलन—पश्चिमीकरण के परिणामस्वरूप भारतवर्ष में राजनीति एवं संस्कृति के क्षेत्र में अनेक आंदोलन प्रारंभ हुए। एक ओर राष्ट्रीय आंदोलनों का सूत्रपात हुआ तो दूसरी ओर सांप्रदायिक, जातिवादी, क्षेत्रवादी, भाषावादी एवं प्राचीन परंपरावादी आंदोलन उत्पन्न हुए इन आंदोलनों ने विभिन्न विचारों के प्रचार के लिए शिक्षा, पुस्तकें, समाचार-पत्र एवं पत्रिकाएँ आदि माध्यमों को अपनाया।

पश्चिमीकरण की प्रक्रिया का प्रभाव : भारतीय परिप्रेक्ष्य में

पश्चिमीकरण की प्रक्रिया ने भारत में अलग-अलग क्षेत्रों में अपने प्रभाव छोड़े हैं। इसके कारण भारतीय समाज में अनेक परिवर्तन हुए हैं। भारतीय जीवन पर पश्चिमीकरण के प्रभाव के संबंध में हुमायूँ कबीर (Humayun Kabir) ने लिखा है, "चपल यूरोपीय भावनाओं ने प्रत्येक वस्तु की सूक्ष्म परीक्षा की। एक ओर तो भौतिक जीवन की अवस्थाओं में परिवर्तन हो गया। दूसरी ओर विश्वासों और परम्पराओं के आधारों को समाप्त कर दिया गया।" भारत में पश्चिमीकरण की प्रक्रिया के निम्नलिखित प्रभाव कहे जा सकते हैं—

(क) सभ्यता संस्कृति पर प्रभाव

पश्चिमीकरण का भारतीय संस्कृति पर भी प्रभाव व्यापक रूप से पड़ा है। इसने भारतीय संस्कृति के अलग-अलग पक्षों एवं पहलुओं को प्रभावित किया है। भारतीय संस्कृति पर पश्चिमीकरण के प्रभाव को अग्रलिखित क्षेत्रों में हुए परिवर्तनों के आधार पर स्पष्ट किया जा सकता है—

(i) भाषा पर प्रभाव
(ii) कला पर प्रभाव
(iii) साहित्य पर प्रभाव
(iv) धर्म पर प्रभाव

(i) भाषा पर प्रभाव—भारत में भाषा पर भी पश्चिमीकरण का प्रभाव पड़ा है। भारतीय भाषाओं पर पश्चिमीकरण के प्रभाव को स्पष्टतया देखा जा सकता है। भारतीय भाषाओं में जितने ज्यादातर अंग्रेजी के शब्दों के बिना भारतीय भाषाओं का शब्द भंडार काफी अपूर्ण है। वास्तविकता यह है कि आधुनिक सभ्यता के विभिन्न उपकरण, वस्त्र, फर्नीचर, फैशन की वस्तुएँ, यातायात के साधन, संदेशवाहन के साधन, खेती के औजार एवं मशीनें आदि नागरिक जीवन में दिखाई पड़ने वाली अनेक वस्तुएँ आदि पश्चिम की देन हैं। इस भंडार में तीव्र गति से वृद्धि हो रही है। पश्चिम को आधुनिक विज्ञान की प्रगति का केंद्र कहा जा सकता है। भारत को विज्ञान के क्षेत्र में पश्चिम से काफी कुछ सहायता मिलती है। आधुनिक विज्ञान की सभी वस्तुओं के नाम को थोड़े बहुत परिवर्तित होकर भारतीय बोल-चाल की भाषा में अपना लिया गया है। भारत में बोलचाल की भाषा में अनेक अंग्रेजी शब्द का प्रयोग किया जाता है। उदहरण के लिए प्लेटफार्म, स्टेशन, कार, बस, रेल, टिकट, सिनेमा, लेटरबाक्स, रिक्शा, मोटर, स्कूल, कॉलेज एवं मीटिंग आदि ऐसे शब्द हैं जिनका प्रयोग सर्वसाधारण अपनी बोलचाल की भाषा में करता है। इस तरह यह पता चलता है कि भारत में पश्चिमीकरण का प्रभाव भाषा पर व्यापक रूप से पड़ा है।

(ii) कला पर प्रभाव—भारत में पश्चिमीकरण का व्यापक प्रभाव कला पर भी पड़ता है। कला के तहत स्थापत्व कला, ललित कला, चित्रकला, संगीत कला, एवं नृत्य आदि प्रभावित हुए हैं। देश में अनेक कला केंद्रों का निर्माण किया गया है। स्थापत्व कला के क्षेत्र में सार्वजनिक निर्माण विभाग (P.WD.) का निर्माण हुआ जिसने भवन निर्माण तकनीक पर प्रभाव डाला है। चित्रकला के क्षेत्र में परंपरागत चित्रकला के स्थान पर मॉर्डन आर्ट का प्रचलन बढ़ा है जिससे भारतीय चित्रकला में परिवर्तन हुए हैं। संगीत के क्षेत्र में रवीन्द्र संगीत तथा पॉप संगीत के द्वारा से पश्चिमी एवं भारतीय संगीत का मिश्रण हुआ। पश्चिम के अनेक वादों का भारत में खूब प्रचार-प्रसार हुआ है। इनमें गिटार, वायलिन, बैंजो, माउथ आर्गन तथा प्यानो आदि का नाम उल्लेखनीय है। वाद्य यंत्रो के अतिरिक्त विभिन्न संगीतों पर भी पश्चिमीकरण का प्रभाव खास तौर पर देखा जा सकता है। विशेषतः फिल्मी संगीत पर इसकी स्पष्ट छाप दृष्टिगोचर होती है। मेकअप एवं नृत्य आदि में भी पश्चिमीकरण का प्रभाव स्पष्टतः देखा जा सकता है। मॉर्डन आर्ट भी पश्चिम की ही देन है। इस तरह यह पता चलता है कि भारत में कला पर भी पश्चिमीकरण का प्रभाव पड़ा है।

(iii) साहित्य पर प्रभाव—साहित्य पर भी भारत में पश्चिमीकरण का गहरा प्रभाव पड़ा है। पश्चिमीकरण की प्रक्रिया ने साहित्यिक क्षेत्र को भी प्रभावित किया है। लोगों में अंग्रेजी भाषा की शब्दावलियों प्रचलन बढ़ा। हिंदी लेखक पश्चिमी साहित्यकारों से प्रभावित हुए। इसका परिणाम यह हुआ कि अनेक पश्चिमी कृतियों का भारतीय भाषाओं में अनुवाद हुआ। भारतीय भाषाओं में गद्य साहित्य का विकास हुआ तथा छंदों में रहस्यवाद एवं छायावाद का प्रभाव बढ़ा। हिंदी व्याकरण तथा संस्कृत भाषा का भी पुनरुद्धार हुआ। भारतीय लेखकों ने अंग्रेजी भाषा में विभिन्न साहित्यिक ग्रंथ, कविताएँ, कहानियाँ एवं नाटक आदि लिखे। पश्चिमी साहित्य की रोमांचवाद (Romanticism), अस्तित्त्ववाद (Existentialism) एवं मनोविश्लेषण (Psycho-Analysis) आदि प्रवृत्तियों का स्पष्ट प्रभाव भारतीय साहित्य में दिखाई देता है। उक्त सभी बातें उपन्यासों, कहानियों एवं नाटकों में दिखाई देता है। यह पश्चिम का ही प्रभाव है जिसके कारण भारतीय साहित्य में छोटी कहानियों एवं एकांकी नाटकों का प्रचार हुआ। पश्चिमी संस्कृति के प्रभाव के कारण भारतीय साहित्य में धर्म-निरपेक्षता, नास्तिकता, साम्यवाद, भोगवाद, प्रगतिवाद एवं स्वतंत्रता तथा समानता आदि का जन्म हुआ। इसी प्रकार हिंदी में खड़ी बोली का साहित्य पाश्चात्य संस्कृति की ही देन है। अतः यह कहा जा सकता है कि भारत में पश्चिमीकरण का प्रभाव भारतीय साहित्य पर व्यापक रूप में पड़ा है।

(iv) धर्म पर प्रभाव—भारतीय धर्म पर भी पश्चिमीकरण का प्रभाव प्रतीत होता है। पश्चिमी प्रभाव से भारत के लोगों में कई धार्मिक अंधविश्वासों पर से विश्वास उठ गया है। कर्मकाण्ड का प्रभाव भी धीरे-धीरे कम हो रहा है। पश्चिमी शिक्षा के प्रसार से धर्म में रूढ़िवाद के स्थान पर तर्कवाद एवं बुद्धिवाद का प्रभाव पड़ा तथा धार्मिक कर्मकांडों का विरोध हुआ। इसके परिणाम स्वरूप कई धार्मिक आंदोलन हुए। इन धर्म-सुधार आंदोलनों ने समाज की अनेक धार्मिक कुरीतियों, अंधविश्वासों, कर्मकाण्डों, पाखंडों एवं ढोंगों आदि का अंत किया। पश्चिमीकरण की प्रक्रिया से भारत में ईसाई धर्म का व्यापक प्रचार-प्रसार हुआ। विभिन्न निम्न वर्गों एवं जातियों के लोगों ने पश्चिमीकरण की आड़ में संस्कृतिकरण की प्रक्रिया के द्वारा ईसाई धर्म को स्वीकार किया है। पश्चिमीकरण के कारण बहुत से पढ़े-लिखे लोगों का पूजा-पाठ एवं ईश्वर पर से विश्वास उठता जा रहा है। इसी तरह इनका अलग धार्मिक ग्रंथों एवं पुराण पर से भी विश्वास उठता जा रहा है।

इस तरह यह पता चलता है कि पश्चिमीकरण का धार्मिक क्षेत्र पर भी व्यापक रूप से प्रभाव पड़ा है।

(ख) सामाजिक व्यवस्था पर प्रभाव

भारतीय सामाजिक व्यवस्था एवं सामाजिक संरचना में पश्चिमीकरण से व्यापक परिवर्तन हुए हैं। इनमें परिवार, विवाह, जाति-प्रथा तथा महिलाओं की परिस्थिति आदि प्रमुख हैं। इसे निम्नलिखित बिंदुओं के माध्यम से समझा जा सकता है–

(i) परिवार की संस्था पर पश्चिमीकरण का प्रभाव।
(ii) विवाह की संस्था पर पश्चिमीकरण का प्रभाव।
(iii) जाति-प्रथा पर पश्चिमीकरण का प्रभाव।
(iv) महिलाओं की परिस्थिति पर पश्चिमीकरण का प्रभाव।

(i) परिवार की संस्था पर प्रभाव–परिवार की संस्था पर पश्चिमीकरण का व्यापक रूप से प्रभाव है। विवाह की संस्था ने इसके विभिन्न पक्षों एवं पहलुओं को प्रभावित किया है। परिवार की संस्था पर पश्चिमीकरण का प्रभाव निम्नलिखित बिंदुओं के द्वारा समझा जा सकता है–

पश्चिमीकरण का पहला प्रभाव परिवार की संस्था पर संयुक्त परिवार का विघटन कहा जा सकता है। पाश्चात्य विचारों के प्रभाव के कारण भारत में संयुक्त परिवारों का विघटन होता जा रहा है। इसके विघटन में पाश्चात्य व्यक्तिवादी भावनाओं की अहम् भूमिका है। इसका प्रभाव युवक-युवतियों पर यह पड़ा है कि बड़ों के नियंत्रण में रहना मूर्खता है। आज की युवतियाँ सास-ससुर की सेवा करना व्यर्थ समझते हैं। परिणाम वे अपने सुख एवं स्वार्थ के लिए संयुक्त परिवार को तिलांजलि देती हैं। उन्हें संयुक्त परिवार में एकांत वातावरण नहीं मिल पाता है तथा फैशन आदि की भी स्वतंत्रता नहीं रहती है। इन सभी मनोवैज्ञानिक कारकों के कारण संयुक्त परिवार का विघटन होता जा रहा है। इसके अलावा औद्योगीकरण एवं नगरीकरण के कारण उत्पन्न हुई सामाजिक गतिशीलता भी संयुक्त परिवार के विघटन में महत्त्वपूर्ण भूमिका अदा करती है।

परिवार की संस्था पर पश्चिमीकरण का दूसरा प्रभाव परिवार का अस्थायित्व कहा जा सकता है। पाश्चात्य शिक्षा के प्रचार-प्रसार के कारण भारतीय स्त्रियाँ भी पश्चिमी स्त्रियों की तरह नौकरी करने लगी हैं। स्त्री एवं पुरुष दोनों के नौकरी करने से उनके जीवन का क्षेत्र बँट जाता है। वैयक्तिकता एवं स्वतंत्रता की भावना बढ़ जाती है। इसी तरह विवाह का आधार प्रेम होने से बच्चों का मोह भी कम हो

गया है। परिणाम विवाह-विच्छेद करना कठिन नहीं रह गया है। इन सभी कारणों से भारत में परिवार का स्थायित्व कम होने लगा है।

परिवार की संस्था पर पश्चिमीकरण का तीसरा प्रभाव परिवार का छोटा होना कहा जा सकता है। पश्चिमीकरण के प्रभाव से न सिर्फ संयुक्त परिवार का विघटन हुआ है बल्कि परिवार का आकार भी छोटा हो गया है। विवाह का आधार परिवर्तित हो जाने से अब परिवार में बच्चों की संख्या कम होने लगी है। भारत में भी अब गर्भ-निरोध के तरीकों को अपनाने के प्रति जागरूकता उत्पन्न हुई है। इन सभी कारणों से परिवार का आकार छोटा होता जा रहा है।

(ii) विवाह की संस्था पर प्रभाव—विवाह की संस्था पर पश्चिमीकरण का व्यापक प्रभाव पड़ा है। इसके कारण भारतीय समाज में बाल-विवाह की प्रथा कम हुई तथा विधवा-विवाह, अंतर्जातीय विवाह, एवं प्रेम-विवाह आदि को बढ़ावा मिला है। इसके कारण पति-पत्नी के संबंधों में भी परिवर्तन आया है। पत्नी अब अबला नहीं रह गई है अपितु उसे सहयोगिनी एवं मित्र माना जाने लगा है। हिंदुओं में विवाह को धार्मिक संस्कार माना जाता था लेकिन पश्चिमीकरण के कारण इसमें भी परिवर्तन आया है। परिणाम तलाक एवं गर्भपात जैसी समस्याएँ बढ़ी हैं। विवाह की संस्था पर पश्चिमीकरण के प्रभाव को निम्नलिखित बिंदुओं के माध्यम से समझा जा सकता है—

पश्चिमीकरण का पहला प्रभाव विवाह की संस्था पर जीवन साथी के चुनाव की स्वतंत्रता कहा जा सकता है। पहले विवाह माता-पिता द्वारा तय किए जाते थे। लेकिन अब काफी हद तक लड़का एवं लड़की स्वयं एक-दूसरे का चुनाव करते हैं। ऐसा अंग्रेजी शिक्षा एवं पाश्चात्य सभ्यता के प्रभाव के कारण हुआ है।

पश्चिमीकरण का दूसरा प्रभाव विवाह की संस्था पर विवाह पद्धति में परिवर्तन कहा जा सकता है। विवाह के आधार के साथ ही साथ विवाह से पद्धति में थोड़ा बहुत परिवर्तन देखने को मिलता है। अभी भारत में सिविल मैरेज अधिक नहीं होती है लेकिन इसकी प्रवृत्ति अवश्य दृष्टिगोचर होती है। हिंदू विवाहों में पूजा-पाठ की जगह सजावट आदि अधिक होने लगती है।

पश्चिमीकरण का तीसरा प्रभाव विवाह की संस्था पर विवाह के आधार में परिवर्तन कहा जा सकता है। अगर यह कहा जाए कि आज भारत में विवाह का आधार धर्म नहीं बल्कि प्रेम एवं दाम्पत्य हो गया है तो इसमें कोई अतिशयोक्ति नहीं होगी।

पश्चिमीकरण का चौथा प्रभाव विवाह की संस्था पर अधिक आयु विवाह में कहा जा सकता है। बाल-विवाह के बहिष्कार के साथ ही पश्चिमीकरण के प्रभाव

से विवाह की आयु बढ़ती जाती है। पश्चिम में साधारणतया लोग शिक्षा समाप्त करके एवं व्यवसाय तथा नौकरी आदि निश्चित हो जाने के बाद ही विवाह करते हैं।

पश्चिमीकरण का पाचवां प्रभाव विवाह की संस्था पर बाल-विवाह का बहिष्कार कहा जा सकता है। पश्चिमीकरण के प्रभाव की वजह से भारत में बाल-विवाह का बहिष्कार शुरू हुआ। बाल-विवाह के कारण स्त्रियों के स्वास्थ्य, शक्ति तथा जीवन की बहुत हानि होती थी। उनकी शिक्षा भी बाधित होती थी तथा अवांछित संतानें भी उत्पन्न होती थीं।

विवाह की संस्था पर पश्चिमीकरण का छटा प्रभाव एक विवाह की प्रवृत्ति कहा जा सकता है। पश्चिम के सभ्य देशों में एक विवाह की प्रथा प्रचलित है। पश्चिमीकरण के प्रभाव के कारण भारत में भी एक विवाह प्रथा शुरू हुई। इसे कानूनी मान्यता भी प्राप्त होती। 1955 के 'हिंदू विवाह अधिनियम' के अनुसार कोई भी व्यक्ति अपने जीवन-साथी के जिंदा रहते हुए दूसरा-विवाह नहीं कर सकता है।

पश्चिमीकरण का विवाह की संस्था पर सातवां प्रभाव अंतर्जातीय विवाह को प्रोत्साहन कहा जा सकता है। पश्चिमीकरण के कारण अंतर्जातीय विवाह को प्रोत्साहन मिलता है। औद्योगिकीकरण एवं नगरीकरण ने इसको बढ़ाने में और ज्यादा योगदान दिया है। कहीं-कहीं अंतर्धर्म विवाह भी देखने को मिलते हैं।

पश्चिमीकरण का विवाह की संस्था पर आठवां प्रभाव उन्मुक्त भोग की प्रवृत्ति कहा जा सकता है। पश्चिमीकरण के प्रभाव के कारण बहुत से लोगों में उन्मुक्त भोग की प्रवृत्ति भी विकसित हुई है। ऐसे लोग विवाह के जंजाल में नहीं फँसना चाहते हैं। वे उन्मुक्त यौन संबंध स्थापित करके आजन्म कुँवारा रहना चाहते हैं। ऐसे लोगों की संख्या में दिनोंदिन वृद्धि होती जा रही है। यह सब पश्चिमीकरण के प्रभाव के कारण हुआ है।

पश्चिमीकरण का विवाह की संस्था पर नौवां प्रभाव विवाह का अस्थायित्व कहा जा सकता है। स्त्रियों की आर्थिक स्वतंत्रता बढ़ने से, तलाक कानून पास हो जाने से तथा विवाह का आधार प्रेम हो जाने से विवाहों का अस्थायित्व बढ़ रहा है। अब विवाह को तोड़ना संभव है चूँकि कानूनन यह वैध है।

(iii) जाति प्रथा पर प्रभाव—भारत में जाति-प्रथा पर भी पश्चिमीकरण का व्यापक प्रभाव देखा जा सकता है। इस प्रक्रिया की वजह से प्राचीन भारतीय जाति-प्रथा में परिवर्तन हुआ है। परंपरागत जातियाँ अपने परंपरागत व्यवसायों को छोड़कर नए-नए व्यवसायों को अपनाने लगी हैं। इससे ऊँच-नीच की भावना एवं

अस्पृश्यता की भावना में परिवर्तन आया है। इसके कारण अलग-अलग जातियों के बीच पाए जानेवाले खान-पान संबंधी निषेधों में भी अंतर आया है। जाति-प्रथा पर पश्चिमीकरण के प्रभाव को अग्रलिखित बिंदुओं के माध्यम से समझा जा सकता है—

जाति प्रथा पर पश्चिमीकरण का प्रथम औद्योगीकरण (Industrialisation) कहा जा सकता है। भारत में अंग्रेजों के आगमन के कारण अलग-अलग उद्योग-धंधों का विकास हुआ। इससे विभिन्न जातियों के लोगों को इन उद्योग-धंधों में एक साथ कार्य करने का अवसर प्राप्त हुआ। साथ-साथ कार्य करने के कारण उनमें आपसी मेल-जोल बढ़ा। इससे उनमें ऊँच-नीच का भेदभाव समाप्त होने लगा। फलतः जातिगत बंधन ढीले पड़ने लगे। इस तरह यह पता चलता है कि जाति प्रथा पर औद्योगीकरण का अप्रत्यक्ष ढंग से प्रभाव पड़ता है।

जाति प्रथा पर पश्चिमीकरण का दूसरा प्रभाव नगरीकरण कहा जा सकता है। नगरीकरण भी अप्रत्यक्ष तरीके से जाति-प्रथा को प्रभावित करता है। देश में नगरीकरण की संख्या में वृद्धि होने से दूर-दराज के गाँवों से लोग कार्य करने के लिए नगरों में आने लगे। विभिन्न जातियों के लोग एक साथ रहने लगे तथा अलग-अलग जगहों पर साथ-साथ कार्य करने लगे। इसका परिणाम यह हुआ कि उनमें जातिगत भावनाएँ कम होने लगीं तथा आपसी मेल-जोल बढ़ने लगा। इस तरह यह पता चलता है कि जातिगत भेदभाव को समाप्त करने में नगरीकरण ने बहुत हद तक योगदान दिया है जो पश्चिमीकरण की देन है।

पश्चिमीकरण का जाति-प्रथा पर तीसरा प्रभाव अंग्रेजी शिक्षा कहा जा सकता है। भारत में अंग्रजी शिक्षा के कारण जाति-प्रथा को बहुत धक्का लगा अंग्रेजी पढ़ाई के कारण लोगों में जाति-प्रथा की बुराईयों के प्रति जागरुकता उत्पन्न हुई। साथ ही रहन-सहन, खान-पान, वेशभूषा के साथ-साथ व्यक्तियों के विचारों पर भी पश्चिम के विचारों, स्वतंत्रता एवं समानता आदि का प्रभाव पड़ा। इसका नतीजा अंतर्जातीय विवाह के रूप में सामने आया। पश्चिम में जो पढ़ने के लिए जाने लगे उनकी पूरी जीवन शैली ही परिवर्तित हो गई। इस तरह पश्चिमीकरण के कारण जाति-प्रथा पर अनेक प्रभाव पड़े।

पश्चिमीकरण का जाति-प्रथा पर चौथा प्रभाव पश्चिमी रंग में रंगना कहा जा सकता है। इसके प्रभाव से भारत में जाति-प्रथा के बंधन टूटने लगे। सभी जातियों के खान-पान, वेश-भूषा, रहन-सहन, एवं रीति-रिवाज एक समान हो गए। एक उदाहरण के द्वारा इसे और ज्यादा स्पष्ट किया जा सकता है। कोलकाता में जब पहला मेडिकल कॉलेज खुला तो उस समय मुर्दा चीरना अधर्म का कार्य एवं जाति

भ्रष्ट करनेवाला माना जाता था। धीरे-धीरे लोगों की इस धारणा में कमी आई और अंततः वह समाप्त हो गई। अब इसे पढ़ाई का एक अंग माना जाता है। इसी प्रकार पानी के नलों एवं होटलों में खान-पान आदि ने छुआछूत के विचार को कम कर दिया। डा. भगवानदास (Dr. Bhagwan Das) ने इस संबंध में लिखा है, "जब काशी में नल लगाए गए तो लोगों ने उनका इस आधार पर विरोध किया कि जल विभाग में न जाने किन-किन जातियों के लोग कार्य करेंगे और ऊँची जातियों के लोगों को उनके हाथ का पानी पीकर भ्रष्ट होना पड़ेगा, लेकिन अब सभी नल का पानी प्रयोग करते हैं।" इस प्रकार यह स्पष्ट होता है कि पश्चिमीकरण ने छुआछूत एवं जातिगत भेदभाव को कम करने में बहुत हद तक योगदान दिया है। शुरू में लोग अंग्रेजों के लाए हुए आलू एवं टमाटर आदि को खाने में भी संकोच करते थे। अब सभी जातियों के लोग इसका सेवन करते हैं।

पश्चिमीकरण का जाति-प्रथा पर पाँचवाँ प्रभाव अस्पृश्यता की भावना में कमी आना कहा जा सकता है। पश्चिमीकरण के प्रभाव ने भारत में अस्पृश्यता के विचार को मिटाने में बहुत हद तक योगदान दिया है। नगरीकरण, औद्योगीकरण एवं अन्य सुविधाओं में वृद्धि के कारण अस्पृश्यता संबंधी विचारों में काफी परिवर्तन आया है।

जाति-प्रथा पर पश्चिमीकरण का छटा प्रभाव आवागमन की सुविधाओं के रूप में देखा जा सकता है। आवागमन के साधन विकसित होने से जाति के बंधन ढीले पड़ जाते हैं। आवागमन के साधनों में रेलवे, बस, टैक्सी तथा रिक्शा आदि ऐसे साधन हैं जो सर्वसाधारण द्वारा व्यवहार में लाए जाते हैं। इनमें यात्रा करनेवालों के लिए छुआछूत का भेद-भाव रखना संभव नहीं हो पाता है। इसे एक उदाहरण के द्वारा खास तौर समझा जा सकता है। अगर कोई उच्च जाति का व्यक्ति रेल या बस में सफर कर रहा है और उसके बगल में आकर कोई नीच जाति का व्यक्ति या अस्पृश्यता आकर बैठ जाए तो उसे कोई रोक नहीं सकता है। इस प्रकार यह पता चलता है कि पश्चिमीकरण के कारण आवागमन की सुविधाओं में वृद्धि हुई एवं इसके परिणाम स्वरूप जाति के बंधन ढीले पड़ने लगे।

(iv) महिलाओं की परिस्थिति पर प्रभाव—भारत में पश्चिमीकरण का प्रभाव महिलाओं की परिस्थिति पर भी दृष्टिगोचर होता है। इसके प्रभाव के कारण महिलाओं के सामाजिक परिस्थिति में काफी परिवर्तन हआ। महिलाएँ शिक्षा ग्रहण करने लगीं जिससे वे नौकरी करके आर्थिक संरक्षण प्राप्त करने से योग्य बनीं। उन्हें पुरुषों के समान बराबरी का दर्जा प्राप्त हुआ। इसके कारण बाल-विवाह कम हुए, सती प्रथा बंद हुई तथा विधवा-विवाह प्रारंभ हुआ। महिलाएँ आर्थिक, सामाजिक,

धार्मिक तथा राजनीतिक क्षेत्रों में पुरुषों के कंधे से कंधा मिलाकर कार्य करने लगीं। आधुनिक मनोवैज्ञानिक खोजों ने यह सिद्ध कर दिया है कि स्त्री पुरुष की शक्ति, योग्यता, विचार, रहन-सहन आदि के भेद किसी मौलिक या प्राकृतिक भेद के कारण नहीं है बल्कि मानव के बनाए हुए सांस्कृतिक परिवेश के कारण है। भारत में स्त्रियों को उच्च शिक्षा प्राप्त करने की अनुमति नहीं थी। इसके लिए समाज सुधारकों को कड़ा संघर्ष करना पड़ा और अंततः वे अपने उद्देश्य में सफल हुए। इस तरह यह पता चलता है कि भारत में पश्चिमीकरण के प्रभाव के कारण स्त्रियों की परिस्थिति में काफी अधिक अंतर आया।

(ग) रहन-सहन एवं खान-पान पर प्रभाव

भारतीय रहन-सहन एवं खान-पान पर भी पश्चिमीकरण का स्पष्ट प्रभाव दिखाई पड़ता है। भारत में सामाजिक रीति-रिवाजों, खान-पान, रहन-सहन एवं वेश-भूषा आदि पर भी पश्चिमीकरण का काफी ज्यादा प्रभाव पड़ा है। इस प्रक्रिया के कारण भारतीय समाज में रहन-सहन, खान-पान एवं वेश-भूषा आदि में भारी परिवर्तन हुआ है। पुरुषों का भारतीय पहनावा धोती एवं कुर्ता है। इसी तरह भारतीय स्त्रियों का पहनावा लहंगा एवं साड़ी है। लेकिन पश्चिमीकरण के प्रभाव के कारण भारतीय पुरुष पैन्ट, शर्ट, कोट एवं टाई धारण करने लगे हैं तथा भारतीय महिलाएँ जीन्स, मैक्सी, स्कर्ट तथा गाऊन आदि पहनने लगी हैं। आज भारतीय महिलाएँ अपने प्राकृतिक सौंदर्य को छोड़कर कृत्रिम सौंदर्य की दौड़ में सम्मिलित हैं। वे लंबे बालों की जगह छोटे बाल (बॉब कट एवं पोनी कट आदि) रखने लगी हैं। वे ऊँची एड़ी की सैंडिल तथा बेलीज पहनने लगी हैं। आज महिलाएँ सौन्दर्य प्रसाधनों का अधिकाधिक प्रयोग करने लगी हैं। आज की युवतियों के तन पर कपड़े नाम मात्र देखने को मिलते हैं। वे धीरे-धीरे इतने छोटे हो गए हैं कि उनसे उनका पूरा बदन झाँकता है। ये सब पश्चिमीकरण की देन है। इसी तरह बोलचाल की भाषा में भी स्थानीय एवं हिंदी भाषा के शब्दों की जगह अंग्रेजी भाषा के शब्दों का प्रयोग हो रहा है। मम्मी, डैडी, अंकल, आंटी, हैलो, गुडमार्निंग एवं डार्लिंग आदि ऐसे शब्द हैं जिनका प्रयोग लोग दिन-रात बोलचाल की भाषा में करते हैं। ये व्यक्तियों की आदत में शामिल हो गए हैं। इसके अलावा व्यक्तियों के रहन-सहन, घरों की बनावट एवं सजावट आदि पर भी पश्चिमीकरण का स्पष्ट प्रभाव देखा जा सकता है। खान-पान में पश्चिमीकरण के प्रभाव के कारण बहुत से शाकाहारी व्यक्ति मांसाहारी भोजन करने लगे। शराब का प्रचलन भी भारतीय समाज में पश्चिमीकरण की ही देन कहा जा सकता है। भारतीय समाज में पहले लोग धरती पर बैठकर भोजन करते थे।

पश्चिमीकरण के प्रभाव के कारण लोग अब मेज-कुर्सी पर भोजन करना पसंद करते हैं। पीतल या ताँबे के बर्तन की जगह स्टील एवं काँच के बर्तनों का प्रयोग होने लगा। इसी प्रकार भोजन करते समय चम्मच एवं काँटे का प्रयोग होने लगा। इसी तरह भोजन के वक्त अब चप्पल-जूते उतारने की कोई जरूरत नहीं होती है चूँकि लोग टेबुल-कुर्सी पर बैठकर भोजन करते हैं। इस प्रकार यह पता चलता है कि पश्चिमीकरण के कारण भारतीय रहन-सहन एवं खान-पान पर व्यापक रूप से प्रभाव पड़ा है।

(घ) राजनीतिक क्षेत्र पर प्रभाव

भारत में राजनीतिक क्षेत्र में भी पश्चिमीकरण का विस्तृत प्रभाव देखा जा सकता है। ब्रिटिश शासन की स्थापना के बाद ही भारत में स्थानीय स्वशासन संस्थाओं जिसे पंचायत के नाम से जाना जाता है, का जन्म हुआ। इससे गाँव में सामंती एवं जमींदारी प्रथा का महत्त्व कम हुआ। भारतीय समाज में समानता एवं न्याय व्यवस्था स्थापित करने के लिए भारतीय दंड संहिता सिविल प्रक्रिया संहिता एवं नवीन न्याय व्यवस्था लागू की गई। सैनिक व्यवस्था को संगठित करने के लिए संगठित सेना का निर्माण किया गया। इसके कारण भारत में राष्ट्रीय भावना का उदय हुआ तथा भारतीय राजनीति में प्रजातंत्र, संसदीय प्रणाली, न्यायिक स्वतंत्रता, सामाजिक न्याय, धर्म निरपेक्षता, नौकरशाही तथा नागरिकों के मूल अधिकारों को महत्त्व दिया जाने लगा। पश्चिमीकरण के प्रभाव से भारत में अनेक समस्याओं का भी जन्म हुआ जिनमें भाषावाद, क्षेत्रवाद, जातिवाद एवं साम्प्रदायिकता आदि प्रमुख हैं। इसके प्रभाव से भारतीय राजनीतिक पार्टियाँ कई तरह की विचारधाराओं से प्रभावित होकर कई पार्टियों में विभाजित हो गईं। इन विचारधाराओं में मुख्यतया दो तरह की विचारधारा का नाम लिया जा सकता है जो क्रमशः पूँजीवादी एवं साम्यवाद है। अतः यह पता चलता है कि भारत में पश्चिमीकरण का प्रभाव राजनीतिक क्षेत्र पर भी पड़ा है।

(ङ) शिक्षा पर प्रभाव

भारत में शिक्षा के क्षेत्र में भी पश्चिमीकरण का प्रभाव गहरे रूप से पड़ा है। इसके कारण शिक्षा के क्षेत्र में उदारवाद, धर्म निरपेक्षता, समानता, स्वतंत्रता एवं विज्ञानवाद आदि का विकास हुआ। आज शिक्षा के क्षेत्र में भारत में अंग्रेजी माध्यम को महत्त्व दिया जाने लगा है जिससे विभिन्न कान्वेंट तथा पब्लिक स्कूल खुलने लगे हैं। साथ ही आज तकनीकी प्रशिक्षण को अधिक महत्त्व दिया जाने लगा है जो पश्चिमीकरण की देन है। शिक्षा के क्षेत्र में भारत में एक नवीन वर्ग का जन्म हुआ

है जिसे अभिजात-वर्ग (Eliteclass) कहा जाता है। इस अभिजात वर्ग ने अपने को समाज से पृथक् मानते हुए अपना जनजीवन प्रारंभ किया है। इस वर्ग ने देश में विज्ञान, प्रौद्योगिकी, शासन व्यवस्था एवं विकास आदि के क्षेत्रों में अपना महत्त्वपूर्ण योगदान दिया है। महिला शिक्षा एवं बाल शिक्षा को भी आज महत्त्व दिया जाने लगा है। इसी प्रकार अंग्रेजी शिक्षा को अनिवार्य प्रश्न-पत्र के रूप में सभी स्तरों पर लागू किया गया है। अतः यह कहा जा सकता है कि भारत में शिक्षा के क्षेत्र पर भी पश्चिमीकरण का व्यापक प्रभाव पड़ा है।

(च) आर्थिक क्षेत्र पर प्रभाव

भारत में आर्थिक क्षेत्र पर भी पश्चिमीकरण का गहरा प्रभाव देखने को मिलता है। इस प्रक्रिया ने भारत के आर्थिक क्षेत्र में व्यापक परिदर्तन किए हैं। पश्चिमीकरण की प्रक्रिया के कारण कृषि आधारित व्यवसाय तथा लघु एवं कुटीर उद्योगों का नाश हुआ। इसके स्थान पर बड़े-बड़े उद्योग धंधे स्थापित हुए जिसने एक ओर आर्थिक प्रगति में सहायता की तो दूसरी ओर विभिन्न समस्याओं को जन्म भी दिया। इसने मशीनीकरण एवं यंत्रीकरण को भी बढ़ावा दिया। इससे वर्ग-भेद में वृद्धि हुई। साथ ही आर्थिक क्षेत्र में हड़ताल, तालाबंदी, तोड़फोड़, घेराव एवं बेरोजगारी आदि जैसी समस्याएँ भी बढ़ीं। इससे अमीर-गरीब एवं मालिक मजदूर के बीच भेद बढ़ा है। इस तरह यह पता चलता है कि पश्चिमीकरण का आर्थिक क्षेत्र पर भी व्यापक प्रभाव पड़ा है।

(छ) नगरीय जनजीवन पर प्रभाव

भारत में शहरी जनजीवन पर भी पश्चिमीकरण का प्रभाव पड़ा है। भारत के ग्रामीण लोग भी कुछ हद तक पश्चिमीकरण से प्रभावित हुए हैं लेकिन तुलनात्मक रूप से शहरी लोगों पर इसका प्रभाव ज्यादा पड़ा है। जो शहर जितना बड़ा था उस पर पश्चिमीकरण का उतना ही गहरा प्रभाव पड़ा। इससे नगरीकरण की प्रक्रिया बढ़ी है तथा नगरों में लोगों ने पश्चिमी जीवनशैली को काफी हद तक अपना लिया है। इस तरह की दिनोंदिन प्रवृत्ति बढ़ती ही जा रही है। पश्चिम का रहन-सहन, खान-पान, फैशन, जीवन शैली, दिनचर्या एवं अन्य बहुत सी बातें आज भारतीय नगरों में तीव्र गति से फैलते हुए देखा जा सकता है। इस तरह यह पता चलता है कि भारत में शहरी जनजीवन पर भी पश्चिमीकरण का व्यापक प्रभाव पड़ा है।

उक्त विवरणों से यह पता चलता है कि पश्चिमीकरण की प्रक्रिया ने भारत में विभिन्न क्षेत्रों में व्यापक परिवर्तन किया है। यह परिवर्तन पूर्व में भी हुआ, वर्तमान में भी हो रहा है तथा भविष्य में भी होता रहेगा। परिवर्तन एक लगातार चलनेवाली प्रक्रिया होती है। इसलिए इसका क्रम जारी रहेगा। भारतीय समाज पर पश्चिमीकरण के व्यापक प्रभाव को देखते हुए ही संभवतः एम. एन. श्रीनिवास (M.N. Srinivas) ने पश्चिमीकरण के साथ प्राथमिक, दैतीयक एवं तृतीयक विशेषण लगाया है। भारत में प्राथमिक पश्चिमीकरण का स्तर करीब गुजर चुका है। यद्यपि कुछ जनजातीय समाज इसके अपवाद कहे जा सकते हैं। भारत का ग्रामीण क्षेत्र द्वितीयक पश्चिमीकरण के दौर से गुजर रहा है। शहर एवं नगर द्वितीयक एवं तृतीयक पश्चिमीकरण के दौर से गुजर रहे हैं। भारतीय समाज में पूर्ण पश्चिमीकरण की कल्पना करना एक कोरी कल्पना होगी। इसका कारण यह है कि भारतीय सभ्यता एवं संस्कृति की जड़ें इतनी गहरी हैं कि उसका विनाश कभी हो ही नहीं सकता है। इतना अवश्य है कि भारतीय समाज एवं संस्कृति ने अपना अस्तित्त्व कायम रखते हुए आज तक न जाने कितने संस्कृतियों को अपने में आत्मसात् (Assimilate) किया है। पश्चिमीकरण के साथ भी यही बात लागू होती है। भारतीय संस्कृति ने इसको अपने अंदर आत्मसात् किया है वह भी अपने अस्तित्त्व को कायम रखकर।

पश्चिमीकरण के दोष

पश्चिमीकरण की आलोचना विभिन्न विद्वानों द्वारा की गई है। ये आलोचनाएँ अग्रलिखित हैं—

1. पश्चिमीकरण एक संकुचित अवधारणा है—डेनियल लर्नर (Daniel Learner) ने पश्चिमीकरण की अवधारणा की आलोचना करते हुए कहा है कि यह अवधारणा संकुचित एवं अनुपयुक्त है चूँकि पश्चिमीकरण की प्रक्रिया में ब्रिटेन, पश्चिमी देश एवं रूस की साम्यवादी विचारधारा भी शामिल है। लेकिन श्रीनिवास ने रूस की साम्यवादी विचारधारा को इस अवधारणा में शामिल नहीं किया है।

2. जटिल प्रक्रिया—देवराज चेभा ने पश्चिमीकरण की अवधारणा की आलोचना करते हुए कहा है कि यह एक जटिल प्रक्रिया है जिसको भारतीय परिप्रेक्ष्य में समझना कठिन है। भारत में सामाजिक परिवर्तनों को समझने के लिए इस अवधारणा को पश्चिमीकरण की जगह भारतीयकरण कहना अधिक उपयुक्त होगा।

3. निश्चितता का अभाव—प्रो. योगेन्द्र सिंह (Prof. Yogendra Singh) ने पश्चिमीकरण की अवधारणा की अलोचना करते हुए कहा है कि यह अवधारणा संकीर्ण है तथा इसमें निश्चितता का अभाव पाया जाता है। प्रो. योगेन्द्र सिंह के अनुसार में, "संस्कृतिकरण एवं पश्चिमीकरण ऐसी अवधारणाएँ हैं जिनमें सैद्धांतिक दृष्टि से निश्चितता की कमी है। ये अवधारणाएँ भारतीय समाज में सांस्कृतिक परिवर्तन का तो विश्लेषण करती हैं, लेकिन संरचनात्मक दृष्टि से सामाजिक परिवर्तन के विश्लेषण में समर्थ नहीं है।" योगेन्द्र सिंह का यह भी कहना है कि स्वतंत्रता के बाद भारत में ब्रिटिश का प्रभाव ही नहीं पड़ा बल्कि अमेरिका एवं रूसी संस्कृति का भी प्रभाव पड़ा। श्रीनिवास ने पश्चिमीकरण की अवधारणा में केवल ब्रिटिश प्रभाव का ही अत्यधिक वर्णन किया है जो अनुचित प्रतीत होता है।

4. पश्चिमीकरण सामाजिक परिवर्तन के दृष्टिकोण से संकीर्ण है—स्वयं श्रीनिवास ने भी पश्चिमीकरण की अवधारणा के इस दोष को स्वीकार किया है।

5. पश्चिमीकरण के विरोधी दृष्टिकोण का उल्लेख नहीं मिलता है—प्रो. योगेन्द्र सिंह ने पश्चिमीकरण की अवधारणा की आलोचना करते हुए कहा है कि श्रीनिवास ने पश्चिमीकरण की प्रक्रिया में सिर्फ प्रभावों का ही उल्लेख किया है, विरोधों का नहीं। भारत एवं एशिया में शिक्षित लोग इस अवधारणा का विरोध करते हैं क्योंकि ये देश अतीत में उपनिवेशवाद से पीड़ित रहा है।

6. पश्चिमीकरण में संरचनात्मकता का अभाव—स्वयं एम. एन. श्रीनिवास (M.N. Srinivas) ने इस दोष को स्वीकार करते हुए कहा है कि इस अवधारणा से भारतीय समाज में सामाजिक परिवर्तनों की संरचनात्मक दृष्टि से व्याख्या नहीं की जा सकती है।

औद्योगीकरण

आधुनिक युग की एक महत्त्वपूर्ण सामाजिक-आर्थिक प्रक्रिया औद्योगीकरण है। कृषि युग में उत्पादन कार्य हाथ से तथा परिवार में ही होता था और इसीलिए उसे हस्तकला और गृह-उद्योग के नाम से पुकारा जाता था। पर मशीनों के आविष्कार ने समस्त उत्पादन की प्रक्रिया को ही बदलकर रख दिया। दूसरे शब्दों में उत्पादन कार्य में मशीनों का उपयोग होने लगा। मशीनों द्वारा उत्पादन तभी लाभदायक है जब कि उत्पादन कार्य बड़े पैमाने पर हो। इसके लिए परिवार का दायरा पर्याप्त न था। अतः बड़े-बड़े मिल-कारखानों की स्थापना आवश्यक हो गई। इन बड़े कारखानों में काम करने के लिए बड़ी

संख्या में श्रमिकों की आवश्यकता हुई और इस आवश्यकता की पूर्ति के लिए गाँवों से हजारों की संख्या में लोग उस स्थान पर आकर बस गए जहाँ कि मिल व कारखानों की स्थापना की गई। इस प्रकार उद्योगों का विकास हुआ और इस विकास-प्रक्रिया में मशीनों द्वारा उत्पादन की प्रक्रिया लगातार बढ़ती गई। इसी प्रक्रिया को औद्योगीकरण कहा जाता है। इस तात्पर्य में, मशीनों द्वारा बड़े पैमाने में उत्पादन-कार्यों का सम्पादन व उद्योग-धन्धों का एक स्थान में विकास की प्रक्रिया को औद्योगीकरण कहते हैं।

कुछ लेखकों का कहना है कि "औद्योगीकरण का अर्थ बड़े पैमाने के नवीन उद्योगों का प्रारम्भ और छोटे उद्योगों का बड़े पैमाने के उद्योगों में बदलने से है।" असली अर्थ में, औद्योगीकरण उद्योगों के बड़े पैमाने में विकास की एक प्रक्रिया है जिसके तहत् प्राकृतिक गैस, कोयला, तेल, अन्य खनिज पदार्थों की ज्यादा से ज्यादा प्राप्ति तथा उन्हें काम में लगाने पर बल दिया जाता है और कपास, तिलहन, पटसन आदि अन्य खेती द्वारा पैदा होने वाली वस्तुओं को उत्पादन के कच्चे माल के रूप में प्रयोग किया जाता है जिससे कि इन सभी से सम्बन्धित उद्योग-धन्धों का विकास बड़े पैमाने में हो सके। इस प्रकार खनिज पदार्थों और खेती द्वारा उत्पन्न होने वाली वस्तुओं से मशीनों द्वारा भिन्न-भिन्न उद्योगों को बड़े पैमाने पर विकसित करने की प्रक्रिया को ही औद्योगीकरण कहते हैं।

इस प्रकार औद्योगीकरण प्रौद्योगिक उन्नति की एक वह प्रक्रिया है जो सामान्य उपकरणों से चलने वाले घरेलू उत्पादन से लेकर भारी स्तर पर कारखानों के उत्पादन तक सम्पन्न होती है। समाजशास्त्रीय दृष्टि से यह शब्द उद्योगों के संरचनात्मक परिवर्तन के कारण होने वाले आर्थिक और सामाजिक परिवर्तन की प्रक्रिया को व्यक्त करता है। औद्योगीकरण में वे सभी सामाजिक कारक शामिल हैं जो सामाजिक जीवन को प्रभावित करते हैं। कारखानों के माध्यम से किया गया विस्तृत श्रम-विभाजन और नई कार्य-संस्कृति इसके अच्छे उदाहरणार्थ हैं।

औद्योगीकरण में भारत

भारतीय औद्योगिक नीति के विकास क्रम 1948 के औद्योगिक नीति प्रस्ताव के साथ ही शुरूआत हुई। इस प्रस्ताव ने न सिर्फ नीति की मोटी-मोटी रूपरेखा परिभाषित की अपितु इसने औद्योगिक विकास के उद्यमी और प्राधिकारी दोनों ही

के रूप में राष्ट्र की भूमिका को भी रेखांकित किया। भिन्न-भिन्न नीतिगत प्रस्तावों में भी सार्वजनिक क्षेत्र के प्रति इस बुनियादी झुकाव को दोहराया गया। अर्थव्यवस्था में सार्वजनिक क्षेत्र को 1956 के औद्योगिक नीति प्रस्ताव में एक महत्त्वपूर्ण भूमिका सौंपी गई।

सरकार ने जुलाई, 1991 को औद्योगिक नीति में विस्तृत परिवर्तनों की घोषणा की। इस नई औद्योगिक नीति में 18 प्रमुख उद्योगों को छोड़कर अन्य सभी उद्योगों को लाइसेंस से मुक्त कर दिया गया। दिसम्बर, 1996 तक 48 उच्च प्राभमिकता वाले क्षेत्रों में विदेशी पूँजी निवेश की सीमा को बढ़ाकर 51 प्रतिशत कर दिया गया। मार्च, 1993 से उन 13 खनिजों को जो पहले सरकार क्षेत्र के लिए आरक्षित थे, उन्हें प्राइवेट क्षेत्र के लिए खोल दिया गया।

केन्द्रीय मंत्रीमंडल द्वारा 2001 को लिए गए एक फैसले के अनुसार केन्द्र सरकार ने सुरक्षा संबंधी उत्पादन के क्षेत्र में निजी क्षेत्र के प्रवेश की अनुमति प्रदान कर दी गई जिसमें 25% तक विदेशी प्रत्यक्ष निवेश की आज्ञा दी जा सकती है। अभी तक यह सार्वजनिक क्षेत्र के लिए आरक्षित था।

सबसे बड़ा उद्योग भारत में वस्त्र उद्योग है। मुम्बई सबसे बड़ा वस्त्र व्यवसाय का केन्द्र है। क्योंकि यह कपास की सबसे बड़ी मण्डी भी है। यहाँ से कपास विदेशों को जाती है। इसके बाद अहमदाबाद का स्थान है। भारत में सूती कपड़े की जितनी मिलें हैं उनकी लगभग आधी इन दो औद्योगिक केन्द्रों में ही हैं। इनके अलावा, शोलापुर, नागपुर, कोयम्बटूर, चेन्नई, इन्दौर, ब्यावर, हाथरस, कलकत्ता, कानपुर आदि में भी कपड़े की मिलों के आधार पर औद्योगीकरण हुआ है। 31 मार्च, 1999 को देश में कपड़ा मिलों की संख्या 1,824 थी, जिनमें से 192 सार्वजनिक क्षेत्र, 153 सहकारी क्षेत्र और 1,479 निजी क्षेत्र में हैं।

शुरू से ही हमारा पटसन (जूट) निर्यातोन्मुखी रहा है। उत्पादन की दृष्टि से भारत दुनिया में पहले स्थान पर और निर्यात की दृष्टि से दूसरे स्थान पर है। जूट उद्योग के आधार पर पश्चिमी बंगाल में औद्योगीकरण की प्रक्रिया तेजी से क्रियाशील हुई है। भारत के ज्यादातर जूट कारखाने इसी प्रदेश में हैं और वह भी कलकत्ता के उत्तर और दक्षिण में हुगली के दोनों और केन्द्रित हैं।

कृषि उत्पादों पर आधारित उद्योगों में चीनी उद्योग सूती वस्त्र उद्योग के पश्चात् दूसरा प्रमुख उद्योग है। 1950-51 में चीनी की 138 मिलें थीं। 2000-01 में देश में कार्यरत चीनी मिलों की संख्या 493 थी। इनमें से 271 मिलें सहकारी क्षेत्र, 152 सार्वजनिक तथा 70 निजी क्षेत्र में हैं। इस अवधि के दौरान चीनी का उत्पादन 182.21 लाख टन था जो सबसे ज्यादा था। हाल ही में, निर्यात को

बढ़ावा देने के लिए सरकार ने इसे डिकैनालाइज़ (decanalise) करने का फैसला ले लिया है। इसके फलस्वरूप अब चीनी मिलें सीधे ही चीनी का निर्यात कर सकेंगी।

लोहा-इस्पात का उद्योग भी औद्योगीकरण का एक महत्त्वपूर्ण कारक है। इस उद्योग में 90 हजार करोड़ रुपए की पूँजी लगी हुई है। सन् 1907 से पूर्व जमशेदपुर एक छोटा-सा गाँव था, पर वहाँ टाटा आयरन एण्ड स्टील कम्पनी खुल जाने से वही स्थान अब अन्तर्राष्ट्रीय ख्याति का औद्योगिक केन्द्र बन गया है। आज भारत विश्व का नौवाँ सबसे बड़ा इस्पात उत्पादक देश है। राउरकेला, दुर्गापुर, भद्रावती, भिलाई जैसे ग्रामों में भी लोहा-इस्पात के 10-10 लाख टन क्षमता की परियोजनाओं की स्थापना ने उन स्थानों को बड़े-बड़े नगरों में परिवर्तित कर दिया है।

ऊनी कपड़े के मिल उद्योग का आरम्भ हमारे देश में सन् 1876 में हुआ। वर्ष 2000-01 में परिष्कृत इस्पात का निर्यात 26.6 लाख टन रहा। जबकि कानपुर में 'लाल इमली' की ऊनी कपड़ा मिल स्थापित हुई। वह भारत का सबसे पहला आधुनिक ऊनी कपड़ा कारखाना है। इसके बाद पंजाब में 'धारीवाल' नामक स्थान पर सन् 1882 में ऊनी कपड़े की एक बड़ी मिल खोली गई और सन् 1882 में ही बंगलौर में भी मिल खोली गई। उसी प्रकार 'मुम्बई की रेमण्ड वूलन मिल' विख्यात है। बेलगाँव, अहमदाबाद, सूरत, मुम्बई, बंगलौर, मैसूर, कोयम्बटूर, वाराणसी, हैदराबाद, अमृतसर, श्रीनगर, भागलपुर, लुधियाना आदि नगरों में औद्योगीकरण की प्रक्रिया में रेशमी कपड़ा उद्योग ने प्रचुर योगदान किया है।

भारत में नकली रेशमी कपड़े का उद्योग (Rayon Textile Industry) सन् 1950 में शुरू हुआ भारत का कुल रेशम उत्पादन लगभग 10,000 टन है जो विश्व उत्पादन का लगभग 20 प्रतिशत है। जिसकी वजह से भारत कच्चे रेशम का दूसरा सबसे बड़ा उत्पादन माना जाता है। लगभग 54 लाख लोगों को इन उद्योग में रोजगार मिला हुआ है। जबकि केरल राज्य में पेराम्बूर नामक स्थान पर एक कारखाना खोला गया। इसके बाद बम्बई, कोटा, ग्वालियर, मोदीनगर, ट्रावनकोर, हैदराबाद, नागदा, इत्यादि स्थानों पर इस उद्योग का विकास हुआ।

भारत में औद्योगीकरण की प्रक्रिया को कोयला उद्योग के विकास के कारण भी पर्याप्त प्रोत्साहन मिला है। कहा जाता है कि यदि संसार में कोयला और लोहा न हुए होते तो सम्भवतः आधुनिक विश्व की रूपरेखा कुछ और ही हुई होती। बिहार में बोकारो, झरिया, डाल्टनगंज, गिरीडीह आदि, पश्चिमी बंगाल में रानीगंज, उड़ीसा में तालचीर और रामपुर आदि स्थानों में औद्योगीकरण कोयला उद्योग के

कारण ही हुआ है। कोयला उत्पादन में आज भारत का विश्व में तीसरा स्थान है। भारत के कोयला भण्डारों में 1 जनवरी, 2000 तक सभी प्रकार का कुल 234 अरब टन कोयला था।

हमारे देश में उस समय कागज मिलें 515 हैं, इनमें अखबारी कागज मिलें भी शामिल हैं, इनकी वार्षिक क्षमता 51 लाख टन है। अखबारी कागज की माँग काफी हद तक देश में होने वाले उत्पादन से पूरी की जाती है और इसमें जो कमी रह जाती है, वह आयात द्वारा पूरी की जाती है। अखबारी कागज का अयात जो पहले वितरणीबद्ध किया गया था। सरकार ने 17 जुलाई, 1997 से कागज उद्योग को पूरी तरह लाइसेंस मुक्त कर दिया था। इस प्रकार अखबारी कागज का निर्यात खुले आम लाइसेंस के तहत् आता है।

चमड़ा उद्योग में भारत में बड़ी संख्या में लोगों को रोजगार मिला हुआ है। निर्यात बढ़ाने के लिए इस उद्योग पर विशीष्ट ध्यान दिया जा रहा है। कुल उत्पादन की 75 प्रतिशत निर्यात करती हों। 2000-01 में 9,004 करोड़ रुपए से ज्यादा मूल्य की चप्पलें और जूते तथा इसी तरह की अन्य वस्तुएं निर्यात की गईं। वर्ष की अपेक्षा 14.75 प्रतिशत ज्यादा रही।

औद्योगीकरण के सामाजिक प्रभाव

मूख्य रूप से भारत एक कृषि-प्रधान और गाँव-प्रधान देश है। इस कारण यूरोप की भाँति भारत में भी औद्योगीकरण और नगरीकरण की प्रक्रियाएँ तुरन्त प्रारम्भ नहीं हुई थी। इस देश में औद्योगीकरण, वास्तव में, 16वीं शताब्दी के उत्तरार्ध में ही प्रारम्भ हुआ। सन् 1857 के उपरान्त देश में अंग्रेजी शासन-व्यवस्था स्थापित हुई और आधुनिक उद्योगों, यातायात तथा अर्थ-व्यवस्था का विकास होना शुरू हो गया। परिणामस्वरूप शनः-शनैः मुम्बई, अहमदाबाद, कलकत्ता, कानपुर, चेन्नई और जमशेदपुर जैसे औद्योगिक नगरों का विकास हुआ। इस औद्योगीकरण ने अनेक गम्भीर समस्याओं को जन्म दिया। संक्षेप में, औद्योगीकरण या प्रौद्योगिकरण प्रगति (Technological Progress) के सामाजिक परिणाम अग्रलिखित हैं–

(1) बड़े पैमाने में उत्पादन और व्यापार में उन्नति—औद्योगीकरण के तहत् उत्पादन बड़ी मशीनों द्वारा होता है और मशीनों ने पूर्ण उपयोगिता तभी मिल सकती है जब बड़े पैमाने पर उत्पादन किया जाए। इस प्रकार औद्योगीकरण से बड़े पैमाने पर उत्पादन होने लगा और अब उत्पादन करने का ध्येय केवल स्थानीय जरूरतों की पूर्ति नहीं बल्कि उसके द्वारा व्यापार करना भी हो गया। इस प्रकार

औद्योगीकरण से व्यापार और वाणिज्य का क्षेत्र अब समस्त संसार में व्यापक हो गया है।

(2) पूँजीवाद का विकास—आर्थिक उत्पादन औद्योगीकरण में बड़े-बड़े मिल और कारखानों में मशीनों के जरिये बड़े पैमाने पर होता है। इसके लिए काफी धन की आवश्यकता होती है और इस कारण आर्थिक उत्पादन के साधनों पर उन्हीं का अधिकार होता है जिसके पास काफी पूँजी हो। इसलिए उत्पादन के साधनों पर पूँजीपतियों का एकाधिकार हो जाता है और अन्य सभी पूँजीहीन व्यक्तियों के लिए जीविका पालन का सिर्फ एक ही रास्ता रह जाता है कि वे अपने परिश्रम को बेचकर अपना पेट पालें। इस प्रकार औद्योगीकरण ने समाज के दो आर्थिक वर्गों—पूँजीपति और श्रमिक—में विभाजित हो गया। पूँजीपति-वर्ग श्रमिक की विवशताओं का पूरा-पूरा लाभ उठाते हैं और हर प्रकार से उनका शोषण करते हैं। इससे धनी-वर्ग और भी धनवान हो जाता है और निर्धन श्रमिक-वर्ग की आर्थिक दशा दिन-प्रतिदिन गिरती जाती है।

(3) जीवन का ऊँचा स्तर—बड़े पैमाने में उद्योग-धन्धे, उत्पादन, व्यापार और वाणिज्य में उन्नति के साथ-साथ लोगों की आर्थिक दशा सुधर सकती है, यदि इन सब का विकास समाजवादी तरीके से किया जाए। औद्योगीकरण की स्वस्थ प्रक्रिया देश की राष्ट्रीय आय को बढ़ाने में काफी मददगार हो सकती है।

(4) श्रम-विभाजन एवं विशेषीकरण—श्रम-विभाजन बड़े पैमाने के उत्पादन में काफी आवश्यक है चूँकि एक या कुछ व्यक्तियों के जरिये हरेक प्रकार का कार्य नहीं हो सकता। श्रम-विभाजन की प्रक्रिया के तहत् प्रत्येक व्यक्ति को एक विशिष्ट प्रकार का कार्य ही करना होता है। बहुत दिनों तक एक ही प्रकार का काम करने से उस कार्य में उसे विशेष ज्ञान तो जाता है। साथ ही विशेषज्ञ बनाने के लिए जरूरी प्रशिक्षण की भी प्रबन्ध होती है।

(5) जाति-प्रथा का दुर्बल होना—नगरों का विकास औद्योगीकरण के साथ ही हुआ। तरह-तरह प्रकार के व्यवसाय तथा अनेकों कारखाने, मिल आदि स्थापित हो गए; इनमें सभी जाति के लोगों को एक साथ मिलकर काम करना होता है। यहाँ न तो श्रम-विभाजन या पेशों का बँटवारा होता है और न ही ऐसा होना सम्भव है। अवसर मिलते ही यथा-शीघ्र गाँव को वापस लौट जाते हैं। लेकिन वे अकेले नहीं जाते, अपने साथ नागरिक संस्कृति के अनेक तत्त्व भी ले जाते हैं। इस प्रकार भी गाँवों में 'शहरीपन' आता जाता है।

(6) आर्थिक संकट तथा बेकारी—औद्योगीकरण में उत्पादन बड़े पैमाने पर होता है। जैसा कि ऊपर बताया जा चुका है, कभी-कभी ऐसा भी होता है कि

उत्पादन इतना ज्यादा हो जाता है कि उसकी खपत असम्भव हो जाती है। ऐसी स्थिति में आर्थिक संकट उपस्थित होता है और देश में बेकारी बढ़ती है।

(7) संयुक्त परिवार का विघटन तथा छोटे परिवार—कृषि-युग में परिवार के सदस्यों को एक स्थान से दूसरे स्थान को नहीं जाना पड़ता था और सभी सदस्य एक स्थान पर एक-साथ रहकर खेतीबाड़ी करते थे। किन्तु औद्योगीकरण ने यह एकता तोड़ दी है क्योंकि इसके परिणामस्वरूप नौकरी का क्षेत्र सारे देश में फैल गया है और लोग अपना घर छोड़कर नौकरी की खोज में अन्य स्थानों में जाकर बसने लगे। साथ ही औद्योगीकरण ने गाँव के गृह-उद्योगों को खत्म कर दिया और इनमें लगे अनेक कारीगर बेकार हो गए और नौकरी की खोज में गाँव से शहर में आकर बसने को मजबूर हो गऐ। इससे भी संयुक्त परिवार का विघटन हुआ। नगरों में मकानों की समस्या गम्भीर होने के कारण जो लोग वहाँ परिवार बसाते भी हैं वे भी सिर्फ अपनी पत्नी और बच्चों के साथ ही रहते हैं। इस कारण नगरों में परिवार का आकार छोटा होता है।

(8) ग्रामोद्योग का ह्रास—औद्योगीकरण का भारत में एक कुपरिणाम यह हुआ कि उससे ग्रामोद्योगों का विनाश होता गया। इसका कारण यह है कि इस देश में गाँवों के कुटीर उद्योगों और शहर के बड़े-बड़े उद्योगों के बीच न तो कोई समन्वय है और न ही किसी प्रकार का श्रम-विभाजन। परिणामतः बड़े पैमाने में मशीन द्वारा जिन सस्ती चीजों का उत्पादन होता है उससे प्रतियोगिता करना ग्रामीण उद्योगों में बनी चीजों के लिए सम्भव नही हुआ। इससे ग्रामोद्योग का ह्रास होता रहा।

(9) स्त्रियों का घर से बाहर काम करना—औद्योगीकरण के परिणामस्वरूप वही सिर्फ पुरुषों के लिए वरन स्त्रियों के लिए भी नौकरी के प्रचुर अवसर आज नगरों में हैं। इस कारण स्त्रियाँ घर से बाहर काम करने को जाती हैं। इससे स्त्रियाँ पारिवारिक बन्धनों से अपने को विमुक्त कर पाती हैं, पर्दा-प्रथा कम होती जाती है और स्त्रियों को आर्थिक विषयों में भी आत्म-विकास अवसर मिल जाता है। साथ ही, स्त्रियों के बाहर काम करने से परिवार का व्यवस्था (management) तथा संगठन बिगड़ता है, पति-पत्नी में घनिष्ठ सम्बन्ध नहीं पनप पाता है, उनमें आर्थिक, यौन-सम्बन्धी तथा अन्य व्यक्तिगत विषयों में मतभेद या तनाव पैदा होता है। विवाह-विच्छेद और पारिवारिक विघटन भी होता है और साथ ही बच्चों की देख-रेख या लालन-पालन समुचित तरीके से नहीं हो पाता।

(10) स्त्रियों की उन्नत दशा—स्त्रियों का नगरों में शिक्षा प्राप्त करने का समुचित अवसर प्राप्त होता है। साथ ही औद्योगीकरण ने उनके लिए रोजगार के

अनेक रास्ते खोल दिए हैं। वे भी आज स्वतन्त्रतापूर्वक नौकरी करती हैं और आर्थिक विषय में आत्म-निर्भर हो गई हैं। इस प्रकार औद्योगीकरण से स्त्रियों की दशा में प्रचुर उन्नति हुई है।

(11) अन्तर्जातीय विवाह, प्रेम-विवाह, विलम्ब-विवाह और तलाक—युवक-युवतियों का कारखानों या दफ्तरों में साथ-साथ काम करना, साथ-साथ पढ़ना-लिखना, उनके मेल-मिलाप की स्वतन्त्रता प्रेम-विवाह के अनुकूल परिस्थितियाँ पैदा करती हैं। प्रेम-विवाह में जाति-पाँति का भेद-भाव स्वभावतः नहीं होता। वैसे भी औद्योगीकरण ने जातीय प्रतिबन्धों को कमजोर कर दिया है, इससे अन्तर्जातीय विवाह होता है। नगरों में शिक्षा के कारण पुरानी परम्पराओं का प्रभाव कम हो जाता है और लोग कम उम्र में विवाह करना या देना पसन्द नहीं करते हैं। साथ ही रोमान्स के कारण, स्त्रियों में आत्म-स्वतंत्रता की कटु भावना के कारण, पति-पत्नी में पेशा तथा अन्य आर्थिक और यौन-सम्बन्धी मतभेद के आधार पर पारिवारिक तनाव के कारण विवाह-विच्छेद भी ज्यादा होता है।

(12) पारिवारिक कार्य-क्षेत्र का सीमित होना—परिवार कृषि स्तर पर स्वयं पूर्ण होता था और अपने सदस्यों की अधिकाँश जरूरतों की पूर्ति करता था, किन्तु औद्योगीकरण ने इस स्थिति को पूर्णतया बदल दिया है। आज परिवार के अकसर सभी बाहर की विशेष समितियों तथा संस्थाओं के हाथ में चले गए हैं, विशेषकर पहले जो परिवार आर्थिक उत्पादन की इकाई के रूप में कार्य करते थे, उनका तो एकदम ही अन्त हो गया है। आज उत्पादन परिवार में नहीं, मिल और कारखानों में होता है।

(13) पारिवारिक नियन्त्रण और महत्त्व का घटना—वर्त्तमान में परिवार के सदस्यों की ज्यादातर आवश्यकताओं की पूर्ति बाहर की समितियों या संस्थाओं द्वारा होती है। इस कारण उनके लिए परिवार का महत्त्व कम हो जाना स्वाभाविक है। साथ ही जीविका उपार्जन, शिक्षा आदि के लिए परिवार के विभिन्न सदस्य अलग-अलग दफ्तरों, स्कूल, कारखानों तथा कालेजों में चले जाते हैं। उन्हें सारा दिन घर से बाहर रहना पड़ता है और न ही वे एक-दूसरे के व्यवहार को नियन्त्रित कर पाते हैं। पिता-माता का बच्चों पर, पति का पत्नी पर नियन्त्रण सामान्यतय ढीला रहता है। संयक्त-परिवार न होने के वजह से परिवार में उन बड़े-बड़े सदस्यों का भी अभाव रहता है जो कि सबके व्यवहार को नियन्त्रित करते हैं।

यहाँ औद्योगीकरण से सामाजिक क्रान्ति आई है, वहीं इसके कुछ कुपरिणाम भी साफ नजर आते हैं। इन कुपरिणाम को रोकने के लिए आर्थिक शक्ति का विकेन्द्रीकरण होना चाहिए ताकि उत्पादन के साधनों का नाश न हो। उद्योगों के

स्थानीकरण को रोका जाना चाहिए। उद्योगों को एक ही शहर में केन्द्रित न कर, विभिन्न शहरों तथा शहरों के आस-पास के क्षेत्रों में केन्द्रित किया जाए। इससे नगरों में पाई जाने वाली घनी आबादी, गन्दी बस्ती इत्यादि की समस्याएँ बहुत-कुछ हल हो जाएँगी। श्रमिकों के लिए उचित आवास तथा काम करने की दशाओं को उपलब्ध करने का पूर्ण जिम्मेवारी सरकार को लेना चाहिए। नगरों के उद्योगों को इस प्रकार विकसित किया जाए कि ग्रामीण उद्योगों के विकास में रूकावट नहीं पहुँचे। इसके अतिरिक्त सबके लिए स्वस्थ मनोरंजन की व्यवस्था और बच्चों के लिए खेल-कूद की सुविधाएँ उपलब्ध करनी चाहिएँ। प्रयास करने पर औद्योगीकरण के परिणामस्वरूप उत्पन्न अनेक समस्याओं को इन आधारों पर सुलझाया जा सकता है।

आम लोगों के जीवन तक में तकनीकी आविष्कारों ने महत्त्वपूर्ण सुधार ला दिए हैं। गैस-चूल्हों एवं बायो-गैस की प्रकाश-व्यवस्था ने गाँवों की रंगत ही परिवर्तित कर दी है। खेती में मशीनों एवं संकर बीजों का उपयोग किया जाने लगा है। सड़क-यातायात, रेल-व्यवस्था, दूरसंचार आदि ने लोगों की मानसिकता का क्षैतिज एवं गुणात्मक दोनों प्रकार से विस्तार किया है और इससे भारतीयों की जागरुकता में बढ़ातरी हुई है। यद्यपि बाह्य संस्कृतियों के सम्पर्क का प्रभाव हमेशा लाभकारी ही नहीं होता, तथापि इसने भारतीय मानसिकता को नए विचारों एवं धारणाओं की खुराक दी है, जिनसे लोगों के जीवन-स्तर में व्यापक परिवर्तन हुए हैं। किन्तु, कुल मिलाकर प्रभाव बाहरी स्तर पर ही ज्यादा दिखता है, मानसिक स्तर पर परिवर्तन की दर बहुत धीमी रही है।

आधुनिकीकरण

जहाँ एक ओर औद्योगिकीकरण के परिणामस्वरूप यूरोप में सामन्तवाद का पतन हुआ, वहीं दूसरी ओर पूँजीवाद का विकास आरम्भ हुआ। उद्योगों के कारण नगरीकरण में गति पकड़ी—कस्बे नगरों में परिवर्तित हुए, गाँव कस्बे बनने लगे, और शनैः-शनैः महानगर के विशाल स्वरूप में उभरकर सामने आए। यह सब आधुनिकता का प्रभाव था। 20 वीं शताब्दी में पहुँचकर आधुनिकता का परिवेश और ज्यादा विस्तृत हो गया।

आधुनिकता का आशय एवं परिभाषा

आधुनिकता का नाता एक विशेष प्रकार के अनुभव, एक विशेष प्रकार की संस्कृति से है। इसमें आर्थिक सामाजिक और राजनैतिक गठबन्धन होता है जो

इसे एक अलग पहिचान देता है। आधुनिकता ने सांस्कृतिक एकाधिकता (Cultural Pluralism) होती है। अनेक जातियाँ भाषाएँ और संस्कृति क्षेत्र होते हैं। आधुनिकता में लचीलापन होता है। और यह सदैव नए आविष्कारों में जुटी रहती है। इस काल का सौन्दर्य बोध (Aesthetic) बड़ा परिष्कृत होता है। इसका पॉप कल्चर जादुई होता है—इसे रहन-सहन, खान-पान सभी में देखा जा सकता है। आधुनिकता एक प्रकार से औद्योगिक अर्थव्यवस्था का आइना होता है। यही आधुनिकता जब बहुत ज्यादा विकसित हो जाती है तब इसे उत्तर आधुनिकता कहते हैं। अब तो इसकी वणर्न क्रेडिट कार्ड, मोबाइल फोन, फास्ट-फूड, रेस्टोरेन्ट, तथा इन्टरनेट चेटिंग के संदर्भ में की जाने लगी है।

आधुनिकता की परिभाषा समाजशास्त्रियों ने विभिन्न सन्दर्भों में की है। **रिटजर** कहते हैं कि "आधुनिकता एक ऐसा बेलगाम घोड़ा है जिसे किसी भी तरह नियंत्रण में रखना कठिन है यह चाहे तो सरपट दौड़ कर हवा से बातें कर सकता है और चाहे तो किसी अन्धेरे कुएँ में धकेल सकता है।" कुछ समाजशास्त्री आधुनिकीकरण को उसके संरचनात्मक पक्ष तक सीमित रखते हैं तो कुछ उसके सांस्कृतिक पहलु पर बल देते हैं प्रो. एम. एस. मोरे के कथानुसार, "आधुनिकता एक जटिल अवधारणा है क्योंकि जिन समाज को हम आधुनिक कहते है उनमें भी पर्याप्त अन्तर देखने को मिलता है।" परन्तु प्रो. बी. वी. शाह उपरोक्त मत से सहमत नहीं हैं। आपके अनुसार, "आधुनिकता केवल एक आर्थिक प्रक्रिया मात्र ही नहीं है, अपितु राजनैतिक, सामाजिक तथा सांस्कृतिक प्रक्रिया भी है।" इस प्रकार यह एक बहुपक्षीय और कठिन प्रक्रिया है। जो कि एक समाज विशेष के सदस्यों के समस्त जीवन को स्पर्श करती है।

प्रो० शाह ने कहा है कि आर्थिक क्षेत्र में आधुनिकता का परिणाम औद्योगीकरण होता है जिसके फलस्वरूप बड़े पैमाने में उत्पादन, मनुष्य, धन तथा सामग्री का बड़े पैमाने में संगठन, मशीनीकरण तथा नगरीकरण सम्भव होता है। राजनैतिक क्षेत्र में आधुनिकता की अभिव्यक्ति एक धर्म निरपेक्ष, प्रजातंत्रात्मक कल्याण राज्य के रूप में होती है जो कि शिक्षा, स्वास्थ्य, मकान, रोजगार इत्यादि के सम्बन्ध में अपने व्यापक उत्तरदायित्व को स्वीकार करता है और कानून के सामने सबको समान मानते हुए सबके लिए न्याय उपलब्ध करवाता है। सामाजिक क्षेत्र में आधुनिकता प्रवत्त प्रस्थिति (ascribed status) की तुलना में अर्जित प्रस्थिति (achieved status) पर अधिक बल देती है और सभी के लिए परिवार, विवाह, पेशा तथा धर्म के मामले में समान अवसरों को उपलब्ध करवाती और

अधिकाधिक स्वतन्त्रता देती है। वैयक्तिक स्तर पर आधुनिकता भाग्य पर भरोसा करने के विचार को त्यागने तथा अपने परिश्रम व प्रयासों पर विश्वास रखने पर जोर देती है ताकि समाज का प्रत्येक सदस्य सामाजिक परिवर्तन व प्रगति की दशा में अपना सक्रिय योगदान कर सके। इस प्रकार स्पष्ट है कि आधुनिकता ाएक बहु-आयाम वाली आर्थिक, राजनैतिक, सामाजिक तथा सांस्कृतिक प्रक्रिया है जो कि समाज के सदस्यों के सम्पूर्ण जीवन को एक नया रूप व अर्थ प्रदान करता है। डॉ. श्यामा चरण दुबे के अनुसार है, ''आधुनिकता एक प्रक्रिया है जो परम्परागत समाज में प्रौद्योगिकीकरण आधारित समाज की ओर अग्रसर होती है।''

आधुनिकीकरण के पक्ष की वर्णन करते हुए प्रो. योगेन्द्र सिंह ने लिखा है कि आधुनिकीकरण सार्वजनिक दृष्टिकोण से मुद्दों और उनके मूल्याँकन की तार्किक प्रवृत्ति है। इस प्रकार तकनीकी और आर्थिक विकास किसी समाज में आधुनिकीकरण के स्तर को मापने का एक आम मापदण्ड नहीं है। वैज्ञानिक विश्वदृष्टि और मानवतावादी विचार के प्रति प्रतिबद्धता भी उतनी ही जरूरी है। इस प्रकार हम कह सकते हैं कि आधुनिकीकरण परिचय और उसके प्रयोग के ज्ञान पर आधारित है। कई सामाजिक और राजनैतिक परिस्थितियाँ आधुनिकीकरण को सम्भव बनाने के लिए जरूरी मानी गई हैं। उदहरणार्थ–(1) संचार माध्यमों का विकास (2) स्कूली शिक्षा के स्तर में बढ़ोत्तरी (4) संचार तथा यातायात की उपलब्धता (4) लोकतांत्रिक राजनीतिक संस्थाएँ (5) अधिक नगरीय तथा गतिशील जनसंख्या (6) संयुक्त परिवार के स्थान पर एकाकी परिवार (7) जटिल श्रम विभाजन (8) पदार्थों तथा सेवाओं के विनिमय के लिए पारम्परिक तरीकों के स्थान पर विकसित बाजार (9) धर्म का घटता प्रभाव।

अतः आधुनिकीकरण सामाजिक व्यवस्था में उपरोक्त परिस्थितियों की उपस्थिति का परिणाम है। यह स्पष्ट शब्द का उपयोग बहुत विस्तृत अर्थ में हुआ है। इसलिए आधुनिकीकरण के क्षेत्र तथा विस्तार के सम्बन्ध में हमें विभिन्न अवधारणाएँ देखने को मिलती हैं।

आधुनिकता के प्रमुख लक्षण

काल परिवर्तन या युगान्तर से आधुनिकता का सम्बन्ध है। यूरोप में यह युगान्तर 16 वीं शताब्दी के आसपास शुरू हुआ। वहाँ का समाज परम्परागत था। समस्त यूरोप में सामन्तवादी व्यवस्था थी। इस व्यवस्था का विरोध हुआ और औद्योगिक क्रान्ति हुई। इसके साथ ही विज्ञान में भी क्रान्ति आई। **इन सबके**

फलस्वरूप यूरोप और अमेरिका में आधुनिकता का प्रविष्ट हुआ। सामन्तवाद का स्थान पूँजीवाद ने ले लिया और राजाशाही के अन्त ने प्रजातन्त्र को विकसित किया। आज यूरोप और अमेरिका आधुनिकता की सीमा को पार करके उत्तर-आधुनिकता के द्वार पर खड़े हैं। ऐसा नही है कि यह आधुनिकता केवल यूरोप-अमेरिका तक ही सिमट गई हो। प्रजातांत्रिक व्यवस्था के प्रति विश्वास बढ़ा है। इस तरह 17 वीं शताब्दी से विकासशील देशों में भी आधुनिकता का प्रविष्ट हो गया।

यहाँ हम आधुनिकता के कुछ सामान्य लक्षणों को संक्षेप में उल्लेख करेंगे–

(1) **आधुनिकता की व्यापकता**–आधुनिकता एक प्रक्रिया है और इसलिए इसमें गतिशीलता है। इसका अस्तित्व सिर्फ समाजशास्त्र या राजनीतिशास्त्र में ही हो, ऐसा नहीं है। यह मानव जीवन के विभिन्न क्षेत्रों में देखने को मिलती है। असल में, आधुनिकता का प्रभाव सबसे पहले साहित्य और कला में आया। इसी कारण इस प्रक्रिया को विस्तृत कहा जाता है। यह व्यापकता इसका बहुत बड़ा लक्षण है।

(2) **आधुनिक समाज का उदय**–हॉलाकि यह निश्चित रूप से नहीं कहा जा सकता कि आधुनिक समाज का उदय कब हुआ फिर भी लगभग सभी यह स्वीकार करते हैं कि इस समाज का शुरू 15वीं-16वीं शताब्दी से है। आज जिसे हम आधुनिक समाज कहते हैं, जिस अर्थ में इसे समझते हैं, असल में इसका उदय **ज्ञानोदय** (Enlightement) से है। इसके बाद औद्योगिक क्रान्ति, फ्राँस, की राज्य क्रान्ति, आए। क्रान्ति के कतिपय लक्षण आधुनिक समाज में अन्तर्निहित हैं। आधुनिक समाज कई क्रान्तियों की उपज है।

(3) **आधुनिक उद्विकास के नतीजे**–क्रान्तियों ने आधुनिकता को जन्म दिया और फिर आधुनिकता का उद्विकास शुरू हो गया। कुछ ऐसी ऐतिहासिक कठिन प्रक्रियाएँ आई जिन्होंने आधुनिकता के विकास को एक वैश्वीय स्वरूप प्रदान किया। **धर्मनिरेपक्ष राज्य** (Secular State), वैश्वीय पूँजीवादी **अर्थव्यवस्था, सामाजिक विरचन** (Social Formation) यथा वर्ग और विकसित श्रम-विभाजन ऐसी प्रक्रियाएँ रही हैं जिन्होंने आधुनिकता के उद्विकास को नई धार दी है।

(4) **राष्ट्रीय एवं अन्तर्राष्ट्रीय प्रक्रियाओं के कारण आधुनिकता का विकास**–आधुनिकता का विकास पश्चिमी देशों तथा अमेरिका में राष्ट्रीय तथा अन्तर्राष्ट्रीय अन्तःक्रियाओं के वजह से हुआ है। इन देशों का दूसरे देशों के साथ आर्थिक तथा सांस्कृतिक सम्बन्ध हुआ और इस तरह आधुनिक समाज की उपस्थिति सम्पूर्ण दुनिया में हो गई।

(5) **आधुनिकता की पहचान-पूँजीवाद, औद्योगीकरण और धर्मनिरपेक्षता**—एक दूसरे से आधुनिकतावादी लेखक असहमति रखते हैं। कोई किसी एक तथ्य पर बल देता है और दूसरा किसी और पर। उदाहरण के लिए **गिडिन्स** पूँजीवाद, उद्योग, प्रशासनिक शक्ति, सैनिक शक्ति आदि पर बल तो देते हैं, पर वे यह बराबर कहते हैं कि आधुनिकता इन सब प्रक्रियाओं का गठबन्धन है। अपने आप में कोई भी एक प्रक्रिया अधूरी है। यह तो इन सब संस्थाओं का अपनी आदान-प्रदान है जो आधुनिकता साकार करता है। आधुनिकतावादियों की इस पारस्परिक असहमति के होते हुए भी, निश्चित रूप से प्रजातांत्रिक व्यवस्था, पूँजीवाद, औद्योगीकरण और धर्म-निरपेक्षता आधुनिकता के वैश्वीय लक्षण हैं।

(6) **आधुनिकता-उपभोक्ता वस्तुओं की प्रचुरता और विभिन्न जीवन शैलियाँ**—वर्तमान समाज में वस्तुओं की कोई कमी नहीं है। समस्त दुनिया ही बाजार है। देखते ही देखते एक भाग की वस्तुएँ दूसरे भाग में पहुँच जाती हैं। इन वस्तुओं में जहाँ समानता है, वहीं विभिन्नता भी। इस भाँति जीवनशैली भी विस्तृत हो गई है। आदमी बराबर इस प्रयास में रहता है कि उसकी पहचान बनी रहे। अब व्यक्तिगत जीवन पर कम दबाब दिया जाने लगा है तथा निजी और सार्वजनिक जीवन में जो भेद रहता है, वह कमजोर हो गया है। एक तरफ तो आधुनिक समाज में सांस्कृतिक एकाधिकता है, व्यक्तिवाद है, और दूसरी तरफ शिक्षण संस्थाएँ तथा सार्वजनिक उपक्रम इस जीवन में समानता लाने का प्रयत्न कर रहे हैं। असल में, आधुनिक समाज अपनी निर्माण में जटिल हो गया है।

(7) **शक्ति सभी सामाजिक सम्बन्धों और संघर्षों की संघटक**—वर्तमान समाज में राज्य एक ऐसी शक्तिशाली संस्था है जो नागरिक के सम्पूर्ण जीवन पर अपना नियंत्रण रखती है। राज्य की नीतियाँ विस्तृत हैं और इसका दखल समाज की गतिविधियों पर होता है। कहना चाहिए कि राज्य **शक्ति** (Power) का साक्षात स्वरूप है। सभी औद्योगिक समाजों यानी आधुनिक समाजों में प्रजातांत्रिक व्यवस्था एक व्यापक व्यवस्था है। इस व्यवस्था का एक विकल्प समाजवादी सरकार का था। लेकिन-सोवियत रूस के पतन के पश्चात यह विकल्प अभी खो गया है। यदि प्रजातांत्रिक और पूँजीवादी प्रबन्ध में कोई संघर्ष है तो यह **सत्ता का संघर्ष** (Power Politics) है। यह सत्ता ही सामाजिक न्याय के नाम पर बाजार और सामाजिक संगठनों पर काबिज है।

(8) **राजनैतिक, वैश्वीकरण, आर्थिक और सांस्कृतिक पहलू आधुनिकता के आयाम**—आधुनिकता का सम्बन्ध वैश्वीकरण से है। देखा जाए तो शुरूआती

स्थिति में वैश्वीकरण ने ही आधुनिकता को पाला-पोसा था। आज वैश्वीकरण का फैलाव और इसका प्रसार बहुत ज्यादा हो गया है। अब कई नई राष्ट्रीय और अन्तर्राष्ट्रीय संस्थाओं का आर्विभाव हुआ है जिसने समस्त समाज को अपने आगोश में ले लिया है। अब इस नए संदर्भ में आधुनिकता बहु आयामी हो गई है। इसने कई तरह के अऐतिहासिक संघर्ष पैदा कर दिए हैं। सबसे बड़ा संघर्ष तो परम्परा और आधुनिकता का है। आज दुनिया के समक्ष यक्ष प्रश्न है : बढ़ती हुई आधुनिकता के समक्ष क्या स्थानीय अर्थ-व्यवस्था और संस्कृति जीवित रह पाएगी? दूसरा प्रश्न है : क्या सम्पूर्ण संसार की आधुनिकता एक समान हो जाएगी? दुनिया के विभिन्न समाज क्या **सजातीय** (Homogeneous) हो जाएँगे? कुल मिलाकर हमें आधुनिकता को वैश्वीकरण की प्रक्रिया के साथ में देखना होगा। यह इसलिए कि आधुनिकता और वैश्वीकरण का चोली-दामन का साथ है। दूसरा, आधुनिकता का बहुत बड़ा लक्षण वैश्वीकरण भी है।

(9) **आधुनिकता या तकनीकी तंत्र**—आधुनिक समाज को कुछ समाजशास्त्री तकनीकी तंत्र का समाज कहते हैं। इनके अनुसार आधुनिकता का बहुत बड़ा लक्षण तकनीकी तंत्र (Technology) है। जेक्यूज़ ईल्लल ने कुछ समय पहिले अपनी पुस्तक 'दि टेक्नोलोजिकल सोसायटी' में तकनीकी तंत्र की वर्णन की है। वे तो आधुनिक समाज और तकनीकी तंत्र समाज को पर्यायवाची मानते हैं असल में तकनीकी तंत्र का समाजशास्त्र में बड़ा ढीला-ढाला उपयोग करते हैं। सामान्यतया इसका मतलब यन्त्रीकरण (Mechanisation) और विशेष करके उत्पादन में काम में ली जाने वाली मशीनों से लिया जाता है। वैसे देखा जाए तो यह आधुनिक समाज वस्तुतः पूँजीपतियों और अभिजात वर्ग के हितों की सबसे पहले सुरक्षा करता है। इस तकनीकी तंत्र ने एक नए प्रकार के आन्दोलन को भी जन्म दिया है। जहाँ आधुनिक समाज है, वहीं औद्योगिक और तकनीकी-तंत्र समाज भी है। और वहीं ऐसे आन्दोलन भी है जो प्रदूषण और पर्यावरण अपकर्ष (Environmental Degradation) के आन्दोलन भी हैं।

(10) **नवीनतम आधुनिकता का नाम**—आधुनिकता को समाजशास्त्रियों का एक समूह काल या समय के साथ भी जोड़ता है। इसके अनुसार जिसके पास नवीनतम वस्तुएँ हैं, वह आधुनिक है। जिसके पास जितनी ज्यादा नवीनतम वस्तुएँ होती हैं, वह उतना ही अधिक नवीनतम होता है। मोटरकार तो कई परिवारों में होती है लेकिन जिसके पास नवीनतम मोटरकार होती है, वह उतना ही अधिक आधुनिक होता है। एकदम आज तक की नवीनतम मोटरकार वाला व्यक्ति

आधुनिक ही नहीं आधुनिकतम है। अर्थ हुआ इस विचारधारा के अनुसार समय या काल ही आधुनिकता को मापने वाला फीसा या पट्टी है।

(11) **आधुनिकता एकाकीपन, प्रतियोगिता और उत्तेजित असन्तोष का पर्याय**–आधुनिकता एक विशेष प्रकार की जीवनशैली है। इसमें समस्त समाज का चरित्र बौखलाया हुआ सा लगता है। प्रत्येक आदमी दौड़ता दिखाई देता है। भीड़ में भी वह बिल्कुल अकेला महसूस करता है। अकेलापन उसकी नियति हो जाती है। दूसरा, वह जीवन के हरेक क्षेत्र में प्रतियोगिता करता दिखाई देता है। रात और दिन भाग-दौड़ करते हुए भी कहीं उसे सन्तोष नहीं मिलता। उसका यह असन्तोष तो कभी-कभी उत्तेजित हो जाता है। आधुनिकता के ये लक्षण–एकाकीपन, प्रतियोगिता और असन्तोष–मनुष्य की मनःस्थिति को प्रदर्शित करता हैं।

(12) **आधुनिकता का वैश्वीकरण, उदारीकरण और निजीकरण से सम्बन्ध**–कुछ समाजशास्त्रियों का विचार है कि आधुनिकता की व्यापकता उसमें निहित उदारीकरण, वैश्वीकरण और निजीकरण में हैं। पहले आधुनिकता थी। इसमें औद्योगीकरण था। पर आज इसमें कई नए मूल्यों का समावेश हो गया है। वैश्वीकरण अपने आप में काफी बड़ा मूल्य है। यह वैश्वीकरण ही उदारीकरण और निजीकरण को उत्साहित करता है। इसीलिए इन सब मूल्यों को हम आधुनिकता के भाईबन्ध कहते हैं।

अपने परिवेश में आधुनिकता काफी विस्तृत है। कुछ तो विचार है कि संसार में कोई एक आधुनिकता हो, ऐसा नहीं है। यहाँ बहु-आधुनिकता (Multi-modernities) है। कुछ और लोगों का कहना है कि आधुनिकता तो एक ही है, पर इसके पहलू अनेक हैं। यह विवादास्पद है। इसका हम अन्यत्र विवेचन करेंगे। यहाँ यही कहना चाहते हैं कि आधुनिकता का कोई भी स्वरूप हम देखें, इसमें हमें पूँजीवाद, औद्योगीकरण, प्रजातंत्र और विवेक या बुद्धिसंगतता केन्द्रीय लक्षणों के रूप में दिखाई देते हैं। डेहरनडोर्फ का तो यहाँ तक कहना है कि आधुनिकता के बहुत लक्षणों के होते हुए भी विवेक इसका प्राणवायु है। इसके बिना आधुनिकता खाली-खाली है।

भारत में आधुनिकीकरण

भारत में विकसित हुई आधुनिकता का विश्लेषण भारतीय समाजशास्त्रियों ने किया है। **एम. एन. श्रीनिवास** ने पश्चिमीकरण और आधुनिकीकरण की उल्लेख सैद्धान्तिक स्तर पर की है। वे कहते हैं कि भारत में आधुनिकता की

उपस्थिति ब्रिटिश काल से समझी जा सकती है। यह सही है कि अंग्रेज इस देश में व्यापारी की तरह आए, पर बाद में जब उन्होंने यहाँ की सत्ता को अपनाया तब उन्होंने यहाँ अपनी जड़ें सदृढ़ करने के लिए, प्रभावी प्रशासन चलाने के लिए, एक विशेष प्रकार की आधुनिकता को जन्म दिया। मुद्रण के लिए वे प्रिंटिंग प्रेस लाए, आवागमन के लिए रेलगाड़ियाँ चलाई, संचार साधन जुटाए और इस प्रकार ब्रिटेन की आधुनिकता को यहाँ आरोपित किया। **मेकाले** द्वारा प्रस्तावित अंग्रेजी भाषा को शिक्षा का माध्यम बनाया। अंग्रेजी शिक्षा ने उदार विचारधारा को इस देश में जन्म दिया। कुछ इसी तरह **श्रीनिवास** भारत में आधुनिकता के प्रवेश की वर्णन करते हैं। उपनिवेशवादी शासन के होते हुए भी इस समय में हमारे यहाँ उदारवाद का जन्म हुआ। ये सब ऐतिहासिक घटनाएँ 17 वीं तथा 18वीं शताब्दी की हैं। इसके उपरांत आधुनिकता की प्रक्रियाओं ने तीव्रता ग्रहण कर ली।

आजादी की लड़ाई का योगदान आधुनिकता की धार को प्रखर करने में बहुत बड़ा है। इस लड़ाई ने हमें समझ दी कि जाति प्रबन्ध हमारे लिए घातक है। हमें इससे मुक्ति पानी होगी। इसी लड़ाई में हमें राष्ट्रीयता की चेतना दी, इसी लड़ाई ने विभिन्न **रियासतों** (States) में बँटे, विभिन्न धर्मों में बिखरे-लोगों को एक सूत्र में बाँधने का कोशिश किया। प्रजातंत्र और समानता के मूल्यों से लोग अवगत हुए। पहली बार स्वतंत्रता एक बहुत बड़े मूल्य की तरह हमारे सामने आई। ये सब लक्षण आधुनिकता के थे और इन्हें लाने में आजादी की लड़ाई द्वारा विरचित प्रक्रियाएँ बहुत ताकतवर थीं। ये प्रक्रियाएँ अऐतिहासिक भी थीं। इस देश में पहले कभी ऐसा हुआ नहीं था। यह पहली बार था कि आधुनिक शक्तियों ने परम्परागत शक्तियों को ललकारा था। पहली बार था कि संयुक्त परिवार चुनौतियों के सामने था। यह पहली बार ही था कि अस्पृश्यता को किसी ने चुनौती दी थी। उपनिवेशवादी ताकतों ने औद्योगीकरण और नगरीकरण को जन्म दिया, विकसित किया।

भारत के संविधान बनने उपरांत हमने घोषित किया कि हम एक आधुनिक राष्ट्र बनेंगे। **गून्नार मिरडल** अपने **'एशियन ड्रामा'** की जिल्दों में स्थापित किया कि एशिया के सम्पूर्ण राष्ट्र अपने आपको आधुनिक राष्ट्र बनाना चाहते हैं। इसका अर्थ हुआ–ये राष्ट्र औद्योगिक, प्रजातान्त्रिक और पूँजीवादी राष्ट्र बनना अपना लक्ष्य समझते हैं।

पाश्चात्यकरण **श्रीनिवास** की कृतियों में एक प्रभावी प्रक्रिया रही है। इसके द्वारा अंग्रेजों ने अपने लगभग डेढ़ सौ वर्षों के राज में अलग-अलग स्तरों पर

आधुनिकता लाने का कोशिश किया। यह आधुनिकता तकनीकी तंत्र, विचारधारा और मूल्यों के क्षेत्र में थी। **श्रीनिवास** इस तथ्य पर काफी बल देते हैं कि ब्रिटिश काल में हमारे देश में जो आधुनिकता आई उसमें विवेक यानी बुद्धिसंगतता तथा **मानवतावाद** (Humanitarianism) प्रचुर मात्रा में थे। यह पाश्चात्यकरण के फलस्वरूप ही है कि यहाँ विज्ञान, तकनीकी तंत्र और शिक्षण संस्थाओं का उदय हुआ। बाद में चलकर **श्रीनिवास** ने सामाजिक प्रक्रिया का विश्लेषण आधुनिकीकरण के परिलक्षित में किया।

भारत में आधुनिकीकरण के विकास का सिलसिला बहुत थोड़े में ब्रिटिश काल से शुरू होता है। स्वतंत्रता प्राप्ति के बाद इस विकास ने नए आयाम पाए। भारतीय समाजशास्त्रियों ने हमारे यहाँ के राष्ट्रीय तथा स्थानीय संदर्भों में आधुनिकता के तात्पर्य को स्पष्ट किया है। उनके विचारों को हम यहाँ उद्धत करेंगे।

प्रो. योगेन्द्रसिंह की पुस्तक *'मोर्डनाइजेशन आफ इण्डियन ट्रेडिशन'* (1972) आधुनिकता के क्षेत्र में एक क्लासिकल ग्रन्थ हैं। इसमें उन्होंने आधुनिकता का भारतीय परम्पराओं पर क्या प्रभाव पड़ता है, इसका सैद्धान्तिक विश्लेषण किया है।वे यह मानकर चलते हैं कि आधुनिकीकरण एक **सार्वभौमिक सांस्कृतिक प्रघटना** (Universal Cultural Phenomena) है। यह प्रघटना सिर्फ भारत की हो, ऐसा नहीं। आज की सम्पूर्ण दुनिया एक आधुनिक समाज है। आधुनिकता का यह प्रतिमान एक सम्पूर्ण संसार का आदर्श प्रतिमान है। जब इसके लक्षण दुनिया के भिन्न-भिन्न भागों में फैलते हैं तब ये विभिन्न भाग अपने इतिहास और सामाजिक सन्दर्भ के आधार पर इसका प्रत्युत्तर देते हैं। और स्थानीय स्तर पर पहुँचकर यह आधुनिकता परम्पराओं के साथ घुल-मिल जाती है। महत्त्वपूर्ण बात यह है कि आधुनिकता का जो सार्वभौमिक आदर्श प्रारूप है, इसका राष्ट्रीय और स्थानीय उत्तर क्या है। **योगेन्द्र सिंह** का कहना है कि आधुनिकता के जो भी लक्षण हैं, वे बुनियादी रूप से **सार्वभौमिक** और **उद्‌विकासीय** हैं। इनकी प्रकृति समस्त मानवता को अपने अन्दर समेट लेती है। अपने मूल में आधुनिकता कोई वैचारिकी नहीं है। इस दृष्टि से आधुनिकता एक सांस्कृतिक-सार्वभौमिकता (Cultural-Universal) है।

आज भारतीय ग्रामीण समुदायों में आधुनिकता की प्रक्रिया भी क्रियाशील है। गाँव का किसान आज आधुनिक तरीके से खेती करना सीख रहा है और इस काम में ट्रैक्टर तथा अन्य मशीनों का उपयोग हो रहा है। सिंचाई के नवीन साधनों का प्रयोग किया जाने लगा है, अच्छे बीजों की किस्मों को वैज्ञानिक तरीके से,

वैज्ञानिक खाद आदि का उपयोग करके उत्पादन किया जा रहा है तथा किसानों को साल में कई बार फसल पैदा करने के लिए प्रशिक्षित किया जा रहा है। भारतीय गाँवों में भी स्कूल इत्यादि अधिक खोलकर शिक्षा का विस्तार किया जा रहा है। शिक्षा के क्षेत्र में ही प्रौढ़ शिक्षा और स्त्री-शिक्षा पर विशेष बल दिया जा रहा है। पुरानी परम्पराओं व कुरीतियाँ त्यागने के लिए जरूरी वातावरण को भी उत्पन्न करने का कोशिश किया जा रहा है।

ग्रामीण उद्योगों का भी मशीनीकरण हो रहा है। टी.वी., रेडियो और वीडियो वैन के माध्यम से ग्रामवासियों को नवीन व आधुनिक तकनीकी तथा विचारों से परिचित कराया जा रहा है और आवागमन के साधनों को बढ़ाकर उन्हें अन्य लोगों के सम्पर्क में लाने व उससे फायदा उठाने के अवसर प्रदान किए जा रहे हैं। भारतीय गाँवों में सामाजिक गतिशीलता की गति भी अब पहले से बढ़ गई है। उनके रहन-सहन का स्तर पहले से ऊँचा उठा है और वे जाति-व्यवस्था व धर्म-सम्बन्धी अनेक अन्ध-विश्वासों के प्रति सचेत होते जा रहे हैं। सिर्फ आधुनिक विचारों को ही नहीं अपितु आधुनिक व्यवहार प्रतिमानों, खाने-पीने के तरीके, फैशन आदि का भी विस्तार ग्रामीण समुदायों में हो रहा है। इस प्रकार स्पष्ट है कि आधुनिकता की प्रक्रिया केवल भारत के नगरीय समुदायों में ही नहीं, बल्कि ग्रामीण समुदायों को भी अपनी लपेट में ले रही है। गाँवों में राजनीतिकरण की प्रक्रिया पंचायती राज की संस्थाओं से और भी गतिशील हो गई है।

विवाह और सम्पत्ति के हस्तान्तरण के मामलों में न्यायिक सुधार से परिवार का पारम्परिक ढाँचे का आधार प्रभावित हुआ है। उसने परिवार में समानता के सिद्धान्त को लागू किया है। जिससे महिलाओं की स्थिति सुधरी है। इसी प्रकार जातियों की भी परम्परात्मक-भूमिका में काफी परिवर्तन आया है। दलितों में नई चेतना जागी है। राजनीति में जातियों की बहती भागीदारी भारतीय समाज में बढ़ते आधुनिकीकरण का नतीजा है। आधुनिक समाज में सबको समानता का अधिकार प्राप्त है। साथ ही, भूमि-सुधारों के फलस्वरूप कृषि सम्बन्धी सामाजिक संरचना में भी निर्माण सुधार हुआ है।

आधुनिकीकरण की दिशा भारत में दूसरे देशों की तुलना में अलग रही है। इस सन्दर्भ में दो महत्त्वपूर्ण तथ्यों की चर्चा की जा सकती है। **पहला,** आधुनिकीकरण की प्रक्रिया में कई पारम्परिक संस्थाएँ और गतिविधियाँ फिर से प्रारम्भ हो गई हैं। उदाहरण के तौर पर, अब भारत में कई टी. वी. चैनलों में उदाहरणार्थ–**साधना, आस्था, संस्कार,** आदि पूरी तरह धार्मिक प्रचार के लिए समर्पित हैं। आधुनिकता

की चकाचौंध में धर्म गुरुओं का अस्तित्व कायम ही नहीं, बल्कि बढ़ रहा है। सुधांशु जी महाराज, बापूजी आशाराम, मोरारी बापू, रमेश ओझा, सुदर्शन जी महाराज, ब्यास जी महाराज आदि अपने धर्म प्रवचनों से अपने भक्तों को आध्यात्मिक ज्ञान बाँट रहे हैं। जातिगत संगठन अपनी स्थिति को सदृढ़ करने के लिए संचार के नए साधनों का उपयोग कर रहे हैं। **दूसरा,** आधुनिकीकरण के ढाँचे में विसंगतियां भी दृष्टिगत हो रही हैं। उदाहरणार्थ—वृद्धों के प्रति अनादर की भावना का बढ़ना व संयुक्त परिवारों का टूटना—नैतिकता का पतन प्रायः देखने में आ रहा है। समाज में भौतिकवाद तथा विलासता बढ़ रही है। व्यक्तिवाद पनप रहा है। रेस्टोरेन्ट, फास्टफूड, मोबाइल फोन, इन्टरनेट चैटिंग, क्रेडिट कार्ड, टी. वी. चैनलों पर अश्लीलता परोसने जैसी नई संस्कृति विकसित हो रही हैं, जो हमारी विश्व प्रसिद्ध प्राचीन तथा आध्यात्मिक संस्कृति को विकृत कर रही है।

संस्कृतिकरण

'संस्कृतिकरण' की अवधारणा (Concept) को समाजशास्त्रीय साहित्य में लाने का श्रेय डॉ. एम. एन श्रीनिवास को है। संस्कृतिकरण भारत में सामाजिक तथा सांस्कृतिक परिवर्तनों की वर्णन करने की सर्वाधिक प्रभावशाली अवधारणा के रूप में सामने आई है। श्रीनिवास ने सबसे पहले मैसूर की पूर्व रियासत में कूर्गों के अपने अध्ययन के दौरान इस शब्द का उपयोग किया था। इस अवधारणा के द्वारा उन्होंने भारतीय जाति-प्रथा की संरचना व संस्तरण में होने वाले परिवर्तनों को समझाने का प्रयास किया है। उन्होंने यह दर्शाने का प्रयत्न किया है कि आधुनिक भारत में अग्र जाति के सदस्य प्रायः ऊंची जातियों के संस्कारों व जीवन के तरीके (way of life) का अनुकरण कर रहे हैं। साथ ही, जातीय संस्तरण (stratification) में उच्च स्थान या स्थिति को प्राप्त करने का प्रयास कर रहे हैं। इस प्रयास में वे सफल भी हो रहे हैं।

समाजशास्त्रियों ने बाद में, इस अवधारणा में संशोधन किया ताकि सांस्कृतिक गतिशीलता की प्रक्रिया को भारत की पारम्परिक सामाजिक बनावट के सन्दर्भ में वर्णन की जा सके।

संस्कृतिकरण का तात्पर्य

डॉ. एम. एन. श्रीनिवास ने संस्कृतिकरण की व्याख्या करते हुए अपनी पुस्तक '*Social Change in Modern India*' में लिखा है—"संस्कृतिकरण वह

प्रक्रिया है जिसके द्वारा कोई निम्न हिन्दू जाति या कोई जनजाति अथवा अन्य समूह किसी उच्च और प्रायः द्विज जाति की दिशा में अपने रीति-रिवाज, कर्मकाण्ड, विचारधारा और जीवन-पद्धति को बदलता है।"

डॉ. श्रीनिवास ने यह भी लिखा है—"संस्कृतिकरण का अर्थ केवल नवीन प्रथाओं व आदतों को ग्रहण करना ही नहीं, अपितु पवित्र एवं लौकिक जीवन से सम्बन्धित नए विचारों एवं मूल्यों को भी प्रकट करना है जिनका विवरण संस्कृति के विशाल साहित्य में बहुधा देखने को मिलता है जिनका दिवरण संस्कृति के विशाल साहित्य में बहुधा देखने को मिलता है। कर्म, धर्म, पाप, माया, संसार, मोक्ष आदि संस्कृति के कुछ अत्यन्त लोकप्रिय आध्यात्मिक विचार हैं और जब लोगों का संस्कृतिकरण हो जाता है तब वे अपनी बातचीत में उन शब्दों का बहुधा प्रयोग करने लगते हैं।"

संस्कृतिकरण की प्रक्रिया

श्रीनिवास ने देखा कि निम्न जातियां, जाति अनुक्रम में अपनी स्थिति को ऊपर उठाने के लिए ब्राह्मणों के तौर-तरीकों को अपनाती हैं और अपवित्र समझे जाने वाले मांस-मदिरा के सेवन को परित्याग देती हैं। इन सभी अनुकरणों के कारण ये निम्न जातियां स्थानीय अनुक्रम में ऊंचे स्थान की अधिकारी हो गई हैं। इस प्रकार संस्कृतिकरण नवीन एवं अधिक उत्तम विचार, आदत आदर्श, मूल्य, तथा कर्मकाण्डों को अपना अपनी जीवन-स्थिति को अधिक उन्नत व परिमार्जित बनाने की प्रक्रिया है चूँकि संस्कृतिकरण असल में 'संस्कृत' या 'संस्कृति' शब्द से सम्बन्धित है।

किसी जाति की उच्च स्थिति के लिए संस्कृतिकरण एक आन्तरिक साधन है। इस प्रक्रिया से उत्पन्न गतिशीलता से व्यवस्था में सिर्फ स्थिति का बदलाव होता है। इससे संरचनात्मक परिवर्तन नहीं होता। जाति अनुक्रम के अन्दर ही परिवतर्न आता है, लेकिन जाति-व्यवस्था अपने आप में नहीं बदलती है। संस्कृतिकरण की प्रक्रिया केवल जाति में ही नहीं बल्कि जनजाति अथवा अन्य समूहों में भी पाई जाती है। इससे यह बात स्पष्ट है कि संस्कृतिकरण केवल जातीय संरचना व संस्तरण में ही नहीं बल्कि सामाजिक संरचना व संस्तरण (Social structure and stratification) में भी उल्लेखनीय परिवर्तन ला सकता है। यह परिवर्तन जीवन का तरीका (way of life) से लेकर सामाजिक स्थिति तक हो सकता है।

संस्कृतिकरण की प्रक्रिया में भारतीय ग्रामीण समुदायों में प्रभु जाति की भूमिका भी महत्त्वपूर्ण है। प्रभु जाति होने के लिए किसी भी जाति में तीन विशेषताएं जरूरी हैं–(1) स्थानीय समुदाय में उपलब्ध कृषि योग्य भूमि में से एक बड़े भाग पर उस जाति का स्वामित्व हो, (2) उस जाति की सदस्य संख्या काफी हो, और (3) स्थानीय सोपान में उस जाति को उच्च स्थान प्राप्त हो। **डॉ. श्रीनिवास** ने अंगीकार किया है कि ब्राह्मण के अतिरिक्त क्षत्रिय, वैश्य एवं शूद्र आदि भी संस्कृतिकरण के आदर्श हो सकते हैं।

प्रभु जातियों का अस्तित्व स्थानीय होता है और वे संस्कृतिकरण करने वाली जातियों के लिए सन्दर्भ भूमिका का काम करती हैं। स्थानीय प्रभु जातियों के माध्यम से सांस्कृतिक फैलाव की प्रक्रिया विभिन्न क्षेत्रों में विभिन्न रूप धारण करती है। यदि क्षेत्र में प्रभु जाति ब्राह्मण है तो वह संस्कृतिकरण में ब्राह्मणवादी विशेषताओं को फैला देगा। यदि स्थानीय जाति जाट है तो वह जाटवादी विशेषताओं को प्रसारित करेगा। इस अर्थ में संस्कृतिकरण सांस्कृतिक परिवर्तन की समिति क्षेत्रीय प्रक्रिया है।

संस्कृतिकरण की प्रक्रिया सदैव स्थिर और निर्बाध नहीं होती है। जब निचली जातियां प्रभु जातियों की जीवन शैली का अनुकरण करने लगती हैं तो अकसर ऐसा नहीं होता कि उनका विरोध न हो। रीति-रिवाजों और वेश-भूषा जैसे छोटे-छोटे बदलावों को तो अनदेखा कर दिया जाता है। लेकिन जब निचली जातियां ऊंची जातियों के विशेष चरित्रों को अपनाने लगती हैं तो उनका कड़ा विरोध होता है और उन्हें इसके लिए प्रभु जाति द्वारा दण्ड भी दिया जाता है। देश के विभिन्न भागों में ऐसे कई विवादों और दण्ड देने के उदाहरण मिले हैं। जब पूर्वी उत्तर प्रदेश की नमक बनाने वाली नोनिया जाति ने सामूहिक रूप से जनेऊ धारण कर लिया तब ऊँची जाति के जमींदारों (प्रभुजाति) ने उन्हें शारीरिक दण्ड दिया और उनके जनेऊ तोड़ दिए गए इतना ही नहीं पूरी नोनिया जाति पर सामूहिक अर्थ दण्ड भी लगाया गया।

डॉ. श्रीनिवास ने लिखा है कि भारतीय समाज में संस्कृतिकरण की प्रक्रिया बहुत पहले से चली आ रही है। हां, इतना अवश्य है कि पहले जमाने में संस्कृतिकरण का ब्राह्मणों द्वारा वैधीकरण जरूरी था। मध्ययुगीन भारत के अध्येता **बर्टन स्टीन** ने लिखा है कि दक्षिणी भारत में विजय नगर राज्य शक्तिशाली शासकों को भी ब्राह्मणों की वैधतादायी क्षमता और मानना और उसका मूल्य चुकाना पड़ता था। यदि किसी भी जाति का कोई व्यक्ति राजा बनने के पश्चात

अपने को उच्च जाति का घोषित करना चाहता था तो वह तभी सम्भव होता था जबकि ब्राह्मण किसी संस्कार के द्वारा उसके दावे को स्वीकार करके वैधता प्रदान करे। भारतीय इतिहास में इस प्रकार के बहुत से उदाहरण मिलते हैं जबकि निम्न जाति के किसी व्यक्ति ने अपनी सैनिक शक्ति के आधार पर सत्ता की स्थापना की और ब्राह्मणों ने उसका राज्याभिषेक संस्कार करके उसे क्षत्रिय जाति का घोषित किया।

ज्यादातरः संस्कृतिकरण का प्रभाव स्थानीय होता है किन्तु वह भारत के विभिन्न भागों में भी देखा जा सकता है। इस अर्थ में यह भारतीय इतिहास में सांस्कृतिक परिवर्तन की एक मुख्य प्रक्रिया रही है। ऐतिहासिक साक्ष्यों से ज्ञात होता है कि विभिन्न आदिवासी समूहों को उनकी सामाजिक स्थिति के अनुसार जाति संस्तरण दिया गया। इन प्रक्रियाओं में नई जातियों व उपजातियों को भी जन्म दिया जो जाति व्यवस्था के तहत् सामाजिक गतिशीलता को दर्शाता है। मध्यकाल का भक्ति आन्दोलन सम्पूर्ण भारत में फैला था जिसमें निचली जातियों और गरीबों ने सक्रिय रूप से भाग लिया। सन्तों ने उपदेश दिया कि मनुष्य की प्रतिष्ठा उसके कार्यों पर आश्रित करती है न कि उसके जन्म पर। इस आन्दोलन के फलस्वरूप कई निम्न तथा अस्पृश्य जातियों के लोग धार्मिक नेता बन गए उदाहरण–दर्जी जाति का नामदेव, मोची जाति का रैदास, वैश्य जाति का तुकाराम और जुलाहा जाति का कबीर। इन आन्दोलनों ने धार्मिक आडम्बरों और जातिगत अत्याचारों को विराम लगाया जिससे सामाजिक न्याय और समानता के मूल्यों का प्रचार प्रसार हुआ।

इस्लामीकरण

हिन्दू और संस्कृति विश्व की प्राचीनतम एवं प्रसिद्ध संस्कृतियों में से है। भारत में समय-समय पर आक्रमणकारियों के रूप में अनेक विदेशी आए। उनमें मंगोल, शक, हूण, पठान तथा अंग्रेज इत्यादि प्रमुख थे। इन विदेशी समुदायों ने भारतीयों की भाषा, खान-पान, रीति-रिवाज, वेश-भूषा, त्योहार आदि को काफी सीमा तक अपनाया। कई विदेशी समूहों की संस्कृतियाँ भारतीय संस्कृति में इतनी घुल-मिल गई कि उनका सम्पूर्ण सात्मीकरण हो गया। दूसरी ओर शासक वर्ग की संस्कृतियों ने हिन्दू संस्कृति को भी प्रभावित और परिवर्तित किया।

भारत में सांस्कृतिक बदलाव की प्रक्रिया दो तरह के संस्कृतिकरण द्वारा चली एक तो वह संस्कृतिकरण है जिसमें निम्न हिन्दू जाति या किसी आदिवासी या अन्य

समूह द्वारा उच्च या द्विज जाति के रीति-रिवाजों, सिद्धांतों और उनकी जीवन-शैली को अपनाया गया तथा दूसरी तरह का सांस्कृतिकरण वह है जिसमें मुस्लिम शासकों और उनके मुसलमान अनुयायियों के रीति-रिवाज और उनकी जीवन-शैली को भारतीयों ने अपनाया। समाजशास्त्रियों ने दूसरी तरह के संस्कृतिकरण को **इस्लामीकरण** का नाम दिया है। भारत में इस्लाम का शुरूआत मुख्य रूप से तेरहवीं शताब्दी से माना जाता है, जब यहाँ पहला मुस्लिम राज्य स्थापित हुआ था। आक्रान्ता के रूप में भारत में प्रविष्ट पाने वाला यह पहला विदेशी धर्म था जिसने भारतीय समाज के प्रत्येक पक्ष को प्रभावित किया। आज इस्लाम के अनुयायियों की संख्या हिन्दुओं के बाद सबसे ज्यादा है जो 2001 की जनगणना के अनुसार कुल जनसंख्या का लगभग 14 प्रतिशत है। अनुमान है कि सम्पूर्ण विश्व की जनसंख्या का लगभग सातवाँ भाग इस्लाम धर्म के अनुयायियों का है। भारत की धार्मिक परम्परा में इस्लाम का मुख्य स्थान है।

इस्लाम का भारतीय समाज पर प्रभाव

मुस्लिम संस्कृति हिन्दू संस्कृति का से परिचय उस समय से है जब भारतवासी अरबवासियों से व्यापार किया करते थे। इसके बाद महमूद गजनवी, तुर्कों, एवं मुहम्मद गोरी ने भारत पर समय-समय पर आक्रमण किए। गोरी ही भारत में मुस्लिम साम्राज्य का असली संस्थापक था। यहीं से भारतीय एवं मुस्लिम संस्कृति का सम्पर्क हुआ। हॉलाकि दोनों संस्कृतियों में बहुत भिन्नता थी फिर भी इन दोनों संस्कृतियों का समन्वय हुआ। मुस्लिम संस्कृति का प्रभाव क्षेत्र प्रमुखतः नगर ही रहे हैं। बाहर से आने वाले मुसलमानों की संख्या तो कम थी, परन्तु उन्होंने यहां कई हिन्दुओं को मुसलमान बनाया। इसीलिए यहां के मुसलमानों में कई तत्त्व दोनों ही संस्कृतियों के साथ-साथ पाए जाते हैं। क्योंकि मुसलमान शासक वर्ग के थे, इसलिए जनता ने दबाव एवं स्वेच्छा से मुस्लिम संस्कृति को अपनाया। दोनों के सम्पर्क से उर्दू भाषा का विकास हुआ जो हिन्दी व फारसी का मिश्रण है। मुस्लिम संस्कृति के भारतीय सामाजिक संस्थाओं पर पड़ने वाले प्रभावों को हम विभिन्न शीर्षकों के तहत् इस प्रकार प्रकट कर सकते हैं–

(2) धर्म पर प्रभाव–मुसलमानों के आगमन से पूर्व भारत में बहुदेववाद प्रचलित था। अद्वैतवाद या एकेश्वरवाद की धारणा मुस्लिम संस्कृति की ही देन है। हिन्दू मूर्ति-पूजक एवं सगुण ब्रह्म के उपासक थे, जबकि मुसलमान मूर्ति-पूजा के विरोधी। फलस्वरूप हिन्दुओं में भी निर्गुण ब्रह्म की उपासना शुरू हुई। मुसलमानों

के प्रभाव से ही हिन्दुओं में अनेक नए धार्मिक सम्प्रदायों का उदय हुआ जिनमें दादू पंथ, शंकराचार्य का अद्वैतवाद, कबीर पंथ, गुरुनानक का सिख धर्म तथा वल्लभचार्य, चैतन्य, रामानुज, एवं रैदास के धार्मिक सम्प्रदाय प्रमुख हैं। कबीर मुसलमानों के सूफीवाद से प्रभावित थे। वे छुआछूत, जाति-प्रथा तथा आडम्बर के विरोधी थे। दक्षिण भारत का लिंगायत सम्प्रदाय तो पूरी तरह मुस्लिम संस्कृति से प्रभावित है। इस्लाम के प्रभाव के कारण ही हिन्दुओं में भक्ति आन्दोलन शुरू हुआ। भक्ति आन्दोलन ने हिन्दू समाज में सुधारात्मक एवं रक्षात्मक दोनों प्रकार की भूमिका निभाई। मुस्लिम प्रभाव को रोकने के लिए हिन्दुओं ने कठोर धार्मिक नियम बनाए जिससे कि हिन्दू धर्म की रक्षा हो सके। साथ ही भक्ति आन्दोलन के जरिये हिन्दुओं की सामाजिक-धार्मिक बुराइयों को भी दूर करने के प्रयास किए गए। भारतीयों में सहिष्णुता एवं उदारवादी दृष्टिकोण पनपा और वे सभी धर्मों के महत्त्व को स्वीकार करने लगे। दैनिक जीवन में धार्मिक नियमों को महत्त्व दिया गया और कई टीकाकारों जैसे विश्वेश्वर, माधव आदि ने टीकाएं लिख कर इस्लाम के समानता के सिद्धान्त को अपनाया। इस प्रकार मुसलमानों के प्रभाव में हिन्दुओं में अद्वैतवाद, मूर्तिपूजा का विरोध, एकेश्वरवाद, छुआछूत, आडम्बर, जाति-प्रथा तथा ऊंच-नीच की धारणा में परिवर्तन हुआ और सुधारवादी व भक्ति आन्दोलन तथा समानतावादी आदर्शों का जन्म हुआ।

इस्लाम में शिया और सुन्नी इन दो सम्प्रदायों के अतिरिक्त एक नये सम्प्रदाय 'सूफी मत' का भी उदय हुआ जो इस्लाम के सिद्धान्तों को भी अंगीकार करता है और साथ ही इसमें मानवतावाद और अहिंसा को भी सम्मिलित करता है। नवीं सदी में बगदाद सूफी मत का केन्द्र बन गया और वहां से शनैः-शनै सारे इराक में फैल गया। 10वीं सदी में सूफी सन्त मन्सूर भारत में भी आए और उन पर अद्वैतवादियों का प्रभाव पड़ा जो बाद में सूफी मत का एक अंग बन गया।

(1) **जाति-प्रथा पर प्रभाव**—जाति व्यवस्था में मुसलमानों के सम्पर्क के कारण रूढ़िवादिता और संकीर्णता पनपी और जाति सम्बन्धी नियमों में कठोरता आई। हिन्दू सुधारकों ने जाति के खिलाफ आवाज उठाई। इस्लाम भाई-चारे की भावना पर आधारित है तो जाति अप्रजातान्त्रिक सिद्धान्तों पर। ब्राह्मणों की सामाजिक स्थिति को मुस्लिम काल में धक्का लगा, परन्तु कायस्थों एवं क्षत्रियों की स्थिति मजबूत हुई एवं ऊंची उठी। दूसरी ओर लम्बे सम्पर्क के कारण मुसलमानों में भी जाति संस्तरण पनपा। कई हिन्दू लोग जब धर्म परिवर्तन कर मुसलमान बन गए तो धर्म परिवर्तन के बाद भी उन्होंने अपनी जातिगत विशेषताओं

को बनाए रखा। मुस्लिम प्रभाव के कारण न सिर्फ जातीय सोपान में वरन् जातिगत व्यवसायों में भी परिवर्तन हुआ और एक जाति के व्यक्ति अपने वंशानुगत व्यवसाय के अतिरिक्त अन्य व्यवसाय भी करने लगे। अकबर के समय में ऐसी शिक्षण संस्थाएं भी खोली गईं जिनमें हिन्दुओं व मुसलमानों दोनों को समान रूप से शिक्षा दी जाती थी, इससे जातीय कठोरता में कमी आई और सहिष्णुता पनपी। अलग-अलग सन्तों द्वारा चलाए गए धार्मिक एवं सुधारवादी आन्दोलन के कारण भी जाति की बुराइयों पर कठोर प्रहार हुआ और अस्पृश्यता तथा ऊंच-नीच के भेदभाव खत्म होने लगे। इस्लाम के प्रभाव के कारण ब्राह्मणों की तानाशाही पर रोक लगी और नामदेव, तुकाराम तथा अन्य शूद्र सन्तों के प्रयत्नों एवं प्रभाव के कारण शूद्रों की स्थिति में सुधार हुआ। ब्राह्मणों ने अपनी स्थिति को मजबूत बनाए रखने के लिए विवाह एवं जातीय नियमों को कठोर बनाया।

(4) **परदा-प्रथा का प्रचलन**—परदा-प्रथा का मुसलमानों में प्रचलन था जिसे हिन्दुओं ने भी अपनाया। इसके अतिरिक्त मुसलमानों द्वारा हिन्दू लड़कियों से विवाह करने पर रोक लगाने के लिए भी परदा-प्रथा का प्रचलन हुआ। आज परदा-प्रथा उच्च से लेकर निम्न जातियों में थोड़ी-बहुत मात्रा में सभी में पाई जाती है।

(3) **विवाह संस्था पर प्रभाव**—यहां की हिन्दू लड़कियों से मुसलमानों ने विवाह करना शुरू किया। इस प्रकार के विवाहों को रोकने के लिए हिन्दुओं ने कम उम्र में ही विवाह शुरू कर दिए जिसके फलस्वरूप बाल-विवाह का प्रचलन हुआ। हिन्दू लड़कियों एवं स्त्रियों की गतिशीलता रोकने के लिए विधवा पुनर्विवाह पर भी कठोर नियन्त्रण लागू किए गए तथा सती-प्रथा को ज्यादा महत्त्व दिया गया। विधवा-पुनर्विवाह एवं सती-प्रथा को प्रभावी बनाने के लिए उनके पीछे कई धार्मिक एवं नैतिक विचारों का प्रतिपादन किया गया जिसके परिणामस्वरूप निम्न जातियों के अतिरिक्त सभी जातियों में और विशेष रूप से द्विज जातियों में विधवाओं के पुनर्विवाह तो खत्म ही हो गए और सतीत्व के आदर्श को बढ़ावा मिला। मृत पति की चिता में बैठकर स्वयं को भस्म कर देना स्वर्ग प्राप्ति एवं पुण्य फायदा के लिए आवश्यक माना जाने लगा। कई बार तो विधवाओं को जबरन भी पति की चिता में धकेल कर सती होने के लिए विवश किया जाने लगा। इस प्रकार बाल-विवाह का प्रचलन, विधवा-विवाह पर रोक तथा सती-प्रथा मुस्लिम प्रभाव की ही देन है।

(5) **सामाजिक जीवन के विभिन्न भागों पर प्रभाव**—मुसलमानों के सम्पर्क के कारण हिन्दुओं के परिवार, भोजन एवं शिक्षा, वेश-भूषा आदि पर भी प्रभाव पड़ा। उदरहरणार्थ—

(i) वेश-भूषा—मुसलमानों के सम्पर्क के कारण हिन्दुओं ने भी उन्हीं की तरह चूड़ीदार पजामा, अचकन और शेरवानी पहनना प्रारम्भ कर दिया। मुख्य रूप से कायस्थों एवं राजपूतों में इनका प्रचलन बढ़ा। मुसलमानों ने भी हिन्दुओं से पगड़ी बांधना सीखा।

(ii) परिवार पर प्रभाव—ज्यादातरः हिन्दुओं में संयुक्त परिवार प्रणाली पाई जाती है। मुसलमानों के समय में भी गांवों एवं शहरों में संयुक्त परिवार की प्रधानता बनी रही है परन्तु मुसलमानों का समानता का सिद्धान्त हिन्दुओं में भी प्रविष्ट कर गया। मुसलमानों ने कई हिन्दुओं को मुसलमान बनाया। मुसलमान बनने पर भी हिन्दुओं ने अपनी परम्परात्मक संयुक्त परिवार प्रणाली का परित्याग नहीं किया। इसके परिणामस्वरूप मुसलमानों में भी संयुक्त परिवार प्रणाली का प्रचलन हुआ। मुसलमानों के प्रभाव के कारण हिन्दू संयुक्त परिवार के मुखिया के शासन में कठोरता आई, वह अधिनायक बन बैठा तथा स्त्रियों का कार्यक्षेत्र घर तक सीमित हो गया।

(iii) शिक्षा—प्राचीन भारत में स्त्री व पुरुष दोनों को शिक्षा प्राप्त करने का अधिकार था। मुसलमानों के सम्पर्क के कारण हिन्दुओं में परदा-प्रथा और बाल-विवाह का प्रचलन हुआ, इसके फलस्वरूप शिक्षा पर प्रतिकूल प्रभाव पड़ा और स्त्री-शिक्षा तो लगभग समाप्त ही हो गई, किन्तु पुरुषों में शिक्षा का प्रसार हुआ और वे हिन्दी के अतिरिक्त, अरबी, उर्दू, फारसी, आदि की शिक्षा भी ग्रहण करने लगे।

(iv) भोजन—हिन्दुओं में मुसलमानों के सम्पर्क के कारण मांसाहारी प्रवृत्ति बढ़ी और मछली, अण्डे, मांस का अधिक प्रयोग होने लगा। मुसलमानों ने ही हिन्दुओं को अनेक प्रकार की मिठाइयों जैसे गुलाब जामुन, बालूशाही, कलाकन्द, बर्फी, हलुआ, इमरती एवं जलेबी, आदि से परिचित कराया।

(6) **भाषा तथा साहित्य पर प्रभाव**—भारत में मुसलमानों से पूर्व उर्दू, फारसी, अरबी आदि भाषाओं का प्रचलन नहीं था। मुस्लिम सम्पर्क के कारण ही संस्कृत एवं उर्दू से खड़ी बोली का प्रचलन हुआ। अमीर खुसरों ने खड़ी बोली में साहित्य का सरंचना किया और कविताओं को जन्म दिया। हिन्दी भाषा भी समृद्ध हुई और उनमें उर्दू, फारसी व अरबी भाषा के कई शब्द अपना लिए गए। खुद उर्दू, भाषा भी फारसी, संस्कृत, अरबी एवं तुर्की भाषा के

सम्मिलन से बनी है। मुसलमान शासकों ने उर्दू को राजकाज की भाषा घोषित किया जिसके परिणामस्वरूप उर्दू का प्रचलन बढ़ा। हिन्दी की कविता को उर्दू में गजल का रूप दिया गया। अनेक मुसलमान बादशाहों ने मराठी, संस्कृत और बंगाली भाषाओं को उत्साहित किया और उनके ग्रन्थों का विभिन्न भाषाओं में अनुवाद करवाया। हिन्दी में अलंकारों का उपयोग भी मुस्लिम साहित्य का ही प्रभाव है। तुर्कों के समय में ही रामानुज ने ब्रह्मसूत्र पर टीकाएं लिखने का कार्य किया। इस प्रकार मुस्लिम प्रभाव से हिन्दी भाषा एवं साहित्य में समृद्धि ही नहीं हुई वरन् साहित्य को कई नई विधाओं एवं परम्पराओं का भी जन्म हुआ।

(8) **स्थापत्य कला पर प्रभाव**—भारत में जब तुर्क आए तो वे अपने साथ मध्य एशिया की स्थापत्य कला भी लाए। मुगल बादशाहों को स्थापत्य कला से बहुत प्रेम था। शुरू में मुसलमानों ने यहाँ के हिन्दू और जैन मन्दिरों को तोड़कर ही उनसे प्राप्त कलापूर्ण पत्थरों से अपने महल, मकबरे, मस्जिदें और कब्रें बनवाईं। इससे हिन्दू मुस्लिम स्थापत्य कला का समन्वय हुआ। कई मुस्लिम शासकों ने मन्दिरों को तोड़कर या उनमें कुछ हेरा-फेरी करके उन्हें मस्जिदों के रूप में परिवर्तित कर दिया। मुसलमानों से हिन्दुओं ने ऊंची मीनारें, गुम्बद, मेहराब तथा तहखाने बनाना सीखा। अकबर एवं हुमायूं के मकबरे तथा शाहजहाँ द्वारा निर्मित आगरा का ताजमहल मुस्लिम काल की स्थापत्य कला के श्रेष्ठ उदाहरण हैं। आगरा का ताजमहल तो वास्तुकला का विश्व का एक सर्वश्रेष्ठ नमूना है।

(7) **चित्रकला पर प्रभाव**—मुस्लिम काल में चित्र-कला में भी तुर्की, ईरानी और भारतीय शैलियों का समन्वय हुआ। मनुष्यों, पशुओं, लताओं, पुष्पों एवं पक्षियों के सजीव चित्र बनाना और उनमें सुनहरे, लाल, पीले, नीले, हरे एवं रुपहले रंग भरना हिन्दुओं को मुस्लिम संस्कृति की ही देन हैं। विभिन्न रंगों का मिश्रण एवं समन्वय भी हिन्दुओं ने मुसलमानों से ही सीखा। तुर्की और ईरान से आने वाली प्यूराइड चित्रकारी का हिन्दू चित्रकला पर गहरा प्रभाव पड़ा। प्यूराइड चित्रकारी के अनेक चित्र बाबर खुद अपने साथ भारत लाया था। बाबर स्वयं भी एक बहुत अच्छा चित्रकार था। राम एवं कृष्ण लीलाओं का चित्रमय प्रदर्शन अनेक स्थानों पर प्यूराइड चित्रकारी द्वारा ही किया गया है। मथुरा के द्वारकाधीश के मन्दिर में कृष्ण लीला का चित्रण इसी शैली में किया गया है। हुमायूं ने ईरान से मीर सैयद अली तबरिजी और ख्वाजा अब्दुस्समद शीराजी जैसे प्रसिद्ध चित्रकारों को भारत में बुलाया। अकबर को भी चित्रकारी का काफी शौक था और उसने चित्रकारी के प्रशिक्षण के लिए कई संस्थाओं का संचालन किया। अकबर ने अपने दरबार में कई विदेशी प्रसिद्ध चित्रकारों को आमन्त्रित किया। कई देशी एवं विदेशी चित्रकारों

के द्वारा अकबर ने 'रामायण', 'चंगेजनामा', 'जफरनामा' और महाभारत' जैसे ग्रन्थों के चित्र बनवाए। उसने कई बड़े-बड़े अमीरों के भी चित्र बनवाए। उसके समय में चीनी-ईरानी और भारतीय चित्रकला की विभिन्न शैलियों का अद्‌भुत समन्वय देखने को मिलता है।

(10) **संगीत पर प्रभाव**—संगीत को इस्लाम में बहुत अच्छा नहीं माना जाता था, परन्तु जब मुसलमान सूफियों के सम्पर्क में आए और भारत में हिन्दुओं के साथ रहने लगे तो उनके विचारों में भी बदलाव हुआ और वे भी संगीत को आध्यात्मिक उन्नति के लिए आवश्यक मानने लगे। मुसलमानों के समय में भारतीय एवं ईरानी संगीत कला का समन्वय हुआ। मुस्लिम काल में ही भक्ति आन्दोलन प्रारम्भ हुए और ईश्वर भक्ति के लिए संगीत का प्रयोग किया जाने लगा। इसी समय भजन और कीर्तन का प्रभाव बढ़ा, विभिन्न प्रकार की राग रागिनियों, तालों एवं लयों का जन्म हुआ। तराना व गजल कहना, कब्बाली, सितार व तबला, आदि वाद्य-यन्त्रों सरपदा, जिल्फ खानगिरि, ठुमरी व लोचन कवि की 'राग-तरंगिनी', आदि रागों, सूलकाफ, सांझुमरा, आड़ा, चारताल आदि तालें, मुसलमानों की ही देन हैं। अकबर के शासनकाल में संगीत कला का बहुत विकास हुआ और भारतीय संगीत पर विदेशी प्रभाव पड़ा। अकबर के दरबार में कई संगीतज्ञों को संरक्षण प्राप्त था। अकबर के दरबारी तानसेन ने दरबारी मियां-मल्हार, कान्हड़ा, मियाँ की सारंग, आदि नए रागों को जन्म दिया। ध्रुपद शैली, विलम्बित ख्याल तथा द्रुतलय, आदि भी मुगल काल की ही देन है। इसी काल में हिन्दू और पारसी संगीत शैलियों का समन्वय हुआ। जिसके फलस्वरूप संगीत एवं गायन के क्षेत्र में अनेकानेक रीतियों का प्रादुर्भाव हुआ।

(9) **आर्थिक संस्थाओं पर प्रभाव**—मुसलमानों के आगमन से पूर्व भारत एक सम्पन्न एवं समृद्ध राष्ट्र था। यहाँ की उपजाऊ भूमि एवं धन-सम्पत्ति से आकर्षित होकर ही शुरू में मुसलमान लुटेरों के रूप में यहाँ आए। मोहम्मद गजनवी और गोरी ने लूटपाट के इरादे से ही अनेक आक्रमण किए। सोमनाथ के मन्दिर से अनेक कीमती हीरे-जवाहरात गजनवी द्वारा लूट लिए गए, परन्तु जब मुसलमानों का भारत में साम्राज्य स्थापित हुआ तो कृषि एवं उद्योग के क्षेत्र में भारत में कई बदलाव हुए। मुसलमानों के आगमन से पूर्व हरेक गाँव एक पूर्ण स्वतन्त्र एवं गणतन्त्रात्मक इकाई था और प्रत्येक गाँव की अपनी भूमि होती थी। मुसलमानों के शासन काल में अस्थायी भूमि व्यवस्था पनपी। ग्राम पंचायतों का महत्त्व भी घटने लगा। मालगुजारी प्रथा का जन्म हुआ जिसके अन्तर्गत मुसलमान

शासकों को भूमि का लगान वसूल करने का अधिकार दिया गया। इस व्यवस्था में ग्रामों का बहुत शोषण हुआ। मुसलमानों ने भारत में दास-प्रथा प्रारम्भ की जो वे अपने साथ अरब से लाए थे। उन्होंने बेगार लेना शुरू किया और अनेक भवनों, इमारतें व महलों का संरचना बेगार के द्वारा किया गया, किन्तु मुसलमानों के सम्पर्क से भारतीय कुटीर व्यवसाय को पुनर्जीवन मिला तथा सूती और ऊनी वस्त्रों के निर्माण, रंगाई, छपाई, कागज, बर्तन एवं दस्तकारी उद्योगों के क्षेत्र में काफी प्रगति हुई। धातु, शक्कर, ईंट, पच्चीकारी और कलई करने, आदि व्यवसायों का भी मुसलमानों के समय में विकास हुआ। कई मुस्लिम प्रशासकों के तो खुद के उद्योग-धन्धे थे जिनमें कई कारीगर काम करते थे। मुस्लिम शासकों के संरक्षण में देशी एवं विदेशी व्यापार को संरक्षण प्राप्त होने के कारण उनका विकास हुआ और कई बादशाह तो स्वयं भी विदेशी व्यापार करते थे। खेती से पैदा होने वाली वस्तुएँ, अफीम, नील, सूती व रेशमी वस्त्र तथा जस्ता आदि विदेशों को भेजा जाता था और उनके बदले घोड़े, खच्चर और शाही परिवार के लोगों के लिए विलासिता की वस्तुओं का आयात किया जाता था। मुस्लिम काल में भारत का अरब राष्ट्रों से ही नहीं वरन् यूरोपीय देशों से भी व्यापारिक सम्पर्क बढ़ा।

हिन्दू समाज एवं संस्कृति में हिन्दुओं और मुसलमानों के सम्पर्क के कारण अनेक परिवर्तन हुए। मुसलमानों ने हिन्दुओं के परिवार, जाति, शिक्षा, धर्म, खान-पान, वस्त्र शैली, भाषा, साहित्य, स्थापत्य कला, चित्रकला, संगीत तथा राजनीतिक व आर्थिक जीवन को प्रभावित किया। इस सम्पर्क के कारण दोनों में सांस्कृतिक सम्पर्क के कारण सिर्फ हिन्दू समाज व संस्कृति पर ही मुललमानों का प्रभाव नहीं पड़ा वरन् मुस्लिम समाज एवं संस्कृत में भी हिन्दुओं के प्रभाव से अनेक बदलाव हुए। हिन्दुओं के सम्पर्क के कारण मुसलमानों की बर्बरता व क्रूरता कम हुई, उनमें सहृदयता व दयालुता, भक्ति, श्रद्धा की मनोवृत्ति पैदा हुई। उनमें भी फकीरों, पीरों एवं मकबरों की पूजा होने लगी जबकि वे मूर्ति पूजक नहीं थे। हिन्दुओं के अन्धविश्वास, नजर लग जाना, उतारा और निसार के रूप में मुसलमानों ने भी ग्रहण किए, वे भी **'मानताओं'** और **'मिन्नतों'** में विश्वास करने लगे। मुसलमानों ने भी हिन्दुओं के पहनावा, दैनिक स्नान, खान-पान, हिन्दुओं के उत्सव तथा जाति प्रथा के कुछ तत्त्वों को ग्रहण किया। आज मुसलमानों में भी हिन्दुओं की तरह अनेक जातियाँ पाई जाती हैं। स्पष्ट है कि पर-संस्कृतिग्रहण की प्रक्रिया के कारण हिन्दू व मुस्लिम दोनों ही संस्कृतियों में बहुत आदान-प्रदान हुआ और एक नवीन संस्कृति 'हिन्दू-मुस्लिम संस्कृति' का जन्म हुआ जिसमें दोनों का ही समन्वय पाया जाता है।

इस संदर्भ में इस्लामीकरण का तात्पर्य धर्मांतरित मुसलमानों में उच्च सामाजिक और सांस्कृतिक स्थिति प्राप्त करने की गतिशीलता थी। सामाजिक प्रतिष्ठा, शक्ति और लाभ में वृद्धि की प्रवृत्ति ने निम्न जातियों को इस्लाम की ओर उत्प्रेरित किया। यद्यपि, धर्मांतरण द्वारा इस्लामीकरण की प्रवृत्ति हमेशा लाभदायक नहीं रही। हाँ, इससे लोगों को मनोवैज्ञानिक रूप से संतोष जरूर पहुँचा था। फिर भी बड़े पैमाने पर धर्मांतरण से प्राप्त उच्च सामाजिक स्थिति को हिन्दुओं या मुसलमानों ने खुली स्वीकृति कभी नहीं दी। इस अर्थ में, इस्लामीकरण एक सांस्कृतिक परिवर्तन की प्रक्रिया के रूप में संस्कृतिकरण से मेल खाता है।

धर्मनिरपेक्षीकरण

तार्किकता का तत्त्व आज व्यक्ति के व्यवहार में स्पष्ट नजर आता है। परिणामस्वरूप उसके जीवन में लगातार धार्मिकता का ह्रास होता जा रहा है। व्यक्तिगत व्यवहारों व कार्यों में तार्किकता का समावेश या धार्मिकता का ह्रास ही लौकिकीकरण या धर्मनिरपेक्षीकरण है। नगरों का विकास, व्यक्तिवादिता, औद्योगीकरण, उन्नत संचार साधन, पाश्चात्य संस्कृति, सामाजिक गतिशीलता, दो विश्वयुद्ध, सुधार आन्दोलनों इत्यादि अनेक कारकों ने भारतीय जन-जीवन में लौकिकता या धर्मनिरपेक्षकता की प्रक्रिया को काफी ज्यादा प्रोत्साहित किया है। इस प्रकार जब धर्मनिरपेक्षीकरण विकसित होता है तब प्राकृतिक और सामाजिक जीवन को समझने के नजरिये के रूप में धर्म का स्थान विज्ञान ले लेता है। इस सम्बन्ध में और ज्यादा जानने के लिए धर्मनिरपेक्षीकरण के अर्थ को समझ लेना जरूरी है।

धर्मनिरपेक्षीकरण का अर्थ तथा परिभाषा

धर्मनिरपेक्षीकरण को उस सामाजिक विचार या प्रवृत्ति के रूप में समझा जा सकता है। जिसके तहत् धार्मिक, प्रधानता या परम्परागत व्यवहारों में शनैः-शनैः तार्किकता व व्यवहारिकता लाने का कोशिश किया जाता है।

डॉ. एम. एन. श्रीनिवास ने धर्मनिरपेक्षीकरण की इस प्रक्रिया को लौकिकीकरण या निरपेक्षीकरण की संज्ञा दी है। आपके शब्दों में "लौकिकीकरण शब्द का यह तात्पर्य है कि जो कुछ पहले धार्मिक माना जाता था, वह अब वैसा नहीं माना जा रहा है। इसका तात्पर्य विभेदीकरण की एक प्रक्रिया से भी है जो

कि समाज के विभिन्न पहलुओं–आर्थिक, राजनीतिक, कानूनी और नैतिक–के एक-दूसरे से अधिक से अधिक पृथक होने में दृष्टिगोचर होती हैं।''

भारतीय समाज के सन्दर्भ में या लौकिकता की सरकारी या संवैधानिक वर्णन धर्मनिरपेक्षता है यानि संवैधानिक तौर पर सब धर्म बराबर दर्जे के हैं और इसीलिए सरकार किसी भी धर्म के प्रति पक्षपात की नीति को न तो खुद अपनाएगी और न ही किसी व्यक्ति, संस्था या समुदाय को अपनाने देगी। यह विचार गांधी जी के भी थे। उनके अनुसार 'सेक्यूलर' (Secular) का अर्थ धर्महीनता नहीं अपितु 'सर्वधर्म-समभाव' है। वे चाहते थे कि स्वतन्त्र भारत में प्रत्येक नागरिक अपना धर्म पहचाने और दूसरे धर्मों के प्रति सद्भाव और आदर रखे। उनकी यह पक्की धारणा थी कि इस प्रकार के 'सर्वधर्म-समभाव' के द्वारा ही भारत की एकता सदृढ़ हो सकती है।

धर्मनिरपेक्षीकरण या लौकिकीकरण को यहाँ हम एक राजनैतिक अवधारणा के रूप में नहीं बल्कि सामाजिक अवधारणा के रूप में उल्लेख करेंगे। लोकपरकता पनपने के साथ-साथ धार्मिक तथा परम्परागत व्यवहारों में जब तार्किकता व व्यावहारिकता पनपती जाती है तो उनका स्वाभाविक नतीजा एक यह भी होता है कि जन-व्यवहार से धार्मिक कट्टरपन व संकीर्णता दूर होती जाती है और दूसरे धर्म के प्रति सहनशीलता व उदारता की भावना पनपने लगती है। किन्तु यह लौकिकीकरण धर्मनिरपेक्षीकरण का केवल एक परिणाम है। हम अन्य परिणामों की भी उल्लेख इस अध्याय में करेंगे। पर उससे पूर्व समाजशास्त्रीय दृष्टिकोण से लौकिकीकरण के प्रमुख तत्त्वों की विवेचना जरूरी है।

धर्मनिरपेक्षीकरण के अनिवार्य तत्त्व

(1) **तार्किकता**—धर्मनिरपेक्षीकरण या लौकिकीकरण का दूसरा तत्त्व यह है कि इसके तहत् सभी धार्मिक व परम्परागत अन्ध-विश्वासों व कुसंस्कारों को तर्क की कसौटी पर कसा जाता है। इसीलिए इसके तहत् सभी प्रचलित विश्वासों, विचारों अथवा चीजों में तार्किकता का तत्त्व जरूर ही होता है। दूसरे शब्दों में, परम्परागत विश्वासों व विचारों को आधुनिक ज्ञान व तर्क के सन्दर्भ में परिवर्तित और परिमार्जित किया जाता है।

(2) **धार्मिक संकीर्णता का ह्रास**—धर्मनिरपेक्षीकरण या लौकिकीकरण का एक मुख्य तत्त्व या लक्षण यह है कि इसकी वृद्धि के साथ-साथ धार्मिक कट्टरपन व संकीर्णता का ह्रास होता है। लौकिकता वास्तव में धर्महीनता नहीं है, यह तो

तार्किक व व्यवहारिक स्तर पर धर्म के अनुचित प्रभावों से व्यक्ति की सामाजिक मुक्ति है। इसी कारण धार्मिक व्यवहारों व क्रियाओं को पारलौकिक या आध्यात्मिक उद्देश्यों से नहीं बल्कि सामाजिक उद्देश्य व व्यावहारिक लाभ के लिए किया जाता है।

(3) **विभेदीकरण की प्रक्रिया**—अन्त में लौकिकीकरण या धर्मनिरपेक्षीकरण के एक अति महत्त्वपूर्ण तत्त्व या लक्षण के रूप में विभेदीकरण की प्रक्रिया का भी वर्णन किया जा सकता है। लौकिकता में विभेदीकरण की प्रक्रिया का अर्थ यह है कि इससे समाज में विभेदीकरण बढ़ता है। समाज के विभिन्न पहलू—सामाजिक, धार्मिक, नैतिक, कानूनी, आर्थिक, राजनैतिक आदि-एक दूसरे से अलग होते जाते हैं। इन सभी क्षेत्रों में धर्म का महत्त्व या प्रभाव कम होता जाता है। उदाहरण के लिए राज्य को ही ले लीजिए। पहले राजा पुरोहित के नीचे होता था, किन्तु आज धर्म और राज्य पृथक-पृथक हो गए हैं। स्पष्ट ही है कि इस प्रक्रिया के तहत् जीवन के विभिन्न क्षेत्रों में धर्म का बन्धन खत्म होता जाता है।

भारतीय समाज पर धर्मनिरपेक्षीकरण का प्रभाव

अंग्रेजी शासन-काल में धर्मनिरपेक्षीकरण या लौकिकीकरण की प्रक्रिया कुछ विशेष स्थितियों में विकसित हुई और उसके बाद अनेक प्रकार के आन्दोलनों, नागरीकरण, औद्योगीकरण आदि के बढ़ने के साथ यह प्रक्रिया काफी ज्यादा तीव्र हो गई, यहाँ तक कि आज यह जन-जीवन के अनेकों महत्त्वपूर्ण पहलुओं को प्रभावित कर रहा है।

डॉ. एम. एन. श्रीनिवास ने लौकिकीकरण या धर्मनिरपेक्षीकरण के सन्दर्भ में हुए अनेक महत्त्वपूर्ण परिवर्तनों व प्रभावों को अपनी प्रसिद्ध पुस्तक *'Social Change in Modern India'* में अति सुन्दर रूप में उद्धत किया है। उसी प्रस्तुतीकरण के आधार पर भारतीय समाज में धर्मनिरपेक्षीकरण या लौकिकीकरण लौकिकता के सामाजिक प्रभावों को इस प्रकार उल्लेख किया जा सकता है—

(1) **अपवित्रता एवं पवित्रता की धारणा में परिवर्तन**—भारतीय जीवन और धर्म में पवित्रता और अपवित्रता की धारणा का महत्त्वपूर्ण स्थान रहा है। अकसरः भारतीय जीवन के हरेक क्षेत्र में पवित्रता और अपवित्रता की धारणा जरूर विद्यमान है। अपवित्रता को गन्दगी, मलिनता व अस्वच्छता और यहाँ तक पाप के अर्थ में भी प्रयुक्त किया जाता है और पवित्रता को धार्मिकता, स्वच्छता, या शुद्धता आदि के अर्थों में उपयोग किया जाता है।

आज व्यवसाय जाति अथवा पवित्रता और अपवित्रता के आधार पर नहीं अपनाए जा सकते हैं। आजकल सभी व्यापार व नौकरी करते हैं। इसके अतिरिक्त आधुनिक समय में व्यवसायों की ऊँचाई-निचाई नापने के लिए शुद्धता और अशुद्धता के आधारों की अपेक्षा धन, सत्ता इत्यादि को स्वीकार किया जा रहा है। आज पुरोहिती का व्यवसाय एक अफसरगिरी के व्यवसाय के नीचे दर्जे का है। इसी प्रकार खान-पान, भोजन, व विवाह-सम्बन्धी नियमों में भी लौकिकता की प्रवृत्ति आती जा रही है।

(2) **जीवन चक्र व संस्कारों पर लौकिकीकरण या धर्मनिरपेक्षीकरण**— भारतीय जीवन में विशेषकर हिन्दू धर्म में संस्कारों को मुख्य महत्त्व दिया जाता है। पूरे जीवन-चक्र में अनेक संस्कार करने होते हैं, यथा–उपनयन, समावर्तन, विवाह, गर्भाधान, नामकरण, अंतेष्टि आदि। ये सभी संस्कार हिन्दू-धर्म में अत्यधिक महत्त्वपूर्ण स्थान रखते हैं। उदाहरण के लिए उपनयन संस्कार किए बिना कोई भी द्विज नहीं हो सकता। इसी प्रकार अन्य संस्कारों का भी महत्त्व है। लौकिकीकरण की प्रक्रिया इन सभी संस्कारों के महत्त्व को कम करती जा रही है। यहाँ तक कि कुछ संस्कार तो एकदम ही खत्म से हो गए हैं।

(3) **धार्मिक जीवन में लौकिकीकरण या धर्मनिरपेक्षीकरण**—धर्म निरपेक्षीकरण धार्मिक जीवन में भी बढ़ रहा है। पूजा-पाठ के आसनों पर बैठकर घंटों पूजा करने के बजाय स्नान करते हुए ही पूजा-पाठ कर दी जाती है। इसी प्रकार आज भजनों, हरि कथाओं आदि को आकाशवाणी या टी.वी. चैनलों पर घर बैठे ही सुन लिया जाता है। आज लोग पण्डितों को दान देने के बजाय समाजसेवी संगठनों, शिक्षा संस्थानों, विधवा आश्रमों, चिकित्सालयों इत्यादि को दान देना अधिक पसन्द करते हैं। विश्व हिन्दू परिषद की रचना भी धर्मनिरपेक्षीकरण का अनुपम उदाहरण है।

(4) **जाति संरचना पर प्रभाव**—लौकिकीकरण या धर्मनिरपेक्षीकरण के प्रभाव में आकर जाति-प्रथा में एक अन्य महत्त्वपूर्ण बदलाव सबसे नीची जाति की स्थिति में सुधार होना है। आज हरिजनों की परिस्थिति पहले जैसी नहीं है। व्यक्ति जन्म पर आधारित समाज के विभाजन को अवैज्ञानिक मानने लगे हैं। इसका असल में संपूर्ण श्रेय पूज्य बापू को ही देना चाहिए। आपके हरिजन आन्दोलन ने न सिर्फ स्वस्थ जनमत का निर्माण किया; बल्कि सरकार को भी हरिजनों के उत्थान के सम्बन्ध में प्रयत्नशील बनाया। आज राजनैतिक, धार्मिक, सामाजिक और आर्थिक सभी क्षेत्रों में उन्हें राज्य की ओर से सिर्फ समान अधिकार ही प्राप्त नहीं हैं अपितु प्रत्येक प्रकार की नौकरियों, विधान-मण्डलों, मन्त्रिमण्डलों इत्यादि में उनके लिए स्थान भी सुरक्षित कर दिए गए हैं।

(5) **परिवार पर लौकिकता का प्रभाव**—परिवार सामाजिक जीवन में एक महत्त्वपूर्ण सामाजिक संस्था का स्थान रखता है। भारतीय समाज में तो इसका और भी महत्त्व है। यहाँ की मुख्य विशेषता 'संयुक्त परिवार व्यवस्था' रही है। असल में संयुक्त परिवार एक अति प्राचीन संस्था है और इस देश की परिस्थितियों को देखते हुए यह उचित भी था। भारत एक कृषि-प्रधान देश है, खेती ही यहाँ के ज्यादातर लोगों का मुख्य व्यवसाय रहा है। खेती का काम परिवार के आधार पर होता है और साथ ही इसके लिए कुछ लोगों की भी आवश्यकता होती है। परिवार में परम्परागत त्यौहार अब भी मनाए जाते हैं किन्तु केवल नाममात्र के लिए। इसके अतिरिक्त उनको धार्मिक त्यौहार न समझकर, एक सामाजिक अवसर अधिक माना जाता है। इस प्रकार परिवार के धार्मिक कार्यों में भी बहुत कमी हुई है। पूजा-पाठ, कथा, साधु-सन्तों में विश्वास इत्यादि सभी बातों में लौकिक बातों का समावेश हो रहा है। स्पष्ट ही है कि परिवार पर लौकिकीकरण या लौकिकता का बहुत ज्यादा प्रभाव पड़ा है।

(6) **ग्रामीण समुदाय में लौकिकता या धर्मनिरपेक्षीकरण**—नगरों में जहाँ एक ओर पर्याप्त लौकिकीकरण हुआ है, वहाँ दूसरी ओर ग्रामीण समुदाय भी इस प्रक्रिया से अप्रभावित नहीं हैं। आज ग्रामीण समुदायों में लगातार जाति-पंचायतों की शक्ति घटती जा रही है और उनका स्थान जनता द्वारा चुने हुए प्रति निधियों से गठित पंचायतों ने ले लिया है। एक अर्थ में, जैसा कि डॉ. श्रीनिवास ने भी कहा है, ग्रामीण समुदायों में राजनीतिकरण की प्रक्रिया चल रही है। आज ग्रामों में हरेक व्यक्ति राजनीति में सक्रिय भाग लेने का इच्छुक है। देश-विदेश की राजनैतिक बातों का ज्ञान करने की सभी की उत्कट इच्छा रहती है। शाम को चौपाल पर अब धार्मिक या सामाजिक विषयों पर विचार करने की बजाय राजनैतिक बातों पर बहस होती है। ग्रामीण जीवन में अब एकतन्त्र की बजाय प्रजातन्त्र का राज्य है चूँकि अब जमींदार और साहूकार के राजनैतिक अधिकार खत्म हो गए हैं।

13

सामाजिक आंदोलन

इतिहास के नजरिए से देखे तो वर्तमान भारतीय समाज की तीन मुख्य धुरियां हैं—(1) राज्य, (2) धर्म, और (3) समाज़। इस देश के इतिहास को हम सिन्धु घाटी की सभ्यता से लेकर आज की प्रजातान्त्रिक व्यवस्था तक समझें तो मालुम होगा कि राज्य का धर्म और समाज के साथ निरन्तर सम्बन्ध रहा है। राज्य द्वारा धर्म को परिभाषित हुआ वहीं धर्म के आधार पर सामजिक संरचना का निर्माण हुआ। इस भाँति समाज में जो भी सामाजिक संस्थाएँ हमारे यहाँ हैं, वे सब किसी न किसी धर्म से जुड़ी हुई हैं। हमारे इतिहास की धारणा है कि जाति व्यवस्था को धर्म ने बनाया है; धर्म ने विवाह की रस्मों को परिभाषित किया है और धर्म ने ही बाल विवाह, सती प्रथा वैधव्य आदि को बनाया है और धर्म वही है, जिसे राज्य निर्धारित करता है। इस प्रकार राज्य, धर्म एवं समाज परस्पर आबद्ध हैं।

ब्रिटिश शासन काल में इस तिकड़ी में थोड़ा परिवर्तन आया। अंग्रेजों ने अपने देश में और सम्पूर्ण यूरोप में यह अनुभव किया किया कि जब धर्म का राज्य के काम-क़ाज में हस्तक्षेप हो जाता है, जब धर्म विवाह की नक्की करता है, विवाह विच्छेद को पक्का करता है तब सम्पूर्ण समाज गड़बड़ा जाता है। सारे यूरोप ने ग्यारहवीं शताब्दी में धर्म सुधार आन्दोलन को घटित होते हुए देखा। वहाँ कैथोलिक धर्म का विरोध हुआ और प्रोटेस्टेन्ट धर्म नये सम्प्रदाय के रूप में उभरा।

आगे चलकर जब फ्रान्स की राज्य क्रान्ति हुई, इंग्लैण्ड में रक्तहीन राज्य क्रान्ति हुई तब इतिहास ने पलटा खाया और वहाँ धर्म एवं राज्य का आपसी संबंध टूट गया, दोनों एक-दूसरे से अलग हो गये। यह सब अनुभव अंग्रेजों के थे। लेकिन वे भारत में सहमे हुए थे। उन्हें इस देश से अपनी जड़े मजबूत करनी थी। इसलिये उन्होंने अपनी यह नीति बनाई कि जहाँ तक सम्भव हो सके इस देश के धार्मिक मामलों में हस्तक्षेप न किया जाये। इसका यह मतलब भी हुआ कि उन सामाजिक संस्थाओं में भी हस्तक्षेप न किया जाये जिनकी उत्पत्ति धर्म से है। इस नीति के होते हुए भी जहाँ उन्हें लगा कि यहाँ कि सामाजिक व्यवस्था कई मामलों में अमानवीय है, उन्होंने हस्तक्षेप किया। उदाहरणार्थ ब्रिटिश शासन काल में ही 1829 में सती प्रथा पर कानूनी रूप से पाबन्दी लगायी गयी। विधवाओं को पुर्नविवाह की अनुमति दी गई। यह सारा काम कानूनी ढंग से किया गया। ऐसा करके भी इस उपनिवेशवादी सरकार ने छूआछूत पर प्रतिबन्ध लगाने के लिये कानून नहीं बनाया।

ब्रिटिश शासनकाल इस राष्ट्र हेतु एक अभिशाप था। लेकिन इस काल में हम यूरोप की सभ्यता के रू-ब-रू हो गये। हमें नयी विचारधारा मिली। तार्किकता और समानता के मूल्य विदेशी सम्पर्क के कारण ही हमारे यहाँ आये। यहाँ के देश के कुछ भाग ऐसे थे, कुछ संगठन ऐसे थे जो इस बात को समझ गये थे कि समाज और धर्म पृथक् है। हमारी जो भी सामाजिक संस्थाएँ हैं— जाति, विवाह, त्यौहार सभी कुछ समाज द्वारा बनाये हुए हैं। यहाँ तक कि राज्य को भी समाज ने ही बनाया है। जब हम इस तर्क को स्वीकार कर लेते हैं कि सामाजिक संस्थाओं को निर्माण समाज ने ही किया है धर्म ने नहीं, तब यह बात बहुत स्पष्ट हो जाती है कि समाज ही सामाजिक संस्थाओं में सुधार ला सकता है। तर्क बहुत सरल है—सामाजिक संस्थाएँ जब समाज ने बनायी हैं तब उनमें सामाजिक सुधार भी समाज ही सकता है। **के. एम. पणिक्कर** ने सन् 1950 के दशक में अपनी पुस्तक इण्डियन सोसाइटी एट क्रॉस रोड्स में इसी तर्क को रखा है कि जाति, विवाह, वैधव्य आदि समाज ने बनाये है और इन्हें शीघ्रता से बदल देना चाहिये। बदलाव की इस प्रक्रिया में धर्म की कोई भूमिका नहीं होनी चाहिए।

ऊपर हमने सुधार आंदोलन की एक तार्किक पृष्ठभूमि रखी है। मुसलिम शासन काल तदुपरान्त 200 वर्षों के ब्रिटिश शासनकाल के दरम्यान भारतीय समाज में अनेक बुराइयां आ गयी थीं। कुछ बुराइयाँ तो धार्मिक और नैतिक थी और कुछ सामाजिक परिवर्तन की प्रक्रियाओं के कारण थी। हमारे समाज सुधारक

जिन्होंने इन आंदोलन को चलाया, बड़े दूर दृष्टि वाले थे। उन्होंने देखा कि यह देश अपने सार रूप में धार्मिक है। लोगों का, धर्म और धर्म विधियों में अटूट विश्वास है। इस मोटी समझ से प्रभावित होकर उन्होंने जो भी सामाजिक आंदोलन चलाये उनका मूल धर्म और नैतिकता थे। वे जानते थे कि किसी भी सुधार को धर्म और नैतिकता के आधार पर चलाया गया तब लोग इसे सरलता से स्वीकार कर लेंगे। अपनी इस धारणा को उन्होंने धर्म सुधार आंदोलनों में रखा।

यहां कुछ सामाजिक आंदोलनों का संक्षेप में उल्लेख किया गया हैं।

आर्य समाज

आर्य समाज की स्थापना सन् 1875 में स्वामी दयानन्द सरस्वती ने मुम्बई में हुई। इसके संस्थापक **स्वामी दयानन्द सरस्वती** ने बड़े विश्वास के साथ कहा है कि हिन्दू धर्म इस्लाम और ईसाई धर्म से कई अर्थों में ऊँचा है। सन् 1920 के दशक में उन्होंने आर्य समाज के तहत एक नया आंदोलन चलाया। इसे **शुद्धि आंदोलन** कहते हैं। इस आंदोलन का तात्पर्य उन धर्मावलम्बियों से था जिन्होंने इस्लाम और ईसाई को अपना लिया था। आर्य समाज शुरू से ही एक आंदोलन रहा है। इसका उद्देश्य भारत को देश, सामाजिक एवं धार्मिक नजरिए से एकत्रित करना था। दयानंद सरस्वती ने जब शुद्धि आंदोलन को चलाया तब इसे पूरी तरह परिभाषित नहीं किया यद्यपि उसका तत्कालीन उद्‌देश्य उन हिन्दुओं को जिन्होंने इस्लाम और ईसाई धर्म को अपना लिया था पुनः हिन्दू बनाना था। यह आंदोलन यद्यपि सांस्कृतिक था लेकिन इसने इस कारण गति ले ली कि इसके परिणाम राजनीतिक थे। उन दिनों हिन्दू महासभा का दशा में प्रभाव था। **वी. डी. सावरकर ने शुद्धि आंदोलन** को अपना राजनीतिक हथियार बनाया। उन्होंने कहा कि जनतंत्र में शक्ति उन व्यक्तियों के हाथ में रहती है जो आबादी में बहुसंख्यक होते हैं। हिन्दूओं को शक्ति लेने के लिये अपनी संख्या बढ़ानी चाहिये। संख्या बढ़ाने का बहुत अच्छा तरीका शुद्धि करना था। 1922-23 के अपने सम्मेलन ने हिन्दू महासभा ने घोषित किया कि 4,50,000 राजपूत मुसलमानों ने हिन्दू धर्म को अपना लिया था।

लेकिन दयानंद सरस्वती के आर्य समाज को सतही ढँग से देखना सही नहीं होगा। दयानंद सरस्वती ने यह तर्क दिया कि भारत की जो भी संस्कृतिक है, मौलिक रूप से वह वैदिक संस्कृति है। उन्होंने नारा दिया—पुनः **वेदों की ओर लौटो** (Go Back to Vedas)। दयानंद सरस्वती की पुराणों में आस्था नहीं थी।

पुराण तो महज राजाओं-महाराजाओं की वंशावलियों का संकलन केवल है। स्वामी दयानंद ने एक अंधे अध्यापक, स्वामी विराजनंद से मथुरा में वेदान्त की शिक्षा प्राप्त की। अगर हम ब्रह्म समाज तथा राजा राममोहन राय के विचारों को तुलनात्मक दृष्टि से देखे तो मालुम होगा कि स्वामी दयानंद इन सबके निकट हैं। आर्य समाज और ब्रह्म समाज के कुछ सामान्य कार्यक्रमों में बहुत द्वैतवाद, और मूर्तिपूजा में अविश्वास जैसा रूप से मिलता है। स्वामी दयानंद समाज सुधार के प्रर्वतक थे, उन्होंने जाति पर आधारित नियंत्रण के विरुद्ध आवाज उठायी। बाल-विवाह का विरोध किया। स्त्री शिक्षा और विधवा पुनर्विवाह की पैरवी की। अपने समय के अन्य समाज सुधारकों की तरह स्वामी दयानंद सरस्वती भी वेदों को अमर और स्थायी मानते थे। उनका ग्रन्थ सत्यतार्थ प्रकाश वेदों की एक व्याख्या है। स्वामीजी ने रामायण और महाभारत को महान् साहित्यिक कृतियाँ माना है।

आर्य समाज के प्रबर्तक स्वामी दयानन्द सरस्वती मूर्ति पूजा के कट्टर आलोचक थे। उनका कहना था कि मूर्तिपूजा कभी भी हिन्दू समाज को ऊँचा नहीं उठा सकती। वे ब्राह्मणवाद के भी विरोधी थे। उनका तर्क था कि हिन्दू समाज में जो भी कुरीतियाँ हैं, वे मुख्यतया ब्राह्मणवाद के कारण हैं। इसी कारण उन्होंने बाल-विवाह की रोकथाम के लिये आंदोलन किया। वे कहते थे कि विवाह के समय लड़की की उम्र 21 वर्ष और लड़के की उम्र 25 वर्ष होनी चाहिये। वे अन्तर्जातीय विवाह और विधवा पुर्नविवाह को प्रोत्साहित करते थे। आज भी देश में आर्य समाज एक ऐसी संस्था है जो वैदिक परम्परा के अनुसार हिन्दू विवाह को सम्पन्न करवाती है। कई ऐसे नये प्रेमी हैं जो अपने विवाह के लिये **आर्य समाज** को एक उपयुक्त स्थान मानते हैं। ऐसे लग्न आर्य समाज के मंदिरों में सम्पन्न किये गये हैं।

आर्य समाज पुरुषों के ही समकक्ष दर्जा महिलाओं को भी दिये जाने का प्रबल हिमायती है। यह समाज सामाजिक आपात् में सहायता करने के लिये भी आगे बढ़ता है। समाज ने बाढ़, अकाल और भूकम्प आदि के संकट के समय भी लोगों की मदद की है। कई स्थानों पर समाज ने अनाथालय और विधवा आश्रम खोले हैं। स्वामी जी यह चाहते थे कि प्राचीन हिन्दू शिक्षा पद्धति को पुनः चलाया जाये। वे जगह-जगह गुरुकुल जैसे विद्यालयों को बनाना चाहते थे। स्वामी जी उदार दृष्टिकोण के थे। उन्होंने अंग्रेजी शिक्षा के महत्त्व को भी मान्यता दी। यह बड़ी रुचिकर बात है कि आज आर्य समाज द्वारा संचालित दयानन्द एंग्लो-वैदिक

स्कूलों और महाविद्यालयों का जाल बिछा हुआ है। इनमें कतिपय विद्यालय के गिने-चुने विद्यालयों में शुभार हैं।

सत्यशोधक समाज आंदोलन

महाराष्ट्र में ज्योति बा फूले का नाम बड़े सम्मान और आदर के साथ लिया जाता है। यह आंदोलन ब्राह्मणों के विरुद्ध था। उन्होंने लड़कियों के लिये एक स्कूल, हरिजनों के लिये एक स्कूल और विधवाओं के लिये एक अनाथालय खोला। ज्योति बा ब्राह्मणों और उनके कर्मकाण्ड के विरोधी थे। उनका यह आंदोलन दक्षिण के आंदोलन के जैसा था। दक्षिण में भी जो सामाजिक आंदोलन चले वे मुख्य रूप से ब्राह्मणों के खिलाफ थे। अगर हम डी. एम. के. (DMK) की उत्पत्ति को देखे तो यह दल शुरू में और कुछ न होकर ब्राह्मणों के खिलाफ चलाया गया आंदोलन था। महाराष्ट्र में ज्योति बा फूले का आंदोलन भी इसी तर्ज पर था। अपने सभी कार्यक्रमों में ज्योति बा ने ब्राह्मणों की श्रेष्ठता को चुनौती दी।

ज्योति-बा-फूले महाराष्ट्र के ही नहीं वरन् पूरे भारतवर्ष में एक अग्रणण्य स्वतंत्रता सेनानी थे। इनके द्वारा रचित दो पुस्तकें काफी प्रसिद्ध हुई ये पुस्तकें हैं–(1) सार्वजनिक सत्य धर्म, और (2) गुलाम गिरी। ब्राह्मणों की श्रेष्ठता के खिलाफ ज्योति बा ने सत्यशोधक समाज की स्थापना की। उन्होंने स्त्री मुक्ति आंदोलन को भी चलाया। वे चाहते थे कि स्त्रियों पर जो अत्याचार होते हैं, उनसे उन्हें मुक्ति किया जाना चाहिये। स्त्री मुक्ति के अतिरिक्त शिक्षा और आर्थिक प्रगति आदि क्षेत्रों में भी ज्योति बा ने अच्छा काम किया। सन् 1900 में कोल्हपुर के महाराजा ने गैर-ब्राह्मण आंदोलन को प्रोत्साहित किया। देखा जाय तो ज्योति बा फूले द्वारा यानी सत्य शोधक समाज द्वारा चलाया गया ब्राह्मण विरोधी आंदोलन महाराष्ट्र से ही दक्षिण को पहुँचा। वहाँ इस आन्दोलन को कम्मा, रेड्डी और बेलाला जैसी प्रभव जातियों ने चलाया। उपरांत में चलकर मुसलमान भी इस आंदोलन में सम्मिलित हो गये।

श्रीनारायण धर्म परिपालन आंदोलन

इस आंदोलन को शुरू करने का श्रेय केरल के नारायण गुरु स्वामी को जाता है। यह आंदोलन उच्च जातियों और विशेषकर क्षत्रियों के खिलाफ था। यह बड़ी रुचिकर बात है कि महाराष्ट्र में ज्योति बा फूले ने ब्राह्मणों के विरुद्ध आंदोलन चलाया और दक्षिण के केरल राज्य ने क्षत्रियों का विरोध किया। ब्रिटिश काल में

देश में किसी न किसी रूप में धर्म स्थापित उच्च जातियों का विरोध हो रहा था। ऐसा लगता है कि सम्पूर्ण देश में एक बहुत बड़ा आंदोलन राष्ट्रीय स्वतन्त्रता का था। इस आंदोलन में बड़े-बड़े नेता लगे हुए थे। दूसरी ओर देश के विभिन्न अंचलों में उच्च जातियाँ अपने श्रेष्ठता का बनाये रखने के लिये भेद-भाव उत्पन्न करती हैं। महाराष्ट्र में यह भेदभाव ब्राह्मणों ने किया था।

केरल जनसंख्या ने इझावा एक अनुसूचित जाति है। यद्यपि आंचलिक में इझावा हमेशा बहुमत में रहे हैं लेकिन क्षेत्रिय राजाओं ने इन्हें लगातार शोषण का शिकार बनाया। अगर हम जनसंख्या की दृष्टि से देखे तब अनुसूचित जनजातियों के क्षेत्र में—चाहे मध्य प्रदेश हो, दक्षिण बिहार हो, दक्षिण राजस्थान हो, अथवा दक्षिण गुजरात हो—जनजातियाँ हमेशा बहुसंख्यकों का उच्च जातियों ने शोषण किया है। **नारायण गुरु स्वामी** केरल में इझावा पर होने वाले शोषण को सहन नहीं कर पाये और उन्होंने श्रीनारायण धर्म परिपालन आन्दोलन चलाया।

नारायण स्वामी ने ऊंच-नीच का भेदभाव मिटाने के लिए कतिपय मुद्दे निर्धारित किये। उन्होंने कहा कि **इझावा** अर्थात् निम्न जातियों को पब्लिक स्कूल में प्रवेश पाने का अधिकार होना चाहिये। इन वर्गों को सरकारी सेवा में लिया जाना चाहिये। उच्च जातियों की तरह **इझावा** जाति को मंदिर में दर्शन करने के लिये प्रतिबन्ध नहीं होना चाहिये। ये और ऐसे ही कुछ मुद्दे इस आंदोलन ने उठाये। एक सीमा तक ये आंदोलन अपने लक्ष्य प्राप्ति में सफल रहा।

रामकृष्ण मिशन

ब्रिटिश शासनकाल में भारतीय धर्म एवं सस्कृति पतन के गहन गह्र में चली जा रही थी। ईसाई धर्मावलंबी अंग्रेज अपने धर्म और संस्कृति को श्रेष्ठ समझते थे। इस कारण विदेशी और भारतीय संस्कृति में संघर्ष होना शुरू हो गया। एक विचार चला जो **परम्परा बनाम आधुनिकता** (Tradition Vs. Modernity) के नाम से जाना जाता है। कुछ लोग खुलकर पाश्चात्यकरण का विरोध करते थे। एक दूसरी विचारधारा थी जिसका कहना था कि परम्परा और आधुनिकता का मेलजोल होना चाहिये। विदेश से आने वाली सम्पूर्ण संस्कृति, भ्रष्ट है ऐसा नहीं कहा जा सकता, और यह भी नहीं कहा जा सकता कि सम्पूर्ण भारतीय परम्पराएँ अप्रासंगिक हैं। दोनों में मेलजोलय होना चाहिये। यही मुद्दा रामकृष्ण मिशन का था।

रामकृष्ण परमहंस इस सामाजिक धार्मिक आन्दोलन के प्रर्वतक थे। कोलकाता के समीप दक्षिणेश्वर के एक मंदिर में वे एक निर्धन पुजारी थे। परमहंस

अपने आप में मेलजोल की संस्कृति के सूचक थे। वे सभी धर्मों में विश्वास रखते थे। उनका कहना था–

एक ही लक्ष्य की प्राप्ति की दिशा में अग्रसर होने के लिए विविध धार्मिक मठ, एवं विविध मार्ग मात्र हैं। ईश्वर एक ओर कई दोनों हैं। उसका आकार है और वह निराकार भी है। ईश्वर बहुत बड़ी सार्वभौमिक भावना और प्रतीकों का एक पुंज है।

परमहंस के मिशन का यही सार तत्त्व है। उदारता, रहस्यवाद और आध्यात्मिकता के साथ उन्होंने एक एकान्त संत की तरह का जीवन व्यतीत किया। वे अपने शिष्यों के साथ विभिन्न धर्मों में मेलजोल स्थापित करने का काम करते रहे। परमहंस ने अपने शिष्य नरेन्द्रनाथ दत्त को अपना वारिस बनाया। नरेन्द्रनाथ ही आगे चलकर स्वामी विवेकानन्द के नाम से विख्यात हुए।

विवेकानंद ने औपचारिकता रूप से सन् 1897 में रामकृष्ण मिशन की स्थापना की। वे कोलकाता विश्वविद्यालय के स्नातक थे। रामकृष्ण मिशन के दो मुख्य उद्देश्य हैं–(1) आत्म त्याग और व्यवहारिक आध्यात्मिकता के साथ जीवन व्यतीत करने वाले साधुओं की एक जमात तैयार करना जिसमें से उपदेशकों और कार्यकत्ताओं को रामकृष्ण के जीवन में परिलक्षित वेदान्त के सर्वदेशीय संदेश को प्रसारित करने के लिये बाहर भेजना, और (2) "आम अनुयायियों के समर्थन के साथ, सभी पुरुष, स्त्री बालकों को ईश्वर की देन मानते हुए और बिना जाति, सम्प्रदाय अथवा रंग आदि के भेदभाव के, उनके लिये शिक्षा, मानवीय और दयायुक्त, दान युक्त कार्यों को सम्पन्न करना है।"

स्वयं परमहंस ने रामकृष्ण मठ की स्थापना अपने युवा शिष्यों की मदद से की थी। उनकी मृत्यु के पश्चात् मिशन के लक्ष्यों को प्राप्त करने हेतु स्वामी विवेकानंद ने निरन्तर प्रयत्न किये। उन्होंने रामकृष्ण के संदेश को सम्पूर्ण देश में फैलाया। विवेकानंद बहुत प्रभावशाली वयक्ति थे। वे एक सफल वक्ता भी थे। उन्हें सुनने के लिये सभी वर्गों के लोग आते थे। सन् 1893 में शिकागो में विख्यात धर्मों के संसद में उन्होंने भाग लिया। इंग्लैण्ड और अमेरिका में कई स्थानों पर विवेकानंद ने हिन्दू दर्शन पर व्याख्यान दिये।

रामकृष्ण मठ एवं रामकृष्ण मिशन का प्रधान कार्यालय कोलकाता के समीप बेलूर मठ में है। मठ एक धार्मिक संगठन है। इसका उद्देश्य अपने सदस्यों को आंतरिक आध्यात्मिक जीवन का परिपालन करने के लिये प्रेरित करना है। वास्तव में रामकृष्ण मिशन और मठ अलग-अलग संस्थाएँ हैं मठ का काम